# 建筑工程法规

主　编　吴烨玮　季林飞
副主编　冒顾慧　汪发余
参　编　陈小雁　刘梦琪　胡　蝶
主　审　顾荣华

北京理工大学出版社
BEIJING INSTITUTE OF TECHNOLOGY PRESS

## 内 容 提 要

本书根据建筑工程相关法律法规、部门规章及规范性文件进行编写。全书共分为九章,较为系统地阐述了建设工程相关法律知识、建设工程许可法律制度、建设工程发承包法律制度、建设工程合同法律制度、建设工程监理法律制度、建设工程安全生产法律制度、建设工程质量法律制度、建设工程其他法律制度、解决建设工程纠纷的法律制度等内容。

本书可作为高等院校土木工程类相关专业的教学用书,也可供建筑工程施工技术及管理人员学习参考。

版权专有　侵权必究

### 图书在版编目(CIP)数据

建筑工程法规／吴烨玮,季林飞主编.—北京:北京理工大学出版社,2020.3(2020.6重印)
ISBN 978-7-5682-8233-8

Ⅰ.①建… Ⅱ.①吴… ②季… Ⅲ.①建筑法—中国—高等学校—教材 Ⅳ.①D922.297

中国版本图书馆CIP数据核字(2020)第041018号

| | |
|---|---|
| 出版发行 / 北京理工大学出版社有限责任公司 | |
| 社　　址 / 北京市海淀区中关村南大街5号 | |
| 邮　　编 / 100081 | |
| 电　　话 /(010)68914775(总编室) | |
| 　　　　　(010)82562903(教材售后服务热线) | |
| 　　　　　(010)68948351(其他图书服务热线) | |
| 网　　址 / http://www.bitpress.com.cn | |
| 经　　销 / 全国各地新华书店 | |
| 印　　刷 / 天津久佳雅创印刷有限公司 | |
| 开　　本 / 787毫米×1092毫米　1/16 | |
| 印　　张 / 17.5 | 责任编辑 / 时京京 |
| 字　　数 / 458千字 | 文案编辑 / 时京京 |
| 版　　次 / 2020年3月第1版　2020年6月第2次印刷 | 责任校对 / 刘亚男 |
| 定　　价 / 49.00元 | 责任印制 / 边心超 |

图书出现印装质量问题,请拨打售后服务热线,本社负责调换

# 出版说明

PUBLISHER'S NOTE

江苏联合职业技术学院成立以来，坚持以服务经济社会发展为宗旨、以促进就业为导向的职业教育办学方针，紧紧围绕江苏经济社会发展对高素质技术技能型人才的迫切需要，充分发挥"小学院、大学校"办学管理体制创新优势，依托学院教学指导委员会和专业协作委员会，积极推进校企合作、产教融合，积极探索五年制高职教育教学规律和高素质技术技能型人才成长规律，培养了一大批能够适应地方经济社会发展需要的高素质技术技能型人才，形成了颇具江苏特色的五年制高职教育人才培养模式，实现了五年制高职教育规模、结构、质量和效益的协调发展，为构建江苏现代职业教育体系、推进职业教育现代化做出了重要贡献。

面对新时代中国特色社会主义建设的宏伟蓝图，我国社会的主要矛盾已经转化为人们日益增长的美好生活需要与发展不平衡、不充分之间的矛盾，这就需要我们有更高水平、更高质量、更高效益的发展，实现更加平衡、更加充分的发展，这样才能全面建成社会主义现代化强国。五年制高职教育的发展必须服从服务于国家发展战略，以不断满足人们对美好的生活需要为追求目标，全面贯彻党的教育方针，全面深化教育改革，全面实施素质教育，全面落实立德树人的根本任务，充分发挥五年制高职贯通培养的学制优势，建立和完善五年制高职教育课程体系，健全德能并修、工学结合的育人机制，着力培养学生的工匠精神、职业道德、职业技能和就业创业能力，创新教育教学方法和人才培养模式，完善人才培养质量监控评价制度，不断提升人才培养质量和水平，努力办好令人民满意的五年制高职教育，为全面建成小康社会，实现中华民族伟大复兴的中国梦贡献力量。

教材建设是人才培养工作的重要载体，也是深化教育教学改革、提高教学质量的重要基础。目前，五年制高职教育教材建设规划性不足、系统性不强、特色不明显等问题一直制约着内涵发展、创新发展和特色发展的空间。为切实加强学院教材建设与规范管理，不断提高学院教材建设与使用的专业化、规范化和科学化水平，学院成立了教材建设与管理工作领导小组和教材审定委员会，统筹领导、科学规划学院教材建设与管理工作。制订了《江苏联合职业技术学院教材建设与使用管理办法》和《关于院本教材开发若干问题的意见》，完善了教材建设与管理的规章制度；每年滚动修订《五年制高等职业教育教材征订目录》，统一组织五年制高职教育教材的征订、采购和配送；编制了学院院本教材建设规划,组织18个专业和公共基础课程协作委员会推进院本教材开发,建立了一支院本教材开发、编写、审定队伍;创建了江苏五年制高职教育教材研发基地,与江苏凤凰职业教育图书有限公司、苏州大学出版社、北京理工大学出版社、南京大学出版社、上海交通大学出版社等签订了战略合作协议,协同开发独具五年制高职教育特色的院本教材。

今后一个时期,学院在推动教材建设和规范管理工作的基础上,紧密结合五年制高职教育发展的新形势,主动适应江苏地方社会经济发展和五年制高职教育改革创新的需要,以学院18个专业协作委员会和公共基础课程协作委员会为开发团队,以江苏五年制高职教育教材研发基地为开发平台,组织具有先进教学思想和学术造诣较高的骨干教师,依照学院院本教材建设规划,重点编写出版约600本有特色、能体现五年制高职教育教学改革成果的院本教材,努力形成具有江苏五年制高职教育特色的院本教材体系。同时,加强教材建设质量管理,树立精品意识,制订五年制高职教育教材评价标准,建立教材质量评价指标体系,开展教材评价评估工作,设立教材质量档案,加强教材质量跟踪,确保院本教材的先进性、科学性、人文性、适用性和特色性建设。学院教材审定委员会组织各专业协作委员会做好对各专业课程(含技能课程、实训课程、专业选修课程等)教材出版前的审定工作。

本套院本教材较好地吸收了江苏五年制高职教育的最新理论和实践研究成果,符合五年制高职教育人才培养目标的定位要求。教材内容深入浅出,难易适中,突出"五年贯通培养、系统设计",重视启发学生思维和培养学生运用知识的能力。教材条理清楚、层次分明、结构严谨、图表美观、文字规范,是一套专门针对五年制高职教育人才培养的教材。

学院教材建设与管理工作领导小组
学院教材审定委员会
2017年11月

# 序言

为贯彻落实《国家中长期教育改革和发展规划纲要(2010—2020年)》,充分发挥教材建设在提高人才培养质量中的基础性作用,促进现代职业教育体系建设,全面提高五年制高等职业教育教学质量,保证高质量教材进课堂,江苏联合职业技术学院建筑专业协作委员会对建筑类专业教材进行统一规划并组织编写。

本套院本系列教材是在总结五年制高等职业教育经验的基础上,根据课程标准、最新国家标准和有关规范编写,并经过学院教材审定委员会审定通过的。新教材紧紧围绕五年制高等职业教育的培养目标,密切关注建筑业科技发展与进步,遵循教育教学规律,从满足经济社会发展对高素质劳动者和技术技能型人才的需求出发,在课程结构、教学内容、教学方法等方面进行了新的探索和改革创新;同时,突出理论与实践的结合,知识技能的拓展与应用迁移相对接,体现高职建筑专业教育特色。

本套教材可作为建筑类专业教材,也可作为建筑工程技术人员自学和参考用书。希望各分院积极推广和选用院本规划教材,并在使用过程中,注意总结经验,及时提出修改意见和建议,使之不断完善和提高。

江苏联合职业技术学院建筑专业协作委员会<br>
2017年12月

# 前言

随着社会的发展、人们生活的进步，建筑业作为国民经济的重要支柱产业得到了长足的发展。21世纪，建筑以其独特的方式传承着文化，散播着生活的韵味，不断地渗透进人们的日常生活中，为人们营造一个和谐和安宁的精神家园。当前，建筑行业的发展迅猛，如火如荼，遍及全国各个区域。建筑行业的发展同时为我国经济发展起到了重要支柱性作用。不断地加强和完善法制法规，特别是《中华人民共和国建筑法》《中华人民共和国合同法》《中华人民共和国招标投标法实施条例》《建设工程质量管理条例》等法律法规的发布实施，使得我国建筑业的法制建设出现了一个全新的局面。

"建筑工程法规"不是法学意义上的一个独立法律部门，而是分散在各独立法律部门内所有有关建设活动的法律规范的总称。我们将这些分散的法律规范，依照建设活动的规律性程序，加以归类、整理，形成了我们称为"建筑工程法规"的法规体系。本书是一门研究工程法规理论和方法的专业基础课，共分九个章节。全书突出对学生职业能力的训练，同时又充分考虑了职业教育对理论知识学习的需要，融合了相关执业资格考试对知识、技能和态度的要求。本书在编写上将建筑工程法规的基本知识和基本技能融于各章节之间，全面而合理地覆盖建筑工程领域所涉及的法律理论知识与实践知识。教材内容以"必需、够用"为度，突出实践性和实用性，基于实际工程案例和建造师执业资格考试的要求，采用最新国家法律法规规范进行编写。

本书由江苏联合职业技术学院通州分院吴烨玮、季林飞担任主编，由江苏联合职业技术学院通州分院冒顾慧、江苏联合职业技术学院如东分院汪发余担任副主编，苏州建设交通高等职业技术学校陈小雁、江苏省南京工程高等职业学校刘梦琪、阜宁高等师范学校胡蝶参与了本书部分章节的编写工作。全书由江苏联合职业技术学院通州分院顾荣华主审。

本书在编写过程中参阅了国内外相关教材和资料，在此一并表示感谢！由于编者水平有限，编写时间仓促，书中难免有不妥之处，恳请读者批评指正。

编　者

# 目 录

## 第一章 建设工程相关法律知识 ……… 1
### 第一节 建设工程法律体系的概念 ……… 1
一、建设工程法律体系的基本框架 ……… 2
二、法的形式和效力层级 ……… 4
### 第二节 建设工程法律关系 ……… 8
一、建设法的定义 ……… 8
二、建设法律、行政法规与行政法的关系 ……… 9
三、建设法律、行政法规与民法商法的关系 ……… 9
四、建设法律、行政法规与社会法的关系 ……… 9
### 第三节 建设工程法律责任制度 ……… 11
一、法律责任的基本种类和特征 ……… 11
二、建设工程民事责任的种类及承担方式 ……… 11
三、建设工程行政责任的种类及承担方式 ……… 12
四、建设工程刑事责任的种类及承担方式 ……… 12
五、建设单位的法律责任 ……… 13
六、施工单位的法律责任 ……… 14
七、监理、设计单位的法律责任 ……… 15
### 第四节 建设工程债权制度 ……… 21
一、债的基本法律关系 ……… 21
二、建设工程债的发生根据 ……… 21
三、建设工程债的常见种类 ……… 22
### 第五节 建设工程担保制度 ……… 23
一、担保与担保合同的规定 ……… 23
二、建设工程保证担保的方式和责任 ……… 23
三、建设工程施工常用的担保种类 ……… 24
四、抵押权、质权、留置权、定金的规定 ……… 25
### 第六节 建设工程保险制度 ……… 27
一、保险与保险索赔的规定 ……… 27
二、建设工程保险的主要种类和投保权益 ……… 28
### 第七节 建设工程法人制度 ……… 33
一、法人应具备的条件 ……… 33
二、法人的分类 ……… 33
三、法人在建设工程中的地位 ……… 34
四、法人在建设工程中的作用 ……… 34
五、企业法人与项目经理的法律关系 ……… 34
### 本章练习 ……… 35

## 第二章 建设工程许可法律制度 ……… 39
### 第一节 建设工程施工许可制度 ……… 39
一、施工许可证和开工报告的适用范围 ……… 39
二、施工许可证的申请主体和法定批准条件 ……… 40
三、延期开工、核验和重新办理批准的规定 ……… 42
### 第二节 城乡规划法规与工程项目规划许可制度 ……… 43
一、城乡规划和城乡规划法 ……… 43
二、《城乡规划法》的立法宗旨及适用范围 ……… 43

三、建设项目选址意见书……43
四、建设用地规划许可证……44
五、建设工程规划许可证……45
第三节 从业单位从业许可制度……45
一、施工企业资质的法定条件……45
二、施工企业的资质序列、类别和等级……47
三、施工企业资质证书的申请、延续和变更……47
第四节 专业技术人员执业许可制度……48
一、工程建设专业技术人员的划分……48
二、工程建设专业技术人员的管理制度……49
第五节 建造师注册执业资格制度……49
一、建造师执业资格制度与项目经理负责制的关系……50
二、建造师的考试……50
三、建造师报考条件……51
四、建造师的注册……52
五、建造师的继续教育……53
六、建造师的受聘单位和执业岗位范围……54
七、建造师的基本权利和义务……54
本章练习……55

# 第三章 建设工程发承包法律制度……58
第一节 建设工程发包承包制度……58
一、建设工程发包与承包概述……58
二、建设工程发包法规……59
三、建设工程承包法规……60
四、建设工程发包与承包法律责任……61
第二节 建设工程招标投标制度……62
一、建设工程招标投标概述……62
二、招标……64
三、投标……68
四、开标、评标、定标、订立合同……70
五、建设工程招标投标的法律责任……75
第三节 建设工程信用体系建设……78
一、建筑市场诚信行为信息的分类……79

二、建筑市场施工主体不良行为记录认定标准……79
三、建筑市场诚信行为的公布和奖惩机制……82
四、建筑市场主体诚信评价的基本规定……84
本章练习……84

# 第四章 建设工程合同法律制度……86
第一节 建设工程施工合同的法定形式和内容……86
一、合同的法律特征……86
二、合同的订立原则……87
三、合同的分类……88
四、建设工程合同……89
第二节 建设工程施工合同订立与合同成立……90
一、建设工程合同订立形式……90
二、建设工程合同订立程序……91
第三节 建设工程合同订立内容……93
一、合同的一般条款……93
二、缔约过失责任……94
三、格式合同（条款）……95
第四节 建设工程合同效力的认定……95
一、建设工程合同生效的条件……95
二、可撤销和无效建设工程合同……97
三、建设工程施工合同的履行……99
四、施工合同当事人的权利、义务与责任……100
第五节 建设工程合同的变更和解除……101
一、建设工程合同的变更……101
二、建设工程合同的解除……102
三、建设工程合同变更、解除的法律后果……103
第六节 建设工程合同的违约责任……104
一、违约责任的概念和特征……104
二、当事人承担违约责任应具备的条件……105
三、承担违约责任的种类……105
四、违约责任的免除……105
本章练习……105

# 第五章　建设工程监理法律制度 …… 107
## 第一节　建设工程监理概述 …… 107
### 一、建设工程监理制产生的背景 …… 107
### 二、建设工程监理的概念 …… 108
### 三、建设工程监理的性质 …… 109
### 四、工程建设监理的作用 …… 110
## 第二节　建设工程监理资质管理制度 …… 110
### 一、建设工程监理从业人员资质管理制度 …… 110
### 二、建设工程监理企业资质管理制度 …… 112
## 第三节　建设工程监理实施制度 …… 114
### 一、项目监理机构及其设施 …… 114
### 二、建设工程监理的主要工作程序 …… 115
### 三、建设工程监理的主要工作内容 …… 117
## 第四节　建设工程监理合同管理制度 …… 129
### 一、监理合同概述 …… 129
### 二、监理合同的内容 …… 129
## 本章练习 …… 142

# 第六章　建设工程安全生产法律制度 …… 144
## 第一节　施工安全生产管理的方针和原则 …… 145
### 一、建筑安全生产管理的方针 …… 145
### 二、建筑安全生产管理的原则 …… 145
## 第二节　施工安全生产许可证制度 …… 146
### 一、建筑施工企业安全生产许可证管理的一般规定 …… 146
### 二、建筑施工企业取得安全生产许可证必须具备的条件 …… 146
### 三、建筑施工企业安全生产许可证的申请与颁发 …… 147
## 第三节　施工安全生产管理体系 …… 148
### 一、施工单位的安全生产责任 …… 148
### 二、施工作业人员的安全生产权利和义务 …… 151
### 三、施工单位安全生产教育培训 …… 153
## 第四节　施工过程中安全生产管理 …… 155
### 一、施工现场的安全管理制度 …… 155
### 二、施工现场的安全防护管理 …… 158
### 三、施工现场生活区和作业区环境的管理 …… 160
### 四、施工现场的消防管理 …… 161
### 五、施工现场的环境保护 …… 162
### 六、建筑装修和房屋拆除的安全管理 …… 162
## 第五节　施工过程中安全防护制度 …… 166
### 一、编制安全技术措施、专项施工方案和安全技术交底的规定 …… 166
### 二、施工现场安全防护的规定 …… 169
### 三、施工现场消防安全职责和应采取的消防安全措施 …… 170
### 四、办理意外伤害保险的规定 …… 171
### 五、违法行为应承担的法律责任 …… 172
## 第六节　施工安全事故的应急救援与调查处理 …… 174
### 一、生产安全事故的等级划分标准 …… 174
### 二、施工生产安全事故应急救援预案的规定 …… 176
### 三、施工生产安全事故报告及采取相应措施的规定 …… 177
### 四、违法行为应承担的法律责任 …… 181
## 本章练习 …… 183

# 第七章　建设工程质量法律制度 …… 186
## 第一节　建设工程质量标准管理及认证制度 …… 187
### 一、建设工程质量标准管理 …… 187
### 二、建设工程质量认证制度 …… 189
### 三、ISO 9000族质量管理体系标准的产生和发展 …… 190
### 四、我国GB/T 19000族标准 …… 190
## 第二节　施工单位的质量责任和义务 …… 191
## 第三节　建设单位的质量责任和义务 …… 193
## 第四节　相关单位的质量责任和义务 …… 196
### 一、工程勘察设计单位的质量责任与义务 …… 196
### 二、工程建设监理单位的质量责任与义务 …… 197

三、材料、设备供应单位的质量责任与
　　义务……………………………… 197
第五节　建设工程竣工验收制度………… 198
一、竣工验收的条件……………………… 198
二、竣工验收的类型……………………… 199
三、竣工验收的范围和标准……………… 199
四、申报竣工验收的准备工作…………… 200
五、竣工验收的程序和组织……………… 200
六、竣工日期和投产日期………………… 201
七、竣工验收备案管理制度……………… 201
第六节　建设工程质量保修制度………… 201
一、建筑工程质量的保修范围及保修期限… 202
二、建设工程保修的经济责任…………… 202
三、建设工程保修的程序………………… 202
四、建设工程质量保证金………………… 203
本章练习……………………………………… 204

## 第八章　建设工程其他法律制度……… 205
第一节　建设工程劳动合同管理制度…… 205
一、劳动合同订立的规定………………… 205
二、劳动合同的履行、变更、解除和终止… 206
第二节　施工现场环境保护制度………… 208
一、建设项目环境保护概述……………… 208
二、环境保护法关于环境保护的基本原则… 208
三、施工现场噪声污染的防治…………… 209
四、施工现场废气污染防治的规定……… 210
五、施工现场废水污染防治的规定……… 212
六、固体废物污染环境防治法关于固体废物
　　排放的规定……………………… 215
七、建设工程项目环境影响评价和环境保护
　　"三同时"的有关规定…………… 216
第三节　施工现场节约能源制度………… 218
一、节约能源的措施与相关制度………… 219
二、建筑工程项目的节能管理…………… 220
三、施工节能和激励措施的规定………… 224

四、法律责任……………………………… 225
第四节　施工现场消防安全制度………… 227
一、建设工程消防设计的审核与验收…… 227
二、工程建设中应采取的消防安全措施… 228
三、消防组织与火灾救援………………… 228
四、施工现场的各种消防安全制度……… 229
本章练习……………………………………… 232

## 第九章　解决建设工程纠纷的法律
　　　　　制度……………………………… 236
第一节　建设工程施工合同的法定形式和
　　　　内容……………………………… 236
一、建设工程民事纠纷…………………… 236
二、建设工程行政纠纷…………………… 237
第二节　和解与调节制度………………… 238
一、和解…………………………………… 238
二、调解…………………………………… 239
第三节　仲裁制度………………………… 240
一、仲裁的概念…………………………… 240
二、仲裁的特点…………………………… 241
三、仲裁协议……………………………… 241
四、仲裁的程序…………………………… 243
第四节　民事诉讼制度…………………… 244
一、民事诉讼特性………………………… 245
二、民事诉讼的法院管辖………………… 246
三、民事诉讼的当事人和代理人………… 249
四、民事诉讼的证据……………………… 250
五、民事诉讼程序………………………… 253
第五节　行政复议和行政诉讼制度……… 257
一、行政复议……………………………… 257
二、行政诉讼……………………………… 262
本章练习……………………………………… 266

## 参考文献…………………………………… 270

# 第一章 建设工程相关法律知识

## 导　入

随着人类社会与经济的发展，人们对各类建筑工程的需求也不断增多，因而围绕各类建筑工程所进行的各种建筑活动也随之日益频繁。应当说围绕各类建筑工程所进行的各种建筑活动在总体上是符合一定时空条件的统治阶级的利益的，但在相关建筑工程的建筑活动中也不可避免地出现了一些不容忽视甚至严重危及社会利益（含统治阶级利益与被统治阶级利益）的问题。如建筑工程市场中主体行为不规范，在建筑工程承发包活动中行贿受贿，或者将承揽的建筑工程进行层层转包，一批不具备从事建筑活动所应有的资质条件的包工队通过非法手段承包建筑工程，留下质量隐患，破坏建筑工程市场的正常秩序；建筑工程质量低劣；有些建筑工程行政主管部门工作人员不认真履行监督管理职责，玩忽职守，给建筑活动中的违法行为以可乘之机等。

对于各类建设工程的建筑活动中存在的上述种种问题，不同国家、不同时期的统治阶级，其解决措施是存在差异的，有通过行政手段的，有通过法制手段的。经过国内外实践最终证明，制定建筑工程法律，实行建筑工程法制管理，对于规范各类建筑工程的建筑活动，维护建筑工程市场秩序，保证建筑工程的质量和安全，促进建筑业健康发展，是非常有力且有效的措施。

## 学习目标

**知识目标**：了解建设工程法律的体系；了解建设工程法律之间的关系；理解建设工程法律责任制度；熟悉建设工程债权制度；理解建设工程担保制度；理解建设工程保险制度。

**技能目标**：能理解建设工程民事责任的种类以及建设单位、施工单位、监理单位和设计单位的法律责任；能理解担保的责任、方式以及种类；能理解保险与保险索赔的规定以及工程保险的主要种类和投保权益。

**素质目标**：培养学生的法律意识。

## 第一节　建设工程法律体系的概念

法律体系也称"法的体系"，一般是指由一个国家现行的全部法律规范按照不同的法律部门组合形成的有机联系的统一整体。在我国的法律体系中，根据所调整的社会关系性质不同，可以划分为不同的部门法。部门法又称法律部门，是根据一定标准、原则所制定的同类法律规范的总称。

建筑工程法律主要由经济法、行政法、民法、商法等组成。与此同时，它又有一定的独立性和完整性，有自己的完整系统。法律体系的建设，是指将已经制定、需要制定的建设工程方面的法律、行政法规、部门规章和地方法规、地方规章有机地结合起来，形成了一个相互联系、相互补充、相互协调的完整、统一的系统。

## 一、建设工程法律体系的基本框架

2011年3月10日，吴邦国委员长在十一届全国人民代表大会第四次会议上正式宣布：一个立足中国国情和实际、适应改革开放和社会主义现代化建设需要、集中体现党和人民意志的，以宪法为统帅，以宪法相关法、民法商法等多个法律部门的法律为主干，由法律、行政法规、地方性法规等多个层次的法律规范构成的中国特色社会主义法律体系已经形成，国家经济建设、政治建设、文化建设、社会建设及生态文明建设的各个方面实现有法可依。

### (一)宪法及宪法相关法

《中华人民共和国宪法》(以下简称《宪法》)是中华人民共和国的根本大法，规定拥有最高法律效力。中华人民共和国成立后，分别于1954年9月20日、1975年1月17日、1978年3月5日和1982年12月4日通过四个宪法，现行宪法为1982年宪法，并历经1988年、1993年、1999年、2004年四次修订，是特定社会政治经济和思想文化条件综合作用的产物，集中反映各种政治力量的实际对比关系，确认革命胜利成果和现实的民主政治，规定国家的根本任务和根本制度，即社会制度、国家制度的原则和国家政权的组织及公民的基本权利、义务等内容。

宪法相关法是与宪法相配套，直接保障宪法实施和国家政权运作的法律规范，主要包括国家机构的产生、组织、职权和基本原则方面的法律，民族区域自治制度，特别行政区制度，基层群众自治制度方面的法律，维护国家主权、领土完整，国家安全，国家标志象征方面的法律，保障公民基本政治权利方面的法律。宪法相关法主要包括《中华人民共和国全国人民代表大会组织法》《中华人民共和国国务院组织法》《中华人民共和国人民法院组织法》《中华人民共和国人民检察院组织法》《中华人民共和国民族区域自治法》《中华人民共和国香港特别行政区基本法》《中华人民共和国澳门特别行政区基本法》《中华人民共和国城市居民委员会组织法》《中华人民共和国村民委员会组织法》《中华人民共和国立法法》《中华人民共和国全国人民代表大会和地方各级人民代表大会选举法》《中华人民共和国全国人民代表大会和地方各级人民代表大会代表法》《中华人民共和国国籍法》《中华人民共和国国徽法》《中华人民共和国国旗法》《中华人民共和国集会游行示威法》《中华人民共和国国家赔偿法》《中华人民共和国反分裂国家法》《中华人民共和国缔结条约程序法》《中华人民共和国领海及毗连区法》《中华人民共和国专属经济区和大陆架法》等法律。

### (二)民商法

民商法是指民法与商法。民法包括财产法和人身法，是规定并调整平等主体的公民间、法人间及公民与法人间的财产关系和人身关系的法律规范总称；商法是调整市场经济关系中商人及其商事活动的法律规范的总称。

我国采用的是民商合一的立法模式。所谓民商合一，是指民法包含商法，商法的母法，并指导和统帅商法，而商法是民法的子法或者特别法。商法被认为是民法的特别法和组成部分。《中华人民共和国民法通则》(以下简称《民法通则》)、《中华人民共和国合同法》(以下简称《合同法》)、《中华人民共和国物权法》(以下简称《物权法》)、《中华人民共和国侵权责任法》(以下简称

《侵权责任法》)、《中华人民共和国公司法》(以下简称《公司法》)、《中华人民共和国招标投标法》(以下简称《招标投标法》)等均属于民商法。

民法与商法比较，其差异主要表现在以下几个方面：

(1) 两者凭借的社会经济基础有所不同。民法是商品经济的产物，是市民社会个体在生活交往过程中因为生活所需要产生的，民法伴随商品经济的产生而产生，伴随着商品经济的发展而发展；而商法是以市场经济为基础与依托的，商法的产生是随着资本主义商品经济的发展，生产社会化程度的提高而产生。如今，商法不再是维护商人特殊利益的法律，已经变成了规范商事组织和商事活动的法律。随着经济的发展，商法不断适应市场经济发展的需要，规范市场主体、维护交易安全。

(2) 两者的价值追求目标有所不同。民法以追求其主体人格独立与被尊重为价值目标，具有鲜明的道德性即伦理色彩。民法在对主体调整的过程中注重的是公平，是对人身关系和与人身关系有关的财产归属的调整，更加强调人格的独立，是立足于民事主体的个体权利，以权利为本位的私法；而商法的价值追求目标在于使社会生产的效率能够得到更大幅度的提高，具有极强的功利性质，即经济学色彩。商法是以从事商事经营的商人为其主体性，这种特定的主体阶层及其营利的目的就决定了商法的功利性。商法更强调安全、效率，这些都与其生产目的有着直接的关系。

(3) 两者制度构建的主要立法技术有别。民法是行为法，因为民事主体的主体地位是"自然"的，它是一种生理过程，客观地说，它只需要法律给予确认而没有必要赋予其主体资格。民事规范只是民事主体的行为给予必要的约束，以及在长久的生活交往中的一般性规则；而商事主体的地位却不是自然就有的，它是需要根据法律的规定，符合条件并经过一定的程序才能获得的，商人是因职业而形成的一种身份。商法既然是市场经济的产物，同时，也就是市场经济运作技术规则在立法层面的集中反映，所以它的制度设计采用"组织兼行为法"。这是因为商法既有对商事主体的制度的规定又有对商事主体行为的规范。

### (三) 行政法

行政法是指行政主体在行使行政职权和接受行政法制监督过程中而与行政相对人、行政法制监督主体之间发生的各种关系，以及行政主体内部发生的各种关系的法律规范的总称。其由规范行政主体和行政权设定的行政组织法、规范行政权行使的行政行为法、规范行政权运行程序的行政程序法、规范行政权监督的行政监督法和行政救济法等部分组成。其重心是控制和规范行政权，保护行政相对人的合法权益。行政法包括两层含义：第一，行政法是国家一类法律规范和原则的总称；第二，这一系列法律规范和原则调整的对象是行政关系和监督行政关系，而不是其他社会关系。

作为行政法调整对象的行政关系，主要包括行政管理关系、行政法制监督关系、行政救济关系、内部行政关系。《中华人民共和国行政处罚法》(以下简称《行政处罚法》)、《中华人民共和国行政复议法》(以下简称《行政复议法》)、《中华人民共和国行政许可法》(以下简称《行政许可法》)、《中华人民共和国环境影响评价法》(以下简称《环境影响评价法》)、《中华人民共和国城市房地产管理法》(以下简称《城市房地产管理法》)、《中华人民共和国城乡规划法》(以下简称《城乡规划法》)、《中华人民共和国建筑法》(以下简称《建筑法》)等属于行政法。

### (四) 经济法

经济法是对社会主义商品经济关系进行整体、系统、全面、综合调整的一个法律部门。经济法是调整在国家协调、干预经济运行的过程中发生的经济关系的法律规范的总称。《中华人民共和国统计法》(以下简称《统计法》)、《中华人民共和国土地管理法》(以下简称《土地管理法》)、《中华人民共和国标准化法》(以下简称《标准化法》)、《中华人民共和国税收征收管理法》(以下简称《税收征收管理法》)、《中华人民共和国预算法》(以下简称《预算法》)、《中华人民共和国审计法》(以下简称《审计法》)、《中华人民共和国节约能源法》(以下简称《节约能源法》)等属于经济法。

### (五)社会法

社会法是我国近年来在完善市场经济法律体系，落实科学发展观、构建社会主义和谐社会的历史大潮中应运而生的新兴法律门类和法律学科。社会法是调整劳动关系、社会保障和社会福利关系的法律规范的总称。

社会法是在国家干预社会生活过程中逐渐发展起来的一个法律门类，所调整的是政府与社会之间、社会不同部分之间的法律关系。我国现行的社会法包括《中华人民共和国劳动法》《中华人民共和国劳动合同法》《中华人民共和国工会法》《中华人民共和国未成年人保护法》《中华人民共和国老年人权益保障法》《中华人民共和国妇女权益保障法》《中华人民共和国残疾人保障法》《中华人民共和国矿山安全法》《中华人民共和国红十字会法》《中华人民共和国公益事业捐赠法》《中华人民共和国消费者权益保护法》《中华人民共和国职业病防治法》。

### (六)刑法

刑法是规定犯罪、刑事责任和刑罚的法律，是掌握政权的统治阶级为了维护本阶级政治上的统治和经济上的利益，根据自身意志规定哪些行为是犯罪并且应承担的刑事责任，并给予犯罪嫌疑人何种刑事处罚的法律规范的总称。2017年11月4日，十二届全国人大常委会第三十次会议表决通过刑法修正案(十)，并自公布之日起施行。这也是继1997年全面修订刑法后，中国先后通过一个决定和十个修正案，对刑法作出的修改、补充。《中华人民共和国刑法》(以下简称《刑法》)是这一法律的主要内容。

### (七)诉讼法与非诉讼程序法

诉讼法与非诉讼程序法是调整诉讼活动和非诉讼活动而产生的社会关系的法律规范的总和。我国有三大诉讼法，分别为《中华人民共和国民事诉讼法》(以下简称《民事诉讼法》)、《中华人民共和国刑事诉讼法》(以下简称《刑事诉讼法》)、《中华人民共和国行政诉讼法》(以下简称《行政诉讼法》)。非诉讼的程序法主要是《中华人民共和国仲裁法》(以下简称《仲裁法》)。

## 二、法的形式和效力层级

### (一)法的形式

法的形式，也被称为法渊源，是指由一定的有权国家机关制定的各种规范性法律文件的表现形式。

法的形式是指法律创制方式和外部表现形式。它包括四层含义：一是法律规范创制机关的性质及级别；二是法律规范的外部表现形式；三是法律规范的效力等级；四是法律规范的地域效力。法的形式取决于法的本质。在世界历史上存在过的法律形式主要有习惯法、宗教法、判例、规范性法律文件、国际惯例、国际条约等。在我国，习惯法、宗教法、判例不是法的形式。我国法的形式是制定法形式，具体可分为以下七类：

(1)宪法。宪法的基本法律由全国人民代表大会依照特别程序制定的具有最高效力的根本法。宪法是一个集中的反映统治阶级的意志和利益，国家系统和社会系统的基本原则，并具有最高的法律效力的法律。其主要功能是制约和平衡国家权力，保护公民的权利不被侵犯。宪法是我国的基本法律，是我国的根本大法，在我国的法律体系中具有最高的法律地位和法律效力，是我国最高的法律形式。

宪法也是建设法律的最高形式，是国家进行建设管理、监督的权力基础。

(2)法律。法律是指由全国人民代表大会和全国人民代表大会常务委员会制定颁布的规范性法律文件，即狭义的法律。广义的法律是指由社会认可国家确认立法机关制定规范的行为规则，并由国家强制力(主要是司法机关)保证实施的，以规定当事人权利和义务为内容的，对全体社会成员具有普遍约束力的一种特殊行为规范(社会规范)。法律由基本法律和一般法律(或非基本法律、专门法)两类组成。基本法律和普通法律是不同的划分标准所对应的划分类别，也可以划分为宪法性法律和普通法律。

基本法律是由全国人民代表大会制定的调整国家和社会生活中带有普遍性的社会关系的规范性法律文件的统称，如刑法、民法、诉讼法以及有关国家机构的组织法等法律。

法律是由全国人民代表大会常务委员会制定的调整国家和社会生活中某种具体社会关系或其某一方面内容的规范性文件的统称。其调整范围较基本法律小，内容较具体，如商标法、文物保护法等。全国人民代表大会和全国人民代表大会常务委员会通过的法律由国家主席签署主席令予以公布。普通法律是以宪法为基础，由国家立法机关依一般立法程序制定、颁发的用以规范某种社会关系或社会关系某一方面行为规则的规范性文件。

依照《中华人民共和国立法法》(以下简称《立法法》)的规定，以下事项只能制定法律：国家主权的事项；各级人民代表大会、人民政府、人民法院和人民检察院的产生、组织和职权；民族区域自治制度、特别行政区制度、基层群众自治制度；犯罪和刑罚；对公民政治权利的剥夺、限制人身自由的强制措施和处罚；税种的设立、税率的确定和税收征收管理等税收基本制度；对非国有财产的征收、征用；民事基本制度；基本经济制度以及财政、海关、金融和外贸的基本制度；诉讼和仲裁制度；必须由全国人民代表大会及其常务委员会制定法律的其他事项。

建设法律既包括专门的建设领域的法律，也包括与建设活动相关的其他法律。例如，前者有《城乡规划法》《建筑法》《城市房地产管理法》等；后者有《民法通则》《合同法》《行政许可法》等。

(3)行政法规。行政法规是国务院为领导和管理国家各项行政工作，根据宪法和法律，并按照《行政法规制定程序条例》的规定而制定的政治、经济、教育、科技、文化、外事等各类法规的总称；其是指国务院根据宪法和法律，按照法定程序制定的有关行使行政权力，履行行政职责的规范性文件的总称。行政法规的制定主体是国务院，行政法规根据宪法和法律的授权制定，行政法规必须经过法定程序制定，行政法规具有法的效力。行政法规一般是条例、办法、实施细则、规定等形式。发布行政法规需要国务院总理签署国务院令。其效力次于法律，高于部门规章和地方法规。

行政法规是国家机关国务院根据宪法和法律就有关执行法律和履行行政管理职权的问题，以全国人民代表大会及其常务委员会特别授权所制定的规范性文件的总称。依照《立法法》的规定、国务院法和法律，制定行政法规。行政法规可以就下列事项作出规定：为执行法律需要制定行政法规的事项；宪法规定的国务院行政管理职权的事项。应当由全国人民代表大会及其常务委员会制定法律的事项，国务院根据全国人民代表大会及其常务委员会的授权：先制定的行政法规，经过实践检验，制定法律的条件成熟时，国务院应当及时提请人民代表大会及其常务委员会制定法律。

现行的建设行政法规主要有《建设工程质量管理条例》《建设工程安全生产管理条例》《建设工程勘察设计管理条例》《中华人民共和国土地管理法实施条例》等。

(4)地方性法规、自治条例和单行条例。省、自治区、直辖市的人民代表大会及其常务委员会根据本行政区域的具体情况和实际需要,在不同宪法、法律、行政法规相抵触的前提下,可以制定地方性法规。较大的市的人民代表大会及其常务委员会根据本市的具体情况和实际需要,在不同宪法、法律、行政法规和本省、自治区的地方性法规相抵触的前提下,可以制定地方性法规,报省、自治区的人民代表大会常务委员会批准后施行。较大的市是指省、自治区的人民政府所在地的市,经济特区所在地的市和经国务院批准的较大的市。地方性法规可以就下列事项作出规定:为执行法律、行政法规的规定,需要根据本行政区域的实际情况作具体规定的事项;属于地方性事务需要制定地方性法规的事项。

经济特区所在地省、市的人民代表大会及其常务委员会根据全国人民代表大会的授权决定,制定法规,在经济特区范围内实施。民族自治地方的人民代表大会有权依照当地民族的政治、经济和文化的特点,制定自治条例和单行条例。自治区的自治条例和单行条例,报全国人民代表大会常务委员会批准后生效。自治州、自治县的自治条例和单行条例,报省、自治区、直辖市的人民代表大会常务委员会批准后生效。省、自治区、直辖市的人民代表大会制度的地方性法规由大会主席团发布公告予以公布。省、自治区、直辖市的人民代表大会常务委员会制定的地方性法规由常务委员会发布公告予以公布。较大的市的人民代表大会及其常务委员会制定的地方性法规报经批准后,由较大的市的人民代表大会常务委员会发布公告予以公布。自治条例和善行条例报经批准后,分别由自治区、自治州、自治县的人民代表大会常务委员会发布公告予以公布。

目前,各地方都制定了大量的规范建设活动的地方性法规、自治条例和单行条例,如《北京市建筑市场管理条例》《天津市建筑市场管理条例》《新疆维吾尔自治区建筑市场管理条例》等。

(5)部门规章。国务院各部、委员会、中国人民银行、审计署和具有行政管理职能的直属机构,以及自治区、直辖市人民政府和较大的市的人民政府所制定的规范性文件统称规章。部门规章由部门首长签署命令予以公布。

部门规章规定的事项应当属于执行法律或者国务院的行政法规、决定、命令的事项,其名称可以是"规定""办法""实施细则"等。目前,大量的建设法规是以部门规章的方式发布,如住房和城乡建设部发布的《房屋建筑和市政基础设施工程质量监督管理规定》《房屋建筑和市政基础设施工程竣工验收备案管理办法》《市政公用设施抗灾设防管理规定》,国家发展和改革委员会发布的《招标公告和公示信息发布管理办法》等。

现行的建设部门规章主要有《工程监理企业资质管理规定》《注册监理工程师管理规定》《建设工程监理范围和规模标准规定》《建筑工程设计招标投标管理办法》《房屋建筑和市政基础设施工程施工招标投标管理办法》《评标委员会和评标方法暂行规定》《建筑工程施工发包与承包计价管理办法》《建筑工程施工许可管理办法》《实施工程建设强制性标准监督规定》《房屋建筑工程质量保修办法》《房屋建筑工程和市政基础设施工程竣工验收备案管理暂行办法》《城市建设档案管理规定》。

涉及两个以上国务院部门职权范围的事项,应当提请国务院制定行政法规或者由国务院有关部门联合制定规章。目前,国务院有关部门已联合制定了一些规章,如2001年7月,原国家计委、国家经贸委、原建设部、原铁道部、交通部、信息产业部、水利部联合发布的《评标委员会和评标方法暂行规定》等。

(6)地方政府规章。省、自治区、直辖市和较大的市的人民政府,可以根据法章、行政法规和本省、自治区、直辖市的地方性法规,制定地方政府规章。地方政府规章由省长或者自治区主席或者市长签署命令予以公布。地方政府规章签署公布后,及时在本级人民政府公报和中国政府法制信息网，以及在本行政区域范围内发行的报纸上刊载。

地方政府规章可以就下列事项作出规定：为执行法律、行政法规、地方性法规的规定需要制定规章的事项；属于本行政区域的具体行政管理事项。目前，省、自治区、直辖市和较大的市的人民政府都制定了大量地方规章，如《重庆市建设工程造价管理规定》《安徽省建设工程造价管理办法》《宁波市建设工程造价管理办法》等。

(7)国际条约。国际条约是指我国与外国缔结、参加、签订、加入、承认的双边、多边的条约、协定和其他具有条约性质的文件。国际条约的名称，除条约外，还有公约、协议、协定、议定书、宪章、盟约、换文和联合宣言等。除我国在缔结时宣布持保留意见不受其约束外，这些条约的内容都与国内法具有一样的约束力，所以也是我国法的形式。例如，我国加入WTO后，WTO中与工程建设有关的协定也对我国的建设活动产生约束力。

### (二)法的效力层级

法的效力层级是指法律体系中的各种法的形式，由于制定的主体、程序、时间、适用范围等的不同，具有不同的效力，形成法的效力等级体系。

(1)宪法至上。宪法是具有最高法律效力的根本大法，具有最高的法律效力。宪法作为根本法和母法，还是其他立法活动的最高法律依据。任何法律、法规都必须遵循宪法而产生，无论是维护社会稳定、保障社会秩序，还是规范经济秩序，都不能违背宪法的基本准则。

(2)上位法优于下位法。在我国法律体系中，法律的效力是仅次于宪法而高于其他法的形式。行政法规的法律地位和法律效力仅次于宪法和法律，高于地方性法规和部门规章。地方性法规的效力，高于本级和下级地方政府规章。省、自治区人民政府制定的规章的效力，高于本行政区域内的较大的市人民政府制定的规章。

自治条例和单行条例依法对法律、行政法规、地方性法规作变通规定的，在本自治地方适用自治条例和单行条例的规定。经济特区法规根据授权对法律、行政法规、地方性法规作变通规定的，在本经济特区适用经济特区法规的规定。部门规章之间、部门规章与地方政府规章之间具有同等效力，在各自的权限范围内施行。

(3)特别法优于一般法。特别法优于一般法，是指公法权力主体在实施公权力行为中，当一般规定与特别规定不一致时，优先适用特别规定。《立法法》规定，同一机关制定的法律、行政法规、地方性法规、自治条例和单行条例、规章，特别规定与一般规定不一致的，适用特别规定。

(4)新法优于旧法。新法、旧法对同一事项有不同规定时，新法的效力优于旧法。《立法法》规定，同一机关制定的法律、行政法规、地方性法规、自治条例和单行条例、规章，新的规定与旧的规定不一致的，适用新的规定。

(5)需要由有关机关裁决适用的特殊情况。法律之间对同一事项的新的一般规定与旧的特别规定不一致，不能确定如何适用时，由全国人民代表大会常务委员会裁决。行政法规之间对同一事项的新的一般规定与旧的特别规定不一致，不能确定如何适用时，由国务院裁决。

地方性法规、规章之间不一致时，由有关机关依照下列规定的权限作出裁决：同一机关制定的新的一般规定与旧的特别规定不一致时，由制定机关裁决；地方性法规与部门规章之间对同一事项的规定不一致，不能确定如何适用时，由国务院提出意见。国务院认为应当适用地方性法规的，应当决定在该地方适用地方性法规的规定；认为应当适用部门规章的，应当提请全国人民代表大会常务委员会裁决。部门规章之间、部门规章与地方政府规章之间对同一事项的规定不一致时，由国务院裁决。

根据授权制定的法规与法律规定不一致，不能确定如何适用时，由全国人民代表大会常务委员会裁决。

(6)备案和审查。行政法规、地方性法规、自治条例和单行条例、规章应当在公布的30日内，依照《立法法》的规定报有关机关备案：行政法规报全国人民代表大会常务委员会备案；省、自治区、直辖市的人民代表大会及其常务委员会制定的地方性法规，报全国人民代表大会常务委员会和国务院备案；设区的市、自治州的人民代表大会及其常务委员会制定的地方性法规，由省、自治区的人民代表大会常务委员会报全国人民代表大会常务委员会和国务院备案；自治州、自治县的人民代表大会制定的自治条例和单行条例，由省、自治区、直辖市的人民代表大会常务委员会报全国人民代表大会常务委员会和国务院备案；自治条例、单行条例报送备案时，应当说明对法律、行政法规做出变通的情况；部门规章和地方政府规章报国务院备案；地方政府规章应当同时报本级人民代表大会常务委员会备案；设区的市、自治州的人民政府制定的规章应当同时报省、自治区的人民代表大会常务委员会和人民政府备案；根据授权制定的法规应当报授权决定规定的机构备案；经济特区报送备案时，应当说明对法律、行政法规、地方性法规做出变通的情况。

国务院、中央军事委员会、最高人民法院、最高人民检察院和各省、自治区、直辖市的人民代表大会常务委员会认为行政法规、地方性法规、自治条例和单行条例同宪法或者法律相抵触的，可以向全国人民代表大会常务委员会书面提出进行审查的要求，由常务委员会工作机构分送有关的专门委员会进行审查、提出意见。其他国家机关和社会团体、企事业组织，以及公民认为行政法规、地方性法规、自治条例和单行条例同宪法或者法律相抵触的，可以向全国人民代表大会常务委员会书面提出进行审查的建议，由常务委员会工作机构进行研究，必要时，送有关的专门委员会进行审查、提出意见。有关的专门委员会和常务委员会工作机构可以对报送备案的规范性文件进行主动审查。

全国人民代表大会专门委员会在审查中认为行政法规、地方性法规、自治条例和单行条例同宪法或者法律相抵触的，可以向制定机关提出书面审查意见；也可以由法律委员会与有关的专门委员会召开联合审查会议，要求制定机关到会说明情况，再向制定机关提出书面审查意见。制定机关应当在两个月内提出是否修改的意见，并向全国人民代表大会法律委员会和有关的专门委员会反馈。全国人民代表大会法律委员会和有关的专门委员会审查认为行政法规、地方性法规、自治条例和单行条例同宪法或者法律相抵触而制定机关不予修改的，可以向委员长会议提出书面审查意见和予以撤销的议案，由委员长会议决定是否提请常务委员会会议审议决定。

## 第二节　建设工程法律关系

### ■ 一、建设法的定义

建设法是调整国家行政管理机关、法人、法人以外的其他组织、公民在建设活动中产生的社会关系的法律规范的总称。建设法律和建设行政法规构成了建设法的主体。建设法是以市场经济中建设活动产生的社会关系为基础，规范国家行政管理机关对建设活动的监管、市场主体之间经济活动的法律法规。

建设法律、行政法规与所有的法律部门都有一定的关系，较为重要的是与行政法、民法商法、社会法的关系。

## 二、建设法律、行政法规与行政法的关系

建设法律、行政法规在调整建设活动中产生的社会关系时，会形成行政监督管理关系。行政监督管理关系是指国家行政机关或者其正式授权的有关机构对建设活动的组织、监督、协调等形成的关系。建设活动事关国计民生，与国家、社会的发展，与公民的工作、生活以及生命财产的安全等有直接的关系。因此，国家必然要对建设活动进行监督和管理。

我国政府一直高度重视对建设活动的监督管理。在国务院和地方各级人民政府都设有专门的建设行政管理部门，对建设活动的各个阶段依法进行监督管理，包括立项、资金筹集、勘察、设计、施工、验收等。国务院和地方各级人民政府的其他有关行政管理部门，也承担了相应的建设活动监督管理的任务。行政机关在这些监督管理中形成的社会关系就是建设行政监督管理关系。

建设行政监督管理关系是行政法律关系的重要组成部分。

## 三、建设法律、行政法规与民法商法的关系

建设法律、行政法规在调整建设活动中产生的社会关系，会形成民事商事法律关系。建设民事商事法律关系，是建设活动中由民事商事法律规范所调整的社会关系。建设民事商事法律关系的特点有以下4点。第一，建设民事商事法律关系是主体之间的民事商事权利和民事商事义务关系。民法商法调整一定的财产关系和人身关系，赋予当事人以民事商事权利和民事商事义务。在民事商事法律关系产生以后，民事商事法律规范所确定的抽象的民事商事权利和民事商事义务便落实为约束当事人行为的具体的民事商事权利和民事商事义务。第二，建设民事商事关系是平等主体之间的关系。民法商法调整平等主体之间的财产关系和人身关系，这就决定了参加民事商事关系的主体地位平等，相互独立、互不隶属。同时，由于主体地位平等，决定了其权利义务一般也是对等的。任何一方在享受权利的同时，也要承担相应的义务。第三，建设民事商事关系主要是财产关系。民法商法以财产关系为其主要调整对象。因此，民事商事关系也主要表现为财产关系，民事商事关系虽然也有人身关系，但在数量上较少。第四，建设民事商事关系的保障措施具有补偿性和财产性。民法商法调整对象的平等性和财产性，也表现在民事商事关系的保障手段上，即民事商事责任以财产补偿为主要内容，惩罚性和非财产性责任不是主要的民事商事责任形式。

在建设活动中，各类民事商事主体，如建设单位、施工单位、勘察设计单位、监理单位等，都是通过合同建立起相互的关系。合同关系就是一种民事商事关系。

建设民事商事关系是民事商事关系的重要组成部分。

## 四、建设法律、行政法规与社会法的关系

建设法律、行政法规在调整建设活动中产生的社会关系时，会形成社会法律关系。例如，施工单位应当做好员工的劳动保护工作，建设单位也要提供相应的保障；建设单位、施工单位、监理单位、勘察设计单位都会与自己的员工建立劳动关系。

建设社会关系是社会关系的重要组成部分。

【案例】

1. 背景

1995年某县城公路指挥部正式成立，代表县人民政府负责对某公路其中一个路段进行改造。

该县公路指挥部在施工过程中与49个单位签订了工程承包合同。该工程历经两年，于1997年6月25日全面竣工。县公路指挥部与各施工单位依照合同确定了竣工结算价款，该路段的工程总造价为10 852.39万元。县人民政府已向各施工单位支付工程款10 299.72万元，尚欠工程款552.67万元。1999年12月，该县审计局依法出具《审计决定书》，并告知各施工单位若不服审计决定，可在法定期限内提起行政复议或者依法向人民法院提起行政诉讼。《审计决定书》核准该路段的工程总造价为9 450万元，在竣工结算的基础上核减了1 402.39万元。2000年年底，承建单位之一的某市公路管理局直属分局向该市中级人民法院提起民事诉讼。市中级人民法院受理本案以后，指定由该市某区人民法院审理。原告诉称，1998年8月5日，我方与县公路指挥部依照合同对工程进行了结算，经双方严格核算，工程总造价为730万元。除工程中已支付的价款外，县人民政府尚欠我方18万元，请求法院判令县人民政府支付所欠工程款18万元。之后，县人民政府依据《审计决定书》提起了反诉，诉称：在工程承建中，原告即某市公路管理局直属分局先后在公路指挥部领取工程款712万元。县审计局依法对其承建路段工程造价结算进行审计后，核减了工程造价，原告并未依法对《审计决定书》提起行政复议和行政诉讼。为此，按照核减的工程款，原告在公路指挥部超领工程款51万余元，请求法院依法判令原告返还超领的工程款51万余元。原告辩称，我方与被告方的承包合同有效。工程结算应以合同约定的单价和实际工程量进行。被告依审计决定来否定合法的合同，是明显的行政干预。被告反诉的理由是原告没有履行审计决定。审计决定生效后，兑现审计决定的唯一途径是审计局向法院申请强制执行，但审计局没有向法院申请强制执行，也无权委托县公路指挥部和被告申请执行。被告某县人民政府不是审计决定申请执行的主体，更不是本案反诉的适格主体，因此请求法院驳回被告的反诉。区人民法院经审理认为：按照《审计法》的有关规定，审计机关依法定职权对国家建设项目预算的执行情况和决算进行审计监督。《审计决定书》送达原告后，原告没有在法定期限内提起行政诉讼，因此审计行政行为已经发生法律效力，在原告和被告之间形成了新的债权、债务关系，即原告应当依据《审计决定书》的决定，返还给被告其超领的工程款及相应利息。据此，2001年8月8日区人民法院做出一审判决：驳回原告的诉讼请求，支持被告的反诉请求，判令原告返还被告工程款51万余元及利息。原告不服区人民法院的一审判决，向市中级人民法院提起上诉。市中级人民法院经审理认为：某县公路指挥部与原告签订的公路路面施工合同、补充协议和结算是双方在平等基础上协商一致的民事行为，应当受到法律的保护。本案中所涉及工程造价审计只是审计机关对国家投资项目的建设单位的行政监督，不能以此否定双方已经确认的工程价款；县人民政府以审计决定对上诉人的工程价款主张进行抗辩，其抗辩理由不能成立，其反诉请求不应支持。《最高人民法院关于建设工程承包合同案件中双方当事人已确定的工程价款与审计部门审计的工程决算价款不一致时如何运用法律问题的电话答复意见》(2001民—他字第2号)指出：“审计是国家对建设单位的一种行政监督，不影响建设单位与承建单位的合同效力。建设工程承包合同案件应以当事人的约定作为法院判决的依据。只有在合同明确约定以审计结论作为结算依据或者合同约定不明确、合同约定无效的情况下，才能将审计结论作为判决的依据。”本案中，县公路指挥部与原告签订的公路路面施工合同、补充协议和结算是双方在平等基础上协商一致的民事行为，应当受到法律的保护。本案所涉及的工程造价审计是审计机关对国家投资项目的建设单位的行政监督，双方当事人在合同中并未约定以审计结论作为结算依据，也无证据证明结算本身存在违法性。双方的工程价款结算具体明确，应予采信，审计结论不能作为本案的判决依据，不能以此否定双方已经确认的工程价款。2002年4月28日，市中级人民法院作出终审判决：驳回被上诉人的反诉请求；判令其向上诉人支付所欠工程款18万元及利息。

2. 问题

在本案中，应当如何区分不同类型的法律关系，该审计结论对合同效力有无影响？

3. 分析

(1)行政法律关系。审计机关是代表国家对各级政府及其工作部门的财政收支、国有金融机构和企业事业组织的财务收支的真实、合法和效益依法进行审计监督，主要是对国有资产是否损失，国家机关和国有企事业单位是否违反了财经纪律等问题进行监督。审计机关将审计意见书和审计决定送达被审计单位和有关单位，审计决定自送达之日起生效，但其仅对被审计单位产生法律效力。在本案中，县公路指挥部是被审计的单位，与审计局建立了行政法律关系。县公路指挥部受县人民政府委托，代表其负责对该路段进行改造的工作，是适格的被审计单位。县公路指挥部虽然不是建设项目法人，也不具备行政主体资格，但作为行政相对人，可以依法申请行政复议乃至提起行政诉讼。需要强调的是，在审计活动中，行政复议是行政诉讼的前置程序，县公路指挥部应先向市审计局或县人民政府申请审计复议，非经复议，不得提起行政诉讼。

(2)民事法律关系。这是由县公路指挥部与某市公路管理局直属分局(当时的某市公路管理局直属分局应属政企不分，如果放到现在，承担施工任务的应当是具备相应施工资质等级的企业)建立起来的。由于县公路指挥部无法人资格，某市公路管理局直属分局便以县人民政府为被告提起了民事诉讼。依据《最高人民法院关于建设工程承包合同案件中双方当事人已确认的工程决算价款与审计部门审计的工程决算价款不一致时如何适用法律问题的电话答复意见》，审计结论不能影响合同关系，不能作为处理合同纠纷、合同结算的依据。因此，在一个建设工程项目的建设过程中，往往会涉及多种法律关系，需要严格区分在不同的法律关系中的主体、客体和适用法律。

## 第三节 建设工程法律责任制度

法律责任是指行为人由于违法行为、违约行为或者由于法律规定而应承受的某种不利的法律后果。法律责任不同于其他社会责任，法律责任的范围、性质、大小、期限等均在法律上有明确规定。

### 一、法律责任的基本种类和特征

按照违法行为的性质和危害程度，可以将法律责任分为违宪法律责任、刑事法律责任、民事法律责任、行政法律责任和国家赔偿责任。

法律责任的特征为：法律责任是因违反法律上的义务(包括违约等)而形成的法律后果，以法律义务存在为前提；法律责任即承担不利的后果；法律责任的认定和追究，由国家专责机关依法定程序进行；法律责任的实现由国家强制力作保障。

### 二、建设工程民事责任的种类及承担方式

民事责任是指民事主体在民事活动中，因实施了民事违法行为，根据民法所应承担的对其不利的民事法律后果或者基于法律特别规定而应承担的民事法律责任。民事责任的功能主要是一种民事救济手段，使受害人被侵犯的权益得以恢复。

民事责任主要是财产责任，如《合同法》规定的损害赔偿、支付违约金等；但也不限于财产

责任，还有恢复名誉、赔礼道歉等。

### (一)民事责任的种类

民事责任可以分为违约责任和侵权责任两类。违约责任是指合同当事人违反法律规定或合同约定的义务而应承担的责任；侵权责任是指行为人因过错侵害他人财产、人身而依法应当承担的责任，以及虽然没有过错，但是在造成损害以后，依法应当承担的责任。

### (二)民事责任的承担方式

《民法通则》规定，承担民事责任的方式主要有停止侵害；排除妨碍；消除危险；返还财产；恢复原状；修理、重做、更换；赔偿损失；支付违约金；消除影响、恢复名誉；赔礼道歉。

以上承担民事责任的方式，可以单独适用，也可以合并适用。

### (三)建设工程民事责任的主要承担方式

(1)返还财产。当建设工程施工合同无效、被撤销后，应当返还财产。执行返还财产的方式是折价返还，即承包人已经施工完成的工程，发包人按照"折价返还"的规则支付工程价款。其主要有两种方式：一是参照无效合同中的约定价款；二是按当地市场价、定额量据实结算。

(2)修理。施工合同的承包人对施工中出现质量问题的建设工程或者竣工验收不合格的建设工程，应当负责返修。

(3)赔偿损失。赔偿损失是指合同当事人由于不履行合同义务或者履行合同义务不符合约定，给对方造成财产上的损失时，由违约方依法或依照合同约定应承担的损害赔偿责任。

(4)支付违约金。违约金是指按照当事人的约定或者法律规定，一方当事人违约的，应向另一方支付的违约金。

## ■ 三、建设工程行政责任的种类及承担方式

行政责任是指违反有关行政管理的法律法规规定，但尚未构成犯罪的行为，依法应承担的行政法律后果，包括行政处罚和行政处分。

### (一)行政处罚

1996年3月颁布的《行政处罚法》规定，行政处罚的种类有警告；罚款；没收违法所得，没收非法财物；责令停产停业；暂扣或者吊销许可证，暂扣或者吊销执照；行政拘留；法律、行政法规规定的其他行政处罚。

在建设工程领域，法律、行政法规所设定的行政处罚主要有警告、罚款、没收违法所得、责令限期改正、责令停业整顿、取消一定期限内参加依法必须进行招标的项目的投标资格、责令停止施工、降低资质等级、吊销资质证书(同时吊销营业执照)、责令停止执业、吊销执业资格证书或其他许可证等。

### (二)行政处分

行政处分是指国家机关、企事业单位对所属的国家工作人员违法失职行为尚不构成犯罪，依据法律、法规所规定的权限而给予的一种惩戒。行政处分种类有警告、记过、记大过、降级、撤职、开除。如《建设工程质量管理条例》规定，国家机关工作人员在建设工程质量监督管理工作中玩忽职守、滥用职权、徇私舞弊，构成犯罪的，依法追究其刑事责任；尚不构成犯罪的，依法给予行政处分。

## ■ 四、建设工程刑事责任的种类及承担方式

刑事责任是指犯罪主体因违反刑法，实施了犯罪行为所应承担的法律责任。刑事责任是法

律责任中最强烈的一种，其承担方式主要是刑罚，也包括一些非刑罚的处罚方法。《刑法》规定，刑罚分为主刑和附加刑。主刑包括管制、拘役、有期徒刑、无期徒刑、死刑；附加刑包括罚金、剥夺政治权利、没收财产、驱逐出境。

在建设工程领域，常见的刑事法律责任如下。

### (一)工程重大安全事故罪

《刑法》第137条规定，建设单位、设计单位、施工单位、工程监理单位违反国家规定，降低工程质量标准，造成重大安全事故的，对直接责任人员处5年以下有期徒刑或者拘役，并处罚金；后果特别严重的，处5年以上10年以下有期徒刑，并处罚金。

### (二)重大责任事故罪

《刑法》规定，在生产、作业中违反有关安全管理的规定，因而发生重大伤亡事故或者造成其他严重后果的，处3年以下有期徒刑或者拘役；情节特别恶劣的，处3年以上7年以下有期徒刑。强令他人违章冒险作业，因而发生重大伤亡事故或者造成其他严重后果的，处5年以下有期徒刑或者拘役；情节特别恶劣的，处5年以上有期徒刑。

安全生产设施或者安全生产条件不符合国家规定，因而发生重大伤亡事故或者造成其他严重后果的，对直接负责的主管人员和其他直接责任人员，处3年以下有期徒刑或者拘役；情节特别恶劣的，处3年以上7年以下有期徒刑。

### (三)重大劳动安全事故罪

《刑法》第135条规定，安全生产设施或者安全生产条件不符合国家规定，因而发生重大伤亡事故或者造成其他严重后果的，对直接负责的主管人员和其他直接责任人员，处3年以下有期徒刑或者拘役；情节特别恶劣的，处3年以上7年以下有期徒刑。

### (四)串通投标罪

《刑法》第223条规定，投标人相互串通投标报价，损害招标人或者其他投标人利益，情节严重的，处3年以下有期徒刑或者拘役，并处或者单处罚金。投标人与招标人串通投标，损害国家、集体、公民的合法利益的，依照以上规定处罚。

## 五、建设单位的法律责任

### (一)建设单位将建设工程肢解发包应负的法律责任

根据《建设工程质量管理条例》第55条的规定，建设单位将建设工程肢解发包的，责令改正，处工程合同价款0.5%以上1%以下的罚款；对全部或者部分使用国有资金的项目，并可以暂停项目执行或者暂停资金拨付。

### (二)建设单位不履行或不正当履行其工程管理的有关职责应负的法律责任

根据《建设工程质量管理条例》第56条的规定，建设单位有下列行为之一的，责令改正，处20万元以上50万元以下的罚款：

(1)迫使承包方以低于成本的价格竞标的；
(2)任意压缩合理工期的；
(3)明示或者暗示设计单位或者施工单位违反工程建设强制性标准，降低工程质量的；
(4)施工图设计文件未经审查或者审查不合格，擅自施工的；
(5)建设项目必须实行工程监理而未实行工程监理的；
(6)未按照国家规定办理工程质量监督手续的；

(7)明示或者暗示施工单位使用不合格的建筑材料、建筑构配件和设备的；
(8)未按照国家规定将竣工验收报告、有关认可文件或者准许使用文件报送备案的。

### (三)建设单位未取得施工许可证或者开工报告未经批准擅自施工应负的法律责任

根据《建设工程质量管理条例》第57条的规定，建设单位若有上述违规行为，责令停止施工，限期改正，处工程合同价款1%以上2%以下的罚款。

### (四)建设单位在竣工验收中有不规范行为应负的法律责任

竣工验收是工程交付使用前的一道关键程序，根据《建设工程质量管理条例》第16条的规定："建设工程经验收合格的，方可交付使用。"如果建设单位未组织竣工验收就擅自交付使用；验收不合格擅自交付使用的；对不合格工程按合格工程验收，根据《建设工程质量管理条例》第58条的规定，建设单位则要承担下列法律责任：

(1)责令改正，处工程合同价款2%以上4%以下的罚款。
(2)造成损失的，依法承担赔偿责任。

### (五)建设单位未向有关部门移交建设项目档案应负的法律责任

《建设工程质量管理条例》第17条和《房屋建筑工程和市政基础设施工程竣工验收备案管理办法》，对建设单位向有关部门移交建设项目档案做了明确的规定，建设单位应当严格按照国家有关档案管理的规定，及时收集、整理建设项目各环节的文件资料，建立、健全建设项目档案，并在建设项目竣工验收后，及时向住房和城乡建设主管部门或其他有关部门移交建设项目档案。建设单位若有违规行为，则要承担下列法律责任：

(1)备案机关发现建设单位在竣工验收过程中有违反国家有关建设工程质量管理规定行为的，在收讫竣工验收备案文件15日内，责令停止使用，重新组织竣工验收。
(2)建设单位在工程竣工验收合格之日起15日内未办理工程竣工验收备案的，备案机关责令限期改正，处20万元以上30万元以下罚款。
(3)建设单位将备案机关决定重新组织竣工验收的工程，在重新组织竣工验收前，擅自使用的，备案机关责令停止使用，处工程合同价款2%以上4%以下罚款。
(4)建设单位采用虚假证明文件办理工程竣工验收备案的，工程竣工验收无效，备案机关责令停止使用，重新组织竣工验收，处20万元以上50万元以下罚款；构成犯罪的，依法追究刑事责任。
(5)备案机关决定重新组织竣工验收并责令停止使用的工程，建设单位在备案之前已投入使用或者建设单位擅自继续使用造成使用人损失的，由建设单位依法承担赔偿责任。

## ■ 六、施工单位的法律责任

### (一)施工单位未按规定对建筑材料、建筑构配件和设备等进行检验应负的法律责任

根据《建设工程质量管理条例》第65条的规定，施工单位未对建筑材料、建筑构配件、设备和商品混凝土进行检验，或者未对涉及结构安全的试块、试件以及有关材料取样检测的，则要承担下列法律责任：

(1)责令改正，处10万元以上20万元以下的罚款；
(2)情节严重的，责令停业整顿，降低资质等级或者吊销资质证书；
(3)因上述违法行为造成损失的还要依法承担赔偿责任。

### (二)施工单位不履行保修义务或者拖延履行保修义务应承担的法律责任

根据《建设工程质量管理条例》第66条的规定，施工单位有上述违法行为，要受到如下的

处罚：

(1)责令改正，视情节处10万元以上20万元以下的罚款；

(2)对在保修期内因质量缺陷造成的损失还要承担赔偿责任。

在量大面广的住宅工程中工程质量缺陷比较突出，广大住户对此感受深、意见大。施工单位应当依其实际损失给予补偿，可以实物给付，也可以金钱给付。如果质量缺陷是由勘察设计原因、工程监理原因或者建筑材料、构配件和设备等原因造成的，施工单位可以向有关单位追偿。

### (三) 禁止肢解工程发包的有关规定

《建筑法》第24条规定：提倡对建筑工程实行总承包，禁止将建筑工程肢解发包。

建筑工程的发包单位可以将建筑工程的勘察、设计、施工、设备采购一并发包给一个工程总承包单位，也可以将建筑工程勘察、设计、施工、设备采购的一项或者多项发包给一个工程总承包单位；但是，不得将应当由一个承包单位完成的建筑工程肢解成若干部分发包给几个承包单位。

### (四) 承揽工程的有关规定

(1)承包建筑工程的单位应当持有依法取得的资质证书，并在其资质等级许可的业务范围内承揽工程。

禁止建筑施工企业超越本企业资质等级许可的业务范围或者以任何形式用其他建筑施工企业的名义承揽工程；禁止建筑施工企业以任何形式允许其他单位或者个人使用本企业的资质证书、营业执照，以本企业的名义承揽工程。

(2)大型建筑工程或者结构复杂的建筑工程，可以由两个以上的承包单位联合共同承包。共同承包的各方对承包合同的履行承担连带责任。两个以上不同资质等级的单位实行联合共同承包的，应当按照资质等级低的单位的业务许可范围承揽工程。

### (五) 分包的有关规定

(1)禁止承包单位将其承包的全部建筑工程转包给他人，禁止承包单位将其承包的全部建筑工程肢解以后以分包的名义分别转包给他人。

(2)建筑工程总承包单位可以将承包工程中的部分工程发包给具有相应资质条件的分包单位；但是，除总承包合同中约定的分包外，必须经建设单位认可，施工总承包的建筑工程主体结构的施工必须由总承包单位自行完成。

建筑工程总承包单位按照总承包合同的约定对建设单位负责；分包单位按照分包合同的约定对总承包单位负责；总承包单位和分包单位就分包工程对建设单位承担连带责任。禁止总承包单位将工程分包给不具备相应资质条件的单位；禁止分包单位将其承包的工程再分包。

## ■ 七、监理、设计单位的法律责任

工程建设是一项多主体参与的系统工程，其中的每一个参与主体的工作质量都与最终建筑产品的质量相关。作为工程建设过程中重要参与主体的设计单位、监理单位自然不能例外。

设计单位，是指持有国家规定部门颁发的建筑工程设计资质证书，运用工程建设的理论及技术经济方法，按照现行技术标准，对新建、改建、扩建项目的工艺、土建、公用工程、环境工程等进行综合性设计(包括必需的非标准设备设计)及技术经济分析，并提供作为建设依据的设计文件和图纸的活动的单位。工程监理单位，是指持有国家规定部门颁发的建筑工程监理资质证书，具有法人资格，受建设单位委托对工程建设项目实施阶段进行投资、质量、进度监督和管理活动的单位。

### (一)设计单位、监理单位承担建筑质量损害赔偿责任的法律依据

鉴于设计、监理工作在工程建设活动中对于工程最终质量的重要性,我国现行法律、法规对有关设计单位、监理单位在建设工程质量责任方面已有一系列相应的规定。涉及这些规定的法律、法规主要有:《合同法》、《建筑法》、《建设工程质量管理条例》(以下称《质量管理条例》)、《建设工程勘察设计管理条例》(以下简称《设计管理条例》)。这些法律的规定体现了以下立法原则:

(1)对设计、监理单位及其从业的专业技术人员实行严格的资质资格管理。严禁无资质或超越资质承揽设计、监理业务。《质量管理条例》第18条、第34条,《设计管理条例》第二章对此作了详细规定。

(2)设计、监理工作应遵循一系列原则性规范。如《建筑法》第54条规定,设计单位对于建设单位提出的违反法律、行政法规和建筑工程质量、安全标准,降低工程质量的要求,应予拒绝。第56条规定,设计文件应当符合有关法律、行政法规的规定和建筑工程质量、安全标准、建筑工程设计技术规范以及合同的约定。设计文件选用的建筑材料、建筑构配件和设备,应当注明其规格、型号、性能等技术指标,其质量要求必须符合国家规定的标准。

《质量管理条例》第21条规定,设计单位应当根据勘察成果文件进行建设工程设计。设计文件应当符合国家规定的设计深度要求,注明工程合理使用年限。第36条规定,工程监理单位应当依照法律、法规以及有关技术标准、设计文件和建设工程承包合同,代表建设单位对施工质量实施监理,并对施工质量承担监理责任。第38条规定,监理工程师应当按照工程监理规范的要求,采取旁站、巡视和平行检验等形式对建设工程实施监理。

(3)设计、监理单位及其从业的专业技术人员应当对自己的工作成果负责;对于因工作质量不符合法定和约定的要求,给建设单位造成损失的,应当承担赔偿责任。例如,《合同法》第280条规定,勘察、设计的质量不符合要求或者未按照期限提交勘察、设计文件拖延工期,造成发包人损失的,勘察、设计人应当继续完善勘察、设计,减收或者免收勘察、设计费并赔偿损失。第282条规定,因承包人的原因致使建设工程在合理使用期限内造成人身和财产损害的,承包人应当承担损害赔偿责任。《建筑法》第35条规定,工程监理单位不按照委托监理合同的约定履行监理义务,对应当监督检查的项目不检查或者不按照规定检查,给建设单位造成损失的,应当承担相应的赔偿责任。

(4)对监理单位与建设单位、承包单位(即施工单位)串通,弄虚作假,造成工程质量损害的承担连带赔偿责任。《建筑法》第35条规定,工程监理单位与承包单位串通,为承包单位谋取非法利益,对建设单位造成损失的,应当与承包单位承担连带赔偿责任。第69条规定,工程监理单位与建设单位串通,弄虚作假,造成工程质量损害的,应当与建设单位承担连带赔偿责任。

### (二)设计单位、监理单位违约损害赔偿责任的构成要件

依据民法理论,损害赔偿的责任形态一般可分为违约损害赔偿责任和侵权损害赔偿责任。但是,设计单位、监理单位对于建设工程质量的损害赔偿责任主要是违约损害赔偿责任,而在侵权损害赔偿责任方面,与其他一般主体相比并无特殊性。因此,本文仅就违约损害赔偿责任进行讨论。

设计单位、监理单位在工程质量方面的违约损害赔偿责任,是指设计单位、监理单位不履行或者不当履行与参与工程建设的其他主体(主要是建设单位,即合同法中的发包人)之间合同约定的义务,造成合同相对人(主要是建设单位)因工程质量问题而产生财产损失,应当承担的

赔偿损失的民事责任。

针对设计单位、监理单位主要是以智力劳动参与工程建设的行业特点，他们在工程质量的违约损害赔偿责任的构成要件通常包括以下几项：

(1) 合同义务的不履行或不当履行。具体表现为拒绝履行、因设计单位、监理单位的原因造成的履行不能、不完全履行、履行迟延和履行瑕疵。在工程实践中，主要又表现为履行迟延和履行瑕疵。例如，设计单位迟延交付后续施工所需的图纸；监理单位迟延下达必要的停工指令；设计文件内容的差错；监理单位对施工机械的质量控制不力等。

(2) 合同相对人（即建设单位）因工程质量问题遭受损害。这种损害具体又可分为直接损害和间接损害。

(3) 违约行为与损害事实之间具有因果关系。如果违约行为与损害事实之间没有因果关系，违约方只承担违约的其他民事责任，而不承担损害赔偿责任。确定有无因果关系，可采用相当因果关系说，即应以自合同成立至违约行为出现时，依具有相应资质的设计人员、监理人员的一般专业知识经验而可得知，以及设计单位、监理单位所知或应知的条件为基础，一般的有发生同种结果可能。这种条件和结果即构成相当因果关系。

(4) 设计单位、监理单位对于合同义务的不履行或不当履行具有过错。过错包括故意和过失。就一般情形而言，如果设计单位、监理单位虽然违反了合同义务，但并无故意或过失，也不承担责任。

### (三) 设计单位在工程质量方面的合同义务及其违约的主要表现

在一项工程建设活动中，涉及工程质量问题的、以设计单位作为合同当事人的合同一般即指建设单位与设计单位之间签订的"工程设计合同"。在"工程设计合同"中，设计单位的合同义务主要包括按约定的时间交付用于施工的设计文件、设计文件施工交底，根据工程进度完成现场施工技术配合（包括对施工中出现工程安全和质量的问题，参与技术分析和提出相关的技术解决方案），参加隐蔽工程、单项工程、单位工程验收和项目竣工验收。另外，设计单位的合同义务还明示或隐含地包括设计工作的程序及成果应该符合国家法律、法规、规章、技术标准、规范的要求。因此，根据以上法律、法规的规定和工程设计工作的实际情况，设计单位违反合同义务，可能导致工程质量出现问题的情形主要表现在以下几项：

(1) 迟延交付设计文件。设计单位迟延交付设计文件，在工程施工过程中前后工序时效性较强的情况下，往往造成工程质量事故。如地处上海繁华商业街的某工程，在基础基坑开挖后，由于设计单位的基础底板施工图迟延交付，造成基坑暴露时间过长，对上海地铁隧道的安全造成巨大威胁，同时，该工程本身的地基土受扰动而导致实际承载力降低，建设单位为了保证地铁隧道的安全和工程本身的地基安全，不得不增加巨额支出采取临时保护措施，还造成工期延误，银行贷款利息增加，因此施工单位提出索赔。

(2) 设计错误。设计错误是设计单位违反合同义务，造成工程质量事故的主要表现形式。具体又表现为未根据勘察成果文件或其他基础性技术文件进行工程设计、计算错误、标示错误。设计单位屈从于建设单位违法降低工程质量的要求导致设计不符合工程质量的强制性标准等多种形式。例如，由于设计合同规定的设计时间紧迫，设计单位根据勘察单位的初步勘察成果，即进行了建筑地基和基础的施工图设计。随后，勘察单位又提供了详细的勘察报告，但由于设计人员的疏忽，未对原已交付施工的地基基础施工图进行复核，结果因局部区域桩基设计不符合国家强制性规范的要求，造成工程质量出现严重问题。又如，2000年被原建设部通报全国的陕西省子洲县子洲中学教学楼质量事故也主要是由于设计错误引起的。由于施工图设计文件未严格按该地区6度抗震设防的规定进行设计，结构体系不合理，整体性差，构造措施不符合要求，致使该教学楼投入使用仅 2 个月，就在部分大梁及五层多功能厅、阶梯挑梁处出现不同程度的裂缝，最宽处达 1.5 毫米左右。

(3) 设计文件不符合国家规定的设计深度要求。为了保证工程设计文件符合必需的编制深度要求，国家颁布了有关设计文件内容和深度要求的一系列强制性规范。例如，在建筑制图的有关国家标准中，就对工程设计各专业各设计阶段的设计文件的基本图目、图例、数量单位、图纸比例、文字、标注方法等作了详细的规定。如果设计文件不完全符合国家对设计文件的编制深度要求，虽然不属于设计错误，但由于设计意图的表达过于粗糙或含糊，轻则影响各专业图纸的相互协调和后续施工准备工作，重则因施工图缺漏、矛盾或施工人员对施工图纸的理解产生错误，从而出现建筑工程质量和安全事故。又如，上海郊区某钢结构厂房，在吊装施工就位后，屋面板铺装前，即发现多榀钢屋架发生过大变形。经调查分析发现，导致事故的直接原因是设计图纸上关于钢屋架屋脊连接节点处的高强螺栓的标示不明，施工单位误用了同直径的普通螺栓。

(4) 设计单位对施工图交底不清。施工图完成并经审查合格后，设计文件的编制工作已经完成，但并不是设计工作的完成，设计单位仍应就设计文件向施工单位作详细的说明，这对于施工人员正确贯彻设计意图，加深对设计文件难点、疑点的理解，确保工程质量具有重要意义。按照行业惯例，设计单位将完成的设计文件交建设单位，再由建设单位转发施工单位后，由设计单位将设计的意图、特殊的工艺要求，以及建筑、结构、设备等各专业在施工中的难点、疑点和容易发生的问题等向施工单位作详细说明，并负责解释施工单位对设计文件的疑问。如果因设计人员在施工图交底时，尤其是对于在施工中需要特别重视的问题交底不清，则可能导致工程质量出现问题。前文提到的上海郊区某厂房钢屋架工程质量事故，其部分原因也是设计单位在施工图交底中，对需要使用高强螺栓的特殊设计意图，未能向施工单位作出明确的说明，从而造成施工人员对螺栓的误用。

(5) 设计单位未参加建设工程质量事故的分析，或对于因设计造成的质量事故未提出相应的技术处理方案。工程质量事故发生后，工程的设计单位有义务参与质量事故分析。建设工程的功能、所要求达到的质量在设计阶段即已确定，工程质量在一定程度上就是工程是否准确表达了设计意图，因此，当工程出现质量事故时，该工程的设计单位对事故的分析具有权威性。对于因设计造成的质量事故，工程设计单位同时也有义务提出相应的技术处理方案。设计单位违反上述义务，未参加建设工程质量事故的分析，或对于因设计造成的质量事故未提出相应的技术处理方案，均有可能造成工程质量事故危害和损失的扩大。

(6) 设计单位非法转包设计任务。曾经一度轰动上海的贝港桥垮塌事故的部分原因是设计单位非法转包设计任务。1995 年 12 月 26 日，上海市奉贤区南桥镇贝港河上新建成尚未投入使用的贝港桥突然坍塌。不到 5 分钟，整桥搭跨河部分约 52 米长的桥身断成几截，全部沉入河中，成为一起罕见的桥梁工程质量事故。经事故分析，造成事故的原因，除施工质量问题外，设计过错也是一个重要的原因：设计单位将部分设计工作转包给了没有相应设计资质的其他单位，从而出现设计错误。事故发生后，设计单位虽然承担了相应的赔偿责任，但其中的教训值得所有设计单位谨记。

### (四) 监理单位在工程质量方面的合同义务及其违约的主要表现

在一项工程建设活动中，涉及工程质量问题的以监理单位作为合同当事人的合同一般即指建设单位与监理单位之间签订的"委托监理合同"。在"委托监理合同"中，监理单位的主要合同义务之一就是对施工质量进行控制和监督。其中具体包括：对施工场地进行质检验收；检查工程所需原材料、半成品的质量；对施工机械的质量控制；审查施工单位提交的施工组织设计；

施工工序质量控制；隐蔽工程检查验收；分析质量事故原因，审查批准处理质量事故的技术措施或方案，检查处理效果；行使质量监督权，下达停工指令；质量、技术签证；单项、单位工程验收；项目竣工验收。另外，监理单位的合同义务还明示或隐含地包括监理工作的程序及成果应该符合国家法律、法规、规章、技术标准、规范的要求。

### (五)设计单位、监理单位违约损害赔偿的责任范围

首先，需要指出《合同法》和《建筑法》对设计单位、监理单位的违约责任的规定均包括赔偿损失。而此前的有关规定以及合同示范文本中只是减收或免收设计费、监理酬金，并没有赔偿损失的规定，因此，可以说《合同法》和《建筑法》对设计单位、监理单位的法律责任在原有基础上加重了。其次，就一般违约损害赔偿的责任范围而言，应当以实际损失为限，损失多少，赔偿多少。其损失范围应包括直接损失和间接损失。在确定设计单位、监理单位违约损害赔偿的责任范围时，原则上也应如此。

(1)直接损失是指设计、监理单位因违反合同而给建设单位实际上已经造成的财物的减少、灭失、损毁或者支出的增加。例如，由于设计单位迟延交付基础施工图，为保证已开挖基坑的干燥，施工单位采取延长基坑降水时间的措施而导致建设单位工程款支出的增加。

(2)间接损失是指设计、监理单位因违反合同而使建设单位减少的可得利益，一般具有以下特征：首先，损害的是未来的可得利益，不是既得利益；其次，该未来利益是必得利益而不是假设利益；最后，可得利益必须在设计单位、监理单位对合同义务的不履行或不当履行所直接影响的范围内。如因设计错误或监理中未发现施工错误致使楼层局部标高错误，导致建设单位可销售的建筑面积减少。

对于损害赔偿数额的计算方法，可以在合同中约定；合同没有约定的，按照通常的计算方法计算。在建设工程实践中，不仅工程的投资远大于工程设计费或监理酬金，而且在某些情况下，如果出现由于设计单位或监理单位的违约而引起的工程质量损害，其赔偿的金额也可能远远大于工程设计费或监理酬金。如果按照上述的一般违约损害赔偿的责任范围，由违约的设计单位或监理单位赔偿全部损失，可能导致其赔付不能。因此，在实务操作中，设计单位或监理单位可以通过在合同中约定最高损害赔偿数额的办法来实际缩小法定的损害赔偿的责任范围，或者通过投保设计师、监理师职业责任险等方式扩大实际的损害赔偿能力。

最后，在工程实务中，工程中的质量问题往往由多个主体的违约行为共同引起。此时，各违约主体损害赔偿责任的分担仍应视各方的违约行为是否符合违约损害赔偿责任的四个构成要件来决定。如果属于设计合同或监理合同双方的混合过错，或者属于合同一方设计单位或监理单位与合同以外的施工单位的共同过错，共同造成了建设单位的损失，应采取过错与责任相当的原则处理。例如，由于建设单位向设计单位提供了错误的基础性文件，同时设计单位的设计本身也有错误，共同造成了工程质量瑕疵，致使建设单位遭受损失，则设计单位对于建设单位仅承担因设计错误所造成的那一部分损失的赔偿责任。又如，在监理单位不按照监理合同的约定履行监理义务，出现工程质量瑕疵，给建设单位造成损失的情况下，建设单位所受到的损失，通常既与监理单位的违约行为有关，也与施工单位的有关施工项目本身不合格有关。在此情况下，监理单位与施工单位都应当向建设单位承担各自的赔偿责任。

### 【案例】

1. 背景

菜市1栋在建住宅楼发生楼体倒覆事故，造成1名工人身亡。经调查分析，事故调查组认定是1起重大责任事故。其直接原因是：紧贴该楼北侧，在短时间内堆土过高，最高处达10 m；紧邻该楼南侧的地下车库基坑正在开挖，开挖深度为4.6 m。大楼两侧的压力差使土体产生水

平位移，过大的水平力超过了桩基的抗侧能力，导致房屋倾倒。另外，还主要存在6个方面的间接原因。一是土方堆放不当。在未对天然地基进行承载力计算的情况下，开发商随意指定将开挖土方短时间内集中堆放于该楼北侧。二是开挖基坑违反相关规定。土方开挖单位在未经监理方同意、未进行有效监测并不具备相应资质的情况下，没有按照相关技术要求开挖基坑。三是监理不到位。监理方对开发商、施工方的违法违规行为未进行有效处置，对施工现场的事故隐患未及时报告。四是管理不到位。开发商管理混乱，违章指挥，违法指定施工单位，不合理压缩施工工期。五是安全措施不到位。施工方对基坑开挖及土方处置未采取专项防护措施。六是围护桩施工不规范。施工方未严格按照相关要求组织施工，施工速度快于规定的技术标准要求。

事故发生后，该楼所在地的副区长和镇长、副镇长等公职人员，因对辖区内建设工程安全生产工作负有领导责任，分别被给予行政警告、行政记过、行政记大过处分；开发商、总包单位对事故发生负有主要责任，土方开挖单位对事故发生负有直接责任，基坑围护及桩基工程施工单位对事故发生负有一定责任，分别给予了经济罚款，其中对开发商、总包单位均处以法定最高限额罚款50万元，并吊销总包单位的建筑施工企业资质证书及安全生产许可证，待事故善后处理工作完成后吊销开发商的房地产开发企业资质证书；监理单位对事故发生负有重要责任，吊销其工程监理资质证书；工程监测单位对事故发生负有一定责任，予以通报批评处理。监理单位、土方开挖单位的法定代表人等8名责任人员，对事故发生负有相关责任，被处以吊销执业证书、罚款、解除劳动合同等处罚。秦某、张某、夏某、陆某、张某、乔某等6人，犯重大责任事故罪，被追究刑事责任，分别被判处有期徒刑3~5年。该楼的21户购房户，有11户业主退房，10户置换，分别获得相应的赔偿费。

2. 问题

(1)本案中的民事责任有哪些？

(2)本案中的行政责任有哪些？

(3)本案中的刑事责任有哪些？

3. 分析

本案中所涉及的法律关系复杂，产生了多个法律责任：

(1)本案中存在着多个合同关系。这些合同关系都会产生民事责任。首先是开发商与购房者存在商品房买卖合同，由于发生楼体倒覆事故，开发商无法交付房屋，应当承担违约责任。在本案中，违约责任最主要的就是赔偿损失。开发商与其他责任主体也有合同关系，也会出现违约责任问题，但这些单位之间没有产生民事诉讼。

(2)本案中的行政责任包括了行政处分和行政处罚。副区长和镇长、副镇长等公职人员，对辖区内建设工程安全生产工作负有领导责任，分别被给予行政警告、行政记过、行政记大过处分，即属于行政处分。对开发商、总包单位等处以罚款、吊销资质证书等，对责任人处以吊销执业证书、罚款等，都属于行政处罚。

(3)本案中的被告人秦某、张某、夏某、陆某、张某、乔某在该楼工程项目中，分别作为建设方、施工方、监理方的工作人员以及土方施工的具体实施者，在工程施工的不同岗位和环节中，本应上下衔接、互相制约，但却违反安全管理规定，不履行或者不能正确履行或者消极履行各自的职责与义务，最终导致该楼房整体倾倒的重大工程安全事故，致1人死亡，并造成重大经济损失。6名被告人均已构成重大责任事故罪，且属情节特别恶劣，依法应予惩处，承担相应的刑事责任。

## 第四节 建设工程债权制度

在建设工程活动中，经常会遇到一些债权债务的问题。因此，学习有关债权的基本法律知识，有助于在实践中防范债务风险。

### ■ 一、债的基本法律关系

#### (一)债的概念

《民法通则》规定，债是按照合同的约定或者按照法律规定，在当事人之间产生的特定的权利和义务关系，享有权利的人是债权人，负有义务的人是债务人。债权人有权要求债务人按照合同的约定或者依照法律的规定履行义务。

债是特定当事人之间的法律关系。债权人只能向特定的人主张自己的权利，债务人也只需向享有该项权利的特定人履行义务，即债的相对性。

#### (二)债的内容

债的内容是指债的主体双方间的权利与义务，即债权人享有的权利和债务人负担的义务，即债权与债务。债权为请求特定人为特定行为作为或不作为的权利。

债权与物权不同，物权是绝对权，而债权是相对权。债权相对性理论的内涵，可以归纳为三个方面：一是债权主体的相对性；二是债权内容的相对性；三是债权责任的相对性。债务是根据当事人的约定或者法律规定，债务人所负担的应为特定行为的义务。

### ■ 二、建设工程债的发生根据

建设工程债的产生是指特定当事人之间债权债务关系的产生。引起债产生的一定法律事实，就是债产生的根据。建设工程债产生根据有合同、侵权、无因管理和不当得利。

#### (一)合同

在当事人之间因产生了合同法律关系，也就是产生了权利和义务关系，便设立了债的关系。任何合同关系的设立，都会在当事人之间发生债权债务的关系。合同引起债的关系，是债发生的最主要、最普遍的依据。合同产生的债被称为合同之债。

建设工程债的产生，最主要的也是合同。施工合同的订立，会在施工单位与建设单位之间产生债；材料设备买卖合同的订立，会在施工单位与材料设备供应商之间产生债的关系。

#### (二)侵权

侵权是指公民或法人没有法律依据而侵害他人的财产权利或人身权利的行为。侵权行为一经发生，即在侵权行为人和被侵权人之间形成债的关系。侵权行为产生的债被称为侵权之债。在建设工程活动中，也常会产生侵权之债。如施工现场的施工噪声，有可能产生侵权之债。

2009年12月颁布的《侵权责任法》规定，建筑物、构筑物或者其他设施及其搁置物、悬挂物发生脱落、坠落造成他人损害，所有人、管理人或者使用人不能证明自己没有过错的，应当承担侵权责任。所有人、管理人或者使用人赔偿后，有其他责任人的，有权向其他责任人追偿。

建筑物、构筑物或者其他设施倒塌造成他人损害的，由建设单位与施工单位承担连带责任。建设单位、施工单位赔偿后，有其他责任人的，有权向其他责任人追偿。因其他责任人的原因，建筑物、构筑物或者其他设施倒塌造成他人损害，由其他责任人承担侵权责任。从建筑物中抛掷物品或者从建筑物上坠落的物品造成他人损害，难以确定具体侵权人的，除能够证明自己不是侵权人的外，由可能加害的建筑物使用人给予补偿。

### (三) 无因管理

无因管理是指管理人员和服务人员没有法律上的特定义务，也没有受到他人委托，自觉为他人管理事务或提供服务。无因管理在管理人员或服务人员与受益人之间形成了债的关系。无因管理产生的债被称为无因管理之债。

### (四) 不当得利

不当得利是指没有法律上或者合同上的依据，有损于他人利益而自身取得利益的行为。由于不当得利造成他人利益的损害，因此在得利者与受害者之间形成债的关系。得利者应当将所得的不当利益返还给受损失的人。不当得利产生的债被称为不当得利之债。

## ■ 三、建设工程债的常见种类

### (一) 施工合同债

施工合同债是指发生在建设单位和施工单位之间的债。施工合同的义务主要是完成施工任务和支付工程款。对于完成施工任务，建设单位是债权人，施工单位是债务人；对于支付工程款，则相反。

### (二) 买卖合同债

在建设工程活动中，会产生大量的买卖合同，主要是材料设备买卖合同。材料设备的买方有可能是建设单位，也可能是施工单位。他们会与材料设备供应商产生债。

### (三) 侵权之债

在侵权之债中，最常见的是施工单位的施工活动产生的侵权。如施工噪声或者废水废弃物排放等扰民，可能对工地附近的居民构成侵权。此时，居民是债权人，施工单位或者建设单位是债务人。

【案例】

1. 背景

某施工项目在施工过程中，施工单位与A材料供应商订立了材料买卖合同，但施工单位误将应支付给A材料供应商的货款支付给了B材料供应商。

2. 问题

(1) B材料供应商是否应当返还材料款，应当返还给谁，为什么？

(2) 如果B材料供应商拒绝返还材料款，A材料供应商应当如何保护自己的权利，为什么？

3. 分析

(1) B材料供应商应当返还材料款，其材料款应当返还给施工单位。因为B材料供应商获得的这一材料款没有法律上或者合同上的依据，且有损于他人利益而自身取得利益，属于债的一种，即不当得利之债，应当返还。这一债是建立在施工单位与B材料供应商之间的，故应当返还给施工单位。

(2) A材料供应商应当向施工单位要求支付材料款来保护自己的权利。因为，由于施工单位误将应支付给 A 材料供应商的货款支付给了 B 材料供应商，意味着施工单位没有完成应当向 A 材料供应商付款的义务。但是，B 材料供应商与 A 材料供应商之间并无债权债务关系。因此，A 材料供应商无权向 B 材料供应商主张权利。

# 第五节 建设工程担保制度

## 一、担保与担保合同的规定

担保是指当事人根据法律规定或者双方约定，为促使债务人履行债务实现债权人权利的法律制度。

1995 年 6 月颁布的《中华人民共和国担保法》（以下简称《担保法》）规定在借贷、买卖、货物运输、加工承揽等经济活动中，债权人需要以担保方式保障其债权实现的，可以依照本法规定设定担保。

第三人为债务人向债权人提供担保时，可以要求债务人提供反担保。反担保适用《担保法》担保的规定。

担保合同是主合同的从合同，主合同无效，担保合同无效。担保合同另有约定的，按照约定。担保合同被确认无效后，债务人、担保人、债权人有过错的，应当根据其过错各自承担相应的民事责任。

## 二、建设工程保证担保的方式和责任

《担保法》规定，担保方式为保证、抵押、质押、留置和定金。

在建设工程活动中，保证是最为常用的一种担保方式。所谓保证，是指保证人和债权人约定，当债务人不履行债务时，保证人按照约定履行债务或者承担责任的行为。具有代为清偿债务能力的法人、其他组织或者公民，可以作保证人。但在建设工程活动中，由于担保的标的额较大，保证人往往是银行，也有信用较高的其他担保人，如担保公司。银行出具的保证通常称为保函；其他保证人出具的书面保证一般称为保证书。

### 1. 保证合同

保证人与债权人应当以书面形式订立保证合同。保证人与债权人可以就单个主合同分别订立保证合同，也可以协议在最高债权额限度内就一定期间连续发生的借款合同或者某项商品交易合同订立一个保证合同。

保证合同的内容包括：被保证的主债权种类、数额；债务人履行债务的期限；保证的方式；保证担保的范围；保证的期间；双方认为需要约定的其他事项。保证合同不完全具备以上规定内容的，可以补正。

### 2. 保证方式

保证的方式有一般保证、连带责任保证两种。

当事人在保证合同中约定，债务人不能履行债务时，由保证人承担保证责任的，称为一般保证；当事人在保证合同中约定保证人与债务人对债务承担连带责任的，称为连带责任保证。连带责任保证的债务人在主合同规定的债务履行期届满没有履行债务的，债权人可以要求债务人履行债务，也可以要求保证人在其保证范围内承担保证责任。

当事人对保证方式没有约定或者约定不明确的，按照连带责任保证承担保证责任。

### 3. 保证人资格

具有代为清偿债务能力的法人、其他组织或者公民，可以作为保证人。但是，以下组织不能作为保证人：

(1)国家机关不得为保证人，但经国务院批准为使用外国政府或者国际经济组织贷款进行转贷的除外。

(2)学校、幼儿园、医院等以公益为目的的事业单位、社会团体不得为保证人。

(3)企业法人的分支机构、职能部门不得为保证人。企业法人的分支机构有法人书面授权的，可以在授权范围内提供保证。

任何单位和个人不得强令银行等金融机构或者企业为他人提供保证；银行等金融机构或者企业对强令其为他人提供保证的保证行为，其有权拒绝。

### 4. 保证责任

保证合同生效后，保证人就应当在合同约定的保证范围和保证期间承担保证责任。

保证担保的范围包括主债权及利息、违约金、损害赔偿金和实现债权的费用。保证合同另有约定的，按照约定，当事人对保证担保的范围没有约定或者约定不明确的，保证人应承担全部债务责任。

保证期间，债权人依法将主债权转让给第三人的，保证人在原保证担保的范围内继续承担保证责任。保证合同另有约定的，按照约定。保证期间，债权人许可债务人转让债务的，应当取得保证人书面同意，保证人对未经其同意转让的债务，不再承担保证责任。债权人与债务人协议变更主合同的，应当取得保证人书面同意，未经保证人书面同意的，保证人不再承担保证责任。保证合同另有约定的，按照约定。

一般保证的保证人未约定保证期间的，保证期间为主债务履行期届满之日起6个月。连带责任保证的保证人与债权人未约定保证期间的，债权人有权自主债务履行期届满之日起6个月内要求保证人承担保证责任。

## 三、建设工程施工常用的担保种类

### (一)施工投标保证金

投标保证金是指投标人按照招标文件的要求向招标人出具的，以一定金额表示的投标责任担保。其实质是为了避免因投标人在投标有效期内随意撤销投标或中标后不能提交履约保证金和签署合同等行为而给招标人造成损失。

投标保证金除现金外，可以是银行出具的银行保函、保兑支票、银行汇票或现金支票。

### (二)施工合同履约保证金

《招标投标法》规定，招标文件要求中标人提交履约保证金的，中标人应当提供。

施工合同履约保证金，是为了保证施工合同的顺利履行而要求承包人提供的担保。施工合同履约保证金多为提供第三人的信用担保(保证)，一般是由银行或者担保公司向招标人出具履约保函或者保证书。

### (三)工程款支付担保

2017年9月国家发展和改革委员会等8部门经修改后发布的《工程建设项目施工招标投标办

法》规定，招标人要求中标人提供履约保证金或其他形式履约担保的，招标人应当同时向中标人提供工程款支付担保。

工程款支付担保，是发包人向承包人提交的、保证按照合同约定支付工程款的担保，通常采用由银行出具保函的方式。

### (四)预付款担保

2017年9月住房和城乡建设部、工商总局经修改后发布的《建设工程施工合同(示范文本)》中提出，发包人要求承包人提供预付款担保的，承包人应在发包人支付预付款7天前提供预付款担保，专用合同条款另有约定除外。预付款担保可采用银行保函、担保公司担保等形式，具体由合同当事人在专用合同条款中约定。在预付款完全扣回之前，承包人应保证预付款担保持续有效。发包人在工程款中逐期扣回预付款后，预付款担保额度应相应减少，但剩余的预付款担保金额不得低于未被扣回的预付款金额。

## ■ 四、抵押权、质权、留置权、定金的规定

### (一)抵押权

#### 1. 抵押的法律概念

按照《担保法》《物权法》的规定，抵押是指债务人或者第三人不转移对财产的占有，将该财产作为债权的担保。债务人未能履行债务时，债权人有权依照法律规定以该财产折价或者以拍卖、变卖该财产的价款优先受偿。其中，债务人或者第三人称为抵押人，债权人称为抵押权人。

#### 2. 抵押物

债务人或者第三人提供担保的财产为抵押物。由于抵押物是不转移其占有的，因此能够成为抵押物的财产必须具备一定的条件。这类财产轻易不会灭失，其所有权的转移应当经过一定的程序。

债务人或者第三人有权处分的下列财产可以抵押：
(1)建筑物和其他土地附着物；
(2)建设用地使用权；
(3)以招标、拍卖、公开协商等方式取得的荒地等土地承包经营权；
(4)生产设备、原材料、半成品、产品；
(5)正在建造的建筑物、船舶、航空器；
(6)交通运输工具；
(7)法律、行政法规未禁止抵押的其他财产。
下列财产不得抵押：
(1)土地所有权；
(2)耕地、宅基地、自留地、自留山等集体所有的土地使用权；
(3)学校、幼儿园、医院等以公益为目的的事业单位、社会团体的教育设施、医疗卫生设施和其他社会公益设施；
(4)所有权、使用权不明或者有争议的财产；
(5)依法被查封、扣押、监管的财产；
(6)依法不得抵押的其他财产。
当事人以下列财产抵押的，应办理抵押登记，抵押权自登记时设立。
(1)建筑物和其他土地附着物；

(2)建设用地使用权；

(3)以招标、拍卖、公开协商等方式取得的荒地等土地承包经营权；

(4)正在建造的建筑物。

当事人以下列财产抵押的，抵押权自抵押合同生效时设立，未经登记，不得对抗善意第三人。

(1)生产设备、原材料、半成品、产品；

(2)交通运输工具；

(3)正在建造的船舶、航空器。

办理抵押物登记，应当向登记部门提供主合同、抵押合同、抵押物的所有权或者使用权证书。

### 3. 抵押的效力

抵押担保的范围包括主债权及利息、违约金损害赔偿金和实现抵押权的费用。当事人也可以在抵押合同中约定抵押担保的范围。

抵押人有义务妥善保管抵押物并保证其价值。抵押期间，抵押人转让已办理登记的抵押物，应当通知抵押权人并告知受让人转让物已经抵押的情况；否则，该转让行为无效。抵押人转让抵押物的价款，应当向抵押权人提前清偿所担保的债权或者向与抵押权人约定的第三人提存。超过债权的部分归抵押人所有，不足部分由债务人清偿。转让抵押物的价款不得明显低于其价值。抵押人的行为足以使抵押物价值减少的，抵押权人有权要求抵押人停止该行为。

抵押权与其担保的债权同时存在。抵押权不得与债权分离而单独转让或者作为其他债权的担保。

### 4. 抵押权的实现

债务履行期届满抵押权人未受清偿的，可以与抵押人协议以抵押物折价或者以拍卖、变卖该抵押物所得的价款受偿；协议不成的，抵押权人可以向人民法院提起诉讼。抵押物折价或者拍卖、同一财产向两个以上债权人抵押的，拍卖、变卖抵押物所得的价款按照以下规定清偿：

(1)抵押合同已登记生效的，按抵押物登记的先后顺序清偿；顺序相同的，按照债权比例清偿。

(2)抵押合同自签订之日起生效的，如果抵押物未登记的，按照合同生效的先后顺序清偿，顺序相同的，按照债权比例清偿。抵押物已登记的先于未登记的受偿。

## (二)质权

### 1. 质押的法律概念

按照《担保法》《物权法》的规定，质押是指债务人或者第三人将其动产或权力移交债权人占有，将该动产或权利作为债权的担保。债务人不履行债务时，债权人有权依照法律规定以该动产或权利折价或者以拍卖、变卖该动产或权利的价款优先受偿。

质权是一种约定的担保物权，以转移占有为特征。债务人或者第三人为出质人，债权人为质权人，移交的动产或权利为质物。

### 2. 质押的分类

质押可分为动产质押和权利质押。

(1)动产质押是指债务人或者第三人将其动产移交债权人占有，是将该动产作为债权的担保。能够用作质押的动产没有限制。

(2)权利质押一般是将权利凭证交付质押人的担保。可以质押的权利包括：汇票、支票、本票、债券、存款单、仓单、提单；依法可以转让的股份、股票；依法可以转让的商标专用权、专利权、著作权中的财产权；依法可以质押的其他权利。

### 3. 留置

按照《担保法》《物权法》的规定，留置是指债权人按照合同约定占有债务人的动产，债务人未按照合同约定的期限履行债务的，债权人有权依照法律规定留置该财产，以该财产折价或者以拍卖、变卖该财产的价款优先受偿。

由于留置是一种比较强烈的担保方式，必须依法行使。《担保法》规定，因保管合同、运输合同、加工承揽合同发生的债权，债务人不履行债务的，债权人有留置权。法律规定可以留置的其他合同，适用以上规定。当事人可以在合同中约定不得留置的物。

留置权人负有妥善保管留置物的义务。因保管不善致使留置物灭失或者毁损的，留置权人应当承担民事责任。

### 4. 定金

《担保法》规定，当事人可以约定一方向对方给付定金作为债权的担保。债务人履行债务后，定金应当抵作价款或者收回。给付定金的一方不履行约定的债务的，无权要求返还定金；收受定金的一方不履行约定的债务的，应当双倍返还定金。

定金应当以书面形式约定。当事人在定金合同中应当约定交付定金的期限。定金合同从实际交付定金之日起生效。定金的数额由当事人约定，但不得超过主合同标的额的20%。

## 第六节　建设工程保险制度

### 一、保险与保险索赔的规定

#### （一）保险概述

(1) 保险的法律概念。2015年4月经修改后颁布的《中华人民共和国保险法》（以下简称《保险法》）规定，保险是指投保人根据合同约定，向保险人支付保险费，保险人对于合同约定的可能发生的事故因其发生所造成的财产损失承担赔偿保险金责任，或者当被保险人死亡、伤残、疾病，或者达到合同约定的年龄、期限等条件时承担给付保险金责任的商业保险行为。

保险是一种受法律保护的分散危险、消化损失的法律制度。因此，危险的存在是保险产生的前提。但保险制度上的危险具有损失发生的不确定性，包括发生与否的不确定性、发生时间的不确定性和发生后果的不确定性。

(2) 保险合同。保险合同是指投保人与保险人约定保险权利和义务关系的协议。投保人是指与保险人订立保险合同，并按照合同约定负有支付保险费义务的人。保险人是指与投保人订立保险合同，并按照合同约定承担赔偿或者给付保险金责任的保险公司。

保险合同在履行中还会涉及被保险人和受益人。被保险人是指其财产或者人身受保险合同保障，享有保险金请求权的人，投保人可以为被保险人。受益人是指人身保险合同中由被保险人或者投保人指定的享有保险金请求权的人，投保人、被保险人可以为受益人。投保人提出保险要求，经保险人同意承保，保险合同成立。保险人应当及时向投保人签发保险单或者其他保险凭证。

保险合同一般是以保险单的形式订立的。保险合同可分为人身保险合同和财产保险合同。

1)人身保险合同。人身保险合同是以人的寿命和身体为保险标的的保险合同。投保人应向保险人如实申报被保险人的年龄、身体状况。投保人在合同成立后，可以向保险人一次支付全部保险费，也可以按照合同规定分期支付保险费。人身保险的受益人由被保险人或者投保人指定。保险人对人身保险的保险费，不得用诉讼方式要求投保人支付。

2)财产保险合同。财产保险合同是以财产及其有关利益为保险标的的保险合同。在财产保险合同中，保险合同的转让应当通知保险人，经保险人同意继续承保后，依法转让合同。

在合同的有效期内，保险标的的危险程度显著增加的，被保险人应当按照合同约定及时通知保险人，保险人可以按照合同约定增加保险费或者解除合同。建筑工程一切险和安装工程一切险即财产保险合同。

### (二)保险索赔

对于投保人而言，保险的根本目的是发生灾难事件时能够得到补偿，而这一目的必须通过索赔来实现。

(1)投保人进行保险索赔须提供必要的有效的证明。保险事故发生后，依照保险合同请求保险人赔偿或者给付保险金时，投保人、被保险人或者受益人应当向保险人提供其所能提供的与确认保险事故的性质、原因、损失程度等有关的证明和资料。

这就要求投保人在日常管理中应当注意证据的收集和保存。当保险事件发生后，更应注意证据的收集，有时还需要有关部门的证明。索赔的证据一般包括保单、建设工程合同、事故照片、鉴定报告，以及保单中规定的证明文件。

(2)投保人等应当及时提出保险索赔。投保人、被保险人或者受益人知道保险事故发生后，应当及时通知保险人。这与索赔的成功与否密切相关。因为资金有时间价值，如果保险事件发生后很长时间才能取得索赔，即使是全额赔偿也不足以补偿自己的全部损失。而且时间过长还会给索赔人的取证或保险人的理赔增加难度。

(3)计算损失大小。保险单上载明的保险财产全部损失，应当按照全损进行保险索赔。保险单上载明的保险财产没有全部损失，应当按照部分损失进行保险索赔。但是，财产虽然没有全部毁损或者灭失，但其损坏程度已达到无法修理，或者虽然能够修理但修理费将超过赔偿金额的，也应当按照全损进行索赔。如果一个建设工程项目同时由多家保险公司承保，则应当按照约定的比例分别向不同的保险公司提出索赔要求。

## ■ 二、建设工程保险的主要种类和投保权益

建设工程活动涉及的法律关系较为复杂，风险较为多样。因此，建设工程活动涉及的险种也较多，主要包括建筑工程一切险(及第三者责任险)、安装工程一切险(及第三者责任险)、机器损坏险、机动车辆险、建筑职工意外伤害险、勘察设计责任保险、工程监理责任保险等。

### (一)建筑工程一切险(及第三者责任险)

建筑工程一切险是承保各类民用、工业和公用事业建筑工程项目，包括道路、桥梁、水坝、港口等，在建造过程中因自然灾害或意外事故而引起的一切损失的险种。因在建工程抗灾能力差，危险程度高，一旦发生损失，不仅会对工程本身造成巨大的物质财富损失，甚至可能殃及邻近人员与财物。因此，随着各种新建、扩建、改建的建设工程项目日渐增多，许多保险公司已经开设这一险种。

建筑工程一切险往往还加保第三者责任险。第三者责任险是指在保险有效期内因在施工工

地上发生意外事故造成在施工工地及邻近地区的第三者人身伤亡或财产损失，依法应由被保险人承担的经济赔偿责任。

### 1. 投保人与被保险人

《建设工程施工合同(示范文本)》中规定，除专用合同条款另有约定外，发包人应投保建筑工程一切险或安装工程一切险；发包人委托承包人投保的，因投保产生的保险费和其他相关费用由发包人承担。

建筑工程一切险的被保险人范围较宽，所有在工程进行期间，对该项工程承担一定风险的有关各方(即具有可保利益的各方)，均可作为被保险人。如果被保险人不止一家，则各家接受赔偿的权利以不超过其对保险标的的可保利益为限。被保险人具体包括：业主或工程所有人；承包商或者分包商；技术顾问，包括业主聘用的建筑师、工程师及其他专业顾问。

### 2. 保险责任范围

(1)建筑工程一切险适用范围。建筑工程一切险适用于所有房屋工程和公共工程，尤其是住宅、商业用房、医院、学校、剧院、工业厂房、电站、公路、铁路、飞机场、桥梁、船闸、大坝、隧道、排灌工程、水渠及港埠等。

(2)建筑工程一切险承保的内容如下：

1)工程本身。工程本身是指由总承包商和分包商为履行合同而实施的全部工程。其包括预备工程，例如，土方、水准测量；临时工程，如引水、保护堤；全部存放于工地，为施工所必需的材料。

2)施工用设施和设备。施工用设施和设备包括活动房、存料库、配料棚、搅拌站、脚手架、水电供应及其他类似设施。

3)施工机具。施工机具包括大型陆上运输和施工机械、起重机及不能在公路上行驶的工地用车辆，无论这些机具属承包商所有还是其租赁物资。

4)场地清理费。场地清理费是指在发生灾害事故后场地上产生了大量的残砾，为清理工地现场而必须支付的一笔费用。

5)第三者责任。第三者责任是指在保险期内，对因工程意外事故造成的、依法应由被保险人负责的工地上及邻近地区的第三者人身伤亡、疾病或财产损失，以及被保险人因此而支付的诉讼费用和事先经保险公司书面同意支付的其他费用等赔偿责任。但是，被保险人的职工的人身伤亡和财产损失应予除外(属于意外伤害保险)。

6)工地内现有的建筑物。工地内现有的建筑物是指不在承保的工程范围内的、所有人或承包人所有的工地内已有的建筑物或财产。

7)由被保险人看管或监护的停放于工地的财产。

保险人对下列原因造成的损失和费用，负责赔偿：自然事件，是指地震、海啸、雷电、飓风、台风、龙卷风、风暴、暴雨、洪水、水灾、冻灾、冰雹、地崩、山崩雪崩、火山爆发、地面下陷下沉及其他人力不可抗拒的破坏力强大的自然现象；意外事故是指不可预料的以及被保险人无法控制并造成物质损失或人身伤亡的突发性事件，包括火灾和爆炸。

(3)建筑工程一切险承保危险与损害。建筑工程一切险承保的危险与损害涉及面很广，保险单中列举的除外情况之外的一切事故损失全在保险范围内，尤其是下述原因造成的损失：火灾、爆炸、雷击、飞机坠毁及灭火或其他救助所造成的损失；海啸、洪水、潮水、水灾、地震、暴雨、风暴、雪崩、地崩、山崩、冻灾、冰雹及其他自然灾害；一般性盗窃和抢劫；由于工人、技术人员缺乏经验、疏忽、过失、恶意行为或无能力等导致的施工拙劣而造成的损失；其他意外事件。

建筑材料在工地范围内的运输过程中遭受的损失和破坏,以及施工设备和机具在装卸时发生的损失等也可纳入工程险的承保范围。

(4)除外责任。保险人对下列各项原因造成的损失不负责赔偿:

1)设计错误引起的损失和费用;

2)自然磨损、内在或潜在缺陷、物质本身变化、自燃、自热、氧化、锈蚀、渗漏、鼠咬、虫蛀、大气(气候或气温)变化、正常水位变化或其他渐变原因造成的保险财产自身的损失和费用;

3)因原材料缺陷或工艺不善引起的保险财产本身的损失以及为换置、修理或矫正这些缺点错误所支付的费用;

4)非外力引起的机械或电气装置的本身损失,或施工用机具、设备、机械装置失灵造成的本身损失;

5)维修保养或正常检修的费用;

6)档案、文件、账簿票据、现金、各种有价证券、图表资料及包装物料的损失;

7)盘点时发现的短缺;

8)领有公共运输行驶执照的,或已由其他保险予以保障的车辆、船舶和飞机的损失;

9)除非另有约定,在保险工程开始以前已经存在或形成的位于工地范围内或其周围的属于被保险人财产的损失;

10)除非另有约定,在保险单保险期限终止以前,保险财产中已由工程所有人签发完工验收证书或验收合格或实际占有或使用或接收的部分。

(5)第三者责任险。建筑工程一切险如果加保第三者责任险,保险人对下列原因造成的损失和费用,负责赔偿:

1)在保险期限内,因发生与所保工程直接相关的意外事故引起工地内及邻近区域的第三者人身伤亡、疾病或财产损失;

2)被保险人因上述原因支付的诉讼费用以及事先经保险人书面同意而支付的其他费用。

(6)赔偿金额。保险人对每次事故引起的赔偿金额以法院或政府有关部门根据现行法律裁定的应由被保险人偿付的金额为准,但在任何情况下,均不得超过保险单明细表中对应列明的每次事故赔偿限额。在保险期限内,保险人经济赔偿的最高赔偿责任不得超过本保险单明细表中列明的累计赔偿限额。

(7)保险期限。建筑工程一切险的保险责任自保险工程在工地动工或用于保险工程的材料、设备运抵工地之时起始,至工程所有人对部分或全部工程签发完工验收证书或验收合格,或工程所有人实际占用或使用或接收该部分或全部工程之时终止,以先发生者为准。但在任何情况下,保险期限的起始或终止不得超出保险单明细表中列明的保险生效日或终止日。

(8)建筑工程一切险的保险费费率。建筑工程一切险的保险费费率通常要根据风险的大小确定。

1)建筑工程一切险的保险费率的组成。业主提供的物料及项目、安装工程项目、场地清理费、工地内现存的建筑物、业主或承包人在工地的其他财产等为一个总的费率,规定整个工期一次性费率。

施工用机器、装置及设备为单独的年度费率,因其流动性大,一般为短期使用,旧机器多,损耗大,小事故多。因此,此项费率高于第1项费率。如保期不足一年,按短期费率计收保费。第三者责任险费率,按整个工期一次性费率计取。保证性费率,按整个工期一次性费率计取。各种附加保障增收费率或保费,也按整个工期一次性费率计取。

2)建筑工程一切险的保险费费率的制定依据。建筑工程一切险没有固定的费率表，其具体费率是根据以下因素结合参考费率表制定：风险性质(气候影响和地质构造数据，如地震、洪水或水灾等)；工程本身的危险程度，工程的性质及建筑高度，工程的技术特征及所用的材料，工程的建造方法等；工地及邻近地区的自然地理条件，有无特别危险源存在；巨灾的可能性，最大可能损失程度及工地现场管理和安全条件；工期(包括试车期)的长短及施工季节，保证期长短及其责任的大小；承包人及其他与工程有直接关系的各方的资信、技术水平及经验；同类工程及以往的损失记录；免赔额的高低及特种危险的赔偿限额。

工程保险往往有免赔额和赔偿限额的规定。这是对被保险人自己应负责任的规定。如果免赔额高、赔偿限额低，则意味着被保险人承担的责任大，则保险费费率就应相应降低；如果免赔额低、赔偿限额高，则保险费费率应相应提高。

3)保险费的交纳。建筑工程一切险因保险期较长，保费数额大，可分期交纳保费，但出单后必须立即交纳第一期保费，而最后一笔保费必须在工程完工前半年交清。如果在保险期内工程不能完工，保险可以延期，不过投保人需交纳补充保险费。延展期的补充保险费只能在原始保险单规定的逾期日前几天确定，以便保险人能及时、准确地了解各种情况。

### (二)安装工程一切险(及第三者责任险)

安装工程一切险是承保安装机器、设备、储油罐、钢结构工程、起重机，以及包含机械工程因素的各种安装工程的险种。由于科学技术日益进步，现代工业的机器设备已进入电子计算机操控的时代，工艺精密、构造复杂，技术高度密集，价格十分昂贵。在安装、调试机器设备的过程中遇到自然灾害和意外事故的发生都会造成巨大的经济损失。安装工程一切险可以保障机器设备在安装、调试过程中，被保险人可能遭受的损失能够得到经济补偿。

安装工程一切险往往还加保第三者责任险。安装工程一切险的第三者责任险，负责被保险人在保险期限内，因发生意外事故，造成在工地及邻近地区的第三者人身伤亡、疾病或财产损失，依法应由被保险人赔偿的经济损失，以及因此而支付的诉讼费用和经保险人书面同意支付的其他费用。

安装工程一切险与建设工程一切险有着重要的区别。建设工程保险的标的从开工以后逐步增加，保险额也逐步提高，而安装工程一切险的保险标的一开始就存放于工地，保险公司一开始就承担着全部货价的风险，风险比较集中，在机器安装好之后，试车、考核所带来的危险以及在试车过程中发生机器损坏的危险是相当大的，这些危险在建设工程险部分是没有的。一般情况下，自然灾害造成建设工程一切险的保险标的损失的可能性较大，而安装工程一切险的保险标的多数是建筑物内安装及设备(石化、桥梁、钢结构建筑物等除外)，受自然灾害(洪水、台风、暴雨等)损失的可能性较小，受人为事故损失的可能性较大，这就要督促被保险人加强现场安全操作管理，严格执行安全操作规程。安装工程在交接前必须经过试车考核，而在试车期内，任何潜在的因素都可能造成损失，损失率要占安装工期内的总损失的一半以上。由于风险集中，试车期的安装工程一切险的保险费费率通常占整个工期保费的三分之一左右，而且对旧机器设备不承担赔付责任。

总的来讲，安装工程一切险的风险较大，保险费费率也要高于建设工程一切险。

### 1. 保险责任范围

保险人对因自然灾害、意外事故(具体内容与建筑工程一切险基本相同)造成的损失和费用，负责赔偿。

### 2. 除外责任

除外责任与建设工程一切险第(4)内的第 2)、5)、6)、7)、8)、9)、10)相同，不同之处如下：

(1)因设计错误、铸造或原材料缺陷或工艺不善引起的保险财产本身的损失以及为换置、修理或矫正这些缺点错误所支付的费用；

(2)由于超负荷、超电压、碰线、电弧、漏电、短路、大气放电及其他电气原因造成电气设备或电气用具本身的损失；

(3)施工用机具、设备、机械装置失灵造成的本身损失；

(4)由结构、材料或在车间制作方面的错误导致的损失；

(5)因被保险人或其派遣人员蓄意破坏或欺诈行为而造成的损失；

(6)因功力或效益不足而遭致合同罚款或其他非实质性损失；

(7)由战争或其他类似事件，民众运动或因当局命令而造成的损失；

(8)因罢工和骚乱而造成的损失(但有些国家却不视为除外情况)；

(9)由原子核裂化或核辐射造成的损失等。

**3. 保险期限**

安装工程一切险的保险责任自保险工程在工地动工或用于保险工程的材料、设备运抵工地时起始，至工程所有人对部分或全部工程签发完工验收证书或验收合格，或工程所有人实际占有或使用接收该部分或全部工程时终止，以先发生者为准。但在任何情况下，安装期保险期限的起始或终止不得超出保险单明细表中列明的保险生效日或终止日。

安装工程一切险的保险期内，一般应包括一个试车考核期。试车考核期的长短一般根据安装工程合同中的约定进行确定，但不得超出安装工程保险单明细表中列明的试车和考核期限。安装工程一切险对考核期的保险责任一般不超过3个月，若超过3个月，应另行加收保险费。安装工程一切险对于旧机器设备不负考核期的保险责任，也不承担其维修期的保险责任。

部分工程验收移交或实际投入使用。这种情况下，保险责任自验收移交或投入使用之日即行终止，但保单上须有相应的附加条款或批文。试车考核期的保险责任期(一般定为3个月)，是指连续时间，而不是断续累计时间。维修期应从实际完工验收或投入使用之日起算，不能机械地按合同规定的竣工日起算。安装工程一切险的保险金额的组成安装工程一切险的保险金额包括物质损失和第三者责任两大部分。

**4. 安装工程一切险的保险标的**

安装的机器及安装费包括安装工程合同内要安装的机器、设备、装置、物料、基础工程(如地基、座基等)，以及为安装工程所需的各种临时设施(如水电、照明、通信设备等)。

安装工程使用的承包人的机器、设备。

附带投保的土木建筑工程项目，指厂房、仓库、办公楼、宿舍、码头、桥梁等。这些项目一般不在安装合同以内，但可在安装险内附带投保：如果土木建筑工程项目不超过总价的20%，整个项目按安装工程一切险投保；介于20%和50%之间，该部分项目按建筑工程一切险投保；若超过50%，整个项目按建筑工程一切险投保。

安装工程一切险也可以根据投保人的要求附加第三者责任险，这与建筑工程一切险是相同的。

**(三)工伤保险和建筑职工意外伤害险**

《建筑法》规定，建筑施工企业应当依法为职工参加工伤保险缴纳工伤保险费。鼓励企业为从事危险作业的职工办理意外伤害保险，并支付保险费。

**(四)保险代理人和保险经纪人**

《保险法》规定，保险代理人是根据保险人的委托，向保险人收取佣金，并在保险人授权的范围内代为办理保险业务的机构或者个人。保险经纪人是基于投保人的利益，为投保人与保险人订立保险合同提供中介服务,并依法收取佣金的机构。

保险代理人与保险经纪人最大区别在于:保险代理人是受保险公司的委托,为该保险公司推销保险产品;保险经纪人则是受投保人(保险客户)委托,根据客户风险情况,为其设计保险方案、制订保险计划,横向比较各保险公司的保险条款优劣,帮助投保人选择适当的保险公司。

形象一些说,如果保险业是销售柜台,保险代理人就像是站在一个特定产品前的专职推销员;而保险经纪人则是帮助顾客选购产品的秘书或顾问,他不偏向于任何一个产品,而是完全根据顾客需求,选择同类产品中最适合消费者的那一款。

根据有关资料表明,60%的风险是通过保险方式进行规避的,其余风险则需要通过非保险的方式进行管理。保险经纪公司作为衔接保险公司与保险客户的中间环节,可以为客户提供专业的、全方位的保险咨询服务,代表客户与保险公司谈判,协助客户办理投保与索赔工作,最大限度地保障投保人的利益。

## 第七节　建设工程法人制度

法人是建设工程活动中最主要的主体。作为建造师,应该了解法人的定义、条件及法人在建设工程中的地位和作用,特别是要熟悉企业法人与项目经理部的法律关系。

### ■ 一、法人应具备的条件

2009年8月,经修改后颁布的《民法通则》规定,法人是具有民事权利能力和民事行为能力,依法独立享有民事权利和承担民事义务的组织。

法人是与自然人相对应的概念,是法律赋予社会组织具有法律人格的一项制度。这一制度为确立社会组织的权利、义务,便于社会组织独立承担责任提供了基础。

(1)依法成立。法人不能自然产生,必须经过法定的程序。法人的设立目的和方式必须符合法律的规定,设立法人必须经过政府主管机关的批准或者核准登记。

(2)有必要的财产或者经费。有必要的财产或者经费是法人进行民事活动的物质基础。它要求法人的财产或者经费必须与法人的经营范围或者设立目的相适应,否则将不能被批准设立或者核准登记。

(3)有自己的名称、组织机构和场所。法人的名称是法人相互区别的标志和法人进行活动时使用的代号。法人的组织机构是指对内管理法人事务、对外代表法人进行民事活动的机构。法人的场所则是法人进行业务活动的所在地,也是确定法律管辖的依据。

(4)能够独立承担民事责任。法人必须能够以自己的财产或者经费承担在民事活动中的债务,在民事活动中给其他主体造成损失时能够承担赔偿责任。法人的法定代表人是自然人。法人依照法律或者法人组织章程的规定,代表法人行使职权。法人以它的主要办事机构所在地为住所。

### ■ 二、法人的分类

法人可以分为非企业法人和企业法人两大类。非企业法人包括行政法人、事业法人、社团法人。企业法人依法经工商行政管理机关核准登记后取得法人资格。企业法人分立、合并或者有其他重要事项变更,应当向登记机关办理登记并公告。企业法人分立、合并,其权利和义务由变更后的法人享有和承担。有独立经费的机关从成立之日起,具有法人资格。具有法人条件的事业单位、社会团体，依法不需要办理法人登记的，从成立之日起，具有法人资格；依法需要办理法人登记的，经核准登记，取得法人资格。

## 三、法人在建设工程中的地位

在建设工程中，大多数建设活动主体都是法人。施工单位、勘察设计单位、监理单位通常都是具有法人资格的组织。建设单位一般也应当具有法人资格。但有时候，建设单位也可能是没有法人资格的其他组织。

法人在建设工程中的地位，表现在其具有民事权利能力和民事行为能力。依法独立享有民事权利和承担民事义务，方能承担民事责任。在法人制度产生前，只有自然人才具有民事权利能力和民事行为能力。随着社会生产活动的扩大和专业化水平提高，许多社会活动必须由自然人合作完成。因此，法人是出于需要，由法律将其拟制为自然人以确定团体利益的归属，即所谓"拟制人"。法人是社会组织在法律上的人格化，是法律意义上的"人"，而不是实实在在的生命体。建设工程规模浩大，需要众多的自然人合作完成。法人制度的产生，使这种合作成为常态。这是建设工程发展到当今规模和专业程度的基础。

## 四、法人在建设工程中的作用

### （一）法人是建设工程中的基本主体

在计划经济时期，从事建设活动的各企事业单位实际上是行政机关的附属，不是独立的。但在市场经济中，每个法人却是独立的，可以独立开展建设活动。法人制度有利于企业或者事业单位根据市场经济的客观要求，打破地区、部门和所有制的界限，发展各种形式的横向经济联合，在平等、自愿、互利的基础上建立起新的经济实体。实行法人制度，一方面可以保证企业在民事活动中以独立的"人格"享有平等的法律地位，不再受来自行政主管部门的不适当干涉；另一方面使作为法人的企业也不得以自己的某种优势去干涉其他法人的经济活动，或者进行不等价的交换。这样，可以使企业发挥各自优势，进行正当竞争，按照社会化大生产的要求，加快市场经济的发展。

### （二）确立了建设领域国有企业的所有权和经营权的分离

建设领域曾经是以国有企业为主体的。确认企业的法人地位，明确法人的独立财产责任并建立起相应的法人破产制度，这就真正在法律上使企业由国家行政部门的"附属物"变成了自主经营、自负盈亏的商品生产者和经营者，从而进一步促进企业加强经济核算和科学管理，增强企业在市场竞争中的活力与动力，为我国市场经济的发展和工程建设的顺利实施创造更好的条件。

## 五、企业法人与项目经理的法律关系

从项目管理的理论上来讲，各类企业都可以设立项目经理部，但施工企业设立的项目经理部具有典型意义，是建造师需要掌握的知识。

### （一）项目经理部的概念和设立

项目经理部是施工企业为了完成某项建设工程施工任务而设立的组织。项目经理部是由一个项目经理与技术、生产、材料、成本等管理人员组成的项目管理班子，是一次性的具有弹性的现场生产组织机构。对于大中型施工项目，施工企业应当在施工现场设立项目经理部；小型施工项目，可以由施工企业根据实际情况选择适当的管理方式。施工企业应当明确项目经理部的职责、任务和组织形式。项目经理部不具备法人资格，而是施工企业根据建设工程施工项目而组建的非常设的下属机构。项目经理根据企业法人的授权，组织和领导本项目经理部的全面工作。

### (二)项目经理是企业法人授权在建设工程施工项目上的管理者

企业法人的法定代表人，其职务行为可以代表企业法人。由于施工企业同时会有数个、数十个甚至更多的建设工程施工项目在组织实施，导致企业法定代表人不可能成为所有施工项目的直接负责人。因此，在每个施工项目上必须有一个经企业法人授权的项目经理。施工企业的项目经理，是受企业法人的委派，对建设工程施工项目全面负责的项目管理者，是一种施工企业内部的岗位职务。建设工程项目上的生产经营活动，必须在企业制度的制约下运行；其质量、安全、技术等活动，需接受企业相关职能部门的指导和监督。推行项目经理责任制，绝不意味着可以搞"以包代管"。过分强调建设工程项目承包的自主权，过度下放管理权限，将会削弱施工企业的整体管理能力，给施工企业带来诸多经营风险。

### (三)项目经理部行为的法律后果由企业法人承担

由于项目经理部不具备独立的法人资格，无法独立承担民事责任。所以，项目经理部行为的法律后果将由企业法人承担。例如，项目经理部未按合同约定完成施工任务，则应由施工企业承担违约责任；项目经理签字的材料款，如果未按时支付的，材料供应商应当以施工企业为被告提起诉讼。

【案例】

1. 背景

地处 A 市的某设计院承担了坐落在 B 市的某项"设计—采购—施工"承包任务。该设计院将工程的施工任务分包给 B 市的某施工单位。设计院在施工现场派驻了包括甲在内的项目管理班子，施工单位则由乙为项目经理组成了项目经理部。施工任务完成后，施工单位以设计院尚欠工程款为由向仲裁委员会申请仲裁，主要依据是有甲签字确认的所增加的工程量。设计院认为甲并不是该项目的设计院方的项目经理，不承认甲签字的效力。经查实，甲既不是合同中约定的设计院的授权负责人，也没有设计院的授权委托书。但合同中约定的授权负责人基本没有去过该项目现场。事实上，该项目一直由甲实际负责，且有设计院曾经认可甲签字付款的情形。

2. 问题

设计院是否应当承担付款责任，为什么？

3. 分析

设计院应当承担付款责任。由于设计院方面的管理原因，让施工单位认为甲具有签字付款的权力，致使本案付款纠纷的出现。《民法通则》第 43 条规定："企业法人对它的法定代表人和其他工作人员的经营活动，承担民事责任。"由于种种原因，我国目前经常存在着名义上的项目负责人经常不在现场的情况。本案例的真实背景是设计院认为甲被施工单位买通而拒绝付款。本案对施工单位的教训是：施工单位需要让发包或总包单位签字时，一定要找其授权人；如果发包或总包单位变更授权人的，应当要求发包单位完成变更的手续。

## 本章练习

(一)单选题

1. 下列法律的形式属于行政法规的是(　　)。

   A.《合同法》　　　　　　　　B.《北京市招标投标条例》

C.《建筑法》　　　　　　　　　　D.《建设工程质量管理条例》
2. 下列不属于建设行政法规的是( )。
   A.《建设工程质量管理条例》　　　B.《建设工程安全生产条例》
   C.《评标委员会和评标方法暂行规定》　D.《城市房地产开发经营管理条例》
3. 《建设工程勘察设计管理条例》属于( )。
   A. 法律　　　B. 行政法规　　　C. 地方性法规　　　D. 部门规章
4. ( )是具有最高法律效力的根本大法。
   A. 宪法　　　B. 法律　　　C. 行政法规　　　D. 部门规章
5. 国务院、中央军事委员会认为行政法规、地方性法规、自治条例和单行条例同宪法或者法律相抵触的，可以向( )书面提出进行审查的要求。
   A. 最高人民法院
   B. 全国人大常委会
   C. 最高人民检察院
   D. 省、自治区、直辖市的人民代表大会常务委员会
6. 关于法的备案的说法，下列不正确的是( )。
   A. 宪法不需要备案
   B. 法律不需要备案
   C. 行政法规不需要备案
   D. 地方性法规、自治条例和单行条例、规章，在公布后30日内报有关机关备案
7. 《招标投标法》属于( )。
   A. 民商法　　　B. 行政法　　　C. 经济法　　　D. 社会法
8. 下列法律中，属于宪法相关法的是( )。
   A.《行政复议法》　B.《行政处罚法》　C.《民法通则》　D.《国务院组织法》
9. 《物权法》属于( )。
   A. 民法商法　　　B. 行政法　　　C. 经济法　　　D. 社会法
10. 物权是( )，债权是( )。
    A. 绝对权，相对权　B. 相对权，绝对权　C. 绝对权，绝对权　D. 相对权，相对权
11. 按照合同约定或者法律规定，在当事人之间产生特定权利和义务关系的是( )。
    A. 债　　　B. 所有权　　　C. 知识产权　　　D. 担保物权
12. 在建工程的建筑物、构筑物或者其他设施倒塌造成他人损害的，由建设单位与施工企业承担连带责任。该责任在债的产生根据中属于( )之债。
    A. 侵权　　　B. 合同　　　C. 无因管理　　　D. 不当得利
13. 某施工企业进行爆破施工时，不慎将临近一住宅墙体震裂，该施工企业与住宅居民因( )产生了债权债务关系。
    A. 合同　　　B. 侵权行为　　　C. 不当得利　　　D. 无因管理
14. 建设工程债产生的根据有合同、侵权、无因管理和( )。
    A. 协议　　　B. 不当管理　　　C. 越权管理　　　D. 不当得利
15. 建筑工程施工中，由于现场监理工程师的错误导致甲施工单位的完成工作部分计入乙施工单位已完成工程中，建设方依此而付款，则乙施工单位和建设单位之间构成的是( )。
    A. 施工合同　　　B. 无因管理　　　C. 侵权行为　　　D. 不当得利

16. 建设工程债产生的根据不包括( )。
    A. 合同　　　　　B. 侵权　　　　　C. 无因管理　　　　　D. 当事人资质等级
17. 法律责任通过( )实现。
    A. 诉讼　　　　　B. 调解　　　　　C. 谈判　　　　　D. 国家强制力
18. 按照违法行为的性质和危害程度，下列法律责任划分错误的是( )。
    A. 国家赔偿责任　　B. 行政法律责任　　C. 违宪法律责任　　D. 侵权法律责任
19. 民事责任可以分为侵权责任和( )两种。
    A. 财产责任　　　B. 违约责任　　　C. 赔偿责任　　　D. 担保责任
20. 下列不属于民事责任承担方式的是( )。
    A. 排除妨碍　　　　　　　　　　B. 赔偿损失
    C. 责令停产停业整顿　　　　　　D. 支付违约金
21. 建设工程领域，法律、行政法规所设定的行政处罚不包括( )。
    A. 责令停止施工　　　　　　　　B. 降低资质等级
    C. 赔偿损失　　　　　　　　　　D. 吊销执业资格证书
22. 下列各项不属于行政处罚的是( )。
    A. 罚款　　　　　B. 没收违法所得　　C. 罚金　　　　　D. 吊销营业执照
23. 承包某楼盘施工的甲公司在施工中偷工减料，降低了工程质量标准，结果造成3人死亡的安全事故，对甲公司的行为应当( )。
    A. 按重大责任事故罪论处　　　　B. 按重大劳动安全事故罪论处
    C. 按工程重大安全事故罪论处　　D. 按意外事件处理
24. 建筑公司总经理王某将列入工程概算的安全施工措施费用50万元挪作他用，工地因安全生产条件不符合国家规定而导致重大经济损失和人员伤亡，王某的行为涉嫌构成( )。
    A. 渎职罪　　　　　　　　　　　B. 重大劳动安全事故罪
    C. 重大责任事故罪　　　　　　　D. 工程重大安全事故罪

(二)多选题

1. 我国现行的建设行政法规主要有( )。
    A. 建设工程质量管理条例　　　　B. 建设工程安全生产条例
    C. 建设工程勘察设计管理条例　　D. 城市房地产开发经营管理条例
    E. 市政公用设施抗灾设防管理规定
2. 关于法的效力层级，下列表述正确的有( )。
    A. 宪法至上　　　　　　　　　　B. 一般法优于特别法
    C. 上位法优于下位法　　　　　　D. 新法优于旧法
    E. 特别法优于一般法
3. 《中华人民共和国立法法》规定：地方性法规、规章之间不一致时，由有关机关依照相应规定做出裁决，以下属于规定权限范围的有( )。
    A. 同一机关制定的新的一般规定与旧的特别规定不一致时，由制定机关裁决
    B. 部门规章之间、部门规章与地方政府规章之间对同一事项的规定不一致时，由国务院裁决
    C. 部门规章之间、部门规章与地方政府规章之间对同一事项的规定不一致时，由地方政府提请全国人大常委会裁决
    D. 地方性法规与部门规章之间对同一事项的规定不一致，不能确定如何适用时，由地方

政府提请当地人大常委会裁决
    E. 地方性法规与部门规章之间对同一事项的规定不一致，不能确定如何适用时，由国务院提出意见

4. 下列属于民法商法的有( )。
    A.《物权法》					B.《招标投标法》
    C.《土地管理法》				D.《劳动合同法》
    E.《合同法》

5. 债权相对性理论的内涵包括( )。
    A. 债权内容的相对性			B. 债权主体的相对性
    C. 债权责任的相对性			D. 权利和义务相对性
    E. 债权客体的相对性

6. 关于债的发生根据的表述中，下列正确的有( )。
    A. 合同						B. 志愿服务
    C. 侵权行为					D. 不当得利
    E. 无因管理

7. 刑事处罚中的附加刑包括( )。
    A. 罚金						B. 没收财产
    C. 驱逐出境					D. 管制
    E. 剥夺政治权利

8. 根据《担保法》的规定，不得抵押的财产包括( )。
    A. 宅基地的使用权			B. 建筑物和其他土地附着物
    C. 建设用地使用权			D. 学校、幼儿园、医院等
    E. 交通运输工具

9. 关于抵押说法，下列正确的有( )。
    A. 抵押期间，抵押人转让已办理登记的抵押物的，只需要通知抵押权人
    B. 转让抵押物和价款明显低于其价值的，抵押权人可以不允许抵押人转让
    C. 抵押权与其担保的债权同时存在，债权消灭时，抵押权也消灭
    D. 抵押人转让抵押物所得的价款归抵押人所有
    E. 抵押权因抵押物灭失而消失，因灭失所得的赔偿金应作为抵押财产

10. 某施工企业在银行办理投标保函，银行要求提供反担保。则以下单证，能够质押的有( )。
    A. 存款单					B. 仓单
    C. 房屋所有权证书			D. 债券
    E. 汇票

# 第二章 建设工程许可法律制度

### 导　入

建设工程许可制度包括施工许可制度和从业单位许可制度。施工许可制度是由国家授权的有关行政主管部门，在建设工程开工之前对其是否符合法定的开工条件进行审核，对符合条件的建设工程允许其开设的法定制度。施工许可制度有利于行政主管部门保证建设工程活动的有序进行。

### 学习目标

**知识目标：** 掌握施工许可证和开工报告的适用范围；掌握施工许可证的申请主体；熟悉延期开工、核验和重新办理批准的规定；熟悉企业资质的法定条件和等级；熟悉施工企业的资质序列、类别和等级；熟悉建造师考试、注册和继续教育的规定；了解施工企业资质证书的申请、延续和变更；了解建造师的受聘单位和执业范围；了解建造师的基本权利。

**技能目标：** 能判定施工许可证的8大条件；能辨别施工企业的资质等级；能准确把握注册建造师的考试要求，并结合自身条件，确立考试目标。

**素质目标：** 培养学生建筑行业的法律常识；培养学生思辨能力。

## 第一节　建设工程施工许可制度

### ■ 一、施工许可证和开工报告的适用范围

目前，我国对建设工程的开工审批存在着颁发"施工许可证"和批准"开工报告"两种形式。多数工程是办理施工许可证，部分工程则为批准开工报告。施工许可证是建设单位符合各种施工条件、允许开工的批准文件，是建设单位进行工程施工的法律凭证，也是房屋权属登记的主要依据之一。没有施工许可证的建设项目均属违章建筑，不受法律保护。

#### （一）需要办理施工许可证的建设工程

《建筑法》规定，建筑工程开工前，建设单位应当按照国家有关规定向工程所在地县级以上人民政府住房城乡建设主管部门申请领取施工许可证。住房和城乡建设部经修改后发布的《建筑工程施工许可管理办法》进一步规定，在中华人民共和国境内从事各类房屋建筑及其附属设施的建造、装修装饰与其配套的线路、管道、设备的安装，以及城镇市政基础设施工程的施工，建设单位在开工前应当依照《建筑工程施工许可定理办法》的规定，向工程所在地的县级以上地方

人民政府住房城乡建设主管部门申请领取施工许可证。

### (二)不需要办理施工许可证的工程

按照《建筑法》的规定，国务院住房城乡建设主管部门确定的限额以下的小型工程，可以不申请办理施工许可证。据此，《建筑工程施工许可管理办法》规定，工程投资额在30万元以下或者建筑面积在300平方米以下的建筑工程，可以不申请办理施工许可证。省、自治区、直辖市人民政府住房城乡建设主管部门可以根据当地的实际情况，对限额进行调整，并报国务院住房城乡建设主管部门备案。

### (三)抢险救灾等工程

《建筑法》规定，抢险救灾及其他临时性房屋建筑和农民自建低层住宅的建筑活动不适用本法。由于这几类工程有特殊性，应当从实际出发，不需要办理施工许可证。

为避免同一建设工程的开工由不同行政主管部门重复审批的现象，《建筑法》规定，按照国务院规定的权限和程序批准开工报告的建筑工程，不再领取施工许可证。这有两层含义：一是实行开工报告批准制度的建设工程，必须符合国务院的规定，其他任何部门的规定无效；二是开工报告与施工许可证不要重复办理。

### (四)另行规定的建设工程

《建筑法》规定，军用房屋建筑工程建筑活动的具体管理办法，由国务院、中央军事委员会依据本法制定。

## 二、施工许可证的申请主体和法定批准条件

### (一)施工许可证的申请主体

《建筑法》规定："建筑工程开工前，建设单位应当按照国家有关规定向工程所地县级以上人民政府建设行政主管部门申请领取施工许可证。"建设单位为建设项目的管理单位或者使用单位，为建设项目开工和施工单位进场做好各项前期准备工作是建设单位应尽的义务。因此，施工许可证的申请领取，应该是由建设单位负责，而不是施工单位或者其他单位。

### (二)施工许可证的法定批准条件

(1)依法应当办理用地批准手续的，已经办理该建筑工程用地批准手续。《土地管理法》规定，建设单位使用国有土地的，应当按照土地使用权出让等有偿使用合同的约定或者土地使用权划拨批准文件的规定使用土地；确需改变该幅土地建设用途的，应当经有关人民政府自然资源主管部门同意，报原批准用地的人民政府批准。其中，在城市规划区内改变土地用途的，在报批前，应当先经有关城市规划行政主管部门同意。办理用地批准手续是建设工程依法取得土地使用权的必经程序，也是建设工程取得施工许可证的必要条件。

(2)在城市、镇规划区的建筑工程，已经取得规划许可证。

1)建设用地规划许可证。在城市、镇规划区内以划拨方式提供国有土地使用权的建设项目，经有关部门批准、核准、备案后，建设单位应当向城市、县人民政府城乡规划主管部门提出建设用地规划许可申请，由城市、县人民政府城乡规划主管部门依据控制性详细规划核定建设用地的位置、面积、允许建设的范围，核发建设用地规划许可证。建设单位在取得建设用地规划许可证后，方可向县级以上地方人民政府主管部门申请用地，经县级以上人民政府审批后，由土地主管部门划拨土地。

以出让方式取得国有土地使用权的建设项目，在签订国有土地使用权出让合同后建设单位

应当持建设单位的批准、核准、备案文件和国有土地使用权出让合同,向城市、县人民政府城乡规划主管部门领取建设用地规划许可证。

2)建设工程规划许可证。在城市、镇规划区进行建筑物、构筑物、道路、管线和其他工程建设的,建设单位或者个人应当向城市、县人民政府城乡规划主管部门或者省、自治区、直辖市人民政府确定的镇人民政府申请办理建设工程规划许可证。

以上两个规划许可证,分别是申请用地和确认有关建设工程符合城市规划要求的法律凭证。

(3)施工场地已经基本具备施工条件,需要征收房屋的,其进度符合施工要求。施工场地应该具备的基本施工条件,通常需要根据建设工程项目的具体情况决定。例如,已进行厂区的施工测量,设置永久性经纬坐标桩、水准基桩和工程测量控制网;搞好"三通一平";施工使用的生产基地和生活基地,包括附属企业、加工厂站、仓库堆场,以及办公、生活、福利用房等;强化安全管理和安全教育,在施工现场要设安全纪律牌、施工公告牌、安全标志牌等。实行监理的建设工程,一般要由监理单位查看后填写"施工场地已具备施工条件的证明",并加盖单位公章确认。

《物权法》第42条规定,为了公共利益的需要,依照法律规定的权限和程序可以征收集体所有的土地和单位、个人的房屋及其他不动产。因此,房屋征收要根据城乡规划和国家专项工程的迁建计划以及当地政府的用地文件,拆除和迁移建设用地范围内的房屋及其附属物,并对原房屋及其附属物的所有人或使用人进行补偿或安置。需要先期进行征收的,征收进度必须能满足建设工程开始施工和连续施工的要求。

(4)已经确定施工企业。建设工程的施工必须由具备相应资质的施工企业来承担。因此,在建设工程开工前,建设单位必须依法通过招标或者直接发包的方式确定承包建设工程的施工企业,并签订建设工程承包合同,明确双方的责任、权利和义务。否则,建设工程的施工将无法进行。

《建筑工程施工许可管理办法》规定,按照规定应当招标的工程没有招标,应当公开招标的工程没有公开招标,或者肢解发包工程,以及将工程发包给不具备相应资质条件的企业的,所确定的施工企业无效。

(5)有满足施工需要的技术资料,施工图设计文件已按规定审查合格。施工图纸是实行建设工程最根本的技术文件,也是在施工过程中保证建设工程质量的主要依据。在开工前,必须有满足施工需要的施工图纸和技术资料。技术资料一般包括地形、地质、水文、气象等自然条件资料和主要原材料、燃料来源,水电供应和运输条件等技术经济条件资料。掌握客观、准确、全面的技术资料,是实现建设工程质量和安全的重要保证。

《质量管理条例》第11条规定,施工图设计文件未经审查批准的,不得使用。建设单位应当将施工图设计文件报县级以上人民政府住房城乡建设主管部门或者其他有关部门审查。施工图设计文件审查的具体办法,由国务院住房城乡建设主管部门会同国务院其他有关部门制定。

(6)有保证工程质量和安全的具体措施。《建设工程安全生产管理条例》第10条规定,建设单位在申请领取施工许可证时,应当提供建设工程有关安全施工措施的资料。住房城乡建设主管部门在审核发放施工许可证时,应当对建设工程是否有安全施工措施进行审查,对没有安全施工措施的,不得颁发施工许可证。《建筑工程施工许可管理办法》进一步规定,施工企业编制的施工组织设计中有根据建筑工程特点制定的相应质量、安全技术措施,建立工程质量安全责任并落实到人。专业较强的工程项目编制了专项质量、安全施工组织设计,并按照规定办理了工程质量、安全监督手续。

(7)按照规定应当委托监理的工程已委托监理。《建筑法》规定,国务院可以规定实行强制监

理的建筑工程的范围。为此,《建设工程质量管理条例》明确规定,下列建设工程必须实行监理:

1) 国家重点建设工程;
2) 大中型公用事业工程;
3) 成片开发建设的住宅小区工程;
4) 利用外国政府或者国际组织贷款、援助资金的工程;
5) 国家规定必须实行监理的其他工程。

对于上述规定中应当委托监理的工程已委托监理是申办施工许可的基本条件之一。

(8) 建设资金已经落实。建设资金的落实是建设工程开工后是否顺利实施的关键。如果建设基金不落实或者资金不足的情况下盲目上建设项目,会导致建设单位要求施工单位垫资施工,或者建设单位严重拖欠工程款的后果。这样变相加重施工企业的生产经营困难,影响工程建设的正常进行。

(9) 法律、行政法规规定的其他条件。随着国家对建设活动的管理的完善,施工许可证的申领条件也会发生变化。例如,《中华人民共和国消防法》(以下简称《消防法》)规定,特殊建设工程未经消防设计审查或者审查不合格的,建设单位、施工单位不得施工;其他建设工程、建设单位未提供、满足施工需要的消防设计图纸及技术资料的,有关部门不得发放施工许可证或者批准开工报告。

需要指出的是,只有全国人大及其常委会制定的法律和国务院制定的行政法规,才有权增加施工许可证新的申领条件,其他如部门规章、地方性法规、地方规章等都不得规定增加施工许可证的申领条件。

## ■ 三、延期开工、核验和重新办理批准的规定

### 1. 申请延期的规定

《建筑法》第 9 条规定:"建设单位应当自领取施工许可证之日起 3 个月内开工。因故不能按期开工的,应当向发证机关申请延期;延期以两次为限,每次不超过 3 个月。既不开工又不申请延期或者超过延期时限的,施工许可证自行废止。"

### 2. 核验施工许可证的规定

《建筑法》规定,在建的建筑工程因故中止施工的,建设单位应当自中止施工之日起 1 个月内,向发证机关报告,并按照规定做好建筑工程的维护管理工作。建筑工程恢复施工时,应当向发证机关报告;中止施工满一年的工程恢复施工前,建设单位应当报发证机关核验施工许可证。

所谓中止施工,是指建设工程开工后,在施工过程中因特殊情况的发生而中途停止施工的情形。中止施工的原因很复杂,如地震、洪水等不可抗力,以及宏观调控压缩基建规模、停建缓建建设工程等。对因故中止施工的,建设单位应当按照规定的时限履行相关的义务或责任,以防止建设单位在中止施工期间遭受不必要的损失,保证在恢复施工时可以尽快启动。

在恢复施工时,建设单位应当向发证机关报告恢复施工的有关情况,中止施工满一年的,在建设工程恢复施工前,建设单位还应当核验施工许可证,看是否仍具备组织施工的条件,经核验符合条件的应允许恢复施工,施工许可证继续有效;经核验不符合条件的应当收回其施工许可证,不允许恢复施工,待条件具备后,由建设单位重新申领施工许可证。

### 3. 重新办理批准手续的规定

对于实行开工报告制度的建设工程,《建筑法》规定,按照国务院有关规定批准开工报告的

建筑工程，因故不能按期开工或者中止施工的，应当及时向批准机关报告情况。因故不能按期开工超过6个月的，应当重新办理开工报告的批准手续。按照国务院有关规定批准开工报告的建筑工程，一般都属于大中型建设项目。对于这类工程因故不能按期开工或者中止施工的，在审查和管理上应该更严格。

## 第二节 城乡规划法规与工程项目规划许可制度

### 一、城乡规划和城乡规划法

城乡规划是指各级人民政府为实现一定时期内行政区域的经济和社会发展目标，事先依法制定的用以确定规划区的性质、规模和发展方向、土地的合理利用、规划区的空间布局和规划区实施的科学配置的综合部署和具体安排。

城乡法规是调整城乡规划中产生的社会关系的法律规范的总称。我国十分重视城市规划法规的立法工作。1989年12月26日，我国颁布了《中华人民共和国城市规划法》，并且随后颁布了大量的配套法律法规，如《建设项目选址规划管理办法》《城市规划编制办法》《开发区规划管理办法》等建设部门规章及各地的地方性建设法规等。2007年10月28日，第十届全国人大常委会第三十次会议通过了《中华人民共和国城乡规划法》，自2008年1月1日起施行，同时，《中华人民共和国城市规划法》废止。其后，《城市规划法》又于2015年、2019年进行了修正。《中华人民共和国城乡规划法》的颁布实施，标志着中国长期以来实行的"城乡二元结构"的规划制度将得到改变，进入城乡一体化的规划管理时代。

### 二、《城乡规划法》的立法宗旨及适用范围

#### 1. 立法宗旨

立法宗旨又称立法目的。《城乡规划法》的根本目的是加强城乡规划管理，协调城乡空间布局，改善人居环境，促进城乡经济社会全面协调可持续发展。

#### 2. 使用范围

（1）制定和实施城乡规划，必须遵守《城乡规划法》。各级人民政府及其城乡规划主管部门都要严格依据法定的事权，及时制定城乡规划，加强规划的实施管理与监督，严格依据法定程序制定和修改城乡规划。严格依据法律规定，充分发挥法定规划对土地使用的指导和调控，促进城乡社会有序发展。

（2）在规划区内进行建设活动，必须遵守《城乡规划法》。规划区是指城市、镇和村庄的建成以及因城乡建设和发展需要，必须实行规划控制的区域。规划区的具体范围由有关人民政府在组织编制的城市总体规划、镇总体规划、乡规划和村庄规划中，根据城乡经济社会发展水平和统筹城乡发展的需要制定。任何单位和个人在城乡规划区内进行建设，都必须按照《城乡规划法》的规定来约束自己的行为，不能实施违反城乡规划的建设行为，否则就必须承担相应的法律责任。

### 三、建设项目选址意见书

#### （一）建设项目选址意见书的概念和作用

建设项目选址意见书是指建设工程在立项过程中，上报的设计任务书必须附有由城市规划

行政主管部门提出的关于建设项目选定在哪个城市或者在哪个方位的意见。选址意见书是城乡建设主管部门依法审核建设项目选址的法定凭证。

### (二)建设项目选址意见书的内容

(1)建设项目的基本情况：主要是指建设项目的名称、性质、用地与建设规模，供水与能源的需求量，采取的运输方式与运输量，以及废水、废气、废渣的排放方式和排放量。

(2)建设项目规划选址的依据。

(3)建设项目选址、用地范围和具体规划要求。

(4)建设项目选址、用地范围的附图和明确有关问题的条件。

### (三)建设项目选址意见书的管理和办理程序

县级以上人民城乡规划主管部门负责本行政区域内建设项目选址和布局的规划管理工作。

建设项目选址意见书作为法定审批项目和划拨土地的前置条件，建设单位在报送有关部门批准或核准前，应当向城乡规划主管部门申请核发选址意见书。省、市、县人民政府城乡规划主管部门收到申请后，应当根据有关法律法规规章和依法制定的城乡规划，在法定的时间内对其申请做出答复。对于符合城乡规划的选址，应当颁发建设项目选址意见书；对于不符合城乡规划的选址，不予核发建设项目选址意见书并说明理由，给予书面答复。

## ■ 四、建设用地规划许可证

(1)建设用地规划许可证的概念。建设用地规划许可证是建设单位向土地管理部门申请征用、划拨土地前，经城乡规划主管部门确认建设项目位置和范围符合城乡规划的法定凭证，是建设单位用地的法律凭证，没有此证的用地单位属非法用地，不能领取房地产权属证件。

(2)在划拨用地的情况下，建设用地规划许可证的核发程序。

1)建设单位在取得人民政府城乡规划主管部门核发的建设选址意见书后，建设项目经有关部门批准、核准后，向城市人民政府城乡规划主管部门送审建设工程设计方案，申请建设用地规划许可证。

2)城市(县)人民政府城乡规划主管部门应当审核建设单位申请建设用地规划许可证的各项文件、资料、图纸等是否完备，并依据控制性详细规划，审核建设用地的位置、面积及建设工程总平面图，确定建设用地范围。对于具备相关文件且符合城乡规划的建设项目，应当核发建设用地规划许可证；对于不符合法定要求的建设项目，不予核发建设用地规划许可证并说明理由，给予答复。

3)建设单位只有在取得建设用地规划许可证，明确建设用地范围及界线后，方可向县级以上地方人民政府主管部门申请用地，经县级以上人民政府审批后，由土地主管部门划拨土地。

(3)在土地有偿使用的情况下，建设用地规划许可证的核发程序。在土地使用权出让前，城市、县人民政府城乡规划主管部门应当依据控制性详细规划，提出出让地块的位置、使用性质、开发强度等规划条件，作为国有土地使用权有偿出让合同的附件，在签订国有土地使用权有偿出让合同、申请办理法人的等级注册手续、申领企业批准证书后，持建设项目的批准、核准、备案文件和国有土地使用权有偿出让合同，向城市、县人民政府城乡规划主管部门申请建设用地规划许可证。城市、县人民政府城乡规划主管部门，应当审核建设单位申请建设用地规划许可证的各项文件、资料、图纸等是否完备，并依据依法批准的控制性详细规划，对国有土地使用权出让合同中规定的规划设计文件进行核验，审核建设用地的位置、面积及建设工程总平面图，确定建设用地范围。对于具备相关文件且符合城乡规划的建设项目，应当核发建设用地规划许可证；对于不符合法定要求的建设项目，不予核发建设用地规划许可证并说明理由，给予书面答复。

## 五、建设工程规划许可证

### (一)建设工程规划许可证的概念

建设工程规划许可证是城乡规划主管部门依法核发的，确认有关建设工程符合规划要求的法律凭证，是建设活动中接受监督检查时的法定依据。没有此证的建设单位，其工程建筑是违章建筑。

### (二)建设工程规划许可证的办理程序

建设单位或者个人办理建设工程规划许可证，应向所在地城市、县人民政府城乡规划主管部门或者经省级人民政府确定的镇人民政府提出申请，并提交使用土地的有关证明文件、建设工程设计方案图纸，需要编制修建性详细规划的还应当提供修建性详细规划及其他相关材料。

城市、县人民政府城乡规划主管部门收到建设单位或者个人的申请后，应当在法定期限内对申请人的申请及提交的资料进行审核。对符合条件的申请，审查机关要及时给予审查批准，并在法定的期限内颁发建设工程规划许可证；经审查认为不合格并决定不予许可的，应说明理由，并给予书面答复。

### (三)建设工程规划许可证制度的意义

(1)建设工程规划许可制度可以确认城市中有关建设活动符合法定规划的要求，确保建设主体的合法权益。

(2)建设工程许可制度可以作为建设活动过程中接受监督检查时的法定依据。

(3)建设工程许可制度可以作为建设档案的重要内容。

# 第三节　从业单位从业许可制度

《建筑法》《行政许可法》《质量管理条例》《建设工程安全生产管理条例》《建筑业企业资质管理规定》中规定，企业应当按照其拥有的资产，主要人员，已完成的工程业绩和技术装备等条件申请建筑企业资质，经审查合格，取得建筑业企业资质证书后，方可在资质许可的范围内从事建筑活动。

## 一、施工企业资质的法定条件

### (一)有符合规定的净资产

企业净资产是指企业的资产总额减去负债以后的净额。净资产是属于企业所有并可以自由支配的资产，即所有者权益。净资产更准确地体现企业的经济实力。显然，对净资产要求的全面提高意味着对企业资信要求的提高。

以建筑工程总承包企业为例，2014年11月住房和城乡建设部经修改后发布的《建筑业企业资质标准》中规定，一级企业净资产在1亿元以上；二级企业净资产在4 000万以上；三级企业净资产在800万元以上。

### (二)有符合规定的主要人员

工程建设施工活动是一种专业性、技术性很强的活动。因此,建筑业企业必须拥有注册建造师及其他注册人员、工程技术人员、施工现场管理人员和技术工人。

以建筑工程施工总承包企业为例,《建筑业企业资质标准》中规定,一级企业:建筑工程、机电工程专业一级注册建造师合计不少于12人,其中建筑工程专业一级注册建造师不少于9人;技术负责人具有10年以上从事工程施工技术管理工作经历,且具有结构专业高级职称;建筑工程相关专业中级以上职称人员不少于30人,且结构、给水排水、暖通、电气等专业齐全;持有岗位证书的现场管理人员不少于50人,且施工员、质量员、安全员、机械员、造价员、劳务员等人员齐全;经考核或培训合格的中级工以上技术工人不少于150人。二级企业:建筑工程、机电工程专业注册建造师合计不少于12人,其中建筑工程专业注册建造师不少于9人;技术负责人具有8年以上从事工程施工技术管理工作经历,且具有结构专业高级职称或者建筑工程专业注册建造师执业资格;建筑工程相关专业中级以上职称人员不少于15人,且结构、给水排水、暖通、电气等专业齐全;持有岗位证书的现场管理人员不少于30人,且施工员、质量员、安全员、机械员、造价员、劳务员等人员齐全;经考核或培训合格的中级工以上技术工人不少于75人。三级企业:建筑工程、机电工程专业注册建造师合计不少于5人,其中建筑工程专业注册建造师不少于4人;技术负责人具有5年以上从事工程施工技术管理工作经历,且具有结构专业中级以上职称或者建筑工程专业注册建造师执业资格;建筑工程相关专业中级以上职称人员不少于6人,且结构、给水排水、电气等专业齐全;持有岗位证书的施工现场管理人员不少于15人,且施工员、质量员、安全员、机械员、造价员、劳务员等人员齐全;经考核或培训合格的中级工以上技术工人不少于30人;技术负责人(或注册建造师)主持完成过本类别资质二级以上标准要求的工程业绩不少于两项。

### (三)有符合规定的已完工程业绩

工程建设施工活动是一项重要的实践活动。有无承担过相应工程的经验及其业绩好坏,是衡量其实际能力和水平的一项重要标准。

以建筑工程总承包企业为例。一级企业,近5年来承担过下列4类中的2类工程施工总承包或主体工程承包,工程质量合格。

(1)地上25层以上的民用建筑工程1项或地上18~24层的民用建筑工程2项;

(2)高度100米以上的构筑物工程1项或高度80~100米(不含)的构筑物工程2项;

(3)建筑面积3万平方米以上的单体工业、民用建筑工程1项或建筑面积2万~3万平方米(不含)的单体工业、民用建筑2项;

(4)钢筋混凝土结构单跨30米以上(或钢结构单跨36米以上)的建筑工程1项或钢筋混凝土结构单跨27~30米(不含)(或钢结构单跨30~36米(不含))的建筑工程2项。

二级企业,近5年承担过下列4类中的2类工程的施工总承包或主体工程承包,工程质量合格。

(1)地上12层以上的民用建筑工程1项或地上8~11层的民用建筑工程2项;

(2)高度50米以上的构筑物工程1项或高度35~50米(不含)的构筑物工程2项;

(3)建筑面积1万平方米以上的单体工业、民用建筑工程1项或建筑面积0.6万~1万平方米(不含)的单体工业、民用建筑工程2项;

(4)钢筋混凝土结构单跨21米以上(或钢结构单跨24米以上)的建筑工程1项钢筋混凝土结构单跨18~21米(不含)(或钢结构单跨21~24米(不含))的建筑工程2项。

三级企业不再要求已完工程业绩。

### (四)有符合规定的技术装备

随着工程建设机械化程度的不断提高，大跨度、超高层、结构复杂的建设工程越来越多，施工单位必须拥有与其从事施工活动相适应的技术装备。同时，为提高机械设备的使用率和降低成本，我国的机械租赁市场发展也很快，许多大中型机械设备都可以采用租赁或融资租赁的方式取得。因此，目前的企业资质标准对技术装备的要求并不多，主要是企业应具有与承包工程范围相适应的施工机械和质量检测设备。

## 二、施工企业的资质序列、类别和等级

《建筑业企业资质管理规定》规定，建筑业企业资质可分为施工总承包资质、专业承包资质、施工劳务资质三个序列。施工总承包资质、专业承包资质按照工程性质和技术特点分别划分为若干资质类别，各资质类别按照规定的条件划分为若干资质等级、施工劳务资质不分类别与等级。按照《建筑业企业资质标准》的规定，施工总承包资质序列设有12个类别。施工总承包资质一般分为4个等级，即特级、一级、二级和三级。

## 三、施工企业资质证书的申请、延续和变更

### (一)企业资质的申请

《建筑业企业资质管理规定》中规定，企业可以申请一项或多项建筑业企业资质。企业首次申请或增项申请资质，应当申请最低等级资质。

### (二)企业资质证书的延续

资质证书有效期为5年。建筑业企业资质证书有效期届满，企业继续从事建筑施工活动的，应当于资质证书有效期届满3个月前，向原资质许可机关提出延续申请。

资质许可机关应当在建筑业企业资质证书有效期届满前做出是否准予延续的决定；逾期未做出决定的，视为准予延续。

### (三)企业资质证书的变更

#### 1. 办理企业资质证书变更的程序

企业在建筑业资质证书有效期内名称、地址、注册资金、法定代表人等发生变更的，应当在工商部门办理变更手续后1个月内办理资质证书变更手续。

由国务院住房城乡建设主管部门颁发的建筑业企业资质证书的变更，企业应当向企业工商注册所在地省、自治区、直辖市人民政府住房城乡建设主管部门提出变更申请，省、自治区、直辖市人民政府住房城乡建设主管部门应当自受理申请之日起2日内将有关变更证明材料报国务院住房城乡建设主管部门，由国务院住房城乡建设主管部门在2日内办理变更手续。

前款规定以外的资质证书的变更，由企业工商注册所在地的省、自治区、直辖市人民政府住房城乡建设主管部门或者设区的市人民政府城乡建设主管部门另行规定。变更结果应当在资质证书变更后15日内，报国务院住房城乡建设主管部门备案。

涉及公路、水运、水利、通信、铁路、民航等方面的建筑业企业资质证书的变更，办理变更手续的住房城乡建筑主管部门应当将建筑业企业资质证书变更情况告知同级有关部门。

#### 2. 企业更换、遗失补办建筑业企业资质证书

企业需要更换、遗失补办建筑业企业资质证书的，应当持建筑业企业资质证书更换、遗失

补办申请等材料向资质许可机关申请办理。资质许可机关应当在2个工作日内办理完毕。

企业遗失建筑业企业资质证书的，在申请补办前应当在公众媒体上刊登遗失声明。

### 3. 企业发生合并、分立、改制的资质办理

企业发生合并、分立、重组以及改制等事项，需要承继原建筑业企业资质的，应当申请重新核定建筑业企业资质等级。

## 第四节　专业技术人员执业许可制度

### ■ 一、工程建设专业技术人员的划分

#### 1. 注册咨询工程师

注册咨询工程师，是指通过考试取得《注册咨询工程师（投资）执业资格证书》，经注册登记后，在经济建设中从事工程咨询业务的专业技术人员。

#### 2. 注册建筑师

注册建筑师，是指依法取得中华人民共和国建筑师证书并从事房屋建筑设计及相关业务的人员。注册建筑师可分为一级注册建筑师和二级注册建筑师。

#### 3. 勘察设计注册工程师

勘察设计注册工程师，是指经考试取得中华人民共和国勘察设计注册工程师资格证书，并按照《勘察设计注册工程师管理规定》注册，取得勘察设计注册工程师注册执业证书和执业印章，从事建设工程勘察、设计及有关业务活动的专业技术人员。

#### 4. 注册结构工程师

注册结构工程师，是指取得中华人民共和国注册结构工程师执业资格证书和注册证书，从事房屋结构、桥梁结构及塔架结构等工程设计及相关业务的专业技术人员。注册结构工程师可分为一级注册结构工程师和二级注册结构工程师。

#### 5. 注册建造师

注册建造师，是指通过考核认定或考试合格取得中华人民共和国建造师资格证书，并按照《注册建造师管理规定》注册，取得建造师注册证书和执业印章，担任施工单位项目负责人及从事相关活动的专业技术人员。

#### 6. 注册造价工程师

注册造价工程师，是指通过全国造价工程师执业资格统一考试或者资格认定、资格互认，取得中华人民共和国造价工程师执业资格，并按照《注册造价工程师管理办法》注册，取得造价工程师注册执业证书和执业印章，从事工程造价活动的专业人员。

#### 7. 注册监理工程师

注册监理工程师，是指经考试取得中华人民共和国监理工程师资格证书，并按照《注册监理工程师管理规定》注册，取得注册监理工程师注册执业证书和执业印章，从事工程监理及相关业务活动的专业技术人员。

#### 8. 注册房地产估价师

注册房地产估价师，是指通过全国房地产估价师执业资格考试或者资格认定、资格互认，

取得中华人民共和国房地产估价师执业资格,并按照《注册房地产估价师管理办法》注册,取得房地产估价师注册证书,从事房地产估价活动的人员。

### 9. 注册房地产经纪人制度

注册房地产经纪人,是指通过全国房地产经纪人执业资格考试,取得房地产经纪人员相应执业资格证书并经注册生效后,在房地产交易从事居间、代理等经纪活动的人员。

### 10. 注册城市规划师

注册城市规划师,是指通过全国统一考试,取得注册城市规划执业资格证书,并经注册登记后从事城市规划业务工作的专业技术人员。

### 11. 物业管理师

物业管理师,是指经全国统一考试,取得《中华人民共和国物业管理师资格证书》,并依法注册取得《中华人民共和国物业管理师注册证》,从事物业管理工作的专业管理人员。

### 12. 注册安全工程师

注册安全工程师,是指取得中华人民共和国注册安全工程师职业资格证书,经注册后从事安全生产管理、安全工程技术工作或提供安全生产专业服务的专业技术人员。

## ■ 二、工程建设专业技术人员的管理制度

### (一)执业管理机构

执业资格管理是指对某一类执业资格考试、注册和执业实施指导和监督的部门。不同的执业资格的管理机构是不同的。

### (二)执业资格考试

对于各类工程建设专业人员执业资格,国家都实行全国统一考试制度。考试实行全国统一大纲、统一命题、统一组织的办法,原则上每年举行一次。各类执业资格的考试办法都由国务院相关主管部门制定。而考试大纲和试题都由相关主管部门组织专家编写和审定。

### (三)执业资格注册

执业资格考试合格,取得相应的执业资格之后,可以申请注册。

不同类别和等级的执业资格注册的负责部门不同。例如,一级注册建筑师的注册,由全国注册建筑师管理委员会负责。

# 第五节 建造师注册执业资格制度

建造师执业资格制度起源于英国,迄今已有150余年历史。世界上许多发达国家已经建立了该项制度。具有执业资格的建造师已有了国际性的组织——国际建造师协会。我国建筑业施工企业有10万多个,从业人员3 500多万,在从事建设工程项目总承包和施工管理的广大专业技术人员队伍中,特别是在施工项目经理队伍中,建立建造师执业资格制度非常必要。这项制度的建立,必将促进我国工程项目管理人员素质和管理水平的提高,促进我们进一步开拓国际建筑市场,更好地实施"走出去"的战略方针。

2002年12月5日,人事部、建设部联合印发了《建造师执业资格制度暂行规定》(人发

[2002]111号)(以下简称《规定》),这标志着我国建立建造师执业资格制度的工作正式建立。该《规定》明确规定,我国的建造师是指从事建设工程项目总承包和施工管理关键岗位的专业技术人员。目前,我国通过考试或考核取得建造师资格的已有200万人左右。

## 一、建造师执业资格制度与项目经理负责制的关系

项目经理是建筑业企业实施工程项目管理设置的一个岗位职务,项目经理根据企业法定代表人的授权,对工程项目自开工准备至竣工验收实施全面组织管理。项目经理的资质由行政审批获得。

建造师资格是从事建设工程管理(包括工程项目管理)的专业技术人员必须具备的条件,参加考试合格的人员,才能获得这个资格。获得建造师执业资格的人员,经注册后可以担任工程项目的项目经理及其他有关岗位职务。项目经理负责制与建造师执业资格制度是两个不同的,但是具有联系的制度。

实行建造师执业资格制度后,大中型工程项目的项目经理必须由取得建造师执业资格的人员来担任,这必将提高项目经理的管理水平,对加强施工管理,保证工程质量,更好地落实项目经理负责制起重要作用。但另一方面,建造师执业资格的人员是否担任项目经理,由企业自主决定。小型工程项目的项目经理可以由不是建造师的人员担任。因此,建造师执业资格制度代替项目经理负责制。

根据《国务院关于取消第二批行政审批项目和改变一批行政审批项目管理方式的决定》(国发〔2003〕5号),建设部印发《建筑业企业项目经理资质管理制度向建造师执业资格制度过渡有关问题的通知》(以下简称《通知》),《通知》明确,在过渡期内,原项目经理资质证书继续有效。一级建造师对应一级项目经理,二级建造师对应二级项目经理。过渡期内,将采取免试部分科目,积极组织培训等办法,积极鼓励具备条件的项目经理参加建造师考试;对符合建造师考核认定条件的一级项目经理,通过考核认定的办法使其取得建造师执业资格。过渡期满后,项目经理资质证书停止使用。

## 二、建造师的考试

建造师可分为一级建造师和二级建造师。英文分别译为:Constructor 和 Associate Constructor。一级建造师执业资格实行统一大纲、统一命题、统一组织的考试制度,由人力资源和社会保障部、住房和城乡建设部共同组织实施,原则上是每年举行一次考试。住房和城乡建设部负责编制一级建造师执业资格考试大纲和组织命题工作,统一规划建造师执业资格的培训等有关工作。二级建造师执业资格实行全国统一大纲,各省、自治区、直辖市命题并组织考试的制度。住房和城乡建设部负责拟定二级建造师执业资格考试大纲,人力资源和社会保障部负责审定考试大纲。培训工作按照培训与考试分开、自愿参加的原则进行。一级建造师执业资格考试为滚动考试(每两年为一个滚动周期),参加4个科目考试的人员必须在连续两个考试年度内通过应试科目为合格。符合免试条件,参加2个科目(建设工程法规及相关知识和专业工程管理与实务)考试的人员必须在一个考试年度内通过应试科目为合格。

取得建造师执业资格证书且符合注册条件的人员,经过注册登记后,即获得一级或二级建造师注册证书。注册后的建造师方可受聘执业。建造师执业资格注册有效期满前,要办理再次注册手续。一级注册建造师资格证书全国通用,二级注册建造师在省内有效。

二级建造师执业资格考试设《建设工程施工管理》《建设工程法规及相关知识》和《专业工程管理与实务》3个科目。其中,《专业工程管理与实务》科目可分为建筑工程、公路工程、水利水电

工程、市政公用工程、矿业工程和机电工程6个专业类别，考生在报名时可根据实际工作需要选择其一。

2007年《专业工程管理与实务》科目的专业类别进行了调整，将原"房屋建筑、装饰装修"合并为"建筑工程"；原"矿山、冶炼（土木部分内容）"合并为"矿业工程"；原"电力、石油化工、机电安装、冶炼（机电部分内容）"合并为"机电工程"，调整后设置了6个专业类别：建筑工程、公路工程、水利水电工程、市政公用工程、矿业工程和机电工程。对于2006年报名参加考试且部分科目合格、2007年需要继续参加考试的人员，凡《专业工程管理与实务》科目中房屋建筑工程、电力工程、矿山工程、冶炼工程、石油化工工程、机电安装工程、装饰装修工程专业未通过的，应当按原各科目考试大纲的要求复习备考，《专业工程管理与实务》科目中其他专业未通过的均按新大纲考试，《建设工程施工管理》和《建设工程法规及相关知识》科目一律按新大纲要求进行考试。其他参加二级建造师资格考试的人员，报名时可根据实际工作需要在调整后的《专业工程管理与实务》科目中选择其中一个相应专业类别。

一级建造师执业资格考试设《建设工程经济》《建设工程法规及相关知识》《建设工程项目管理》和《专业工程管理与实务》4个科目。其中，《专业工程管理与实务》科目设置10个专业类别，即建筑工程、公路工程、铁路工程、民航机场工程、港口与航道工程、水利水电工程、市政公用工程、通信与广电工程、矿业工程、机电工程。

## ■ 三、建造师报考条件

### （一）二级注册建造师报考条件

（1）凡遵纪守法，具备工程类或工程经济类中等专科以上学历并从事建设工程项目施工管理工作满2年的人员，可报名参加二级建造师执业资格考试。

（2）符合上述（1）的报考条件，具有工程（工程经济类）中级及以上专业技术职称或从事建设工程项目施工管理工作满15年的人员，同时符合下列条件的，可免试部分科目：

1）已取得住房城乡建设主管部门颁发的《建筑业企业一级项目经理资质证书》，可免试《建设工程施工管理》和《建设工程法规及相关知识》科目，只参加《专业工程管理与实务》1个科目的考试。

2）已取得住房城乡建设主管部门颁发的《建筑业企业二级项目经理资质证书》，可免试《建设工程施工管理》科目，只参加《建设工程法规及相关知识》和《专业工程管理与实务》2个科目的考试。

3）已取得《中华人民共和国二级建造师执业资格证书》的人员，可根据实际工作需要，选择《专业工程管理与实务》科目的相应专业，报名参加考试。考试合格后核发相应专业合格证明。该证明作为注册时增加执业专业类别的依据。

4）上述报考条件中有关学历的要求是指经国家教育行政主管部门承认的正规学历或学位；从事建设工程项目施工管理工作年限的截止日期为考试报名年度当年年底。

### （二）一级注册建造师报考条件

凡遵守国家法律、法规，具备以下条件之一者，可以申请参加一级建造师执业资格考试：

（1）取得工程类或工程经济类大学专科学历，工作满6年，其中从事建设工程项目施工管理工作满4年。

（2）取得工程类或工程经济类大学本科学历，工作满4年，其中从事建设工程项目施工管理工作满3年。

(3)取得工程类或工程经济类双学士学位或研究生班毕业，工作满3年，其中从事建设工程项目施工管理工作满2年。

(4)取得工程类或工程经济类硕士学位，工作满2年，其中从事建设工程项目施工管理工作满1年。

(5)取得工程类或工程经济类博士学位，从事建设工程项目施工管理工作满1年。

## 四、建造师的注册

《注册建造师管理规定》中规定，注册建造师实行注册执业管理制度。取得资格证书的人员，经过注册方能以注册建造师的名义执业。住房和城乡建设部或其授权的机构为一级建造师执业资格的注册管理机构。省、自治区、直辖市住房城乡建设主管部门或其授权的机构为二级建造师执业资格的注册管理机构。人力资源和社会保障部和各级地方人力资源和社会保障部门对建造师执业资格和使用情况有检查、监督的责任。

### (一)申请初始注册和延续注册

申请初始注册时应当具备以下条件：经考核认定或考试合格取得资格证书；受聘于一个相关单位；达到继续教育要求；没有《注册建造师管理规定》中规定不予注册的情形。初始注册者，可自资格证书签发之日申请之日起3年内提出申请。逾期未提出申请者，需符合本专业继续教育的要求后方可申请初始注册。

申请初始注册的，申请人应当提交下列材料：注册建造师初始注册申请表；资格证书、学历证书和身份证明复印件；申请人与聘用单位签订的聘用劳动合同复印件或其他有效证明文件；逾期申请初始注册的，应当提供达到继续教育要求的证明材料。申报材料由申请表和其他部分合订后的材料附件组成。

注册证书和执业印章是注册建造师的职业凭证，由注册建造师本人保管，使用注册证书和执业印章的有效期是3年，需继续执业的，应当在注册有效期届满30日前申请延续注册，延续注册有效期为3年。

申请延续注册的，申请人应当提交以下材料：注册建造师延续注册申请表；原注册证书；申请人与聘用单位签订的聘用劳动合同复印件或其他有效证明文件；申请人注册有效期内达到继续教育要求的证明材料。

申报程序和材料份数按初始注册要求办理。

### (二)变更注册与增项注册

在注册有效期内，发生下列情形的，应当及时申请变更注册。变更注册后，有效期执行原注册证书的有效期：

(1)执业企业变更的；

(2)所在聘用企业名称变更的；

(3)注册建造师姓名变更的。

### (三)申请变更注册的申请人应当提交的材料

(1)注册建造师变更注册申请表；

(2)注册证书和执业印章；

(3)执业企业变更的，应当提供申请人与新聘用单位签订的聘用劳动合同复印件，或聘用合同到期的证明文件、退休人员的退休证明。

注册建造师取得相应专业资格证书可申请增项注册。取得增项专业资格证书超过3年未注册的，应当提供该专业最近一个注册有效期继续教育学习证明。准予增项注册后，原专业注册有效截止日期保持不变。

申请增项注册的，申请人应当提交以下材料：
(1)注册建造师增项注册申请表；
(2)增项专业资格考试合格证明复印件；
(3)注册证书原件和执业印章；
(4)增项专业达到继续教育要求证明材料复印件。

申报程序和材料份数按初始注册要求办理。申请人所在聘用企业名称发生变更的，应当提供变更后的《企业法人营业执照》复印件和企业所在地工商行政主管部门出具的企业名称变更函复印件；注册建造师姓名变更的，应当提供变更后的身份证明原件或公安机关户籍管理部门出具的有效证明。

### (四)不予注册和注册证书的失效、注销

《注册建造师管理规定》中规定，申请人有下列情形之一的，不予注册：
(1)不具有完全民事行为能力；
(2)申请在两个或者两个以上单位注册的；
(3)未达到注册建造师继续教育要求的；
(4)受到刑事处罚，刑事处罚尚未执行完毕的；
(5)因职业活动受到刑事处罚，自刑事处罚执行完毕之日起至申请注册之日止不满5年的；
(6)因前项规定以外的原因受到刑事处罚，自处罚决定之日起至申请注册之日止不满3年的；
(7)被吊销注册证书，自处罚决定之日起至申请注册之日止不满2年的；
(8)在申请注册之日前3年内担任项目经理期间，所负责项目发生过重大质量和安全事故；
(9)申请人的聘用单位不符合注册单位要求的；
(10)超过65周岁的；
(11)法律、法规规定不予注册的其他情形。

### (五)注册建造师的注册证书和执业印章失效的情形

(1)聘用单位破产的；
(2)聘用单位被吊销营业执照的；
(3)聘用单位被吊销或撤回资质证书的；
(4)已与聘用单位解除聘用合同关系的；
(5)注册有效期满且未延续注册的；
(6)超过65周岁的；
(7)死亡或不具有完全民事行为能力的；
(8)法律、法规规定应当注销的其他情形。

## ■ 五、建造师的继续教育

注册建造师在每一个注册有效期内应达到国务院建设主管部门规定的继续教育要求。

注册建造师在每一注册有效期内(3年)不得少于120学时继续教育，包括必修60学时，其中30学时为公共课，30学时为专业课；选修60学时，其中30学时为公共课，30学时为专业课。注册两个的，每一注册有效期，冲抵继续教育选修课学时累计不得超过60学时。

### ■ 六、建造师的受聘单位和执业岗位范围

#### (一)建造师的受聘单位

《注册建造师管理规定》中规定,取得资格证书的人员应当受聘于一个具有建设工程勘察、设计、施工、监理、招标代理、造价咨询等一项或者多项资质的单位,经注册后方可从事相应的执业活动。担任施工单位项目负责人的,应当受聘并注册于一个具有施工资质的企业。

#### (二)建造师的执业范围

一级注册建造师可在全国范围内以一级注册建造师名义执业。通过二级建造师资格考核认定,或参加全国统考取得二级建造师资格证书并经注册人员,可在全国范围内以二级建造师名义注册。建设工程施工活动中形成的有关施工管理文件,应当由注册建造师签字并加盖执业印章。施工单位签署质量合格的文件上,必须有注册建造师的签字盖章。注册建造师签章完整的工程施工管理文件方为有效。

注册建造师不得同时担任两个及以上建设工程施工项目负责人。发生下列情形之一的除外:
(1)同一工程相邻分段发包或分期施工的;
(2)合同约定的工程验收合格的;
(3)因非承包方原因致使工程项目停工超过120天(含),经建设单位同意的。

注册建造师担任施工项目负责人期间原则上不得更换。如发生下列情形之一的,应当办理书面交接手续后更换施工项目负责人:
(1)发包方与注册建造师受聘企业已解除承包合同的;
(2)发包方同意更换项目负责人的;
(3)因不可抗力等特殊情况必须更换项目负责人的。

注册建造师担任施工项目负责人,在其承建的建设工程项目竣工验收或移交项目手续办结前,除以上规定的情形外,不得变更注册至另一企业。建设工程合同履行期间变更项目负责人的,企业应当于工作项目负责人变更5个工作日内报住房城乡建设主管部门和有关部门及时进行网上变更。

另外,注册建造师还可以从事建设工程项目总承包管理或施工管理,建设工程项目管理服务,建设工程技术经济咨询,以及法律、行政法规和国务院住房城乡建设主管部门规定的其他业务。

### ■ 七、建造师的基本权利和义务

#### (一)建造师的基本权利

《注册建造师管理规定》进一步规定,建造师享有下列权利:
(1)使用注册建造师名称;
(2)在规定范围内从事执业活动;
(3)在本人执业活动中形成的文件上签字并加盖执业印章;
(4)保管和使用本人注册证书、执业印章;
(5)对本人执业活动进行解释和辩护;
(6)接受继续教育;
(7)获得相应的劳动报酬;
(8)对侵犯本人权利的行为进行申述。

建设工程施工活动中形成的有关工程施工管理文件，应当由注册建造师签字并加盖执业印章，施工单位签署质量合格文件上，必须由注册建造师的签字盖章。

建设工程合同包含多个专业工程的，担任施工项目负责人的注册建造师，负责该工程施工管理文件签章。专业工程独立发包时，注册建造师执业范围涵盖该专业的，可担任该专业工程施工项目负责人。分包工程施工管理文件应当由分包企业注册建造师签章。分包企业签署质量合格的文件上，必须由担任总包项目负责人的注册建造师签章。

修改注册建造师签字并加盖执业印章的工程施工管理文件，应当征得所在企业同意后，由注册建造师本人进行修改；注册建造师本人不能进行修改的，应当由企业指定同等资格条件的注册建造师修改，并由其签字并加盖执业印章。

### (二)建造师的基本义务

《建造师执业资格制度暂行规定》中规定，建造师在工作中，必须严格遵守法律、法规和行业管理的各项规定，恪守职业道德。建造师必须接受继续教育，更新知识，不断提高业务水平。

《注册建造师管理规定》进一步规定，注册建造师应当履行下列义务：

(1)遵守法律法规和有关管理规定，恪守职业道德；
(2)执行技术标准、规范和规程；
(3)保证执业成果的质量，并承担相应责任；
(4)接受继续教育，提高执业水准；
(5)保守在执业中知悉的国家秘密、他人的商业技术等秘密；
(6)与当事人有利害关系，应主动回避；
(7)协助注册管理机关完成相关工作。

担任建设工程施工项目负责人的注册建造师在执业过程中，应当及时、独立完成建设工程施工管理文件签章，无正当理由不得拒绝在文件上签字并加盖执业印章。担任施工项目负责人的注册建造师应当按照国家法律法规、工程建设强制性标准组织施工，保证工程施工符合国家有关质量、安全、环保、节能等有关规定。担任施工项目负责的注册建造师，应当按照国家劳动用工有关规定，规范项目劳动用工管理，切实保障劳务人员合法权益。担任建设工程施工项目负责人的注册建造师对其签署的工程管理文件承担相应责任。

建设工程发生质量、安全、环境事故时，担任该施工项目负责人的注册建造师应当按照有关法律法规规定的事故处理程序及时向企业报告，并保护事故现场，不得隐瞒。

## 本章练习

### (一)选择题

1. 以下工程不需要申领施工许可证的有( )。
   A. 投资额45万元的车展会临时展台  B. 建筑面积280平方米的食堂工程
   C. 南水北调主线工程  D. 水利抢修工程
   E. 分期开发中的二期工程

2. 某建筑工程计划工期为18个月，工程总投资900万元，施工合同价为600万元，领取施工许可证前到位资金原则不得少于( )万元。
   A. 450  B. 270  C. 180  D. 300

3. 以出让方式取得国有土地使用权的建设项目，建设单位应当持建设项目的批准、核准、备案文件和国有土地使用权出让合同,向建设项目所在城市、县人民政府( )领取建设用地规划许可证。
  A. 土地主管部门        B. 住房城乡建设主管部门
  C. 城乡规划主管部门       D. 授权的镇人民政府

4. 关于施工许可证的法定批准条件说法,下列正确的有( )。
  A. 已经确定施工企业
  B. 有满足施工需要的施工图纸及技术资料,施工图设计文件已按规定进行审查
  C. 建设资金已经落实
  D. 按照规定需要委托监理的工程已经委托监理
  E. 按照国务院规定的权限和程序已批准开工报告

5. 从事建筑活动的建筑施工企业,按照其拥有的( )等条件,划分为不同的资质等级。
  A. 有符合规定的净资产      B. 专业技术人员
  C. 咨询服务人员        D. 已完成的建筑工程业绩
  E. 已完成和正在进行的建筑工程业绩

6. 根据《建造师执业资格制度暂行规定》,建造师的执业范围包括( )。
  A. 担任工商管理工作
  B. 担任建设工程施工的项目经理
  C. 从事其他施工活动的管理工作
  D. 法律、建设法规或国务院建设主管部门规定的其他业务
  E. 地方政府根据当地实际需要规定的其他业务

7. 有五位先生通过了建造师执业资格考试,目前打算申请注册。下列情形中不予注册的有( )。
  A. 李先生两年前担任工长时,由于过失伤害罪被判刑1年
  B. 赵先生担任某施工企业的项目经理,希望能利用业余时间从事其他企业的施工管理工作
  C. 王先生由于业务水平高,同时受聘于两家施工企业,申请在这两个单位分别注册
  D. 周先生拖欠农民工工资
  E. 张先生由于在今年的施工过程中擅自修改图纸而受到了处分

8. 建筑工程开工前,( )应按国家有关规定向工程所在地县级以上人民政府建设主管部门申请领取施工许可证。
  A. 建设单位         B. 施工单位
  C. 设计单位         D. 勘察单位

9. 张某于2012年6月领取了建造师执业证书,2013年1月申请了变更注册,则变更后的证书有效期截至( )。
  A. 2015年6月        B. 2015年1月
  C. 2016年6月        D. 2016年1月

(二)简答题
1. 施工许可证申领的条件是什么?
2. 施工企业的资质序列、类别和等级有哪些?
3. 建造师不予注册的情况有哪些?

(三)案例分析题

某施工单位在2016年的二级建造师注册过程中连续发生4人次的违规行为：一是该公司李某在申请二级建造师注册时，隐瞒其已在另一个单位注册的事实，提供虚假材料；二是张某在申请二级建造师注册时，未完成继续教育内容；三是该公司王某在申请注册时，提供虚假材料，其实际年龄已67周岁；四是陈某因醉酒驾驶判6个月有期徒刑，缓期执行。陈某在申请注册时，没有告知其被刑事处罚的事实。

问题：本案中4名当事人的行为应当如何处理？

# 第三章 建设工程发承包法律制度

## 导　入

所谓发包、承包是指一方当事人为另一方当事人完成某项工作，另一方当事人接受工作成果并支付工作报酬的行为。其中，把某项工作交给他人完成并有义务接受工作成果，支付工作报酬，是发包；承揽他人交付的工作，并完成此项工作，是承包。发包与承包构成发包、承包经济活动的不可分割的两个方面、两种行为。

建设工程发包、承包是指经济活动中，作为交易一方的建设单位，将需要完成的建筑工程勘察、设计、施工等工作全部或者其中一部分工作交给交易的另一方勘察、设计、施工单位去完成，并按照双方约定支付报酬的行为。其中，建设单位是以建筑工程所有者的身份委托他人完成勘察、设计、施工、安装等工作并支付报酬的公民、法人或其他组织，是发包人，又称甲方；以建设工程勘察、设计、施工、安装者的身份向建设单位承包，有义务完成发包人交给的建设工程勘察、设计、施工、安装等工作，并有权获得报酬的企业是承包人，又称乙方。

建设工程发包、承包制度，是建筑业适应市场经济的产物。建设工程勘察、设计、施工、安装单位要通过参加市场竞争来承揽建设工程项目。这样可以激发企业活力，改变计划经济体制下建筑活动僵化的体制，有利于建筑业健康发展，有利于建筑市场的活跃和繁荣。

## 学习目标

**知识目标**：了解建设工程招投标与承发包法律法规；掌握建设工程招标、投标、开标、评标以及定标的具体操作流程及规定；熟悉建设工程总包、共同承包以及分包的法律法规；了解我国建筑市场信用体系的基本概念及奖惩机制。

**技能目标**：掌握建设工程招标的程序与流程；掌握建设工程投标的程序与流程；能按法律规范要求组织招投标工作；能对招投标流程中的违规问题进行分析。

**素质目标**：培养学生遵守规则的习惯；培养学生诚实守信的道德品质。

## 第一节　建设工程发包承包制度

### 一、建设工程发包与承包概述

在计划经济时期，我国工程建设项目基本采取由行政主管部门分配的方式，改革开放以后，随着计划经济向市场经济转型，分配工程任务的方式已经与市场经济不适合。自1982年以后，我国逐步建立了建设工程的承包和发包制度，把工程设计和施工任务的分配推向市场，鼓励竞争，防止垄断，对市场经济的建设和发展起到了良好的促进作用。

1998年3月颁布实施、2011年4月22日和2019年4月23日两次修正的《建筑法》在第三章中专门对建筑工程发包与承包行为作出了规定。

为了规范工程建设发包与承包活动，《招标投标法》于1999年8月30日公布，2000年1月1日正式施行，并于2017年12月进行了修正。原建设部等国家部委陆续制定了一系列部门规章和规范性文件，如《建筑工程设计招标投标管理办法》《建筑工程方案设计招标投标管理办法》《房屋建筑和市政基础设施工程施工招标投标管理办法》《工程建设项目施工招标投标办法》等。各级地方人民政府及住房城乡建设主管部门，结合本地区的实际情况，也颁布了许多地方性法规和规章，用于对本行政区域内工程建设发包与承包活动进行管理。这些不同法律层次的调整建设工程关系的法律法规组合在一起，形成我国工程发包与承包法规体系。

## 二、建设工程发包法规

### (一)建设工程发包的方式

《建筑法》第19条规定："建筑工程依法实行招标发包，对不适于招标发包的可以直接发包。"建设工程的发包方式可分为招标发包和直接发包两种。

#### 1. 招标发包

招标发包是指建设单位通过招标确定承包单位的一种发包方式。招标发包又有两种方式：一种是公开招标发包；另一种是邀请招标发包。全部或者部分使用国有资金投资或者国家融资的建设工程，应当依法采用招标方式发包。任何单位和个人不得将依法必须进行招标的项目化整为零或者以其他任何方式规避招标。

#### 2. 直接发包

直接发包是指发包方直接与承包方签订承包合同的一种发包方式。根据《建筑法》《招标投标法》和《招标投标法实施条例》，可直接发包工程如下：

(1)涉及国家安全、国家秘密、抢险救灾或者属于利用扶贫资金实行以工代赈、需要使用农民工等特殊情况，不适宜进行招标的工程项目；

(2)需要采用不可替代的专利或者专有技术的工程项目；

(3)采购人依法能够自行建设、生产或者提供的工程项目；

(4)已通过招标方式选定的特许经营项目，投资人依法能够自行建设、生产或者提供的；

(5)需要向原中标人采购工程、货物或者服务，否则将影响施工或者功能配套要求的；

(6)国家规定的其他特殊情形。

### (二)建设工程发包的行为规范

建设工程发包单位必须依照法律、法规规定的发包要求发包建设工程。

(1)建设工程实行招标发包的，发包单位应当将建设工程发包给依法中标的承包单位。建筑工程实行直接发包的，发包单位应当将建筑工程发包给具有相应资质条件的承包单位。

(2)发包单位应当按照合同的约定，及时拨付工程款项。

(3)发包单位及其工作人员在建设工程发包中不得收受贿赂、回扣或者索取其他好处等。

(4)发包单位应当依照法律、法规规定的程序和方式进行招标并接受有关行政主管部门的监督。

(5)禁止将建筑工程肢解发包。

(6)发包单位不得指定承包单位购入用于工程的建筑材料、建筑构配件和设备或者指定生产厂、供应商。

## ■ 三、建设工程承包法规

### (一)建设工程承包的方式

建设工程承包的方式即建设工程承发包双方之间经济关系的形式。建设工程承发包制度是我国建筑经济活动中的一项基本制度。建设工程承包方式按承发包中相互结合的关系,可分为总承包、分承包、独家承包、联合承包等。

总承包,也称"总包",是指由一个施工单位全部、全过程承包一个建设工程的承包方式;分包,也称"二包",是指总包单位将总包工程中若干专业性工程项目分包给专业施工企业施工的方式;独家承包,是指承包单位必须依靠自身力量完成施工任务,而不实行分包的承包方式;联合承包,是指由两个或两个以上承包单位联合承包一项建设工程,由参加联合的各单位统一与发包单位签订承包合同,共同对发包单位负责的承包方式。

实行建设工程总承包制度有利于充分发挥在建设工程方面具有较强技术力量和组织管理能力企业的专业优势,综合协调工程建设中的各种关系,加强对工程建设的统一指挥和组织管理,保证工程质量,提高投资效益。《建筑法》提倡对建设工程实行总承包。

#### 1. 建设工程的总承包

建设工程总承包,是指发包单位将建设工程的勘察、设计、施工、设备采购一并发包给一个工程总承包单位,由总承包单位直接向发包单位负责。总承包单位可以自己负责整个建设工程的全过程,也可以依法分包给若干个专业分包单位完成。建设工程总承包单位可以将承包工程中的部分工程发包给具有相应资质条件的分包单位。除总承包合同中约定的分包外,必须经建设单位认可。

#### 2. 分项总承包

分项总承包,是指建设工程的发包单位将建设工程勘察、设计、施工、设备采购的一项或者多项发包给一个总承包单位。

#### 3. 联合承包

《建筑法》第27条规定,大型建筑工程或者结构复杂的建筑工程,可以由两个以上的承包单位联合共同承包。共同承包的各方对承包合同的履行承担连带责任。两个以上不同资质等级的单位实行联合共同承包的,应当按照资质等级低的单位的业务许可范围承揽工程。

联合承包的工程范围是大型建筑工程或者结构的建筑工程。大型建筑工程或者结构复杂的建筑工程范围,参照国务院、地方政府或者国务院有关部门确定的标准。大型工程以建筑面积或工程造价划分,结构复杂工程以结构的专业性强弱划分。中型建筑工程或结构不复杂的工程,不能联合承包。

### (二)建设工程承包的行为规范

#### 1. 禁止承包单位以虚假、欺诈手段承揽工程

《建筑法》第26条规定,承包建筑工程的单位应当持有依法取得的资质证书,并在其资质等级许可的业务范围内承揽工程。禁止建筑施工企业超越本企业资质等级许可的业务范围,或者以任何形式用其他建筑施工企业的名义承揽工程。禁止建筑施工企业以任何形式允许其他单位或者个人使用本企业的资质证书、营业执照,以本企业的名义承揽工程。

### 2. 禁止承包单位将承包的工程违法分包

《建筑法》第29条规定，建筑工程总承包单位可以将承包工程中的部分工程发包给具有相应资质条件的发包单位；但是，除总承包合同中约定的分包外，必须经建设单位认可。施工总承包的，建筑工程主体结构施工必须由总承包单位自行完成。

建筑工程总承包单位按照总承包合同的约定对建设单位负责，分包单位按照分包合同的约定对总承包单位负责。总承包单位和分包单位就分包工程对建设单位承担连带责任。

《建设工程质量管理条例》对违法分包的界定如下：

(1)总承包单位将建设工程分包给不具备相应资质条件的单位的；
(2)建设工程总承包合同中未有约定，又未经建设单位认可，承包单位将其承包的部分建设工程交给其他单位完成的；
(3)施工总承包单位将建设工程主体结构的施工分包给其他单位的；
(4)分包单位将其承包的建设工程再分包的。

### 3. 禁止转包

转包，是指承包单位承包建设工程后，不履行合同约定的责任和义务，将其承包的全部建设工程转给他人或者将其承包的全部建设工程肢解以后以分包的名义转给其他单位承揽的行为。应禁止承包单位将其承包的全部建设工程转包给他人，禁止承包单位将其承包的全部建设工程肢解以后以分包的名义分别转包给他人。

建设工程合同的签订，往往建立在发包人工作能力的全面考察的基础上，特别是采用招标方式签订的合同，发包方是按照公开、公平、公正的原则，经过一系列严格程序后，择优选定中标人作为承包人，与其订立合同的。转包合同的行为，损害了发包人合法权益。

## 四、建设工程发包与承包法律责任

(1)发包单位将工程发包给不具有相应资质条件的承包单位的，或者违反规定将建筑工程肢解发包的，责令其改正，并处以罚款。

(2)超越本单位资质等级承揽工程的，责令其停止违法行为，并处以罚款，也可以责令停业整顿，降低资质等级；情节严重的，吊销资质证书；有违法所得的，应予以没收。

(3)未取得资质等级承揽工程的，予以取缔，并处罚款；有违法所得的，应予以没收。以欺骗手段取得资质证书的，吊销资质证书，并处以罚款；构成犯罪的，依法追究其刑事责任。

(4)建筑施工企业转让、出借资质证书或者以其他方式允许他人以本企业的名义承揽工程的，责令改正，没收违法所得，并处罚款，也可以责令停业整顿，降低资质等级；情节严重的，吊销资质证书。对因该项承揽工程不符合规定的质量标准造成的损失，建筑施工企业与使用本企业名义的单位或者个人承担连带赔偿责任。

(5)承包单位将承包的工程转包的，或者违反《建筑法》规定进行分包的，责令改正，没收违法所得，并处罚款，可以责令停业整顿，降低资质等级；情节严重的，吊销资质证书。承包单位有前款规定的违法行为的，对因转包工程或者违法分包的工程不符合规定的质量标准造成的损失，与接受转包或者分包的单位承担连带赔偿责任。

(6)在工程发包与承包中索贿、受贿、行贿，构成犯罪的，依法追究刑事责任；不构成犯罪的，分别处以罚款。没收贿赂的财物，对直接负责的主管人员和其他直接责任人员给予处分。对在工程承包中行贿的承包单位，除依照前款规定处罚外，可以责令停业整顿，降低资质等级或者吊销资质证书。

## 第二节 建设工程招标投标制度

建设工程招标投标，是在市场经济条件下进行建设项目的发包与承包时，所采用的一种交易方式。采用招标投标方式进行交易活动的最显著特征是将竞争机制引入了交易过程，它具有公平竞争、减小或杜绝行贿受贿等腐败和不正当竞争行为、节省和合理使用资金、保证建设项目质量等明显的优越性。为了规范这种交易方式，确立招标投标的法律制度，是十分必要的。

### 一、建设工程招标投标概述

#### (一)《招标投标法》的立法宗旨、适用范围和调整对象

制定《招标投标法》的根本目的，是维护市场平等竞争秩序，完善社会主义市场经济体制。直接立法的目的是规范招标投标活动，保护国家利益、社会公共利益和招标投标活动当事人的合法权益，提高经济效益，保证项目质量。

《招标投标法》第2条规定，在中华人民共和国境内进行招标投标活动，适用本法。需要指出的是，由于我国香港特别行政区、澳门特别行政区实行"一国两制"，按照香港、澳门两个特别行政区基本法的规定，只有列入这两个基本法附件三的法律，才能在这两个特别行政区适用。《招标投标法》没有列入这两个法的附件三中，因此，《招标投标法》不适用于香港、澳门两个特别行政区。

《招标投标法》是调整招标投标活动中产生的社会关系，例如，招标人和投标人平等主体之间的平等关系、招标投标活动过程中有关行政监督部门和被监督对象之间的监督与被监督的关系等。凡是在中国境内进行的招标投标活动，无论是属于必须进行招标的项目，还是属于自愿进行招标的项目，其招标投标活动均适用《招标投标法》。

#### (二)强制招标工程建设项目的界定

##### 1. 必须进行招标的工程建设项目的具体范围和规模标准

《招标投标法》第3条规定，在中华人民共和国境内进行下列工程建设项目包括项目的勘察、设计、施工、监理以及与工程建设有关的重要设备、材料等的采购，必须进行招标：

(1)大型基础设施、公用事业等关系社会公共利益、公众安全的项目；
(2)全部或者部分使用国有资金投资或者国家融资的项目；
(3)使用国际组织或者外国政府贷款、援助资金的项目。

前款所列项目的具体范围和规模标准，由国务院发展计划部门会同国务院有关部门制订，报国务院批准。

为了确定必须进行招标的工程建设项目的具体范围和规模标准，规范招标投标活动，根据《招标投标法》第3条的规定，国家发展和改革委员会制定了《必须招标的工程项目规定》。

(1)全部或者部分使用国有资金投资或者国家融资的项目包括：
1)使用预算资金200万元人民币以上，并且该资金占投资额10％以上的项目；
2)使用国有企业事业单位资金，并且该资金占控股或者主导地位的项目。
(2)使用国际组织或者外国政府贷款、援助资金的项目包括：
1)使用世界银行、亚洲开发银行等国际组织贷款、援助资金的项目；

2)使用外国政府及其机构贷款、援助资金的项目。

(3)不属于上述(1)(2)规定情形的大型基础设施、公用事业等关系社会公共利益、公众安全的项目，必须招标的具体范围由国务院发展改革部门会同国务院有关部门按照确有必要、严格限定的原则制订，报国务院批准。

(4)上述(1)~(3)条规定范围内的项目，其勘察、设计、施工、监理以及与工程建设有关的重要设备、材料等的采购达到下列标准之一的，必须招标：

1)施工单项合同估算价在400万元人民币以上；

2)重要设备、材料等货物的采购，单项合同估算价在200万元人民币以上；

3)勘察、设计、监理等服务的采购，单项合同估算价在100万元人民币以上。

同一项目中可以合并进行的勘察、设计、施工、监理以及与工程建设有关的重要设备、材料等的采购，合同估算价合计达到前款规定标准的，必须招标。

### 2. 可以不进行招标的建设工程项目

《工程建设项目施工招标投标办法》中规定，有下列情形之一的，经该办法规定的审批部门批准，可以不进行施工招标：

(1)涉及国家安全、国家秘密、抢险救灾或者属于利用扶贫资金实行以工代赈需要使用农民工等特殊情况，不适宜进行招标的；

(2)施工主要技术采用不可替代的专利或者专有技术；

(3)已通过招标方式选定的特许经营项目投资人依法能够自行建设；

(4)采购人依法能够自行建设；

(5)在建工程追加的附属小型工程或者主体加层工程，原中标人仍具备承包能力，并且其他人承担将影响施工或者功能配套要求；

(6)国家规定的其他情形。

### (三)基本原则

《招标投标法》规定："招标投标活动应当遵循公开、公平、公正和诚实信用的原则。"这也是招标投标相关法律规范的基本原则。

#### 1. 公开原则

公开原则即"信息透明"，要求招标投标活动必须具有高度的透明度，招标程序、投标人的资格条件、评标标准、评标方法、中标结果等信息都要公开，使每个投标人能够及时获得有关信息，从而平等地参与投标竞争，依法维护自身的合法权益，公开招标也为当事人和社会监督提供了重要条件。因此，公开是公平、公正的基础和前提。

#### 2. 公平原则

公平原则即"机会均等"，要求招标人一视同仁的给予所有投标人平等机会，使其享有同等的权利并履行相应的义务，不歧视或者排斥任何一个投标人，因此，招标人不得在招标文件中要求或者标明特定的生产供应者，以及含有倾向或者排斥潜在投标人的内容，不得以不合理的条件限制或者排斥潜在投标人，不得对潜在投标人实行歧视待遇。

#### 3. 公正原则

公正原则，即"程序规范，标准统一"，要求所有招标投标活动必须按照规定的时间和程序进行，以尽可能保障招投标各方的合法权益，做到程序公正；招标评标标准应当具有唯一性，对所有投标人实行同一标准，确保标准公正。所以，《招标投标法》及相关法规对招标、投标、开标、评标、中标、签订合同等都规定了具体程序和法定时限，明确了废标和否决投标的情形，评标委员会必须按照招标文件事先确定并公布的评标标准和方法进行评审、打分、推荐中标候选人。

### 4. 诚实信用原则

招标投标活动必须遵循诚实信用原则，也就是要求招标投标当事人应当以善意的主观心理和诚实、守信的态度来行使权力，履行义务，不能故意隐瞒真相或者弄虚作假，不能言而无信。甚至背信弃义，在追求自己利益的同时尽量不损害他人利益和社会利益，维持双方的利益平衡，以及自身利益与社会利益的平衡，遵循平等互利原则，从而保证交易安全，促使交易实现。

## 二、招标

### (一)建设工程招标的条件

建设工程招标必须具备一定的条件。《招标投标法》第9条对招标项目应满足的基本条件作出了总体规定：招标项目按照国家有关规定需要履行项目审批手续的，应当先履行审批手续，取得批准；招标人应当有进行招标项目的相应资金或者资金来源已经落实，并应当在招标文件中如实载明。

根据2013年4月修订的《工程建设项目施工招标投标办法》，依法必须招标的工程建设项目，应当具备下列条件才能进行施工招标：

(1)招标人已经依法成立；
(2)初步设计及概算应当履行审批手续的，已经批准；
(3)有相应资金或资金来源已经落实；
(4)有招标所需的设计图纸及技术资料。

### (二)建设工程招标的方式

《招标投标法》规定，招标可分为公开招标和邀请招标。

#### 1. 公开招标

公开招标，是指招标人以招标公告的方式邀请不特定的法人或者其他组织投标。招标人是依法提出招标项目、进行招标的法人或者其他组织。依法必须进行招标的项目的招标公告，应当通过国家指定的报刊、信息网络或者其他媒介发布。

#### 2. 邀请招标

邀请招标，是指招标人以投标邀请书的方式邀请特定的法人或者其他组织投标。为了保证邀请招标的竞争性，《招标投标法》规定，招标人采用邀请招标方式的，应当向三个以上具备承担招标项目的能力、资信良好的特定法人或者其他组织发出投标邀请书。

《工程建设项目施工招标投标办法》规定，对于应当公开招标的建设工程招标项目，有下列情形之一的，经批准可以进行邀请招标：

(1)项目技术复杂或有特殊要求，或者受自然地域环境限制，只有少量潜在投标人可供选择；
(2)涉及国家安全、国家秘密或者抢险救灾，适宜招标但不宜公开招标；
(3)采用公开招标方式的费用占项目合同金额的比例过大。

有上述(2)所列情形，属于《工程建设项目施工招标投标办法》第10条规定的项目，由项目审批、核准部门在审批、核准项目时作出认定；其他项目由招标人申请有关行政监督部门作出认定。全部使用国有资金投资或者国有资金投资占控股或者主导地位的并需要审批的工程建设项目的邀请招标，应当经项目审批部门批准，但项目审批部门只审批立项的，由有关行政监督部门批准。

### (三)建设工程招标的程序

**1. 成立招标组织,由招标人自行招标或招标人委托招标**

(1)招标人自行招标。招标人是依照法律规定,提出招标项目、进行招标的法人或者其他组织。招标人具有编制招标文件和组织评标能力的,可以自行办理招标事宜。招标人具有编制招标文件和组织评标能力,具体包括以下几项:

1)具有法人资格;

2)具有与招标项目规模和复杂程序相适应的工程技术、概预算、财务和工程管理等方面专业技术力量;

3)有从事同类工程建设招标的经验;

4)设有专门的招标机构或者有3名以上专职招标业务人员;

5)熟悉和掌握《招标投标法》及有关法规、规章。

(2)招标人委托招标。

1)招标人不具备自行招标能力的,必须委托具备相应资质的招标代理机构代为办理招标事宜。招标人有权自行选择招标代理机构,委托其办理招标事宜。任何单位和个人不得强制其委托招标代理机构办理招标事宜。

2)招标代理机构是依法设立、从事招标代理业务并提供相关服务的社会中介组织。招标代理机构应具备以下条件:

①有从事招标代理业务的营业场所和相应资金;

②有能够编制招标文件和组织评标的相应专业力量;

③有可以作为评标委员会成员人选的技术、经济等方面的专家库。

3)从事工程建设项目招标代理业务的招标代理机构,其资格由国务院或者省、自治区、直辖市人民政府的住房城乡建设主管部门认定。具体办法由国务院住房城乡建设主管部门会同国务院有关部门制定。从事其他招标代理业务的招标代理机构,其资格认定的主管部门由国务院规定。招标代理机构与行政机关和其他国家机关不得存在隶属关系或者其他利益关系。

4)招标代理机构应当在招标人委托的范围内承担招标事宜。招标代理机构可以在其资格等级范围内承担下列招标事宜:

①拟订招标方案,编制和出售招标文件、资格预审文件;

②审查投标人资格;

③编制标底;

④组织投标人踏勘现场;

⑤组织开标、评标,协助招标人定标;

⑥草拟合同;

⑦招标人委托的其他事项。

5)招标代理机构不得无权代理、越权代理,不得明知委托事项违法而进行代理。招标代理机构不得接受同一招标项目的投标代理和投标咨询业务;未经招标人同意,不得转让招标代理业务。

6)工程招标代理机构与招标人应当签订书面委托合同,并按双方约定的标准收取代理费;国家对收费标准有规定的,依照其规定进行收费。

**2. 招标公告的发布或投标邀请书的发出**

招标人采用公开招标方式的,应当发布招标公告,邀请不特定的法人或者其他组织投标。招标人采用邀请招标方式的,应当向3家以上具备承担招标项目的能力、资信良好的特定法人或者其他组织发出投标邀请书。招标公告或者投标邀请书应载明内容如下：

(1)招标人的名称和地址；

(2)招标项目的内容、规模、资金来源；

(3)招标项目的实施地点和工期；

(4)获取招标文件或者资格预审文件的地点和时间；

(5)对招标文件或者资格预审文件收取的费用；

(6)对招标人的资质等级的要求。

### 3. 资格审查

资格审查可分为资格预审和资格后审。资格预审，是指在投标前对潜在投标人进行的资格审查；资格后审，是指在开标后对投标人进行的资格审查。进行资格预审的，一般不再进行资格后审，但招标文件另有规定的除外。

采取资格预审的，招标人应当发布资格预审公告，招标人应当在资格预审文件中载明资格预审的条件、标准和方法；采取资格后审的，招标人应当在招标文件中载明对投标人资格要求的条件、标准和方法。招标人不得改变载明的资格条件或者以没有载明的资格条件对潜在投标人或者投标人进行资格审查。

经资格预审后，招标人应当向资格预审合格的潜在投标人发出资格预审合格通知书，告知获取招标文件的时间、地点和方法，并同时向资格预审不合格的潜在投标人告知资格预审结果。资格预审不合格的潜在投标人不得参加投标。经资格后审不合格的投标人的投标应予否决。

资格审查应主要审查潜在投标人或者投标人是否符合下列条件：

(1)具有独立订立合同的权利；

(2)具有履行合同的能力，包括专业、技术资格和能力，资金、设备和其他物质设施状况，管理能力，经验、信誉和相应的从业人员；

(3)没有处于被责令停业、投标资格被取消，财产被接管、冻结，破产状态；

(4)在最近三年内没有骗取中标和严重违约及重大工程质量问题；

(5)国家规定的其他资格条件。

资格审查时，招标人不得以不合理的条件限制、排斥潜在投标人或者投标人，不得对潜在投标人或者投标人实行歧视待遇。任何单位和个人不得以行政手段或者其他不合理方式限制投标人的数量。

### 4. 招标文件和标底的编制

招标文件的内容一般包括：投标邀请书；投标人须知；合同主要条款；投标文件格式；采用工程量清单招标的，应当提供工程量清单；技术条款；设计图纸；评标标准和方法；投标辅助材料。

(1)招标人应当在招标文件中规定实质性要求和条件，并用醒目的方式标明。

(2)招标人可以要求投标人在提交符合招标文件规定要求的投标文件外，提交备选投标方案，但应当在招标文件中做出说明，并提出相应的评审和比较办法。

(3)招标文件规定的各项技术标准应符合国家强制性标准。招标文件中规定的各项技术标准均不得要求或标明某一特定的专利、商标、名称、设计、原产地或生产供应者，不得含有倾向或者排斥潜在投标人的其他内容。如果必须引用某一生产供应者的技术标准才能准确或清楚地说明拟招标项目的技术标准时，则应当在参照后面加上"或相当于"的字样。

(4)施工招标项目需要划分标段、确定工期的，招标人应当合理划分标段、确定工期，并在招标文件中载明。对工程技术上紧密相连、不可分割的单位工程不得分割标段。招标人不得以不合理的标段或工期限制或者排斥潜在投标人或者投标人。依法必须进行施工招标的项目的招标人不得利用划分标段规避招标。

（5）招标文件应当明确规定的所有评标因素，以及如何将这些因素量化或者据以进行评估。在评标过程中，不得改变招标文件中规定的评标标准、方法和中标条件。

（6）招标文件应当规定一个适当的投标有效期，以保证招标人有足够的时间完成评标和与中标人签订合同。投标有效期从投标人提交投标文件截止之日起计算。在原投标有效期结束前，出现特殊情况的，招标人可以书面形式要求所有投标人延长投标有效期。投标人同意延长的，不得要求或被允许修改其投标文件的实质性内容，但应当相应延长其投标保证金的有效期；投标人拒绝延长的，其投标失效，但投标人有权收回其投标保证金。因延长投标有效期造成投标人损失的，招标人应当给予补偿，但因不可抗力需要延长投标有效期的除外。

（7）招标人应当确定投标人编制投标文件所需要的合理时间；但是，依法必须进行招标的项目，自招标文件开始发出之日起至投标人提交投标文件截止之日止，最短不得少于20天。

（8）招标人可根据项目特点决定是否编制标底。编制标底的，标底编制过程和标底在开标前必须保密。招标项目编制标底的，应根据批准的初步设计、投资概算，依据有关计价办法，参照有关工程定额，结合市场供求状况，综合考虑投资、工期和质量等方面的因素合理确定。标底由招标人自行编制或委托中介机构编制。一个工程只能编制一个标底。任何单位和个人不得强制招标人编制或报审标底，或干预其确定标底。招标项目可以不设标底，进行无标底招标。

（9）招标人设有最高投标限价的，应当在招标文件中明确最高投标限价或者最高投标限价的计算方法。招标人不得规定最低投标限价。

### 5. 招标文件的发售

招标人应当按招标公告或者投标邀请书规定的时间、地点出售招标文件或资格预审文件。自招标文件或者资格预审文件出售之日起至停止出售之日止，最短不得小于5个工作日。

对招标文件或者资格预审文件的收费应当合理，不得以营利为目的。招标文件或者资格预审文件售出后，不予退还。招标人在发布招标公告、发出投标邀请书后或者售出招标文件或资格预审文件后不得擅自终止招标。

### 6. 招标文件的答疑

招标人对已发出的招标文件进行必要的澄清或者修改的，应当在招标文件要求提交投标文件截止时间至少15日前，以书面形式通知所有招标文件收受人。该澄清或者修改的内容为招标文件的组成部分。

招标人根据招标项目的具体情况，可以组织潜在投标人踏勘项目现场，向其介绍工程场地和相关环境的有关情况。潜在投标人依据招标人介绍情况作出的判断和决策，由投标人自行负责。招标人不得单独或者分别组织任何一个投标人进行现场踏勘。

对于潜在投标人在阅读招标文件和现场踏勘中提出的疑问，招标人可以以书面形式或召开投标预备会的方式解答，但需同时将解答以书面方式通知所有购买招标文件的潜在投标人。该解答的内容为招标文件的组成部分。

### 7. 投标文件的签收

招标人收到投标文件后，应当向投标人出具标明签收人和签收时间的凭证，在开标前任何单位和个人不得开启投标文件。在招标文件要求提交投标文件的截止时间后送达的投标文件，为无效的投标文件，招标人应当拒收。招标人应当如实记载投标文件的送达时间和密封情况，并存档备查。

## 三、投标

### (一)投标文件的编制

《招标投标法》第27条规定,投标人应当按照招标文件的要求编制投标文件。投标文件应当对招标文件提出的实质性要求作出响应。招标项目属于建设施工的,投标文件的内容应当包括拟派出的项目负责人与主要技术人员的简历、业绩和拟用于完成招标项目的机械设备等。

根据《工程项目施工招标投标办法》的规定,投标文件一般包括下列内容:
(1)投标函;
(2)投标报价;
(3)施工组织设计;
(4)商务和技术偏差表。

投标人根据招标文件载明的项目实际情况,拟在中标后将中标项目的部分非主体、非关键性工作进行分包的,应在投标文件中载明。

### (二)投标保证金

投标保证金是招标人设置的担保投标人谨慎投标的一种担保方式。为约束投标人的投标行为,保护招标人的利益,招标人通常会要求投标人提供投标保证金。投标人应当按照招标文件要求的方式和金额,将投标保证金随投标文件提交给招标人或其委托的招标代理机构。当发生下列情形时,招标人有权没收投标保证金:
(1)投标人在投标有效期内撤回其投标文件;
(2)中标人未能在规定期限内提交履约保证金或者签订合同的。

《招标投标法实施条例》第26条规定,招标人在招标文件中要求投标人提交投标保证金的,投标保证金不得超过招标项目估算价的2%。投标保证金有效期应当与投标有效期一致。依法必须进行招标的项目的境内投标单位,以现金或者支票形式提交的投标保证金应当从其基本账户转出。招标人不得挪用投标保证金。

### (三)投标文件的提交

《招标投标法》第28条规定,投标人应当在招标文件要求提交投标文件的截止时间前,将投标文件送达投标地点。招标人收到投标文件后,应当签收保存,不得开启。投标人少于三个的,招标人应当依法重新招标。在招标文件要求提交投标文件的截止时间后送达的投标文件,招标人应当拒收。

### (四)投标文件的补充、修改、替代或撤回

《招标投标法》第29条规定,投标人在招标文件要求提交投标文件的截止时间前,可以补充、修改或者撤回已提交的投标文件,并书面通知招标人。补充、修改的内容为投标文件的组成部分。

根据《工程建设项目施工招标投标办法》第40条的规定,在提交投标文件截止时间后到招标文件规定的投标有效期终止之前,投标人不得撤销其投标文件,否则招标人可以不退还其投标保证金。

### (五)联合体投标

联合体投标是指某承包单位为了承揽不适用于自己单独承包的工程项目而与其他单位联合,共同以一个投标人身份参与投标活动的行为。

1. 联合体的资质条件

《招标投标法》第31条规定,两个以上法人或者其他组织可以组成一个联合体,以一个投标人的身份共同投标,联合体以及联合体各方资质条件应符合以下要求:

(1)联合体各方均应当具备承担招标项目的相应能力。

(2)国家有关规定或者招标文件对投标人资格条件有规定的,联合体各方均应当具备规定的相应资格条件。

(3)由同一专业单位组成的联合体,按照资质等级较低的单位确定资质等级。

2. 共同投标协议

根据《招标投标法》第31条的规定,联合体各方应当签订共同投标协议,明确约定各方拟承担的工作和责任,并将共同投标协议连同投标文件一并提交招标人。

共同投标协议约定了组成联合体各成员单位在联合体中所承担的各自的工作范围,这个范围的确定也为建设单位判断该成员单位是否具备"相应的资格条件"提供了依据。共同投标协议也约定了组成联合体各成员单位在联合体中所承担的各自的责任,也为将来可能引发的纠纷的解决提供了必要的依据。

3. 联合体投标各方的责任

(1)履行共同投标协议中约定的责任。共同投标协议中约定了联合体中各方应该承担的责任,各成员单位必须要按照该协议的约定认真履行自己的义务,否则对联合体其他成员构成违约。共同投标协议中约定责任也是各成员单位最终的责任承担方式。

(2)就中标项目对招标人承担连带责任。如果联合体中的任意一位成员没能按照合同约定履行义务,招标人可以要求联合体中任何一个成员承担不超过总债务的任何比例的债务,该单位无权拒绝。该单位对招标人承担责任后,有权向其他成员追偿其超过共同投标协议约定的债务的部分。

(3)不得重复投标。联合体各方签订共同投标协议后,不得再以自己的名义单独投标,也不得组成新的联合体或参加其他联合体就同一项目投标。

(4)不得随意改变联合体组成。联合体通过资格预审的,其组成的任何变化都必须在提交投标文件截止之日前征得招标人的同意。如果变化后的联合体,含有事先没有经过资格预审或者资格预审不合格的法人或者其他组织,或者使联合体的资质降到资格预审文件中规定的最低标准以下,招标人有权拒绝。

(5)必须指定联合体牵头人。联合体各方必须指定牵头人,授权其代表所有联合体成员负责投标和合同实施阶段的主办、协调工作,并向招标人提交由所有联合体成员法定人签署的授权书。应当以联合体各方或者联合体中牵头人的名义提交投标保证金,以联合本牵头人名义提交的投标保证金,对联合体成员具有约束力。

### (六)禁止投标人实施的不正当竞争行为

1. 投标人之间的串通投标行为

《工程建设项目施工招标投标办法》第46条规定了投标人之间的串通投标行为,包括以下几项:

(1)投标人之间相互约定抬高或降低投标报价;

(2)投标人之间相互约定,在招标项目中分别以高、中、低价位报价;

(3)投标人之间先进行内部竞价,内定中标人,然后再参加投标;

(4)投标人之间其他串通投标报价行为。

**2. 投标人与招标人的串通投标行为**

《工程建设项目施工招标投标办法》第47条规定招标人与投标人的串通投标行为包括以下几项：

(1)招标人在开标前开启投标文件并将有关信息泄露给其他投标人，或者授意投标人撤换、修改投标文件；

(2)招标人向投标人泄露标底、评标委员会成员等信息；

(3)招标人明示或者暗示投标人压低或抬高投标报价；

(4)招标人明示或者暗示投标人为特定投标人中标提供方便；

(5)招标人与投标人为谋求特定中标人中标而采取的其他串通行为。

**3. 以行贿的手段谋取中标**

《招标投标法》第32条第3款规定："禁止投标人以向招标人或者评标委员会成员行贿的手段谋取中标。"投标人以行贿手段谋取中标的视为中标无效，有关责任人和单位应当承担相应的行政责任或刑事责任，给他人造成损失的，还应当承担民事赔偿责任。

**4. 低于企业成本价竞标**

《招标投标法》第33条规定："投标人不得以低于成本的报价竞标。"这里的"成本"是根据投标人的企业定额测定的企业成本。法律做出这一规定的目的是：一是为了避免出现投标人在以低于成本的报价中标后，再以粗制滥造、偷工减料等违法手段不正当的降低成本，挽回损失，给工程质量造成危害；二是为了维护正常的投标竞争秩序，防止产生投标人以低于其成本的报价进行不正当竞争，损害其他以合理报价进行竞争的投标人的利益。

**5. 以他人名义投标或者以其他方式弄虚作假，骗取中标**

《招标投标法》第33条规定："投标人不得以他人名义投标或者以其他方式弄虚作假，骗取中标。"《工程建设项目施工招标投标办法》第48条规定："投标人不得以他人名义投标。前款所称以他人名义投标，指投标人挂靠其他施工单位，或从其他单位通过受让或租借的方式获取资格或资质证书，或者由其他单位及其法定代表人在自己编制的投标文件上加盖印章或签字等行为。"

## 四、开标、评标、定标、订立合同

### (一)开标

(1)开标是在投标截止之后，招标人按招标文件所规定的时间和地点，开启投标人提交的投标文件，公开宣布投标人的名称、投标价格和投标文件的其他主要内容的活动。

(2)开标应当在招标文件确定的提交投标文件截止时间的同一时间公开进行，开标地点应当为投票文件中预先确定的地点。开标由招标人主持，邀请所有投标人参加。

(3)开标时，由投标人或者其推选的代表检查投标文件的密封情况，也可以由招标人委托的公证机构检查并公证；经确认无误后，由工作人员当众拆封，宣读投标人名称、投标报价和投标文件的其他主要内容。

(4)投标人在招标文件要求的提交投标文件的截止时间前收到的所有投标文件，开标时都应当众予以拆封、宣读。开标过程应当记录，并存档备查。

### (二)评标

评标就是由评标委员会依据招标文件的要求和规定，对投标文件进行审查、评审和比较，从中选出最佳投标人的过程。其是招标过程是否体现公平竞争的原则，招标结果能否使招标人得到最大效益的关键。评标必须由专门的评标委员会来负责，以确保评标结果的科学性和公正性。

### 1. 评标委员会

(1)评标委员会的组成。评标委员会依法组建，负责评标活动，向招标人推荐中标候选人或者根据招标人的授权直接确定中标人。评标委员会由招标人负责组建。评标委员会成员名单一般应于开标前确定。评标委员会由下列人员组成：

1)招标人或其委托的招标代理机构中熟悉相关业务的代表。在评标过程中，招标人代表可以充分表达招标人的意见，与评标委员会其他成员进行沟通，对评标的全过程实施必要的监督。

2)相关技术方面的专家。评标过程的技术性强，由招标项目相关专业的技术专家参加评标委员会，可以从技术上对投标文件进行审核评比，以确定投标在技术和质量方面确实能够满足招标文件的要求。

3)经济方面的专家。由经济方面的专家对投标文件所报的投标价格、投标方案的运营成本、投标人的财务状况等投标文件的商务条款进行评审比较，以确定在经济上对招标人最有利的投标。

4)其他方面的专家。

依法必须进行招标的项目，其评标委员会由招标人的代表和有关技术、经济等方面的组成，成员人数为5人以上单数，其中技术、经济等方面的专家不少于成员总数的三分之二。

评标委员会设负责人的，由评标委员会成员推举产生或者由招标人确定。评标委员会负责人和其他成员有同等的表决权。

(2)评标委员会专家的选取。评标委员会专家，由招标人从国务院有关部门或者省、自治区、直辖市人民政府有关部门提供的专家名册或者招标代理机构的专家库内有相关专业的专家名单中确定。一般招标项目可以采取随机抽取方式；技术特别复杂、专业性要求特别高或者国家有特殊要求的招标项目，采取随机抽取方式确定的专家难以胜任的，可以由招标人直接确定。

评标专家应符合下列条件：

1)从事相关专业领域工作满8年并具有高级职称或者同等专业水平；

2)熟悉有关招标投标的法律法规，并具有与招标项目相关的实践经验；

3)能够认真、公正、诚实、廉洁地履行职责。

有下列情形之一的，不得担任评标委员会成员：

1)投标人或者投标人主要负责人的近亲属；

2)项目主管部门或者行政监督部门的人员；

3)与投标人有经济利益关系，可能影响对投标公正评审的；

4)曾因在招标、评标以及其他与招标投标有关活动中从事违法行为而受到过行政处罚或刑事处罚的。

评标委员会成员有前款规定情形之一的，应当主动提出回避。与投标人有利害关系的不得进入相关项目的评标委员会，已经进入的应当更换。评标委员会成员的名单在中标结果确定前应当保密。

(3)评标委员会及成员的权利、义务与责任。

1)评标委员会的权利。

①独立评审权。评标委员会的评标活动不受外界的非法干预与影响。

②要求澄清权。评标委员会可以要求投标人对投标文件中含义不明确的内容做必要的澄清

或者说明，以确定其正确内容，但不得超出投标文件的范围或改变投标文件的实质内容。

③推荐权或确定权。评标委员会可在评标报告中推荐1~3个中标候选人或根据招标人的授权在评标报告中直接确定中标人。

④否决权。评标委员会经评审，认为所有投标都不符合招标文件的要求，可以否决所有投标。这时，强制招标的项目应当重新招标。

2)评标委员会的义务。

①评标委员会完成评标后向招标人提出书面评标报告，并抄送有关行政监督部门。评标报告应当如实记载以下内容：基本情况和数据表；评标委员会成员名单；开标记录；符合要求的投标一览表；废标情况说明；评标标准、评标方法或者评标因素一览表；经评审的价格或者评分比较一览表；经评审的投标人排序；推荐的中标候选人名单与签订合同前要处理的事宜；澄清、说明、补正事项纪要。

②必须严格按照招标文件确定的评标标准和方法评标，对投标文件进行评审和比较；设有标底的，应当参考标底。

3)评标委员会成员的责任。

①评标委员会成员应当客观、公正地履行职务，遵守职业道德，对所有的评审意见承担个人责任。

②评标委员会成员不得私下接触投标人，不得收受投标人的财物或其他好处。

③不得透露对投标文件的评审和比较、中标候选人的推荐情况以及与评标有关的其他情况。

## 2. 评标标准

2001年7月5日原国家计委、建设部等七部委联合发布，2013年4月第23号令修订的《评标委员会和评标方法暂行规定》规定，评标应遵守如下法律规定：评标委员会应当根据招标文件规定的评标标准和方法，对投标文件进行系统地评审和比较；招标文件中没有规定的标准和方法不得作为评标的依据；招标文件中规定的评标标准和评标方法应当合理，不得含有倾向或者排斥潜在投标人的内容，不得妨碍或者限制投标人之间的竞争。

建设工程施工评标时的评审指标一般设技术标和商务标。

(1)技术标一般指施工组织设计，主要内容应包括施工方案、方法，进度计划，采用新技术、新工艺的可行性，质量、安全施工保证体系与保证措施，现场平面布置，文明施工措施的合理性、可靠性、先进性，主要机具、劳动力配置，项目经理及主要技术、管理人员配备等。

(2)商务标设置：投标报价；施工工期；工程质量。

评标方法一般包括经评审的最低投标价法、综合评估法或者法律、行政法规允许的其他评标方法。

## 3. 应作为废标处理的几种情况

《工程建设项目施工招标投标办法》第50条规定，有下列情形之一的，评标委员会应当否决其投标：

(1)投标文件未经投标单位盖章和单位负责人签字；

(2)投标联合体没有提交共同投标协议；

(3)投标人不符合国家或者招标文件规定的资格条件；

(4)同一投标人提交两个以上不同的投标文件或者投标报价，但招标文件要求提交备选投标的除外；

(5)投标报价低于成本或者高于招标文件设定的最高投标限价；

(6)投标文件没有对招标文件的实质性要求和条件作出响应；

(7)投标人有串通投标、弄虚作假、行贿等违法行为。

### 4. 评标的规则

(1)投标文件中有含义不明确的内容、明显文字或者计算错误，评标委员会认为需要投标人作出必要澄清、说明的，应当书面通知该投标人。投标人的澄清、说明应当采用书面形式，并不得超出投标文件的范围或者改变投标文件的实质性内容。评标委员会不得暗示或者诱导投标人作出澄清、说明，不得接受投标人主动提出的澄清、说明。

(2)评标完成后，评标委员会应当向招标人提交书面评标报告和中标候选人名单。

(3)评标报告应当由评标委员会全体成员签字。对评标结果有不同意见的评标委员会成员应当以书面形式说明其不同意见和理由，评标报告应当注明该不同意见。评标委员会成员拒绝在评标报告上签字又不书面说明意见和理由的，视为同意评标结果。评标委员会负责人应当对此作出书面说明并记录在案。

## (三)定标

### 1. 推荐中标候选人

(1)根据经评审的最低投标价法，能够满足招标文件的实质性要求，并且经评审的最低投标价的投标，应当推荐为中标候选人。

(2)根据综合评估法，最大限度地满足招标文件中规定的各项综合评价标准的投标，应当推荐为中标候选人。

(3)衡量投标文件是否最大限度地满足招标文件中规定的各项评价标准，可以采取折算为货币的方法、打分的方法或者其他方法。需量化的因素及其权重应当在招标文件中明确规定。

(4)评标委员会推荐的中标候选人应当限定在1~3人，并标明排列顺序。

### 2. 确定中标人

根据《招标投标法》和《工程建设项目施工招标投标办法》的有关规定，确定中标人应当遵守如下程序：

(1)依法必须进行招标的项目，招标人应当自收到评标报告之日起三日内公示中标候选人，公示期不得少于三日。

(2)招标人应当接受评标委员会推荐的中标候选人，不得在评标委员会推荐的中标候选人之外确定中标人。

(3)中标人的投标应当符合下列条件之一：

1)能够最大限度地满足招标文件中规定的各项综合评价标准；

2)能够满足招标文件的实质性要求，并且经评审的投标价格最低；但是投标价格低于成本的除外。

(4)国有资金占控股或者主导地位的依法必须进行招标的项目，招标人应当确定排名第一的中标候选人为中标人。排名第一的中标候选人放弃中标、因不可抗力提出不能履行合同、不按照招标文件的要求提交履约保证金，或者被查实存在影响中标结果的违法行为等情形，不符合中标条件的，招标人可以按照评标委员会提出的中标候选人名单排序依次确定其他中标候选人为中标人。依次确定其他中标候选人与招标人预期差距较大，或者对招标人明显不利的，招标人可以重新招标。

(5)招标人可以授权评标委员会直接确定中标人。国务院对中标人的确定另有规定的，从其规定。

### 3. 中标通知书的发出

中标人确定后，招标人应当向中标人发出中标通知书，并同时将中标结果通知所有未中标的投标人。中标通知书对招标人和中标人具有法律效力。中标通知书发出后，招标人改变中标结果的，或者中标人放弃中标项目的，应当依法承担法律责任。

**4. 中标无效的情形**

根据《招标投标法》的规定，对于中标无效的情况，有以下几种：

(1)招标代理机构违反《招标投标法》的规定，泄露应当保密的与招标投标活动有关的情况和资料的，或与招标人、投标人串通损害国家利益、社会公共利益或者他人的合法权益，影响中标结果的，中标无效；

(2)依法必须进行招标的项目的招标人向他人透露已获取招标文件的潜在投标人的名称、数量或者可能影响公平竞争的有关招标投标的其他情况的，或者泄露标底的，影响中标结果的，中标无效；

(3)投标人相互串通投标或者与招标人串通投标的，投标人以向招标人或者评标委员会成员行贿的手段谋取中标的，中标无效；

(4)投标人以他人名义投标或者以其他方式弄虚作假，骗取中标的，中标无效；

(5)依法必须进行招标的项目，招标人违反法律规定，与投标人就投标价格、投标方案等实质性内容进行谈判，影响中标结果的，中标无效；

(6)招标人在评标委员会依法推荐的中标候选人以外确定中标人的，或依法必须进行招标的项目在所有投标被评标委员会否决后自行确定中标人的，中标无效。

**(四)招标人和中标人订立合同**

《招标投标法》第46条规定，招标人和中标人应当自中标通知书发出之日起30日内，按照招标文件和中标人的投标文件订立书面合同。招标人和中标人不得再行订立背离合同实质性内容的其他协议。

如果出现了两个或者两个以上内容有矛盾的合同，将来就会出现履行合同时适用哪一个合同的争议。但是，有时，招标人为了能够获得更大利益，会要求中标人另行签订一个背离原合同实质性内容的合同。针对这种情况可能产生的纠纷，《最高人民法院关于审理建设工程施工合同纠纷案件适用法律问题的解释》第21条规定，当事人就同一建设工程另行订立的建设工程施工合同与经过备案的中标合同实质性内容不一致的，应当以备案的中标合同作为结算工程价款的根据。

招标人为了降低自己的风险，经常会要求投标人提交履约保证金。招标文件要求中标人提交履约保证金或者其他形式履约担保的，中标人应当提交。招标人要求中标人提供履约保证金或其他形式履约担保的，招标人应当同时向中标人提供工程款支付担保。履约保证金应该根据招标文件确定，招标人不得擅自提高履约保证金。

招标人不得强制要求中标人垫付中标项目建设资金。但在实践中，中标人垫付中标项目建设资金的情形还是存在的。这种垫资行为经常引发关于利息的纠纷，对此，《最高人民法院关于审理建设工程施工合同纠纷案件适用法律问题的解释》第6条给出如下处理意见：

(1)当事人对垫资和垫资利息有约定，承包人请求按照约定返还垫资及其利息的，应予支持，但是约定的利息计算标准高于中国人民银行发布的同期同类利率的部分除外。

(2)当事人对垫资没有约定的，按照工程欠款处理。

(3)当事人对垫资利息没有约定、承包人请求支付利息的，不予支持。

**(五)招标投标备案制度**

招标人自行组织招标的，应当在发布招标公告或者发出投标邀请书前，持有关材料到县级以上地方人民政府住房城乡建设主管部门备案；招标人委托招标代理机构进行招标的，招标人应当在委托合同签订 15 日内，持有关材料到县级以上地方人民政府住房城乡建设主管部门备案。备案机构对有关材料审核后，发现招标人不具备自行招标条件、代理机构无相应资格、招标前期条件不具备、招标公告或者投标邀请书有重大瑕疵的，可以责令招标人暂时停止招标活动。

《工程建设项目施工招标投标办法》第 65 条规定，依法必须进行招标的项目，招标人应当自发出中标通知书之日起 15 日内，向有关行政监督部门提交包括以下内容的招标投标情况的书面报告：

(1)招标范围；
(2)招标方式和发布招标公告的媒介；
(3)招标文件中投标人须知、技术条款、评标标准和方法、合同主要条款等内容；
(4)评标委员会的组成和评标报告；
(5)中标结果。

法律对此作出的强制性规定，体现了国家对这种民事活动的干预和监督。为了有效监督这些项目的招标投标情况，及时发现其中可能存在的问题，招标人在事前应当向国家有关行政监督部门备案，事后应当向这些监督部门提交招标投标情况的书面报告。书面报告要写明招标过程、投标过程、评标过程、选定中标人的理由、签订合同等情况。

## 五、建设工程招标投标的法律责任

在建设工程招投标过程中，招标人、投标人及相关参与人违反了法定义务，应承担相应的法律责任。《招标投标法》《招标投标法实施条例》中有关法律责任的具体规定为：必须进行招标的项目而不招标的，将必须进行招标的项目化整为零或者以其他任何方式规避招标的，责令限期改正，可以处项目合同金千分之五以上千分之十以下的罚款；对全部或者部分使用国有资金的项目，可以暂停项目执行或者暂停资金拨付；对单位直接负责的主管人员和其他直接责任人员依法予以处分。

### (一)招标人的法律责任

招标人有下列行为之一的，属于以不合理条件限制、排斥潜在投标人或者投标人：
(1)就同一招标项目向潜在投标人或者投标人提供有差别的项目信息；
(2)设定的资格、技术、商务条件与招标项目的具体特点和实际需要不相适应或者与合同履行无关；
(3)依法必须进行招标的项目以特定的行政区或者特定行业的业绩、奖项作为加分条件或者中标条件；
(4)对潜在投标人或者投标人采取不同的资格审查或者评标标准；
(5)限定或者指定特定的专利、商标、品牌、原产地或者供应商；
(6)依法必须进行招标的项目非法限定潜在投标人或者投标人的所有制形式或者组织形式；
(7)以其他不合理条件限制、排斥潜在投标人或者投标人。

招标人以不合理的条件限制或者排斥潜在投标人的，对潜在投标人实行歧视待遇的，强制要求投标人组成联合体共同投标的，或者限制投标人之间竞争的，责令改正，可以处 1 万元以上 5 万元以下的罚款。

依法必须进行招标的项目的招标人向他人透露已获取招标文件的潜在投标人名称、数量或者可能影响公平竞争的有关招标投标的其他情况的，或者泄露标底的，给予警告，可以并处1万元以上10万元以下的罚款；对单位直接负责的主管人员和其他直接责任人员依法给予处分；构成犯罪的，依法追究刑事责任。前款所列行为影响中标结果的，中标无效。

招标人有下列情形之一的，由有关行政监督部门责令改正，可以处10万元以下的罚款：

(1)依法应当公开招标而采用邀请招标；

(2)招标文件、资格预审文件的发售、澄清、修改的时限，或者确定的提交资格预审申请文件、投标文件的时限不符合《招标投标法》和《招标投标法实施条例》规定；

(3)接受未通过资格预审的单位或个人参加投标；

(4)接受应当拒收的投标文件。

招标人有前款(1)项、(3)项、(4)项所列行为之一的，对单位直接负责的主管人员和其他直接责任人员依法给予处分。

依法必须进行招标的项目和招标人不按照规定组建评标委员会，或者确定、更换评标委员会成员违反《招标投标法》和相关条例规定的，由有关行政监督部门责令改正，可以处10万元以下的罚款，对单位直接负责的主管人员和其他直接责任人员依法给予处分；违法确定或者更换的评标委员会成员作出的评审结论无效，依法重新进行评审。

依法必须进行招标的项目的招标人与投标人就投标价格、投标方案等实质性内容进行谈判的，给予警告，对单位直接负责的主管人员和其他直接责任人员依法给予处分。前款所列行为影响中标结果的，中标无效。

招标人在评标委员会依法推荐的中标候选人以外确定中标人的，依法必须进行招标的项目在所有投标被评标委员会否决后自行确定中标人的，中标无效。责令改正，可以处中标项目金额千分之五以上千分之十以下的罚款；对单位直接负责的主管人员和其他直接责任人员依法给予处分。

招标人与中标人不按照招标文件和中标人的投标文件订立合同的，或者招标人、中标人订立背离合同实质性内容的协议的，责令改正；可以处项目金额千分之五以上千分之十以下的罚款。

## (二)投标人的法律责任

投标人相互串通投标或者与招标人串通投标的，投标人以向招标人或者评标委员会成员行贿的手段谋取中标的，中标无效，处中标项目金额千分之五以上千分之十以下的罚款，对单位直接负责的主管人员和其他直接责任人员处单位罚款数额百分之五以上百分之十以下的罚款；有违法所得的，并处没收违法所得；情节严重的，取消其1年至2年内参加依法必须进行招标项目的投标资格并予以公告，直至由工商行政管理机关吊销营业执照；构成犯罪的，依法追究刑事责任。给他人造成损失的，依法承担赔偿责任。

投标人有下列行为之一的，属于上述规定的情节严重行为，由有关行政监督部门取消其1年至2年内参加依法必须进行招标的项目的投标资格：

(1)以行贿谋取中标；

(2)3年内2次以上串通投标；

(3)串通投标行为损害招标人、其他投标人或者国家、集体、公民的合法权益，造成直接经济损失在30万元以上；

(4)其他串通投标情节严重的行为。

投标人自上述(2)规定的处罚执行期限届满之日起3年内又有该款所列违法行为之一的，或者串通投标、以行贿谋取中标情节特别严重的，由工商行政管理机关吊销营业执照。

投标人以他人名义投标或者以其他方式弄虚作假，骗取中标的，中标无效，给招标人造成损失的，依法承担赔偿责任；构成犯罪的，依法追究刑事责任。

依法必须进行招标的项目的投标人有前款所列行为尚未构成犯罪的，处中标项目金额千分之五以上千分之十以下的罚款，对单位直接负责的主管人员和其他直接责任人员处单位罚款数额百分之五以上百分之十以下的罚款；有违法所得的，并处没收违法所得；情节严重的，取消其1年至3年内参加依法必须进行招标的项目的投标资格并予以公告，直至由工商行政管理机关吊销营业执照。

投标人有下列行为之一的，属于上述规定的情节严重行为，由有关行政监督部门取消其1年至3年内参加依法必须进行招标的项目的投标资格：

(1)伪造、变造资格、资质证书或者其他许可证件骗取中标；
(2)3年内两次以上使用他人名义投标；
(3)通过弄虚作假骗取中标，并给招标人造成直接经济损失在30万元以上；
(4)其他弄虚作假骗取中标情节严重的行为。

投标人自上述(2)规定的处罚执行期限届满之日起3年内又有该条所列违法行为之一的，或者弄虚作假骗取中标情节特别严重的，由工商行政管理机关吊销营业执照。

出让或者出租资格、资质证书供他人投标的，依照法律、行政法规的规定给予行政处罚；构成犯罪的，依法追究刑事责任。

### (三)其他相关参与人的责任

#### 1. 招标代理机构的法律责任

招标代理机构泄露应当保密的与招标投标活动有关的情况和资料的，或者与招标人、投标人串通损害国家利益、社会公共利益或者他人合法权益的，处5万元以上25万元以下的罚款，对单位直接负责的主管人员和其他直接责任人员处单位罚款数额百分之五以上百分之十以下的罚款；有违法所得的，并处没收违法所得；情节严重的，暂停直至取消招标代理资格；构成犯罪的，依法追究刑事责任。给他人造成损失的，依法承担赔偿责任。前款所列行为影响中标结果的，中标无效。

招标代理机构在所代理的招标项目中投标、代理投标或者向该项目投标人提供咨询的，接受委托编制标底的中介机构参与受托编制标底项目的投标或者为该项目的投标人编制投标文件、提供咨询的，依照《招标投标法》第50条的规定追究法律责任。

#### 2. 评标委员会成员的法律责任

评标委员会成员有下列行为之一的，由有关行政监督部门责令改正；情节严重的，禁止其在一定期限内参加依法必须进行招标的项目的评标；情节特别严重的，取消其担任评标委员会成员的资格。

(1)应当回避而不回避。
(2)擅离职守。
(3)不按招标文件规定的评标标准和方法评标。
(4)私底下接触投标人。
(5)向招标人征询确定中标人的意向或者接受任何单位或者个人明示或者暗示提出的倾向或者排斥特定投标人的要求。
(6)对依法应当否决的投标不提出否决意见。
(7)暗示或者诱导投标人作出澄清、说明或者接受投标人主动提出澄清、说明。

(8)其他不客观、不公正履行职务的行为。

评标委员会成员收受投标人的财物或者其他好处的,评标委员会成员或者参加评标的有关工作人员向他人透露对投标文件的评审和比较、中标候选人有推荐以及与评标有关的其他情况的,给予警告,没收收受的财物,可以并处3 000元以上5万元以下的罚款,对有所列违法行为的评标委员会成员取消担任评标委员会成员的资格,不得再参加任何依法必须进行招标的项目的评标;构成犯罪的,依法追究刑事责任。

### 3. 中标人的法律责任

(1)中标人将中标项目转让给他人的,将中标项目肢解后分别转让给他人的,违反《招标投标法》规定将中标项目的部分主体、关键性工作分包给他人的,或者分包人再次分包的,转让、分包无效,处转让、分包项目金额千分之五以上千分之十以下的罚款;有违法所得的,并处没收违法所得;可以责令停业整顿;情节严重的,由工商行政管理机关吊销营业执照。

(2)中标人不履行与招标人订立的合同的,履约保证金不予退还,给招标人造成的损失超过履约保证金数额的,还应当对超过部分予以赔偿;没有提交履约保证金的,应当对投标人的损失承担赔偿责任。

(3)中标人不按照与招标人订立的合同履行义务,情节严重的,取消其2年至5年内参加依法必须进行招标的项目的投标资格并予以公告,直至由工商行政管理机关吊销营业执照。

因不可抗力不能履行合同的,不适用前两款规定。

### 4. 有关行政监督部门的法律责任

有关行政监督部门不依法履行职责,对违反《招标投标法》和《招标投标法实施条例》的行为不依法查处,或者不按照规定处理投诉、不依法公告对投标当事人违法行为的行政处理决定的,对直接负责的主管人员和其他直接责任人员依法给予处分。

项目审批、核准部门和有关行政监督部门的工作人员徇私舞弊、滥用职权、玩忽职守,构成犯罪的,依法追究刑事责任。

### 5. 国家工作人员的法律责任

国家工作人员利用职务便利,以直接或者间接、明示或者暗示等任何方式非法干涉招标投标活动,有下列情形之一的,依法给予记过或者记大过处分;情节严重的,依法给予降级或者撤职处分;情节特别严重的,依法给予开除处分;构成犯罪的,依法追究刑事责任。

(1)要求对依法必须进行招标的项目不招标,或者要求对依法应当公开招标的项目不公开招标。

(2)要求评标委员会成员或者招标人以其指定的投标人作为中标候选人或者中标人,或者以其他方式非法干涉评标活动,影响中标结果。

(3)以其他方式非法干涉招标投标活动。

## 第三节　建设工程信用体系建设

建筑业企业应当按照有关规定,向资质许可机关提供真实、准确、完整的企业信用档案信息。企业的信用档案应当包括企业基本情况、业绩、工程质量和安全、合同履约等情况。被投诉举报和处理、行政处罚等情况应当作为不良行为记入其信用档案。企业的信用档案信息按照有关规定向社会公示。

## 一、建筑市场诚信行为信息的分类

按照《建筑市场诚信行为信息管理办法》的规定，建筑市场诚信行为信息分为良好行为记录和不良行为记录两大类。

### (一)良好行为记录

良好行为记录是指建筑市场各方主体在工程建设过程中严格遵守有关工程建设的法律、法规、规章或强制性标准，行为规范，诚信经营，自觉维护建设市场秩序，受到各级住房城乡建设主管部门和相关专业部门的奖励和表彰，所形成的良好行为记录。

### (二)不良行为记录

不良行为记录是指建筑市场各方主体在工程建设过程中违反有关工程建设的法律、法规、规章或强制性标准和执业行为规范，经县级以上住房城乡建设主管部门或其委托的执法监督机构查实和行政处罚，形成的不良行为记录。

## 二、建筑市场施工主体不良行为记录认定标准

《全国建筑市场各方主体不良行为记录认定标准》中，对涉及建筑市场最主要的责任主体，即建设单位、勘察、设计、施工、监理、工程检测、招标代理、造价咨询、施工图审查等单位的不良行为，制定了具体的认定标准。特别是强化了对社会反映强烈的建设单位行为的规范问题，突出了建设许可、市场准入、招标投标、发承包交易、质量管理、安全生产、拖欠工程款和农民工工资、治理商业贿赂等相关内容。另外，《注册建造师执业管理办法(试行)》中，对注册建造师的不良行为也制定了具体认定标准。

### (一)建设单位不良行为记录认定标准共分4大类51条

#### 1. 建设程序不良行为认定标准

(1)未取得资质等级证书或超越资质等级从事房地产开发经营的；

(2)在报送的可行性研究报告中，未将招标范围、招标方式、招标组织形式等有关招标内容报项目审批部门核准的，不按核准内容进行招标的；

(3)未取得建设工程规划许可证件或违反建设工程规划许可证件的规定进行建设的；

(4)建设项目必须实行工程监理而未实行工程监理的；

(5)未按照国家规定办理工程质量监督手续的；

(6)施工图设计文件未经审查或者审查不合格，擅自施工的；

(7)未取得施工许可证或者开工报告未经批准或者为规避办理施工许可证将工程项目分解后，擅自施工的，采用虚假证明文件骗取施工许可证的，伪造、涂改施工许可证的；

(8)在工程竣工验收合格之日起15日内未办理工程竣工验收备案的，将备案机关决定重新组织竣工验收的工程，在重新组织竣工验收前，擅自使用的，或采用虚假证明文件办理工程竣工验收备案的；

(9)建设工程竣工验收后，建设单位未按规定移交建设项目档案的。

#### 2. 招标发包不良行为记录认定标准

(1)必须进行招标的项目而不招标的，将必须进行招标的项目化整为零或者以其他任何方式规避招标的；

(2)不具备招标条件而进行招标的；

(3)不具备自行办理施工招标事宜条件而自行招标的;
(4)应当公开招标而不公开招标的,勘察、设计、货物擅自进行邀请招标或不招标的;
(5)未在指定的媒介发布招标公告的;
(6)自招标文件或资格预审文件出售之日起至停止出售之日止,少于5个工作日的;
(7)在发布招标公告、发出投标邀请书或者售出招标文件或资格预审文件后终止招标的;
(8)以不合理的条件限制或者排斥潜在投标人的,对潜在投标人实行歧视待遇的,强制要求投标人组成联合体共同投标的,或者限制投标人之间竞争的;
(9)资格预审或者评标标准和方法含有排斥投标人的内容,妨碍或者限制投标人之间竞争的;
(10)依法必须进行招标的项目向他人透露已获取招标文件的潜在投标人的名称、数量或者可能影响公平竞争的有关招标投标的其他情况的;
(11)依法必须进行招标的项目泄露标底的;
(12)依法必须招标的项目,自招标文件开始发出之日起至提交投标文件截止之日止,少于20天的;
(13)在提交投标文件截止时间后接收投标文件的;
(14)投标人数量不符合法定要求不重新招标的;
(15)评标委员会的组建及人员组成不符合法定要求的;
(16)未依法组建的评标专家库中抽取专家的;
(17)应当回避担任评标委员会成员的人参与评标的;
(18)使用招标文件没有确定的评标标准和方法的;
(19)在评标委员会依法推荐的中标候选人以外确定中标人的;
(20)依法必须进行招标的项目在所有投标被评标委员会否决后自行确定中标人的;
(21)依法必须进行招标的项目与投标人就投标价格、投标方案等实质性内容进行谈判的;
(22)不按规定期限确定中标人的;
(23)未向住房城乡建设主管部门提交施工招标投标情况书面报告的;
(24)中标通知书发出后改变中标结果的;
(25)与中标人未按照招标文件和中标人的投标文件订立合同的,订立背离合同实质性内容的其他协议的;
(26)擅自提高履约保证金或强制要求中标人垫资的;
(27)无正当理由没与中标人签订合同的;
(28)在签订合同时向中标人提出附加条件或者更改合同实质性内容的;
(29)在工程发包中索贿、受贿的;
(30)将工程发包给不具有相应资质等级的勘察、设计、施工单位或者委托给不具有相应资质等级的工程监理单位;
(31)将拆除工程发包给不具有相应资质等级的施工单位的;
(32)委托未取得相应资质的检测机构进行检测的;
(33)将建设工程肢解发包的。

### 3. 质量安全不良行为认定标准

(1)明示或暗示设计单位或施工单位违反工程强制性标准,降低建设工程质量的;
(2)明示或暗示施工单位使用不合格的建筑材料、建筑构配件和设备的;
(3)未按照建筑节能强制性标准委托设计,擅自修改节能设计文件,明示或暗示设计单位、施工单位违反建筑节能设计强制性标准,降低工程建设质量的;

(4)对勘察设计、施工、监理等单位提出不符合安全生产法律、法规和强制性标准规定的要求的，要求施工单位压缩合同约定的工期的；

(5)涉及建筑主体或者承重结构变动的装修工程，没有设计方案，擅自同意施工的；

(6)明示或暗示检测机构出具虚假检测报告，篡改或伪造检测报告的，弄虚作假送检试样的；

(7)建设单位未组织竣工验收，擅自交付使用的；验收不合格，擅自交付使用的；对不合格的建设工程按照合格工程验收；

(8)建设单位未提供或挪用建设工程安全作业环境及安全施工措施费用的。

### 4. 拖欠工程款不良行为认定标准

未按合同约定支付施工工程款及工程勘察、设计、监理、造价咨询、招标代理、检测试验等费用，或违规收取费用的。

### (二)施工单位不良行为记录认定标准共分5大类41条

#### 1. 资质不良行为认定标准

(1)未取得资质证书承揽工程的，或超越本单位资质等级承揽工程的；

(2)以欺骗手段取得资质证书承揽工程的；

(3)允许其他单位以本单位名义承揽工程的；

(4)未在规定期限内办理资质变更手续的；

(5)涂改、伪造、出借、转让建筑业企业资质证书的；

(6)按照国家规定需要持证上岗的技术工种的作业人员未经培训、考核，未取得证书上岗，情节严重的。

#### 2. 承揽业务不良行为认定标准

(1)利用向发包单位及其工作人员行贿、提供回扣或者给予其他好处等不正当手段承揽业务的；

(2)相互串通投标或与招标人串通投标的，以向招标人或评标委员会成员行贿的手段谋取中标的；

(3)以他人名义投标或以其他方式弄虚作假，骗取中标的；

(4)未按照与招标人订立的合同履行义务，情节严重的；

(5)将承包的工程转包或违法分包的。

#### 3. 工程质量不良行为认定标准

(1)在施工中偷工减料的，使用不合格建筑材料、建筑构配件和设备的，或者有未按照工程设计图纸或施工技术标准施工的其他行为的；

(2)未按照节能设计进行施工的；

(3)未对建筑材料、建筑构配件、设备和商品混凝土进行检验，或未对涉及结构安全的试块、试件，以及有关材料取样检测的；

(4)工程竣工验收后，未向建设单位出具质量保修书的，或质量保修的内容、期限违反规定的；

(5)未履行保修义务或者拖延履行保修义务的。

#### 4. 工程安全不良行为认定标准

(1)本单位发生重大安全生产事故时，主要负责人不立即组织抢救或在事故调查处理期间擅离职守或逃匿的，主要负责人对生产安全事故隐瞒不报、谎报或拖延不报的；

(2)对建筑安全事故隐患不采取措施予以消除的；

(3)未设立安全生产管理机构、配备专职安全生产管理人员或分部分项工程施工时无专业安全生产管理人员现场监督的；

(4)主要负责人、项目负责人、专职安全生产管理人员、作业人员或特种作业人员，未经安全教育培训或经考核不合格即从事相关工作的；

(5)未在施工现场的危险部位设置明显的安全警示标志，或未按照国家有关规定在施工现场设置消防通道、消防水源、配备消防设施和灭火器材的；

(6)未向作业人员提供安全防护用具和安全防护服装的；

(7)未按照规定在施工起重机械和整体提升脚手架、模板等自升式架设设施验收合格后登记的；

(8)使用国家明令淘汰、禁止使用的危及施工安全的工艺、设备、材料的；

(9)违法挪用列入建设工程概算的安全生产作业环境及安全施工措施所需费用的；

(10)施工前未对有关安全施工的技术要求作出详细说明的；

(11)未根据不同施工阶段和周围环境及季节、气候的变化，在施工现场采取相应的安全施工措施，或在城市市区内的建设工程的施工现场未实行封闭围挡的；

(12)在尚未竣工的建筑物内设置员工集体宿舍的；

(13)施工现场临时搭建的建筑物不符合安全使用要求的；

(14)未对因建设工程施工可能造成损害的毗邻建筑物、构筑物和地下管线等采取专项防护措施的；

(15)安全防护用具、机械设备、施工机具及配件在进入施工现场前未经查验或查验不合格即投入使用的；

(16)使用未经验收或验收不合格的施工起重机械和整体提升脚手架、模板等自升式架设设施的；

(17)委托不具有相应资质的单位承担施工现场安装、拆卸施工起重机械和整体提升脚手架、模板等自升式架设设施的；

(18)在施工组织设计中未编制安全技术措施、施工现场临时用电方案或专项施工方案的；

(19)主要负责人、项目负责人未履行安全生产管理职责的，或不服从管理、违反规章制度和操作规程冒险作业的；

(20)施工单位取得资质证书后，降低安全生产条件的，或经整改仍未达到与其资质等级相适应的安全生产条件的；

(21)取得安全生产许可证发生重大安全事故的；

(22)未取得安全生产许可证擅自进行生产的；

(23)安全生产许可证有效期满未办理延期手续，继续进行生产的，或逾期不办理延期手续，继续进行生产的；

(24)转让安全生产许可证的，接受转让的，冒用或使用伪造的安全生产许可证的。

**5. 拖欠工程款或工人工资不良行为认定标准**

恶意拖欠或克扣劳动者工资的。

## 三、建筑市场诚信行为的公布和奖惩机制

### (一)建筑市场诚信行为的公布

**1. 公布的时限**

《建筑市场诚信行为信息管理办法》规定，建筑市场不良行为记录信息的公布时间为行政

处罚决定做出后 7 日内，公布期限一般为 6 个月至 3 年；良好行为记录公布期限一般为 3 年。公布内容应与建筑市场监管信息系统中的企业、人员和项目管理数据库相结合，形成信用档案，内部长期保留。

省、自治区和直辖市住房城乡建设主管部门负责审查整改结果，对整改确有实施的，由企业提出申请，经批准，可缩短其不良行为记录信息公布期限，但公布期最短不得少于 3 个月，同时将整改结果列入相应不良行为记录后，供有关部门和社会公众查询；对于拒不整改或整改不力的单位，信息发布部门可延长其不良行为记录信息公布期限。

《招标投标违法行为记录公告暂行办法》规定，国务院有关行政主管部门和省级人民政府有关行政主管部门应自招标投标违法行为行政处理决定做出之日起 20 个工作日内对外进行记录公告。违法行为记录公告期限为 6 个月。依法限制招标投标当事人资质（资格）等方面的行政处理决定，所认定的限制期限长于 6 个月的，公告期限从其决定。

### 2. 公布的内容和范围

《建筑市场诚信行为信息管理办法》规定，属于《全国建筑市场各方主体不良行为记录认定标准》范围的不良行为记录除在当地发布外，还将由住房和城乡建设部统一在全国发布，公布期限与地方确定的公布期限相同。通过与工商、税务、纪检、监察、司法、银行等部门建立的信息共享机制，获取的有关建筑市场各方主体不良行为记录的信息，省、自治区、直辖市住房城乡建设主管部门也应在本地区统一公布。各地建筑市场综合监管信息系统，要逐步与全国建筑市场诚信信息平台实现网络互联、信息共享和实时发布。

《招标投标违法行为记录公告暂行办法》规定，对招标投标违法行为所作出的以下行政处理决定应给予公告：

(1) 警告；
(2) 罚款；
(3) 没收违法所得；
(4) 暂停或者取消招标代理资格；
(5) 取消在一定时期内参加依法必须进行招标的项目的投标资格；
(6) 取消担任评标委员会成员的资格；
(7) 暂停项目执行或追加已拨付资金；
(8) 暂停安排国家建设资金；
(9) 暂停建设项目的审查批准；
(10) 行政主管部门依法作出的其他行政处理决定。

公告部门可将招标投标违法行为行政处理决定书直接进行公告。

招标投标违法行为记录公告不得公开涉及国家秘密、商业秘密、个人隐私的记录。但是，经权利人同意公开或者行政机关认为不公开可能对公共利益造成重大影响的涉及商业秘密、个人隐私的违法行为记录，可以公开。

### (二) 建设市场诚信行为的奖惩机制

《建筑市场诚信行为信息管理办法》《关于加快推进建筑市场信用体系建设工作的意见》规定，应当依据国家有关法律、法规和规章，按照诚信激励和失信惩戒的原则，逐步建立诚信奖惩机制。在行政许可、市场准入、招标投标、资质管理、工程担保和保险、表彰评优等工作中，充分利用已公布的建筑市场各方主体的诚信行为信息，依法对守信行为给予激励，对失信行为进行惩处。

对于一般失信行为，要对相关单位和人员进行诚信法制教育，促使其知法、懂法、守法；对有严重失信行为的企业和人员，要会同有关部门，采取行政、经济、法律和社会舆论等综合惩治措施，对其依法公布、曝光或予以行政处罚、经济制裁；行为特别恶劣的，要坚决追究失信者的法律责任，提高失信成本，使失信者得不偿失。

《招标投标违法行为记录公告暂行办法》中规定，公告的招标投标违法行为记录应当作为招标代理机构资格认定，依法必须招标项目资质审查、招标代理机构选择、中标人推荐和确定、评标委员会成员确定和评标专家考核等活动的重要参考。

《建筑业企业资质管理规定》中规定，建筑业企业未按照本规定要求提供建筑业企业信用档案信息的，由县级以上地方人民政府住房城乡建设主管部门或者其他有关部门给予警告，责令限期改正；逾期未改正的，可处1 000元以上1万元以下的罚款。

### 四、建筑市场主体诚信评价的基本规定

《关于加快推进建筑市场信用体系建设工作的意见》中提出，同步推进政府对市场主体的守法诚信评价和社会中介信用机构开展的综合信用评价。

政府对市场主体的守法诚信评价是政府主导，以守法为基础，根据违法违规行为的行政处罚记录，对市场主体进行诚信评价。评价内容包括对市场主体违反各类行政法律规定强制义务的行政处罚记录，以及其他不良失信行为记录。评价标准内容以建筑市场有关的法律责任为主要依据，对社会关注的焦点、热点问题可有所侧重，如拖欠工程款和农民工工资、转包、违法分包、挂靠、招标投标弄虚作假、重大安全问题、违反法定基本建设程序等。

社会中介信用机构的综合信用评价是市场主导，以守法、守信（主要指经济信用，包括市场交易信用和合同履行信用）、守德（主要指道德、伦理信用）、综合实力（主要包括经营、资本、管理、技术等）为基础进行综合评价。

### 本章练习

**(一)选择题**

1. 《建筑法》规定，提倡对建筑工程实行( )，禁止将建筑工程肢解发包。
   A. 全过程发包　　　　　　　　B. 施工总承包
   C. 总承包　　　　　　　　　　D. 管理总承包
2. 承包商假借资质投标违反了《招投标法》中的( )原则。
   A. 公开　　　B. 公平　　　C. 公正　　　D. 诚实信用
3. 在招标活动的基本原则中，与投标人有利害关系的人员不得作为评标委员会的成员，体现了( )原则。
   A. 公开　　　B. 公平　　　C. 公正　　　D. 诚实信用
4. 投标人在( )前，可以补充、修改或者撤回已提交的投标文件，并书面通知招标人。
   A. 投递投标文件前　　　　　　B. 提交投标文件截止时间前
   C. 评标前　　　　　　　　　　D. 中标前
5. 下列选项中( )不是关于投标的禁止性规定。
   A. 投标人之间串通投标　　　　B. 投标人与招标人之间串通投标
   C. 招标者向投标者泄露标底　　D. 投标人以高于成本的报价竞标

6. 下列选项中( )不是投标人以非法手段骗取中标的表现。
   A. 借用其他企业的资质证书参加投标
   B. 投标时递交虚假业绩证明、资格文件
   C. 以行贿方式谋取中标
   D. 投标文件中故意在商务上和技术上采用模糊的语言骗取中标，中标后提供劣质货物、工程或服务
7. 建筑市场信用体系的建立，要按照诚信激励和失信惩戒的原则建立诚信奖惩机制，对失信行为特别恶劣的单位和个人，要( )。
   A. 进行诚信法制教育，促其执法、懂法、守法
   B. 予以行政处罚、经济制裁
   C. 坚决追究失信者的法律责任，提高失信成本，使失信者得不偿失
   D. 采用行政、经济、法律和社会舆论等综合措施公布、曝光

(二)简答题
1. 建设工程发包的方式有哪些？各适用于什么情况？
2. 简述建设工程承包的行为规范。
3. 什么是违法分包？什么是转包？
4. 简述强制招标的范围。
5. 简述投标文件的组成。
6. 简述评标委员会的组成。
7. 可以按废标处理的情况有哪些？
8. 简述建设工程招标人的法律责任。
9. 简述建设工程投标人的法律责任。

(三)案例分析题
某建设项目概算已经批准，项目已列入地方年度固定资产投资计划，并得到规划部门批准，根据有关规定采用公开招标，招标程序如下：

(1)向建设部门提出招标申请；

(2)得到批准后，编制招标文件，招标文件中规定外地区单位参加投标需垫付工程款，垫付比例可作为评标条件，本地区单位不需要垫付工程款；

(3)对申请投标单位发出投标邀请函(4家)；

(4)投标文件递交；

(5)由地方住房城乡建设主管部门指定有经验的专家与本单位人员共同组织评标委员会，为得到有关领导支持，各级领导占评标委员会的1/2；

(6)召开投标预备会，由地方政府领导主持会议；

(7)投标单位报送投标文件时，A单位在投标截止时间之前2小时，在原报方案的基础上，又补充了降价方案，被招标方拒绝；

(8)由地方住房城乡建设主管部门主持，公证处派人监督，召开开标会，会议上只宣读三家投标单位的报价(另一家投标单位退标)；

(9)由于未进行资格预审，故在评标过程中进行资格审查；

(10)评标后评标委员会将中标结果直接通知了中标单位；

(11)中标单位提出因主管领导生病等原因，2个月后再签订承包合同。

以上程序有哪些不妥？请改正。

# 第四章 建设工程合同法律制度

## 导 入

建设工程合同是承包人进行工程建设，发包人支付价款的合同。建设工程合同应当采用书面形式。国家重大建设工程合同，应当按照国家规定的程序和国家批准的投资计划、可行性研究报告等文件订立。建设工程的招标投标活动期，应当依据有关法律的规定公开、公平、公正地进行。建设工程实行监理的，发包人应当与监理人采用书面形式订立委托监理合同。

## 学习目标

**知识目标**：掌握《建设工程施工合同》（示范文本）的文件构成与内容；理解通用条款和专用条款的关系；理解《建设工程施工合同（示范文本）》的性质；掌握建设工程施工合同争议文本的解释顺序；掌握发承包双方的权利和义务；掌握合同争议解决的评审机制；掌握合同索赔的规定。

**技能目标**：熟练区分通用条款与专用条款的对应问题；熟练掌握合同争议评审小组的组建和职能行使问题；熟练掌握合同索赔的文件提交时限；能够根据示范文本并结合工程实际情况起草建设工程施工合同。

**素质目标**：通过对《建设工程施工合同》（示范文本）的学习，明确其属性，特别是对双方权利和义务的学习掌握，形成较为明确的权利义务关系的认识，形成积极履行义务的法律意识；对索赔事件的学习和掌握，促进形成明确的时间观念。

## 第一节 建设工程施工合同的法定形式和内容

### 一、合同的法律特征

1999年10月颁布的《中华人民共和国合同法》（以下简称《合同法》）规定，合同是平等主体的自然人、法人、其他组织之间设立、变更、终止民事权利、义务关系的协议。合同具有的法律特征如下：

(1) 合同是一种法律行为。

(2) 合同的当事人法律地位一律平等，双方自愿协商，任何一方不得将自己的观点、主张强加给另一方。

(3) 合同的目的性在于设立、变更、终止民事权利义务关系。

(4)合同的成立必须有两个以上当事人；两个以上当事人不仅作出意思表示，而且意思表示是一致的。

## ■ 二、合同的订立原则

合同的订立，应当遵循平等原则、自愿原则、公平原则、诚实信用原则、合法原则等。

### (一)平等原则

《合同法》规定，合同当事人的法律地位平等，不得将自己的意志强加给另一方。平等原则包括以下三方面的内容：

(1)合同当事人的法律地位一律平等。无论所有制性质、单位大小和经济实力强弱，其法律地位都是平等的。

(2)合同中的权利义务对等。享有权利的同时就应当承担义务，而且彼此的权利、义务是对等的。

(3)合同当事人必须就合同条款充分协商，在互利互惠的基础上取得一致，合同方能成立。任何一方都不得将自己的意志强加给另一方，更不以强迫命令、胁迫等手段签订合同。

### (二)自愿原则

《合同法》规定，当事人依法享有自愿订立合同的权利，任何单位和个人不得非法干涉。

自愿原则体现了民事活动的基本特征，是民事法律关系区别于行政法律关系、刑事法律关系的特有原则。自愿原则贯穿于合同活动的全过程，包括订不订立合同自愿，与谁订立合同自愿，合同内容由当事人在不违法的情况下自愿约定，在合同履行过程中当事人可以协议补充、协议变更有关内容，双方也可以协议解除合同，可以约定违约责任，以及自愿选择解决争议的方式。总之，只要不违背法律、行政法规强制性的规定，合同当事人有权自愿决定，任何单位和个人不得非法干涉。

### (三)公平原则

《合同法》规定，当事人应当遵循公平原则确定各方的权利和义务。公平原则主要包括以下几项：

(1)订立合同时，要根据公平原则确定双方的权利和义务，不得欺诈，不得假借订立合同之名恶意进行磋商；

(2)根据公平原则确定风险的合理分配；

(3)根据公平原则确定违约责任。公平原则作为合同当事人的行为准则，可以防止当事人滥用权利，保护当事人的合法权利。

### (四)诚实信用原则

《合同法》规定，当事人行使权利、履行义务应当遵循诚实信用原则。诚实信用原则主要包括以下几项：

(1)订立合同时，不得有欺诈或其他违背诚实信用的行为；

(2)履行合同义务时，当事人应当根据合同的性质、目的和交易习惯，履行及时通知、协助、提供必要条件、防止损失扩大、保密等义务；

(3)合同终止后，当事人应当根据交易习惯，履行通知、协助、保密等义务，也称为后契约义务。

### (五)合法原则

《合同法》规定，当事人订立、履行合同，应当遵守法律、行政法规，尊重社会公德，不得扰乱社会经济秩序，损害社会公共利益。一般来说，合同的订立和履行，属于合同当事人之间的民事权利义务关系，只要当事人的意思不与法律规范、社会公共利益和社会公德相抵触，即承认合同的法律效力。但是，合同绝不仅仅是当事人之间的问题，有时可能会涉及社会公共利益、社会公德和经济秩序的行为，国家应当予以干预。但这种干预要依法进行，由法律、行政法规作出规定。

### ■ 三、合同的分类

合同的分类是指按照一定的标准，将合同划分成不同的类型。合同的分类，有利于当事人找到能达到自己交易目的的合同类型，订立符合自己愿望的合同条款，便于合同的履行，也有助于司法机关在处理合同纠纷时准确地适用法律，正确处理合同纠纷。

#### (一)有名合同与无名合同

根据法律是否明文规定了一定合同的名称，可以将合同分为有名合同与无名合同。

(1)有名合同。有名合同是指法律上已经确定了一定的名称及具体规则的合同。《合同法》中所规定的15类合同，都属于有名合同，如建设工程合同等。

(2)无名合同。无名合同是指法律上尚未确定一定的名称与规则的合同。合同当事人可以自由决定合同的内容，即使当事人订立的合同不属于有名合同的范围，只要不违背法律的禁止性规定和社会公共利益，仍然是有效的。

有名合同与无名合同的区分意义，主要在于两者适用的法律规则不同。对于有名合同，直接适用《合同法》的相关规定，如建设工程合同直接适用《合同法》第16章的规定。对于无名合同，《合同法》规定："本法分则或其他法律没有明确规定的合同，适用本法总则的规定，并可以参照本法分则或其他法律最相类似的规定。"因此，无名合同首先应当适用《合同法》的一般规则，然后可比照最相类似的有名合同的规则，确定合同效力、当事人权利义务等。

#### (二)双务合同与单务合同

根据合同当事人是否互相负有给付义务，可以将合同分为双务合同和单务合同。

(1)双务合同。双务合同是指当事人双方互负对待给付义务的合同，即双方当事人互享债权、互负债务，一方的合同权利正好是对方的合同义务，彼此形成对价关系。例如，建设工程施工合同中，承包人有获得工程价款的权利，而发包人则有按约支付工程价款的义务。大部分合同都是双务合同。

(2)单务合同。单务合同是指合同当事人中仅有一方负担义务，而另一方只享有合同权利的合同。例如，在赠与合同中，受赠人享有接受赠与物的权利，但不负担任何义务。无偿委托合同、无偿保管合同均属于单务合同。

#### (三)诺成合同与实践合同

根据合同的成立是否需要交付标的物，可以将合同分为诺成合同和实践合同。

(1)诺成合同。诺成合同是指当事人双方意思表示一致就可以成立的合同。大多数的合同都属于诺成合同，如建设工程合同、买卖合同、租赁合同等。

(2)实践合同。实践合同是指除当事人双方意思表示一致外，须交付标的物才能成立的合同，如保管合同。

#### (四)要式合同与不要式合同

根据法律对合同的形式是否有特定要求，可以将合同分为要式合同与不要式合同。要式合同,是指根据法律规定必须采取特定形式的合同。如《合同法》规定,建设工程合同应当采用书面形式。不要式合同是指当事人订立的合同依法并不需要采取特定的形式,当事人可以采取口头方式,也可以采取书面形式或其他形式。

要式合同与不要式合同的区别,实际上是一个关于合同成立与生效的条件问题。如果法律规定某种合同必须经过批准或登记才能生效,则合同未经批准或登记便不生效;如果法律规定某种合同必须采用书面形式才成立,则当事人未采用书面形式时合同便不成立。

### (五)有偿合同与无偿合同

根据合同当事人之间的权利义务是否存在对价关系,可以将合同分为有偿合同与无偿合同。

(1)有偿合同。有偿合同是指一方通过履行合同义务而给对方某种利益,对方要得到该利益必须支付相应代价的合同,如建设工程合同等。

(2)无偿合同。无偿合同是指一方给付对方某种利益,对方取得该利益时并不支付任何代价的合同,如赠与合同等。

### (六)主合同与从合同

根据合同相互间的主从关系,可以将合同分为主合同与从合同。

#### 1. 从合同的特点

从合同的主要特点在于其从属性,从合同不能独立存在,必须以主合同的存在并生效为前提。这种从属性主要表现如下:

(1)成立的从属性:从合同的成立以主合同的成立为前提。

(2)消灭的从属性:主合同消灭,从合同当然消灭。

(3)处分的从属性:当事人对主合同的处分,如无特别规定其效力于从合同。

#### 2. 主、从合同的效力关系

由于从合同要依赖主合同的存在而存在,所以从合同又被称为"附属合同"。从合同的主要特点在于其附属性,从合同不能独立存在,必须以主合同的存在并生效为前提。主合同不能成立,从合同就不能有效成立;主合同转让,从合同也不能单独存在;主合同被宣告无效或被撤销,从合同也将失去效力;主合同终止,从合同也随之终止。主、从合同是相对而言的,没有主合同就没有从合同,没有从合同,也就无所谓主合同。尽管主合同的存在并生效将直接影响到从合同的成立及效力,但从合同不成立或失效,一般并不影响到主合同的效力。

## ■ 四、建设工程合同

《合同法》规定,建设工程合同是承包人进行工程建设,发包人支付价款的合同。建设工程合同实质上是一种特殊的承揽合同。《合同法》第 16 章"建设工程合同"中规定,"本章没有规定的,适用承揽合同的有关规定。"建设工程合同可分为建设工程勘察合同、建设工程设计合同、建设工程施工合同。建设工程施工合同是建设工程合同中的重要部分,是指施工人(承包人)根据发包人的委托,完成建设工程项目的施工作业,发包人接受工作成果并支付报酬的合同。施工合同的内容包括工程范围、建设工期、中间交工工程的开工和竣工时间、工程质量、工程造价、技术资料交付时间、材料和设备供应责任、拨款和结算、竣工验收、质量保修范围和质量保证期、双方相互协作等条款。

## 第二节 建设工程施工合同订立与合同成立

### 一、建设工程合同订立形式

通常，合同按照其订立形式不同可分为口头合同、书面合同以及采用其他方式订立合同。

#### 1. 口头合同

口头形式的合同是指当事人以直接对话的方式或者通过通信设备如电话交谈订立合同。它广泛应用于社会生活的各个领域，与人们的衣食住行密切相关，如在自由市场买菜、在商店买衣服等。这也是现代合同法之所以对合同形式实行不要式为主的原则，其重要原因也正在于此。合同的口头形式，无须当事人约定。凡当事人无约定或法律未规定特定形式的合同，均可以采取口头形式。合同采取口头形式的优点是简便快捷，缺点在于发生纠纷时取证困难。所以，对于可以即时清结、关系比较简单的合同，适于采用这种形式。对于不能即时清结的合同以及较为复杂、重要的合同则不宜采用这种合同形式。

#### 2. 书面合同

根据《合同法》第11条的规定，合同采取书面形式，是指以合同书、信件以及数据电文（包括电报、电传、传真、电子数据交换和电子邮件）等可以有形地表现所载内容的形式。建设工程合同一般具有合同标的额大、合同内容复杂、履行期较长等特点，为慎重起见，更应当采用书面形式。《合同法》第270条明确规定，建设工程合同应当采用书面形式。在实践中，较大工程项目一般都采用合同书的形式订立合同。通过合同书，写明当事人名称、地址，工程的名称和工程范围，明确履行内容、方式、期限、违约责任以及承包方式等。勘察、设计合同，还应当明确提交勘察或者设计基础资料、设计文件（包括概预算）的期限，设计的质量要求、勘察或者设计费用以及其他协作条件等内容。施工合同，还应当明确工程范围、建设工期、中间交工工程的开工和竣工时间、工程质量、工程造价、技术资料交付时间、材料和设备供应责任、拨款和结算、竣工验收、工程质量保修范围和质量保证期、双方互相协作等内容。当事人也可以参照示范文本订立建设工程合同。

#### 3. 采用其他方式订立合同

《合同法》第10条第1款借鉴吸收了国外等大多数国家的做法，承认合同形式除书面和口头以外，还存在"其他形式"，主要指行为形式，即当事人并不直接用口头或者书面形式进行意思表示，而是通过实施某种作为或者不作为的行为方式进行意思表示。前者是明示意思表示的一种，如顾客到自选商场购买商品，直接到货架上拿取商品，支付价款后合同即成立，无须以口头或书面形式确立双方的合同关系。后者是默示意思表示方式，如存在长期供货业务关系的企业之间，一方当事人在收到与其素有业务往来的相对方发出的订货单或提供的货物时，如不及时向对方表示拒绝接受，则推定为同意接受。但不作为的意思表示只有在有法定或约定、存在交易习惯的情况下，才可视为同意的意思表示。《合同法》承认合同的"其他形式"，与我国经济的发展、交易形态的日益多样化是相符合的。如果仅仅拘泥于书面合同和口头合同，将使一些交易变得过于烦琐，不利于鼓励交易。

## 二、建设工程合同订立程序

合同成立需具备的条件包括：存在两方以上的订约当事人；订约当事人对合同主要条款达成一致意见。

合同的成立一般要经过要约和承诺两个阶段。《合同法》规定，当事人订立合同，采取要约、承诺方式。

### (一)要约

《合同法》规定，要约是希望和他人订立合同的意思表示。

发出要约的人称为要约人，接受要约的人称为受要约人。在国际贸易实务中，也称为发盘、发价、报价。要约是订立合同的必经阶段，不经过要约这个过程，合同是无法成立的。

#### 1. 要约的构成要件

要约是希望和他人订立合同的意思表示，意思表示应当符合下列规定：

(1)内容具体明确。所谓具体，是指要约的内容须具有足以使合同成立的主要条款。如果没有包含合同的主要条款，受要约人难以作出承诺，即使作出了承诺，也会因为双方的这种合意不具备合同的主要条款而使合同不能成立。所谓明确，是指要约的内容必须清晰明了，不能含糊不清，否则无法承诺。

(2)表明经受要约人承诺，要约人即受该意思表示约束。要约须具有订立合同的意图，要约作为表达希望与他人订立合同的一种意思表达，其内容已经包含了可以得到履行的合同成立所需要具备的基本条件。

#### 2. 要约邀请

《合同法》规定，要约邀请是希望他人向自己发出要约的意思表示。寄送的价目表、拍卖公告、招标公告、招股说明书、商业广告等为要约邀请。

要约邀请可以是向特定人发出，也可以是向不特定的人发出。要约邀请只是邀请他人向自己发出要约，如果自己承诺才成立合同。因此，要约邀请处于合同的准备阶段，没有法律约束力。

在建设工程招标投标活动中，招标文件是要约邀请，对招标人不具有法律约束力；投标文件是要约，应受自己作出的与他人订立合同的意思表示的约束。

#### 3. 要约生效

要约到达受约人时生效。采用数据电文形式订立合同，收件人指定特定系统接收数据电文的，该数据电文进入该特定系统的时间，视为到达时间；未指定特定系统的，该数据电文进入收件人的任何系统的首次时间，视为到达时间。

#### 4. 要约撤回与要约撤销

(1)要约撤回。要约撤回是指要约在发生法律效力之前，要约人欲使其不发生法律效力而采取的取消要约的意思表示。要约的约束力一般是在要约生效之后才发生，要约未生效之前，要约人是可以撤回要约的。

(2)要约撤销。要约撤销是指要约在发生法律效力之后，要约人欲使其丧失法律效力而取消该项要约的意思表示。要约虽然生效后对要约人有约束力，但特殊情况下，考虑要约人的利益，在不损害受要约人的前提下，要约是应该被允许撤销的。

但是，有下列情况之一的，要约不得撤销：

1)要约人确定了承诺期限或者以其他形式明示要约不可撤销。

2)受要约人有理由认为要约是不可撤销的,并已经为履行合同做了准备工作。

**5. 要约失效**

有下列情形之一的,要约失效:

(1)拒绝要约的通知到达要约人。

(2)要约人依法撤销要约。

(3)承诺期限届满,受要约人未作出承诺。

(4)受要约人对要约的内容做出实质性变更。

### (二)承诺

**1. 承诺的概念**

承诺是指合同当事人一方对另一方发来的要约,在要约有效期限内,做出完全同意要约条款的意思表示。承诺是受要约人同意要约的意思表示。

承诺也是一种法律行为。承诺必须是要约的相对人在要约有效期限内以明示的方式做出,并送达要约人;承诺必须是承诺人做出同意要约的条款,方为有效。如果受要约人对要约中的必要性条款提出修改、补充部分同意,附有条件或者另行提出新的条件,以及迟到送达的承诺,都不被视为有效的承诺,而被称为新要约。

**2. 承诺的构成要件**

(1)承诺必须由受要约人向要约人做出。非受要约人向要约人做出的意思表示不属于承诺,而是一种要约。

(2)承诺的内容应当与要约的内容一致。承诺是受要约人愿意接受要约内容与要约人订立合同的意思表示。因此,承诺是对要约的实质性同意,也即对要约的无条件的接受。

(3)承诺人必须在要约有效期限内做出承诺。受要约人超过承诺期限发出的承诺,除要约人及时通知受要约人该承诺有效的以外,为新要约。

(4)承诺的方式、期限和生效。

1)承诺的方式。承诺应当以通知的方式做出,但根据交易习惯或者要约表明可以通过行为做出承诺的除外。

"通知"的方式,是指承诺人以口头形式或书面形式明确告知要约人完全接受要约内容做出的意思表示。行为的方式,是指承诺人依照交易习惯或者要约的条款能够为要约人确认承诺人接受要约内容做出的意思表示。

2)承诺期限。承诺应当在要约确定的期限内到达要约人。要约没有确定承诺期限的,承诺应当依照下列规定到达:

①要约以对话方式做出的,应当即时做出承诺,但当事人另有约定的除外。

②要约以非对话方式做出的,承诺应当在合理期限到达。

3)承诺生效。承诺生效时合同成立。承诺生效与合同成立是密不可分的法律事实。承诺生效,是指承诺发生法律效力,也即承诺对承诺人和要约人产生法律约束力。承诺人做出有效的承诺,在事实上合同已经成立,已经成立的合同对合同当事人双方具有约束力。

(5)承诺撤回、超期和延误。

1)承诺撤回。承诺可以撤回,撤回承诺的通知应当在承诺通知到达要约人之前或者与承诺通知同时到达要约人。

承诺的撤回,是指承诺人主观上欲阻止或消灭承诺发生法律效力的意思表示。承诺可以撤回,但不能因承诺的撤回而损害要约人的利益。因此,承诺的撤回是有条件的,即撤回承诺的通知应当在承诺生效之前或者与承诺通知同时到达要约人。

2)迟发的承诺。受要约人超过承诺期限发出承诺的,除要约人及时通知受要约人该承诺有效的外,为新要约。迟发的承诺是指受要约人主观上超过承诺期而发出的承诺。迟发的承诺,失效为原则,生效为例外。

3)迟到的承诺。受要约人在承诺期限内发出承诺,按照通常情形能够及时到达要约人,但因其他原因承诺到达要约人时超过承诺期限的,除要约人及时通知受要约人因承诺超过期限不接受该承诺的外,该承诺有效。迟到的承诺是指承诺人发出承诺后,由于外界原因而延误到达。迟到的承诺,生效为原则,失效为例外。

## 第三节 建设工程合同订立内容

### 一、合同的一般条款

合同的一般条款,即合同的内容,是指由合同当事人约定的合同条款。合同的内容由当事人约定,一般包括以下条款:

(1)当事人的名称(或姓名)和住所。当事人的名称(或姓名)是指法人和其他组织的名称,或者自然人的姓名;住所是指其主要办事机构所在地。

(2)标的。标的是指合同当事人双方权利和义务共同指向的对象,即合同法律关系的客体。标的可以是货物、劳务、工程项目或货币等。依据合同种类的不同,合同的标的也各有不同。

(3)数量。数量是标的的计算尺度,它把标的定量化,以便确立合同当事人之间的权利和义务的量化指标,从而计算价款或报酬。签订合同时,应当使用国家法定计量单位,做到计量标准化、规范化。如果计量单位不统一,不仅会降低工作效率,也会因发生误解而引起纠纷。

(4)质量。质量是标的物内在的特殊物质属性和一定的社会属性的总和,是标的物性质差异的具体特征。其是标的物价值和使用价值的集中表现,并决定着标的物的经济效益和社会效益,还直接关系到生产的安全和人身的健康等。因此,当事人签订合同时,必须对标的物的质量做出明确的规定。标的物的质量,有国家标准的按国家标准签订,没有国家标准,而有行业标准的按行业标准签订,或者有地方标准的按地方标准签订。如果标的物是没有上述标准的新产品时,可按企业新产品鉴定的标准(如产品说明书、合格证载明的),写明相应的质量标准。国家鼓励企业采用国际质量标准。

(5)价款或者报酬。

1)价款。价款通常是指当事人一方为取得对方出让的标的物,而支付给对方一定数额的货币。

2)报酬。报酬通常是指当事人一方为对方提供劳务、服务等,从而向对方收取一定数额的货币报酬。

在建立社会主义市场经济过程中,当事人签订合同时,应当公平诚信;应接受有关部门的监督,不得违反有关规定,扰乱社会经济秩序。

(6)履行期限、地点和方式。

1)履行期限。履行期限是指当事人交付标的和支付价款或报酬的时间,也就是依据合同的约定,权利人要求义务人履行义务的请求权发生的时间。合同的履行期限,是一项重要条款,当事人必须写明具体的履行起止时间，避免因履行期限不明确而产生纠纷。倘若合同当事人在合同中没有约定履行期限，只能按照有关规定处理。

2）履行地点。履行地点是指当事人交付标的和支付价款或报酬的地点。它包括标的交付、提取地点，服务、劳务或工程项目建设的地点，价款或报酬结算的地点等。合同履行地也是一项重要条款。它不仅关系到当事人实现权利和承担义务的发生地，还关系到人民法院受理合同纠纷案件的管辖地问题。因此，合同当事人双方签订合同时，必须将履行地点写明确，并且要写得具体、准确，以免发生差错而引起纠纷。

3）履行方式。履行方式是指合同当事人双方约定以哪种方式转移标的物和结算价款。履行方式应视所签订合同的类别而定。例如，买卖货物、提供服务、完成工作合同，其履行方式均有所不同。另外，在某些合同中还应写明运输、包装、结算方式等，以利于合同的完全履行。

（7）违约责任。违约责任是指合同当事人约定一方或双方不履行或不完全履行合同义务时，必须承担的法律责任。违约责任包括支付违约金、偿付赔偿金以及发生意外事故的处理等其他责任。法律有规定责任范围的按规定处理；法律没有规定责任范围的，由当事人双方协商议定办理。

（8）争议解决的方式。争议解决的方式是指合同当事人约定在合同产生争议时，采取何种方式解决争议。我国解决合同争议采取"或裁或审"制度，选择何种方式应在合同中加以约定。特别是仲裁方式，若没有约定，双方产生争议后又没有达成仲裁协议，只能通过诉讼方式解决争议。

## ■ 二、缔约过失责任

（1）缔约过失责任。缔约过失责任是指当事人在订立合同过程中，因一方或者多方的过失行为，致使预期的合同不成立，被确认无效或者被撤销，从而导致另一方当事人信赖利益损失时，有权要求相对人承担相应民事责任，赔偿基于此项信赖而发生的实际损失，所应承担的民事责任。缔约过失责任不同于违约责任。

（2）缔约过失责任的构成要件。

1）缔约过失责任发生在合同订立过程中。缔约过失行为的出现，是发生在当事人之间洽商合同订立的过程中，也即双方做出订立合同的意思表示，但是合同尚未成立。这是缔约过失责任与违约责任在时间上的区别。

2）缔约当事人一方主观上有过错行为。当事人的过错行为，包括主观上的故意行为、过失行为而引发合同不成立。

3）缔约人另一方受到实际损失。实际损失是构成缔约过失责任的前提条件，也即缔约人一方基于对另一方的信赖，能够订立有效的合同，却因对方的过错行为，致使合同不能成立而造成损失，有权依法得到保护，而追究对方的缔约过失责任。违约责任不需要实际损失，有违约行为就应当承担责任。

4）缔约当事人一方有过错行为与另一方当事人的损失之间存在因果关系。缔约过程中，当事人一方的过错行为与当事人另一方的损失之间在客观上有因果关系，是承担法律责任的前提条件之一。缔约过失责任人承担其行为造成相对人实际损失的法律责任，不属于合同中的违约责任，而是因其订约中的过错行为违反了法定的合同义务形成的因果关系。

（3）缔约过失责任的法律规定。当事人在订立合同过程中有下列情形之一的，给对方造成损失的，应当承担损害赔偿责任：

1）假借订立合同，恶意进行磋商。

2）故意隐瞒与订立合同有关的重要事实或者提供虚假情况。
3）有其他违背诚实信用原则的行为。
当事人在订立合同过程中知悉的商业秘密无论合同是否成立，不得泄露或者不正当地使用，泄露或者不正当地使用该商业秘密给对方造成损失的，应当承担损害赔偿责任。

### 三、格式合同（条款）

#### 1. 格式合同的概念

格式合同又称标准合同，是指由一方当事人为重复使用而预先拟定，并于缔约时未与对方协商的合同。如果当事人事先拟定只是合同中的部分条款，该类条款即称为格式条款，与该合同中的非格式条款相对应。

格式合同（条款）的出现，对社会经济交易具有极大的促进作用，但其本身又是一把双刃剑，它使相对方失去了选择合同条款的自由。更重要的是，其提供者往往利用优势地位，于拟定格式条款时加入有利于自己，不利于相对人的不公平、不合理的条款，因此法律对此有特别限制。

#### 2. 对格式合同的重要规定

提请注意和说明义务：采用格式条款订立合同的，提供格式条款的一方应当遵循公平原则确定当事人之间的权利和义务，并采取合理的方式提请对方注意免除或者限制其责任的条款，按照对方的要求，对该条款予以说明。

格式条款是当事人为了重复使用而预先拟定，并在订立合同时未与对方协商的条款。

格式条款的无效情形。《合同法》规定，格式条款具有本法第52条和第53条规定情形的（无效合同情形或无效条款情形），或者提供格式条款一方免除其责任、加重对方责任、排除对方主要权利的，该条款无效。

#### 3. 格式条款的解释

对格式条款的理解发生争议的，应当按照通常理解予以解释。对格式条款有两种以上解释的，应当做出不利于提供格式条款一方的解释。格式条款和非格式条款不一致的，应当采用非格式条款。

经营者不得以格式合同、通知、声明、店堂告示等方式，做出对消费者不公平、不合理的规定，或者减轻、免除其损害消费者合法权益应当承担的民事责任。

## 第四节 建设工程合同效力的认定

### 一、建设工程合同生效的条件

#### （一）合同生效的含义

合同生效是指合同当事人依据法律规定经协商一致，取得合意，双方订立的合同即发生法律效力。

在订立合同的过程中，当事人应正确理解合同成立和合同生效的关系。合同成立和合同生效是有效合同的有机结合的两个方面，前者是后者的前提，后者是前者的结果；同时合同成立和合同生效又是两个相对独立的概念。两者的区别主要表现在以下四个方面：

(1)合同成立是解决合同是否存在的问题,而合同生效是解决合同效力的问题。

(2)合同成立以后,当事人不得对自己的要约与承诺任意撤回,而合同生效后当事人必须按照合同的约定履行合同,否则应承担违约责任。

(3)合同不成立的后果仅仅表现为当事人之间产生的民事赔偿责任,一般为缔约过失责任。而合同无效的后果除承担民事责任外,还可能承担行政甚至刑事责任。

(4)合同不成立,仅涉及合同当事人之间的合同问题,当未形成合同时,不会引起国家行政干预;而对于合同无效问题,如果属于合同违法时,即使当事人不作出合同无效的主张,国家行政也会进行干预。

### (二)建设工程合同生效的条件

《合同法》第44条规定:"依法成立的合同,自成立时生效。法律、行政法规规定应当办理批准、登记等手续生效的,依照其规定。"此规定实质上包含了合同生效的要求,即合同必须依法成立才能发生法律效力。根据有关法律的基本原理和建设行业的有关规定,建设工程合同生效的条件应当包括以下几项:

(1)当事人不仅具有民事行为能力,而且还必须具有与签订建设工程合同相适应的缔约能力。建设工程合同的发包人,可以是法人、其他经济组织和进行住宅建造的公民个人。但作为承包人的资格,除持证上岗的个体工匠依法可承揽二层以下简易建设的施工任务外,任何公民个人不得成为建设工程合同的承包方;承揽建设工程任务的企业法人和其他经济组织必须具有与从事勘察、设计、建造和安装活动相适应的资格。这里所称的资格,是指经住房城乡建设主管部门审查所核定的具有从事相应建设活动的资质等级。

(2)合同当事人真实意思表示一致。合同当事人即发包人和承包人,共同的真实意思表示一致是建设工程合同的核心条件。意思表示真实是指意思表示的行为人的表示行为应当真实反映其内心的效果意思。意思表示不真实,即意思与表示不一致,可分为故意的意思与表示不一致、非故意的意思和表示不一致和不自由的意思表示不一致三种情况。

1)故意的意思表示不一致。对于故意的意思表示不一致,如果构成欺诈,并损害了国家利益,属于合同法定无效的范畴。

2)非故意的意思表示不一致。对于非故意的意思表示不一致的情形,如果具备了"重大误解"的条件,则属于《民法通则》第59条和《合同法》第54条规定的可变更或者可撤销的合同。

3)不自由的意思表示不一致。对于不自由的意思和表示不一致,可分为受欺诈和受胁迫所为的意思表示,则根据《民法通则》第58条和《合同法》第52条的规定,这两种行为如果损害了国家利益,均构成合同无效的法定原因,否则构成合同可撤销的原因。

需要指出的是,《合同法》和《民法通则》有一个明显的区别是把《民法通则》第58条规定的"一方以欺诈、胁迫的手段"订立合同的行为可分为两种情形来处理,即如果是损害了国家利益,属当然无效;如果损害的是合同相对人的利益,则根据《合同法》第54条规定相对方可以要求变更或撤销,而不再一律认定无效,这不仅尊重了合同当事人的意愿,保护了当事人的利益,鼓励了交易行为,而且还减少了因合同无效而给社会带来的损失。

(3)不违反法律和社会公共利益。如果合同一旦被认定为违反法律规定,则完全无效。不违反社会公共利益实际上是不违反法律的延伸和补充。

(4)不违反建设工程的基本建设程序。例如,可行性研究报告被批准是签订勘察、设计合同的基本依据;而对建设、安装承包合同,还必须经过报建、施工招标投标程序才能签订。

## 二、可撤销和无效建设工程合同

### (一)可撤销的建设工程合同

可撤销的建设工程合同是指虽然已经成立,但违反合同生效条件,经一方当事人要求,由法院或者仲裁机构确认后予以撤销的建设工程合同。此类合同的特征是,在合同关系中处于不利地位的当事人的意思表示不真实;一经当事人请求法院或仲裁机构予以撤销后,即归于无效并且自始无效;如果享有请求权的当事人不请求撤销的,人民法院或仲裁机构不主动予以撤销,当事人可以继续履行。根据《合同法》第54条的规定,建设工程合同可被依法申请撤销的原因主要是基于重大误解和显失公平。一方以欺诈、胁迫的手段或者乘人之危,使对方在违背真实意思的情况下订立的合同,受损害方有权请求人民法院或者仲裁机构变更或者撤销。

(1)重大误解。重大误解是指合同当事人一方由于自身的过错而产生对合同内容的重大错误认识。在重大误解的情形下,行为人的意思表示严重不真实,其合同权利义务也会因此而遭受严重不利影响。法律基于保护有重大误解一方当事人的利益出发,赋予其申请变更或撤销合同的权利。

重大误解的要点在于,当事人的误解是对合同内容在认识上的错误,而且该错误通常也表现为表达上的错误。司法实践通常未将认识上的错误与表达上的错误加以区分。根据最高人民法院《关于贯彻执行〈中华人民共和国民法通则〉若干问题的意见(试行)》(以下简称《意见(试行)》)第71条的规定:"行为人因对行为的性质、对方当事人、标的物的品种、质量、规格和数量等的错误认识,使行为的后果与自己的意思相悖,并造成较大损失的,可以认定为重大误解。"

(2)显失公平。显失公平,是指合同当事人合同权利与义务的严重不对等。法律赋予处于不利地位的一方当事人申请变更或撤销合同的权利,原因即在于在显失公平的状态下,双方当事人的权利义务极不对等,明显违反了公平、等价有偿的基本原则,已超出了法律所允许的限度。根据最高人民法院上述《意见(试行)》72条的规定:"一方当事人利用优势或者利用对方没有经验,致使对方的权利与义务显失公平、等价有偿原则的,可以认定为显失公平。"

显失公平的建设工程合同并不鲜见。发包方往往利用自身在建设市场中的优势地位,在合同工期、工程质量等级等方面对承包方提出十分严格的要求,但又在工程价款的问题上处处压价,如要求承包商降低取费费率、让利等。承包商通常因为面对激烈的市场竞争和自身生存与发展的困境而不得不就范。因此,承包方在必要时应当以显失公平为由,请求人民法院或仲裁机构对相应的合同条款予以变更,以维护自身的合法权益。

(3)欺诈、胁迫或者乘人之危。所谓欺诈,是指一方当事人故意编造某种事实或实施某种欺骗行为,以诱使对方当事人相信并错误与其签订合同。最高人民法院关于贯彻执行《意见(试行)》第68条规定:"一方当事人故意告知对方虚假情况,或者故意隐瞒真实情况,诱使对方当事人作出错误意思表示的,可以认定为欺诈行为。"

所谓胁迫是指一方当事人以将实施某种损害为要挟,致使对方惶恐、不安而与其订立合同。最高人民法院上述《意见(试行)》第69条规定:"以给公民及其亲友的生命健康、荣誉、名誉、财产等造成损害为要挟,迫使对方作出违背真实意思表示的,可以认定为胁迫行为。"

所谓乘人之危,是指一方当事人利用对方处于紧急、危难情况的时机,迫使对方接受其明显不公平的条件而订立合同。最高人民法院上述《意见(试行)》第70条规定:"一方当事人乘对方处于危难之机,为牟取不正当利益,迫使对方作出不真实的意思表示,严重损害对方利益的,可以认定为乘人之危。"《合同法》之所以把一方以欺诈、胁迫的手段或者乘人之危，使对方在违背自己的真实意思的情况下所订立的合同列为可变更或可撤销的合同，而没有列为必然无效的合同，主要是基于尊重当事人的意愿。在这几种情况下订立的合同如果没有损害国家利益，法律并无干预的必要。

### (二)无效建设工程合同

所谓无效合同，是指虽然已经成立但不具备法律规定的生效条件，未发生法律效力的合同。这里所说的未发生法律效力，是指未发生合同当事人缔约时所期望的法律效果，而不是指未发生任何法律后果。在合同无效的情况下，也会发生一定的民事法律后果，如返还财产、损害赔偿等。

无效合同在性质上是自始无效和绝对无效的合同，这是无效合同违法性质所决定的。对这类合同，当事人无须向法院或仲裁机构主张其无效，也不得履行，已经开始履行的，应立即停止履行。

无效建设工程合同是指虽然发包方与承包方订立，但因违反法律规定而没有法律约束力，国家不予以承认和保护，甚至要对违法当事人进行制裁的建设工程合同。造成合同无效的原因是多方面的，具体而言，建设工程合同属下列情况之一的，合同无效：

(1)没有经营资格而签订的合同；

(2)超越资质等级所订立的合同；

(3)跨越省级行政区域承揽工程，但未办理审批许可手续而订立的合同；

(4)违反国家、部门或地方基本建设计划的合同；

(5)未取得《建设工程规划许可证》或者违反《建设工程规划许可证》的规定进行建设，严重影响城市规划的合同；

(6)未取得《建设用地规划许可证》而签订的合同；未依法取得土地使用权而签订的合同；未依法办理报建手续而签订的合同；

(7)应办理而未办理招标投标手续所订立的合同；

(8)非法转包的合同；

(9)不符合分包条件而分包的合同；

(10)违法带资、垫资施工的合同；

(11)采取欺诈、胁迫的手段所签订的合同；

(12)损害国家利益和社会公共利益的合同，如以搞封建迷信活动为目的，建造庙堂、宗祠的合同，即为无效合同；

(13)违反国家指令性建设计划而签订的合同。

### (三)可撤销或无效建设工程合同的法律后果

无效合同，是一种自始没有法律约束力的合同。从订立时起国家法律就不承认其具有有效性。而可撤销合同，其效力并不稳定，只有在当事人提出请求，并被人民法院或者仲裁机构予以撤销，才成为被撤销合同。被撤销合同也是自始没有法律约束力的合同。但是如果当事人没有请求撤销，则可撤销合同对当事人就具有法律约束力。因此，可撤销合同的效力取决于当事人是否依法行使了撤销权。

如果合同部分无效，不影响其他部分效力的，其他部分仍然有效。合同被确认为无效或被撤销后，合同规定的权利和义务即为无效。履行中的合同应当终止履行，尚未履行的不得继续履行。对因履行无效合同和被撤销合同而产生的法律后果，《合同法》第58条规定："合同无效或者被撤销后，因该合同取得的财产，应当予以返还；不能返还或者没有必要返还的，应当折价补偿。有过错的一方应当赔偿对方因此所受到的损失，双方都有过错的，应当各自承担相应的责任。"

### 1. 返还财产

返还财产是针对当事人实际交付了财产的情况而言，如果交付财产虽有约定但未交付，不存在返还财产的问题。关于返还财产的范围，我国民法采取了恢复原状的原则。司法实践一般以恢复原状为主，辅之以损害赔偿。所谓恢复原状，是指将财产恢复到合同订立前的状态。适用损害赔偿原则的情况一般是指已经给付的财产不能返还或者没有必要返还时，应当由接受财产的一方折价赔偿。不能返还的情况是很多的，如财产已经灭失且无替代品，或者给付的是专有技术、劳务等。没有返还的必要一般是指合同当事人认为不采用返还原物的方式对双方都有利的情况。

对无效的建设工程承包合同，如果合同没有履行，则承包方已经受领的费用（如备料款等）应当返还；如果合同已经履行，承包方已经完成的工作不能返还的情形，发包方应当支付相应的劳务费作为补偿。返还财产的方式有双方返还、单方返还和不予返还。至于采取哪种返还方式，要根据合同无效的原因、当事人主观过错的性质和程度来决定。在一般情况下，是可以适用双方返还的方式。如果合同无效是违法所引起的，并且当事人一方或者双方在主观上属于故意，则适用单方返还或者不予返还的方式。认定合同当事人丧失返还请求权，必须具备两个条件：合同无效是因为违法造成的，且当事人是故意违法。

### 2. 赔偿损失

根据上述法律规定，合同被确认为无效后，有过错的一方应当赔偿另一方因此而遭受的损失，如果双方都有过错，则适用过错相抵的原则，由当事人根据自身的过错性质和过错程度，分别向对方承担民事损害赔偿责任。

### 3. 追缴财产

对于双方当事人恶意串通，损害国家、集体或者第三人利益的合同，由于其有着明显的违法性，应追缴当事人因合同而取得的财产。对于当事人损害国家利益取得的财产，应收归国家所有；对于当事人损害集体利益取得的财产，应返还给集体；对于当事人损害第三人利益取得的财产，应返还给第三人，从而达到维护国家、集体和第三人合法权益的目的。

## 三、建设工程施工合同的履行

建设工程施工承包合同是基本建设中最为重要的合同。我国法律、法规对建设施工承包合同有明确而严格的规定。

### (一)建设施工合同双方当事人的义务

建设工程合同是承包人进行工程建设，发包人支付价款的合同，建设工程合同包括勘察、设计和施工合同。建设工程合同属于民事合同，合同权利义务可以自由约定，但建设工程涉及公共安全、公共利益与建筑市场秩序，合同内容不得违反法律、行政法规的强制性规定。另外，建设工程合同属于承揽合同的一种，承包人应当按照发包人指示完成并交付工作成果，发包人验收工作成果并支付报酬，根据《合同法》第287条规定，建设工程合同一章没有规定的，适用承揽合同的有关规定。

### (二)勘察、设计合同当事人的权利、义务与责任

勘察、设计合同是承包人进行勘察设计，发包人支付价款的合同。工程勘察是指根据建设

工程的要求，查明、分析、评价建设场地的地质环境特征和岩土工程条件，编制建设工程勘察文件的活动，包括工程测量、地质状况和水文地质调查等工作。工程设计是指根据建设工程的要求，对建设工程所需的技术、经济、资源、环境等条件进行综合分析、论证，并编制建设工程设计文件的活动，包括设计工程结构、绘制施工图纸、选用设备材料和预算工程价款等工作。勘察、设计是建设活动的首要环节，直接决定工程质量。当事人应当订立书面勘察、设计合同以明确权利、义务和责任，合同内容包括提交有关基础资料和文件（包括概预算）的期限、质量要求、费用及其他协作条件等条款。

### 1. 发包人的权利、义务与责任

（1）按照合同约定向承包人提供开展勘察、设计工作所需的技术资料和工作条件。因发包人变更计划、提供资料不准确，或者未按照期限提供必需勘察、设计工作条件而造成返工、停工或修改的，发包人应当按照勘察人、设计人实际消耗的工作量增加勘察、设计费并赔偿损失。

（2）按合同约定向勘察、设计人支付勘察、设计费。发包人未履行付款义务的，勘察、设计人可以拒绝交付工作成果；逾期付款的，应当承担迟延履行的违约责任。

（3）不得擅自修改勘察、设计成果，不得擅自许可他人使用。擅自修改勘察设计成果造成质量缺陷的，应当自行承担责任。

### 2. 勘察、设计人的权利、义务与责任

（1）按照合同约定按期完成勘察、设计工作，并提交工作成果；对勘察、设计成果负瑕疵担保责任。勘察、设计成果不符合质量要求或者未按照期限提交勘察、设计文件造成工期拖延的，勘察、设计人应当继续完善勘察、设计，减收或者免收费用并赔偿损失。

（2）按合同约定完成协作事项。设计人应当配合施工，进行设计交底，解决施工人对设计文件的疑问；参与工程质量事故分析和工程竣工验收等工作。

## ■ 四、施工合同当事人的权利、义务与责任

施工合同是承包人完成工程建设与安装任务，发包人验收合格后支付工程款的合同。工程施工是将建筑材料和劳务物化于建筑产品中的过程，是将设计文件付诸实施的过程，是工程建设的中心环节。施工合同的内容包括工程范围、建设工期、中间交工工程的开工和竣工时间、工程质量、工程造价、技术资料交付时间、材料和设备供应责任、拨款和结算、竣工验收、质量保修范围和质量保证期、双方相互协作等条款。

### 1. 发包人的权利、义务与责任

（1）按照合同约定做好施工前准备工作，提供原材料、设备、场地、资金和技术资料。发包人未按照约定的时间和要求提供的，承包人可以顺延工程日期，并有权要求赔偿停工、窝工的损失。

（2）与承包人相互配合，保证工程建设顺利进行。因发包人原因致使工程中途停建、缓建的，发包人应当及时采取弥补措施以减少损失，并赔偿承包人因此造成的停工、窝工、倒运、机械设备调迁、材料和构件积压等实际损失和费用。

（3）组织工程验收。隐蔽工程在隐蔽以前，发包人接到通知后应及时进行检查，未及时检查造成工期拖延的，承包人可以顺延工期，并有权要求赔偿停工、窝工的损失。建设工程竣工后，发包人应当根据施工图纸、施工验收规范和质量检验标准及时进行验收。建设工程竣工经验收合格后，方可交付使用；未经验收或者验收不合格的，不得交付使用。

（4）接受建设工程并且按照约定支付工程价款。建筑工程完成并经验收合格，发包人应当及

时接受并支付工程价款。未支付价款的，经催告后在合理期限内仍未支付的，承包人可以根据《合同法》第286条行使优先权，以工程折价或者拍卖的价款优先受偿。

### 2. 承包人的权利、义务与责任

(1)按照施工合同和设计文件严格施工。严格按照工程设计图纸、施工技术标准和施工合同进行施工，不得擅自修改工程设计，不得偷减料。对建筑材料、建筑构配件、设备和商品混凝土应当进行检验，未经检验或者检验不合格的，不得使用。因施工人原因致使建设工程质量不符合约定的，应当在合理期限内无偿修理或者返工、改建。

(2)接受发包人的必要监督。发包人在不妨碍承包人正常作业的情况下，可以随时对作业进度和工程质量进行检查。承包人应当进行协助和支持发包人的监督工作，接到整改指令后及时进行修复或返工。

(3)按期完成和交付合格工程。完成和交付合格工程是发包人的缔约目的，也是承包人取得工程款的前提。因承包人原因致使建设工程质量不符合约定的，发包人有权要求施工人在合理期限内无偿修理或者返工、改建。承包人拒绝的，发包人可以要求承包人支付修复费用或请求减少工程价款。经过修理或者返工、改建后，造成逾期交付的，施工人应当承担违约责任。

(4)保修责任和损害赔偿责任。建设工程实行质量保修制度。建筑工程竣工验收后，在保修范围和保修期限内出现质量问题的，承包人应当及时履行保修义务，因保修不及时造成人身或财产损害的，应当承担赔偿责任。因承包人原因致使建设工程在合理使用期限内造成人身和财产损害的，承包人应当承担损害赔偿责任。

## 第五节 建设工程合同的变更和解除

### 一、建设工程合同的变更

建设工程合同依法订立后即具有法律约束力，当事人必须严格履行合同义务，任何一方不得随意变更或解除合同。但是，工程项目建设的情况往往不是固定不变的，承包合同签订后或者在履行过程中会发生与原合同的约定不相适应的变化，如果在这种情况下仍然按照原合同的要求履行，会导致合同无法履行或不能全面履行，在这种情况下，当事人可以依据法律规定或合同约定变更合同。

#### (一)引起建设工程合同变更的事由

(1)当事人协商一致变更合同。即发包方和承包方就变更合同的内容达成一致意见。如双方将原定的合同工期合理缩短。当事人协商一致是合同变更的最主要原因，但对合同所作变更必须符合法律的规定，并不得违反社会公共利益。

(2)不可抗力情况的发生。因不可抗力情况的发生致使合同不能按原约定履行的，允许变更，并使债务人免于承担违约责任。例如，由于建设工程施工现场遭地震影响，造成施工中断10天，施工单位有权要求变更合同工期，即施工工期顺延10天，发包方对承包方合理变更合同工期要求不得拒绝。

(3)重大误解。建设工程合同易发生重大误解的环节一般是在工程价款的结算问题上。承包方往往由于缺乏经验而以过低的价格报价，或者因为错误套用工程预算定额而漏算较大数额的工程价款。

(4)显失公平。由于建设市场是买方市场，发包人往往利用其优势地位而对承包方提出各种不平等条件(如压级压价)，造成双方在合同利益上的明显失衡。

(5)情势变更。情势变更也是合同当事人变更合同的事由之一。只要有情势变更的情况出现，受该变化影响处于不利地位的一方当事人可以要求变更合同，以维护双方的利益。如在工程造价，由于通货膨胀而造成承包方如仍按原定总承包价履行合同，势必造成承包方因此而遭受重大损失，则承包方可以依照情势变更的法律规定，要求增加相应的工程价款。

### (二)建设工程合同变更的程序和方式

具备变更合同条件的，允许变更合同，但应当符合法律规定的程序和方式。

(1)承发包双方协商同意变更合同的，适用订立合同的程序。双方协商同意变更合同，实质上就是订立一个新的合同来变更原合同法律关系，因而适用订立合同的程序，由要求变更合同的一方当事人提出变更合同的建议，经双方平等协商一致，变更合同的协议即告成立。

(2)合同的变更按法律、行政法规的规定应当办理批准、登记等手续的，依照法律、法规的规定办理。这些批准、登记等法律手续，是合同变更生效的必要条件。另外，如果原合同是经公证的，还应将变更后的合同送公证机关备案，完善手续，确保合同的法律效力。

(3)协商变更合同，应当采用书面形式。

(4)建设工程合同的一方当事人有法律上的理由提出变更合同的请求而对方当事人予以拒绝或者未能满足正当要求的，可以向人民法院或仲裁机构提起诉讼或者申请仲裁解决，请求变更。其请求一经生效的法律文书确认，即对双方当事人产生强制约束力。

## ■ 二、建设工程合同的解除

合同解除是合同权利和义务终止的原因之一。建设工程合同的解除是指建设工程合同依法成立后开始履行之前或者未全部履行完毕之前，当事人根据法律规定或者合同约定的条件和程序，消灭双方的承包合同法律关系。

### (一)建设工程合同解除的条件

关于解除合同的条件，可简单划分为两大类，即法律直接规定的条件和当事人约定的条件。根据《合同法》第93条、第94条的规定，建设工程合同有下列情况之一的，可引起合同的解除：

(1)发承包双方经协商一致的，可以解除合同。协商的方式，可以是在订立合同时约定解除合同的条件，也可以是在合同履行过程中根据合同履行的具体情况进行商定。合同系根据当事人的合意而订立，当然也可以根据当事人的合意而变更或解除。一般情况下，合同只有经过当事人协商一致，便可变更或解除。法律确认这一原则的目的就在于使当事人的合同法律关系能适应客观情况的变化，实现相应的经济利益目的，避免不必要的浪费或损失。

需要指出的是，诸多项目，特别是国家的重大建设项目施工承包合同是以国家批准的建设计划为基础而订立的，因此，这类合同的解除不得违反国家基本建设计划，不得损害社会公共利益。

(2)由于发生不可抗力情况致使建设工程承包合同的目的不能实现，可以解除合同的不可抗力是指人力无法抗拒或者无法克服的某种事实，如地震、洪水、战争等。不可抗力事实的发生，合同当事人无法避免并且无法克服，并非当事人的过错所造成。因此，如果由于不可抗力的原因导致合同的目的不能实现的，应当允许解除合同。但是，依法可以不履行合同义务的一方有尽早告知对方不可抗力情况的义务，如怠于告知，应对对方因此而遭受的损失承担赔偿责任。

(3)在合同履行期届满之前，一方当事人明确表示或者以自己的行为表明不履行主要债务的，对方可以解除合同，合同义务往往有主次之分，主要义务是否履行，直接决定债权人是否能够实现订立合同的目的。在履行期届满之前，如果一方当事人明确表示或者以自己的行为表明不履行主要债务的，已充分表明债务人违约的故意是明显的，而且在追求该结果的发生，也决定了解除合同是适当的。认定当事人一方明确表示不履行债务的，该意思表示应为书面形式，并且该书面形式文件已送达债权人，否则不宜认定债务人已作出了不履行债务的意思表示。

(4)一方当事人延迟履行主要债务，经催告后在合理期限内仍未履行的，对方可以解除合同。债务人于履行债务的期限届满后，如果尚未履行主要债务，经过催告在合理的时间内能够履行且基本能满足债权人订立合同的目的的，未经催告不允许解除合同；如果经过催告，债务人未能履行或怠于履行的，允许对方解除合同。

(5)当事人一方延迟履行债务或者有其他违约行为，致使不能实现合同目的的，可以解除合同。履行债务的时间因素对债权人实现债权具有重要意义。如果债务人迟延履行债务已经导致产生合同目的不能实现，表明债务人的行为已构成根本违约。在这种情况下，债权人得以行使解除合同权。债务人违约的行为形态多种多样，不同形态的违约行为对债权人实现合同目的的影响程度也不一样，只要该行为属于"致使不能实现合同目的"的情况，债权人就可以解除合同。

### (二)建设工程合同解除的程序和方式

(1)双方协议解除合同的，适用订立合同的程序。双方协议解除合同，实质上就是订立一个以解除原建设工程合同为内容的合同，因而协议解除合同应当适用订立合同的程序，即由提议解除合同的一方提出解除合同的意见，经双方平等协商一致，解除合同的协议即成立。协商解除合同，应当采用书面形式。

(2)由于其中一方严重违约的，另一方依法行使解除合同的权利，应以书面形式通知对方。合同自通知到达对方时解除。《合同法》第95条规定："法律规定或者当事人约定解除权行使期限，期限届满当事人不行使的，该权利消灭。""法律没有规定或者当事人没有约定解除权行使期限，经对方催告后在合理期限内不行使的，该权利消灭。"合理期限，是指权利人行使权利所需要的较为充分的时间。

一方当事人接到对方当事人解除合同的通知时，如对其解除合同有异议，可以向人民法院提起诉讼或者依合同的约定向仲裁机构申请仲裁，请求确认合同的效力。应当在合理的期限内提出，如果不对提出异议的期限进行必要的限制，势必使合同的效力长期处于不确定的状态，极不利于保护守约一方的合法权益。合理期限的标准，应以能满足其提出异议所需的时间为限。

(3)如该合同的解除依法律、行政法规的规定应当向有关部门办理批准登记手续的，则应按有关规定办理完有关手续后，才能发生解除合同的效力。

## 三、建设工程合同变更、解除的法律后果

### (一)建设工程合同变更的法律后果

建设工程合同依法变更后，虽然与原合同仍然具有密切联系或者具有连续性，但变更后的合同相对于原合同而言毕竟是一个新的合同，合同变更后，原合同不再履行，当事人应当按变更后的合同履行义务。合同的变更不具有溯及既往的效力。无论是发包方还是承包方，均不得以变更的合同条款来作为重新调整双方在合同变更前的权利义务关系的依据。由有过错的一方当事人承担违约责任。合同的变更虽不具有溯及既往的效力，但这并不等于说对合同的变更有过错的一方可以因合同的变更免于承担违约责任。《民法通则》第115条规定："合同的变更或者解除，不影响当事人要求赔偿损失的权利。"

### (二)建设工程合同解除的法律后果

建设工程合同解除后,合同法律关系消灭,当事人不再依该合同取得权利或承担义务。合同尚未开始履行的,不再履行,已经开始履行的,停止履行。但合同的终止不影响合同中结算和清理条款的效力,也不影响当事人请求损害赔偿的权利。合同解除后的债权债务清理,应当以恢复原状为原则,不能恢复原状的,折价补偿。如果是由于一方当事人的过错造成合同解除的,该当事人应向对方承担违约责任,即支付违约金和损害赔偿金,如果双方都有过错,分别承担相对应的过错责任。

### (三)勘察、设计合同变更、解除后的善后处理

设计文件批准后,就具有一定的严肃性,不得任意修改和变更。如果必须修改,也需经有关部门批准,其批准权限,根据修改内容所涉及的范围而定。如果修改部分属于初步设计的内容,必须经原设计的原批准单位批准;如果修改的部分是属于可行性研究报告的内容,则必须经可行性研究报告的原批准单位批准;施工图设计的修改,必须经设计单位批准。

发包人因故要求修改工程设计,经承包人同意后,除设计文件的提交时间另有规定外,发包人还应按承包人实际返工修改的工作量增付设计费。原定可行性研究报告或初步设计如有重大变更而需重做或修改设计时,须经原批准机关同意,并经双方当事人协商后另订合同。发包人负责支付已经进行了的设计的费用。发包人因故要求中途停止设计时,应及时书面通知承包人,已付的设计费不退还,并按该阶段实际结清设计费,同时终止合同关系。

### (四)施工合同解除后的问题处理

施工合同解除后,当事人双方约定的结算和清理条款仍然有效。承包人应当妥善做好已完工程和已购材料、设备的保护和移交工作,按照发包人要求将自有机械设备和人员撤出施工场地。发包人应为承包人撤出提供必要条件,支付以上所发生的费用,并按合同约定支付已完工程价款。已经订货的材料、设备由订货方负责退货或解除订货合同,不能退还的货款和因退货、解除订货合同发生的费用,由发包人承担,因未及时退货造成的损失由责任方承担。除此之外,有过错的一方应当赔偿因合同解除给对方造成的损失。

## 第六节 建设工程合同的违约责任

### 一、违约责任的概念和特征

违约责任是指合同当事人因违反合同义务所承担的责任。《合同法》规定,当事人一方不履行合同义务或者履行合同义务不符合约定的,应当承担继续履行、采取补救措施或者赔偿损失等违约责任。违约责任具有如下特征:

(1)违约责任的产生是以合同当事人不履行合同义务为条件的;
(2)违约责任具有相对性;
(3)违约责任主要具有补偿性,即旨在弥补或补偿因违约行为造成的损害后果;
(4)违约责任可以由合同当事人约定,但约定不符合法律要求的,将会被宣告无效或被撤销;
(5)违约责任是一种民事责任。

## 二、当事人承担违约责任应具备的条件

《合同法》规定,当事人一方明确表示或者以自己的行为表明不履行合同义务的,对方可以在履行期限届满之前要求其承担违约责任。承担违约责任,首先是合同当事人发生了违约行为,即有违反合同义务的行为;其次,非违约方只需证明违约方的行为不符合合同约定,便可以要求其承担违约责任,而不需要证明其主观上是否具有过错;最后,违约方若想免于承担违约责任,必须举证证明其存在法定的或约定的免责事由,而法定免责事由主要限于不可抗力,约定的免责事由主要是合同中的免责条款。

## 三、承担违约责任的种类

合同当事人违反合同义务,承担违约责任的种类主要有:继续履行、采取补救措施、停止违约行为、赔偿损失支付违约金或定金等。非违约方可以要求违约方停止违约行为,采取补救措施,继续履行合同约定;可以按照合同约定,要求违约方支付违约金或没收定金。如果非违约方发生的经济损失大于违约金或定金的,非违约方可以主张违约方按照实际损失予以赔偿。

《合同法》规定,当事人一方不履行合同义务或者履行合同义务不符合约定的,应当承担继续履行、采取补救措施或者赔偿损失等违约责任。继续履行是一种违约后的补救方式,是否要求违约方继续履行是非违约方的一项权利。继续履行可以与违约金、定金、赔偿损失并用,但不能与解除合同的方式并用。

违约金有法定违约金和约定违约金两种。由法律规定的违约金为法定违约金;由当事人约定的违约金为约定违约金。《合同法》规定,当事人可以约定一方违约时,应当根据违约情况向对方支付一定数额的违约金,也可以约定因违约产生的损失赔偿额的计算方法。约定的违约金低于造成的损失的,当事人可以请求人民法院或者仲裁机构予以增加;约定的违约金过分高于造成的损失的,当事人可以请求人民法院或者仲裁机构予以适当减少;当事人可以依照《担保法》约定一方向对方给付定金作为债权的担保。债务人履行债务后,定金应当抵作价款或者收回。给付定金的一方不履行约定的债务的,无权要求返还定金;收受定金的一方不履行约定的债务的,应当双倍返还定金。

当事人既约定违约金,又约定定金的,一方违约时,对方可以选择适用违约金或者定金条款。

## 四、违约责任的免除

在合同履行过程中,如果出现法定的免责条件或合同约定的免责事由,违约人将免于承担违约责任。《合同法》仅承认不可抗力为法定的免责事由。《合同法》规定,因不可抗力不能履行合同的,根据不可抗力的影响,部分或者全部免除责任,但法律另有规定的除外。当事人迟延履行后发生不可抗力的,不能免除责任。如因施工方原因导致工程延期,后又遇到自然灾害等不可抗力导致工程再次延期的,施工方不能免除两次工程延期的责任。不可抗力是指不能预见、不能避免并不能克服的客观情况。当事人一方因不可抗力不能履行合同的,应当及时通知对方,以减轻可能给对方造成的损失,并应当在合理期限内提供证明。

### 本章练习

(一)选择题

1. 由于不具备编写招标文件和组织评标的能力,甲房地产公司依照法律规定,与乙招标代

理公司签订了一份合同，指定由乙公司负责某住宅小区工程的公开招标工作。甲乙之间的这种法律关系属于( )。

A. 法定代理     B. 指定代理     C. 委托代理     D. 表见代理

2. 某建筑工程，业主投保了建筑工程一切险。工程竣工移交后，在合同约定保险期限内发生地震，造成部分建筑物损坏，业主向保险公司提出索赔，则应由( )。

A. 保险公司承担全部损失
B. 保险公司承担除外责任以外的全部损失
C. 业主自行承担全部损失
D. 业主和保险公司协商分担损失

3. 合同公证与鉴证的相同点是( )。

A. 目的、法律效力、原则     B. 范围、性质、目的
C. 目的、原则、内容     D. 法律效力、目的、性质

4. 经发包人同意后，承包人可以将部分工程的施工分包给分包人完成。该条款所依据的法律基础是《合同法》中有关( )的规定。

A. 债权转让     B. 债务承担
C. 由第三人向债权人履行债务     D. 债务人向第三人履行债务

5. 合同解除后，合同中的( )条款仍然有效。

A. 结算和清理     B. 仲裁和诉讼
C. 结算、清理、违约     D. 结算、仲裁、违约

(二)简答题

1. 建设工程施工合同发承包双方的主要义务有哪些？
2. 有效的合同是否一定能够取得工程款？
3. 建设工程合同的哪些情况会导致合同无效？
4. 工程未经验收发包人擅自使用的，承包人是否可对质量一概不负责任？
5. 哪些情况下工期可以顺延？

(三)案例分析题

(1)背景：甲建筑公司(以下简称甲公司)拟向乙建材公司(以下简称乙公司)购买一批钢材。双方经口头协商，约定购买钢材100吨，单价为每吨3 500元，并拟订了准备签字盖章的买卖合同文本。乙公司签字盖章后，交给了甲公司准备签字盖章。由于施工进度紧张，在甲公司催促下，乙公司在未收到甲公司签字盖章的合同文本情形下，将100吨钢材送到甲公司工地现场。甲公司接收了并投入工程使用。后因拖欠货款，双方产生了纠纷。

问题：甲、乙公司的买卖合同是否成立？

(2)背景：2007年6月6日，某大学高教授宠物狗"贝贝"走失，在寻找未果的情况下，高教授于6月8日在校园内张贴寻狗启事，启事上附有"贝贝"的近期"靓照"并对其做了详细描述，末尾声称："有发现者，请联系：188××××8 888，酬金为2 000元"。8日晚，高教授学生李某发现该狗，并送回，不知寻狗启事之事。

问题：①该启事是要约还是要约邀请？
②学生李某得知该启事后，能否主张酬金2 000元？
③若将酬金2 000元改为必有重谢，请回答问题①。

# 第五章　建设工程监理法律制度

## 导　入

监理单位受建设单位委托，根据法律法规、工程建设标准、勘察设计文件及合同，在施工阶段对建设工程质量、造价、进度进行控制，对合同、信息进行管理，对工程建设相关方的关系进行协调，并履行建设工程安全管理法定职责的服务活动。

## 学习目标

**知识目标**：了解建设工程监理的背景及概念；了解建设工程监理资质格管理制度；熟悉建设工程监理的性质和作用；熟悉建设工程监理工作程序及内容；熟悉建设工程监理合同管理制度。

**技能目标**：能够理清建设工程监理程序；能够分析监理合同。

**素质目标**：培养学生守法意识；培养学生获取资讯的能力。

## 第一节　建设工程监理概述

### 一、建设工程监理制产生的背景

从中华人民共和国成立直至 20 世纪 80 年代，我国实行经济体制改革，各行各业都在迅速发展。我国固定资产投资基本上是由国家统一安排计划(包括具体的项目计划)，由国家统一财政拨款。采用两种方式：即一般建设工程，由建设单位自己组成筹建机构，自行管理；重大建设工程，从相关单位抽调人员组成工程建设指挥部，由其进行管理。从 1984 年开始，建筑业推行招标承包制，建筑市场因此逐渐形成，增强了建设事业的活力。同时也出现不少问题，建设市场秩序混乱，工程质量每况愈下。出现这种情况主要原因是在分离国有资产的所有权与管理权，激发国有企业员工工作积极性时，没有同时建立起必要的约束机制。在当时的情况下，国有企业的员工对建设质量的责任感由于没有足够监督而大大丧失。制度的缺陷给渎职、贪污腐败的行为造成了机会。而这些问题严重损害工程质量，影响工程进度，浪费国家大量资金。

面对这种局面，政府认识到，必须采取措施解决这些问题。当时提出的办法就是建立一种制度，让第三方监督国有建设项目的实施过程。在对国外建设管理制度进行考察与研究之后，建设部认为在建设事业中应当有充当公正第三方的咨询机构，建设监理制的设想便应运而生。

另一方面，建设领域内的一些重大改革实践也对建设部实施建设监理制产生了推动作用。

1984年开工的鲁布革水电站引水隧道工程,聘请了工程师,结果创造了工期、劳动生产率和工程质量的三项全国纪录,在全国引起了很大震动。1986年开工的西安三原高速公路工程,也由于聘请工程师,不仅质量全部合格,保证了工期,还节约了200多万元资金,受到了广泛好评。交通部因此宣布将在全国公路工程中实行建设监理。1987年3月,天津道桥工程监理公司的成立,以及1987年12月京津塘高速公路开工并实施建设监理,也成为一时的重要新闻。

在商品经济条件下,工程建设必须实行承包制和合同制,但如果没有监理工程师等能发挥第三方公正监督和协调作用的角色的存在,承包制和合同制就无法很好地落实。另一方面,几个不同资金来源的建设项目的实践表明,所有制不影响建设监理制的效果。建设部认识到,建设监理制不会损害我国的基本制度。因此,建设部提出,加强政府监督管理和实施专业化监理就是提高建设事业效率的有效途径。

1988年在组建"建设部"时,中央政府在建设部的"三定方案"中增设了"建设监理司"。除具体管理质量、安全和招标投标外,还具体实施建设监理制度。1988年5月,国务院总理办公会议原则批准三定方案。此后,经过建设部的研究,通过邀请参与国外工程建设管理项目专家的多次讨论,拟定建设监理制的基本框架及其实施方案。基本框架为两个层次、一个体系。两个层次是社会(民间)建设监理层次和政府的建设监理(监督管理)层次,一个体系是组织上的和法规上要形成一个系统。1988年7月,建设部于发布了"关于开展建设监理工作的通知",明确提出要建立建设监理制度。建设监理制作为工程建设领域的一项改革举措,旨在改变陈旧的工程管理模式,建立专业化、社会化的建设监理机构,协助建设单位做好项目管理工作,以提高建设水平和投资效益。建设工程监理制于1988年开始试点,5年后逐步推开,1997年《中华人民共和国建筑法》(以下简称《建筑法》)以法律制度的形式作出规定,国家推行建设工程监理制度,从而使建设工程监理在全国范围内进入全面推行阶段。

## ■ 二、建设工程监理的概念

### (一)建设工程监理的定义

建设工程监理是指工程监理单位受建设单位委托,根据法律法规、工程建设标准、勘察设计文件及合同,在施工阶段对建设工程质量、进度、造价进行控制,对合同、信息进行管理,对工程建设相关方的关系进行协调,并履行建设工程安全生产管理法定职责的服务活动。

工程监理单位是指依法成立并取得建设主管部门颁发的工程监理企业资质证书,从事建设工程监理与相关服务活动的服务机构。

建设单位也称业主、项目法人,是委托监理的一方。建设单位在工程建设中拥有确定建设工程规模、标准、功能,以及选择勘察、设计、施工、监理单位等工程建设中重大问题的决定权。

### (二)建设工程监理概念要点

(1)建设工程监理的行为主体——工程监理企业。建设工程监理不同于住房城乡建设主管部门的监督管理。后者的行为主体是政府部门,具有明显的强制性,是行政性的监督管理,其任务、职责、内容不同于建设工程监理。

总承包单位对分包单位的监督管理也不能视为建设工程监理。

(2)建设工程监理实施的前提——建设单位的委托和授权。

(3)建设工程监理的依据。

1)工程建设文件包括:批准的可行性研究报告、建设项目选址意见书、建设用地规划许可证、建设工程规划许可证、批准的施工图设计文件、施工许可证等。

2)有关的法律、法规、规章和标准、规范包括：《建筑法》《合同法》《招标投标法》《建设工程质量管理条例》等法律法规，以及地方性法规等，也包括《工程建设标准强制性条文》《建设工程监理规范》以及有关的工程技术标准、规范、规程等。

3)建设工程委托监理合同和有关的建设工程合同。工程监理企业应当根据两类合同，即工程监理企业与建设单位签订的建设工程委托监理合同和建设单位与承建单位签订的有关建设工程合同进行监理。

(4)建设工程监理的范围——工程范围和阶段范围。

1)工程范围。根据《建筑法》，国务院公布的《建设工程质量管理条例》对实行强制性监理的工程范围作了原则性的规定，建设部又进一步在《建设工程监理范围和规模标准规定》中对实行强制性监理的工程范围作了具体规定。必须实行监理的建设工程如下：

①国家重点建设工程：依据《国家重点建设项目管理办法》所确定的对国民经济和社会发展有重大影响的骨干项目。

②大中型公用事业工程：项目总投资额在3 000万元以上的供水、供电、供气、供热等市政工程项目；科技、教育、文化等项目；体育、旅游、商业等项目；卫生、社会福利等项目；其他公用事业项目。

③成片开发建设的住宅小区工程：建筑面积在5万平方米以上的住宅建设工程。

④利用外国政府或者国际组织贷款、援助资金的工程：包括使用世界银行、亚洲开发银行等国际组织贷款资金的项目；使用国外政府及其机构贷款资金的项目；使用国际组织或者国外政府援助资金的项目。

⑤国家规定必须实行监理的其他工程：项目总投资额在3 000万元以上关系社会公共利益、公众安全的交通运输、水利建设、城市基础设施、生态环境保护、信息产业、能源等基础设施项目，以及学校、影剧院、体育场馆项目。

2)阶段范围。工程建设投资决策阶段和实施阶段，但目前主要是施工阶段。

## 三、建设工程监理的性质

(1)服务性：工程监理企业既不直接进行设计，也不直接进行施工；既不向建设单位承包造价，也不参与承包商的利益分成。在工程建设中，监理人员利用自身知识、技能和经验、信息以及必要的试验、检测手段，为建设单位提供管理服务。

(2)科学性：用科学的思想、理论、方法、手段才能完成监理任务。科学性主要表现在以下几项：

1)工程监理企业应当由组织管理能力强、工程建设经验丰富的人员担任领导；

2)应当有足够数量的、有丰富的管理经验和应变能力的监理工程师组成的骨干队伍；

3)具有一套健全的管理制度；

4)具有现代化的管理手段；

5)掌握先进的管理理论、方法和手段；积累足够的技术、经济资料和数据；

6)具有科学的工作态度和严谨的工作作风，实事求是、创造性地开展工作。

(3)独立性：监理的独立性是公正性的基础和前提，对监理工程师独立性的要求也是国际惯例，独立指不依赖外力，不受外界束缚。

(4)公正性：公正性是咨询监理业的国际惯例、是社会公认的职业道德准则。监理工程师在处理事务过程中，不受他方非正常因素的干扰，依据与工程相关的合同、法规、规范、设计文件等，基于事实，维护和保障业主的合法利益，也不能损害承包商合法权益。

在开展建设工程监理的过程中，工程监理企业应当排除各种因素的干扰，客观、公正地对待监理的委托单位和承建单位。特别是当这两方发生利益冲突或者矛盾时，工程监理企业应以事实为依据，以法律和有关合同为准绳，在维护建设单位的合法权益时，不损害承建单位的合法权益。例如，在调解建设单位和承建单位之间的争议，处理工程索赔和工程延期，进行工程款支付控制以及竣工结算时，应当尽量客观、公正地对待建设单位和承建单位。

### ■ 四、工程建设监理的作用

(1)有利于提高建设工程投资决策科学化水平；
(2)有利于规范工程建设参与各方的建设行为；
(3)有利于促使承建单位保证建设工程质量和使用安全；
(4)有利于实现建设工程投资效益最大化，它的三种不同表现如下：
1)在满足建设工程预定功能和质量标准的前提下，建设投资额最少；
2)在满足建设工程预定功能和质量标准的前提下，建设工程寿命周期费用(或全寿命费用)最少；
3)建设工程本身的投资效益与环境、社会效益的综合效益最大化。

## 第二节 建设工程监理资质管理制度

### ■ 一、建设工程监理从业人员资质管理制度

1992年6月，为加强监理工程师的资格考试和注册管理，保证监理工程师的素质，建设部发布了《监理工程师资格考试和注册试行办法》(建设部第18号令)，我国开始实施监理工程师资格考试。1996年8月，建设部、人事部下发了《建设部、人事部关于全国监理工程师执业资格考试工作的通知》(建监〔1996〕462号)，从1997年起，全国正式举行监理工程师执业资格考试。

监理工程师是岗位职务，是指经全国统一考试合格经注册取得《监理工程师岗位证书》的工程建设监理人员，监理工程师按专业设置岗位。国务院住房城乡建设主管部门为全国监理工程师注册管理机关。省、自治区、直辖市人民政府住房城乡建设主管部门为本行政区域内地方工程建设监理单位监理工程师的注册机关。国务院有关部门为本部门直属工程建设监理单位监理工程师的注册机关。

#### (一)监理工程师资格考试

##### 1. 监理工程师资格考试委员会的组成

监理工程师资格考试，在全国监理工程师资格考试委员会的统一组织指导下进行，原则上每两年进行一次。全国监理工程师资格考试委员会由国务院住房城乡建设主管部门和国务院有关部门工程建设、人事行政管理的专家十五至十九人组成，设主任委员一人、副主任委员三至五人。省、自治区、直辖市及国务院有关部门成立地方或部门监理工程师资格考试委员会，分别负责本行政区域内地方工程建设监理单位或本部门直属工程建设监理单位的监理工程师资格

考试工作。地方或部门监理工程师资格考试委员会的成立，应报全国监理工程师资格考试委员会备案。

**2. 监理工程师资格考试委员会的任务**

监理工程师资格考试委员会为非常设机构，于每次考试前六个月组成并开始工作。

(1)全国监理工程师资格考试委员会的主要任务。

1)制定统一的监理工程师资格考试大纲和有关要求；

2)确定考试命题，提出考试合格的标准；

3)监督、指导地方、部门监理工程师资格考试工作，审查、确认其考试是否有效；

4)向全国监理工程师注册管理机关书面报告监理工程师资格考试情况。

(2)地方和部门监理工程师资格考试委员会的主要任务。

1)根据监理工程师资格考试大纲和有关要求，发布本地区、本部门监理工程师资格考试公告；

2)受理考试申请，审查参考者资格；

3)组织考试、阅卷评分和确认考试合格者；

4)向本地区或本部门监理工程师注册机关书面报告考试情况；

5)向全国监理工程师资格考试委员会报告工作。

**3. 监理工程师资格考试的程序**

参加监理工程师资格考试者，由所在单位向本地区或本部门监理工程师资格考试委员会提出书面申请，经审查批准后，方可参加考试。参加监理工程师资格考试者，必须具备以下条件：

(1)具有高级专业技术职称，或取得中级专业技术职称后具有三年以上工程设计或施工管理实践经验；

(2)在全国监理工程师注册管理机关认定的培训单位经过监理业务培训，并取得培训结业证书。

考试合格者由监理工程师注册机关核发监理工程师资格证书。1995年年底以前，对少数具有高级技术职称和三年监理实践经验、年龄在55岁以上、工作能力较强的监理人员，经地区、部门监理工程师注册机关推荐，全国监理工程师资格考试委员会审查，全国监理工程师注册管理机关批准，可免予考试，取得监理工程师资格证书。

监理工程师资格证书式样由国务院住房城乡建设主管部门统一制定，其持有者，自领取证书起，五年内未经注册，其证书失效。

**(二)监理工程师注册**

**1. 申请监理工程师注册者条件**

(1)热爱中华人民共和国，拥护社会主义制度，遵纪守法，遵守监理工程师职业道德；

(2)身体健康，胜任工程建设的现场监理工作；

(3)已取得《监理工程师资格证书》。

**2. 监理工程师注册相关规定**

(1)申请监理工程师注册，由拟聘用申请者的工程建设监理单位统一向本地区或本部门的监理工程师注册机关提出申请。监理工程师注册机关收到申请后，依照申请监理工程师注册者规定的条件进行审查。对符合条件的，根据全国监理工程师注册管理机关批准的注册计划择优予以注册，颁发监理工程师岗位证书，并报全国监理工程师注册管理机关备案。监理工程师岗位证书式样由国务院建设行政主管部门统一制定。

(2)已经取得监理工程师资格证书但未经注册的人员,不得以监理工程师的名义从事工程建设监理业务。已经注册的监理工程师,不得以个人名义私自承接工程建设监理业务。

(3)监理工程师注册机关每五年对持监理工程师岗位证书者复查一次。对不符合条件的,注销注册,并收回监理工程师岗位证书。

(4)监理工程师退出、调出所在的工程建设监理单位或被解聘,须向原注册机关交回其监理工程师岗位证书,核销注册。核销注册不满五年再从事监理业务的,须由拟聘用的工程建设监理单位向本地区或本部门监理工程师注册机关重新申请注册。

(5)国家行政机关现职工作人员,不得申请监理工程师注册。

### (三)注册证书

注册监理工程师每一注册有效期为3年,注册有效期满需继续执业的,应当在注册有效期满30日前,按照规定的程序申请延续注册。延续注册有效期3年。在注册有效期内,注册监理工程师变更执业单位,应当与原聘用单位解除劳动关系,并按规定的程序办理变更注册手续,变更注册后仍延续原注册有效期。

## 二、建设工程监理企业资质管理制度

综合资质、事务所资质不分级别。专业资质分为甲级、乙级;其中,房屋建筑工程、水利水电工程、公路和市政公用工程专业资质可设立丙级。

### (一)综合资质标准

(1)具有独立法人资格且注册资本不少于600万元。

(2)企业技术负责人应为注册监理工程师,并具有15年以上从事工程建设工作的经历或者具有工程类高级职称。

(3)具有5个以上工程类别的专业甲级工程监理资质。

(4)注册监理工程师不少于60人,注册造价工程师不少于5人,一级注册建造师、一级注册建筑师、一级注册结构工程师或者其他勘察设计注册工程师合计不少于15人次;其中:具有一级注册建造师不少于1人次、具有一级注册结构工程师或者其他勘察设计注册工程师或一级注册建筑师不少于1人次。

(5)企业具有完善的组织结构和质量管理体系,有健全的技术、档案等管理制度。

(6)企业具有必要的工程试验检测设备。

(7)申请工程监理资质之日前一年内没有《工程监理企业资质管理规定》第16条禁止的行为。

(8)申请工程监理资质之日前一年内没有因本企业监理责任造成重大质量事故。

(9)申请工程监理资质之日前一年内没有因本企业监理责任发生三级以上工程建设重大安全事故或者发生两起以上四级工程建设安全事故。

### (二)专业资质标准

#### 1. 甲级

(1)具有独立法人资格且注册资本不少于300万元。

(2)企业技术负责人应为注册监理工程师,并具有15年以上从事工程建设工作的经历或者具有工程类高级职称。

(3)注册监理工程师、注册造价工程师、一级注册建造师、一级注册建筑师、一级注册结构工程师或者其他勘察设计注册工程师合计不少于25人次;其中,相应专业注册监理工程师不少于《专业资质注册监理工程师人数配备表》中要求配备的人数,注册造价工程师不少于2人。

(4)企业近2年内独立监理过3个以上相应专业的二级工程项目,但是,具有甲级设计资质或一级及以上施工总承包资质的企业申请本专业工程类别甲级资质的除外。

(5)企业具有完善的组织结构和质量管理体系,有健全的技术、档案等管理制度。

(6)企业具有必要的工程试验检测设备。

(7)申请工程监理资质之日前一年内没有《工程监理企业资质管理规定》第16条禁止的行为。

(8)申请工程监理资质之日前一年内没有因本企业监理责任造成重大质量事故。

(9)申请工程监理资质之日前一年内没有因本企业监理责任发生三级以上工程建设重大安全事故或者发生两起以上四级工程建设安全事故。

## 2. 乙级

(1)具有独立法人资格且注册资本不少于100万元。

(2)企业技术负责人应为注册监理工程师,并具有10年以上从事工程建设工作的经历。

(3)注册监理工程师、注册造价工程师、一级注册建造师、一级注册建筑师、一级注册结构工程师或者其他勘察设计注册工程师合计不少于15人次。其中,相应专业注册监理工程师不少于《专业资质注册监理工程师人数配备表》中要求配备的人数,注册造价工程师不少于1人。

(4)有较完善的组织结构和质量管理体系,有技术、档案等管理制度。

(5)有必要的工程试验检测设备。

(6)申请工程监理资质之日前一年内没有《工程监理企业资质管理规定》第16条禁止的行为。

(7)申请工程监理资质之日前一年内没有因本企业监理责任造成重大质量事故。

(8)申请工程监理资质之日前一年内没有因本企业监理责任发生三级以上工程建设重大安全事故或者发生两起以上四级工程建设安全事故。

## 3. 丙级

(1)具有独立法人资格且注册资本不少于50万元。

(2)企业技术负责人应为注册监理工程师,并具有8年以上从事工程建设工作的经历。

(3)相应专业的注册监理工程师不少于《专业资质注册监理工程师人数配备表》中要求配备的人数。

(4)有必要的质量管理体系和规章制度。

(5)有必要的工程试验检测设备。

### (三)事务所资质标准

(1)取得合伙企业营业执照,具有书面合作协议书。

(2)合伙人中有3名以上注册监理工程师,合伙人均有5年以上从事建设工程监理的工作经历。

(3)有固定的工作场所。

(4)有必要的质量管理体系和规章制度。

(5)有必要的工程试验检测设备。

## 第三节 建设工程监理实施制度

### ■ 一、项目监理机构及其设施

工程监理单位实施监理时，应在施工现场派驻项目监理机构。项目监理机构的组织形式和规模，可根据建设工程监理合同约定的服务内容、服务期限，以及工程特点、规模、技术复杂程度、环境等因素确定。

项目监理机构的监理人员应由总监理工程师、专业监理工程师和监理员组成，且专业配套、数量应满足建设工程监理工作需要，必要时可设总监理工程师代表。

工程监理单位在建设工程监理合同签订后，应及时将项目监理机构的组织形式、人员构成及对总监理工程师的任命书面通知建设单位。总监理工程师任命书应按《建设工程监理规范》（GB/T 50319—2013）的要求填写。当工程监理单位调换总监理工程师时，应征得建设单位书面同意；调换专业监理工程师时，总监理工程师应书面通知建设单位。一名总监理工程师可担任一项建设工程监理合同的总监理工程师。当需要同时担任多项建设工程监理合同的总监理工程师时，应经建设单位书面同意，且最多不得超过三项。施工现场监理工作全部完成或建设工程监理合同终止时，项目监理机构可撤离施工现场。

#### 1. 监理人员职责

（1）总监理工程师应履行职责。

1) 确定项目监理机构人员及其岗位职责。
2) 组织编制监理规划，审批监理实施细则。
3) 根据工程进展及监理工作情况调配监理人员，检查监理人员工作。
4) 组织召开监理例会。
5) 组织审核分包单位资格。
6) 组织审查施工组织设计、（专项）施工方案。
7) 审查开复工报审表，签发工程开工令、暂停令和复工令。
8) 组织检查施工单位现场质量、安全生产管理体系的建立及运行情况。
9) 组织审核施工单位的付款申请，签发工程款支付证书，组织审核竣工结算。
10) 组织审查和处理工程变更。
11) 调解建设单位与施工单位的合同争议，处理工程索赔。
12) 组织验收分部工程，组织审查单位工程质量检验资料。
13) 审查施工单位的竣工申请，组织工程竣工预验收，组织编写工程质量评估报告，参与工程竣工验收。
14) 参与或配合工程质量安全事故的调查和处理。
15) 组织编写监理月报、监理工作总结，组织整理监理文件资料。

（2）总监理工程师不得将下列工作委托给总监理工程师代表。

1) 组织编制监理规划，审批监理实施细则。
2) 根据工程进展及监理工作情况调配监理人员。
3) 组织审查施工组织设计、（专项）施工方案。

4)签发工程开工令、暂停令和复工令。

5)签发工程款支付证书,组织审核竣工结算。

6)调解建设单位与施工单位的合同争议,处理工程索赔。

7)审查施工单位的竣工申请,组织工程竣工预验收,组织编写工程质量评估报告,参与工程竣工验收。

8)参与或配合工程质量安全事故的调查和处理。

(3)专业监理工程师应履行职责。

1)参与编制监理规划,负责编制监理实施细则。

2)审查施工单位提交的涉及本专业的报审文件,并向总监理工程师报告。

3)参与审核分包单位资格。

4)指导、检查监理员工作,定期向总监理工程师报告本专业监理工作实施情况。

5)检查进场的工程材料、构配件、设备的质量。

6)验收检验批、隐蔽工程、分项工程,参与验收分部工程。

7)处置发现的质量问题和安全事故隐患。

8)进行工程计量。

9)参与工程变更的审查和处理。

10)组织编写监理日志,参与编写监理月报。

11)收集、汇总、参与整理监理文件资料。

12)参与工程竣工预验收和竣工验收。

(4)监理员应履行职责。

1)检查施工单位投入工程的人力、主要设备的使用及运行状况。

2)进行见证取样。

3)复核工程计量有关数据。

4)检查工序施工结果。

5)发现施工作业中的问题,及时指出并向专业监理工程师报告。

### 2. 监理设施

建设单位应按建设工程监理合同约定,提供监理工作需要的办公、交通、通信、生活等设施。项目监理机构宜妥善使用和保管建设单位提供的设施,并应按建设工程监理合同约定的时间移交建设单位。

工程监理单位宜按建设工程监理合同约定,配备满足监理工作需要的检测设备和工器具。

## 二、建设工程监理的主要工作程序

为了加强对工程项目监理工作的管理,监理工作需有序进行,监理程序要逐步规范化和标准化,以保证工程监理的工作质量,提高监理工作水平。工程建设监理工作应遵循下列程序:

(1)编制工程建设监理规划。监理规划应结合工程实际情况,明确项目监理机构的工作目标,确定具体的监理工作制度、内容、程序、方法和措施。可在签订建设工程监理合同及收到工程设计文件后由总监理工程师组织编制,并应在召开第一次工地会议前报送建设单位。

1)监理规划编审的程序。

①总监理工程师组织专业监理工程师编制。

②总监理工程师签字后由工程监理单位技术负责人审批。

2)监理规划的主要内容。

①工程概况。
②监理工作的范围、内容、目标。
③监理工作依据。
④监理组织形式、人员配备及进退场计划、监理人员岗位职责。
⑤监理工作制度。
⑥工程质量控制。
⑦工程造价控制。
⑧工程进度控制。
⑨安全生产管理的监理工作。
⑩合同与信息管理。
⑪组织协调。
⑫监理工作设施。

在实施建设工程监理过程中，实际情况或条件发生变化而需要调整监理规划时，应由总监理工程师组织专业监理工程师修改，并应经工程监理单位技术负责人批准后报建设单位。

(2)按工程建设进度，分专业编制工程建设监理细则。监理实施细则应符合监理规划的要求，并应具有可操作性。监理实施细则应在相应工程施工开始前由专业监理工程师编制，并应报总监理工程师审批。

1)监理实施细则编制的依据。
①监理规划。
②工程建设标准、工程设计文件。
③施工组织设计、(专项)施工方案。

2)监理实施细则的主要内容。
①专业工程特点。
②监理工作流程。
③监理工作要点。
④监理工作方法及措施。

在实施建设工程监理过程中，监理实施细则可根据实际情况进行补充、修改，并应经总监理工程师批准后实施。

(3)按照建设监理细则进行建设监理。
(4)参与工程竣工预验收，签署建设监理意见。
(5)建设监理业务完成后，向项目法人(业主)提交工程建设监理档案资料。

项目监理机构应建立完善监理文件资料管理制度，宜设专人管理监理文件资料，采用信息技术进行监理文件资料管理并及时、准确、完整地收集、整理、编制、传递监理文件资料。

1)监理文件资料内容。
①监理文件资料主要内容。
a. 勘察设计文件、建设工程监理合同及其他合同文件。
b. 监理规划、监理实施细则。
c. 设计交底和图纸会审会议纪要。
d. 施工组织设计、(专项)施工方案、施工进度计划报审文件资料。
e. 分包单位资格报审文件资料。
f. 施工控制测量成果报验文件资料。

g. 总监理工程师任命书,工程开工令、暂停令、复工令,开工或复工报审文件资料。
h. 工程材料、构配件、设备报验文件资料。
i. 见证取样和平行检验文件资料。
j. 工程质量检查报验资料及工程有关验收资料。
k. 工程变更、费用索赔及工程延期文件资料。
l. 工程计量、工程款支付文件资料。
m. 监理通知单、工作联系单与监理报告。
n. 第一次工地会议、监理例会、专题会议等会议纪要。
o. 监理月报、监理日志、旁站记录。
p. 工程质量或生产安全事故处理文件资料。
q. 工程质量评估报告及竣工验收监理文件资料。
r. 监理工作总结。
②监理日志主要内容。
a. 天气和施工环境情况。
b. 当日施工进展情况。
c. 当日监理工作情况,包括旁站、巡视、见证取样、平行检验等情况。
d. 当日存在的问题及协调解决情况。
e. 其他有关事项。
③监理月报主要内容。
a. 本月工程实施情况。
b. 本月监理工作情况。
c. 本月施工中存在的问题及处理情况。
d. 下月监理工作重点。
④监理工作总结主要内容。
a. 工程概况。
b. 项目监理机构。
c. 建设工程监理合同履行情况。
d. 监理工作成效。
e. 监理工作中发现的问题及其处理情况。
f. 说明和建议。
2)监理文件资料归档。项目监理机构应及时整理、分类汇总监理文件资料,并应按规定组卷,形成监理档案。工程监理单位应根据工程特点和有关规定,保存监理档案,并应向有关单位、部门移交需要存档的监理文件资料。

## 三、建设工程监理的主要工作内容

### (一)目标控制

任何建设工程都有质量、造价、进度三大目标,这三大目标构成了建设工程目标系统。工程监理单位受建设单位委托,需要协调处理三大目标之间的关系,确定与分解三大目标,并采取有效措施控制三大目标。

#### 1. 建设工程三大目标之间的关系

建设工程质量、造价、进度三大目标之间相互关联,共同形成一个整体。从建设单位角度出发，往往希望建设工程的质量好、投资省、工期短（进度快），但在工程实践中，上述目标几乎不可能同时实现。确定和控制建设工程三大目标，需要统筹兼顾三大目标之间的密切联系，防止发生盲目追求单一目标而冲击或干扰其他目标，也不可分割三大目标。

(1) 三大目标之间的对立关系。在通常情况下，如果对工程质量有较高的要求，就需要投入较多的资金和花费较长的建设时间；如果要抢时间、争进度，以极短的时间完成建设工程，势必会增加投资或者使工程质量下降；如果要减少投资、节约费用，势必会考虑降低工程项目的功能要求和质量标准。这些表明，建设工程三大目标之间存在着矛盾和对立的一面。

(2) 三大目标之间的统一关系。在通常情况下，适当增加投资数量，为采取加快进度的措施提供经济条件，即可加快工程建设进度，缩短工期，使工程项目尽早动用，投资尽早收回，建设工程全寿命期经济效益得到提高；适当提高建设工程功能要求和质量标准，虽然会造成一次性投资的增加和建设工期的延长，但能够节约工程项目动用后的运行费和维修费，从而获得更好的投资效益。如果建设工程进度计划制定得既科学又合理，使工程进展具有连续性和均衡性，不但可以缩短建设工期，而且有可能获得较好的工程质量和降低工程造价。这些表明，建设工程三大目标之间存在着统一的一面。

### 2. 建设工程三大目标的确定与分解

控制建设工程三大目标，需要综合考虑建设工程三大目标之间相互关系，在分析论证基础上明确建设工程项目质量、造价、进度总目标；需要从不同角度将建设工程总目标分解成若干分目标、子目标及可执行目标，从而形成"自上而下层层展开、自下而上层层保证"的目标体系，为建设工程三大目标动态控制奠定基础。

(1) 建设工程总目标的分析论证。建设工程总目标是建设工程目标控制的基本前提，也是建设工程监理成功与否的重要判据。确定建设工程总目标，需要根据建设工程投资方及利益相关者需求，并结合建设工程本身及所处环境特点进行综合论证。

分析论证建设工程总目标，应遵循下列基本原则：

1) 确保建设工程质量目标符合工程建设强制性标准。工程建设强制性标准是有关人民生命财产安全、人体健康、环境保护和公众利益的技术要求，在追求建设工程质量、造价和进度三大目标间最佳匹配关系时，应确保建设工程质量目标符合工程建设强制性标准。

2) 定性分析与定量分析相结合。在建设工程目标系统中，质量目标通常采用定性分析方法，而造价、进度目标可采用定量分析方法。对于某一建设工程而言，采用不同的质量标准，会有不同的工程造价和工期，需要采用定性分析与定量分析相结合的方法综合论证建设工程三大目标。

3) 不同建设工程三大目标可具有不同的优先等级。建设工程质量、造价、进度三大目标的优先顺序并非固定不变。由于每一建设工程的建设背景、复杂程度、投资方及利益相关者需求等不同，决定了三大目标的重要性顺序不同。有的建设工程工期要求紧迫，有的建设工程资金紧张等，从而决定了三大目标在不同建设工程中具有不同的优先等级。

总之，建设工程三大目标之间密切联系、相互制约，需要应用多目标决策、多级梯阶、动态规划等理论统筹考虑、分析论证，努力在"质量优、投资省、工期短"之间寻求最佳匹配。

(2) 建设工程总目标的逐级分解。为了有效地控制建设工程三大目标，需要逐级分解建设工程总目标，按工程参建单位、工程项目组成和时间进展等制定分目标、子目标及可执行目标，形成建设工程目标体系。在建设工程目标体系中，各级目标之间相互联系，上一级目标控制下一级目标，下一级目标保证上一级目标的实现，最终保证建设工程总目标的实现。

### 3. 建设工程三大目标控制的任务和措施

(1)三大目标动态控制过程。建设工程目标体系构建后，建设工程监理工作的关键在于动态控制。为此，需要在建设工程实施过程中监测实施绩效，并将实施绩效与计划目标进行比较，采取有效措施纠正实施绩效与计划目标之间的偏差，力求使建设工程实现预定目标。

(2)三大目标控制任务。

1)建设工程质量控制任务。建设工程质量控制，就是通过采取有效措施，在满足工程造价和进度要求的前提下，实现预定的工程质量目标。

项目监理机构在建设工程施工阶段质量控制的主要任务是通过对施工投入、施工和安装过程、施工产出品(分项工程、分部工程、单位工程、单项工程等)进行全过程控制，以及对施工单位及其人员的资格、材料和设备、施工机械和机具、施工方案和方法、施工环境实施全面控制，以期按标准实现预定的施工质量目标。

为完成施工阶段质量控制任务，项目监理机构需要做好以下工作：协助建设单位做好施工现场准备工作，为施工单位提交合格的施工现场；审查确认施工总包单位及分包单位资格；检查工程材料、构配件、设备质量；检查施工机械和机具质量；审查施工组织设计和施工方案；检查施工单位的现场质量管理体系和管理环境；控制施工工艺过程质量；验收分部分项工程和隐蔽工程；处置工程质量问题、质量缺陷；协助处理工程质量事故；审核工程竣工图，组织工程预验收；参加工程竣工验收等。

2)建设工程造价控制任务。建设工程造价控制，就是通过采取有效措施，在满足工程质量和进度要求的前提下，力求使工程实际造价不超过预定造价目标。

项目监理机构在建设工程施工阶段造价控制的主要任务是通过工程计量、工程付款控制、工程变更费用控制、预防并处理好费用索赔、挖掘降低工程造价潜力等使工程实际费用支出不超过计划投资。

为完成施工阶段造价控制任务，项目监理机构需要做好以下工作：协助建设单位制定施工阶段资金使用计划，严格进行工程计量和付款控制，做到不多付、不少付、不重复付；严格控制工程变更，力求减少工程变更费用；研究确定预防费用索赔的措施，以避免、减少施工索赔；及时处理施工索赔，并协助建设单位进行反索赔；协助建设单位按期提交合格施工现场，保质、保量、适时、适地提供由建设单位负责提供的工程材料和设备；审核施工单位提交的工程结算文件等。

3)建设工程进度控制任务。建设工程进度控制，就是通过采取有效措施，在满足工程质量和造价要求的前提下，力求使工程实际工期不超过计划工期目标。

项目监理机构在建设工程施工阶段进度控制的主要任务是通过完善建设工程控制性进度计划、审查施工单位提交的进度计划、做好施工进度动态控制工作、协调各相关单位之间的关系、预防并处理好工期索赔，力求实际施工进度满足计划施工进度的要求。

为完成施工阶段进度控制任务，项目监理机构需要做好以下工作：完善建设工程控制性进度计划；审查施工单位提交的施工进度计划；协助建设单位编制和实施由建设单位负责供应的材料和设备供应进度计划；组织进度协调会议，协调有关各方关系；跟踪检查实际施工进度；研究制定预防工期索赔的措施，做好工程延期审批工作等。

(3)三大目标控制措施。为了有效地控制建设工程项目目标，应从组织、技术、经济、合同等多方面采取措施。

1)组织措施。组织措施是其他各类措施的前提和保障，其包括：建立健全实施动态控制的组织机构、规章制度和人员，明确各级目标控制人员的任务和职责分工，改善建设工程目标控制的工作流程；建立建设工程目标控制工作考评机制，加强各单位（部门）之间的沟通协作；加强动态控制过程中的激励措施，调动和发挥员工实现建设工程目标的积极性和创造性等。

2）技术措施。为了对建设工程目标实施有效控制，需要对多个可能的建设方案、施工方案等进行技术可行性分析。为此，需要对各种技术数据进行审核、比较，需要对施工组织设计、施工方案等进行审查、论证等。另外，在整个建设工程实施过程中，还需要采用工程网络计划技术、信息化技术等实施动态控制。

3）经济措施。无论是对建设工程造价目标实施控制，还是对建设工程质量、进度目标实施控制，都离不开经济措施。经济措施不仅是审核工程量、工程款支付申请及工程结算报告，还需要编制和实施资金使用计划，对工程变更方案进行技术经济分析等。而且通过投资偏差分析和未完工程投资预测，可发现一些可能引起未完工程投资增加的潜在问题，从而便于以主动控制为出发点，采取有效措施加以预防。

4）合同措施。加强合同管理是控制建设工程目标的重要措施。建设工程总目标及分目标反映在建设单位与工程参建主体所签订的合同之中。由此可见，通过选择合理的承发包模式和合同计价方式，选定满意的施工单位及材料设备供应单位，拟订完善的合同条款，并动态跟踪合同执行情况及处理好工程索赔等，是控制建设工程目标的重要合同措施。

### (二)合同管理

建设工程实施过程中会涉及许多合同，如勘察设计合同、施工合同、监理合同、咨询合同、材料设备采购合同等。合同管理是在市场经济体制下组织建设工程实施的基本手段，也是项目监理机构控制建设工程质量、造价、进度三大目标的重要手段。

完整的建设工程施工合同管理应包括施工招标的策划与实施；合同计价方式及合同文本的选择；合同谈判及合同条件的确定；合同协议书的签署；合同履行检查；合同变更、违约及纠纷的处理；合同订立和履行的总结评价等。

根据《建设工程监理规范》(GB/T 50319—2013)，项目监理机构在处理工程暂停及复工、工程变更、索赔及施工合同争议、解除等方面的合同管理职责如下：

#### 1. 工程暂停及复工处理

(1)签发工程暂停令的情形。项目监理机构发现下列情况之一时，总监理工程师应及时签发工程暂停令。

1)建设单位要求暂停施工且工程需要暂停施工的；
2)施工单位未经批准擅自施工或拒绝项目监理机构管理的；
3)施工单位未按审查通过的工程设计文件施工的；
4)施工单位违反工程建设强制性标准的；
5)施工存在重大质量、安全事故隐患或发生质量、安全事故的。

总监理工程师在签发工程暂停令时，可根据停工原因的影响范围和影响程度，确定停工范围。总监理工程师签发工程暂停令，应事先征得建设单位同意，在紧急情况下未能事先报告时，应在事后及时向建设单位作出书面报告。

(2)工程暂停相关事宜。暂停施工事件发生时，项目监理机构应如实记录所发生的情况。总监理工程师应会同有关各方按施工合同约定，处理因工程暂停引起的与工期、费用有关的问题。

因施工单位原因暂停施工时，项目监理机构应检查、验收施工单位的停工整改过程、结果。

(3)复工审批或指令。当暂停施工原因消失、具备复工条件时，施工单位提出复工申请的，项目监理机构应审查施工单位报送的工程复工报审表及有关材料，符合要求后，总监理工程师应及时签署审查意见，并应报建设单位批准后签发工程复工令；施工单位未提出复工申请的，总监理工程师应根据工程实际情况指令施工单位恢复施工。

### 2. 工程变更处理

(1)施工单位提出的工程变更处理程序。项目监理机构可按下列程序处理施工单位提出的工程变更。

1)总监理工程师组织专业监理工程师审查施工单位提出的工程变更申请，提出审查意见。对涉及工程设计文件修改的工程变更，应由建设单位转交原设计单位修改工程设计文件。必要时，项目监理机构应建议建设单位组织设计、施工等单位召开论证工程设计文件的修改方案的专题会议。

2)总监理工程师组织专业监理工程师对工程变更费用及工期影响作出评估。

3)总监理工程师组织建设单位、施工单位等共同协商确定工程变更费用及工期变化，会签工程变更单。

4)项目监理机构根据批准的工程变更文件监督施工单位实施工程变更。

(2)建设单位要求的工程变更处理职责。项目监理机构可对建设单位要求的工程变更提出评估意见，并应督促施工单位按会签后的工程变更单组织施工。

### 3. 工程索赔处理

工程索赔包括费用索赔和工程延期申请。项目监理机构应及时收集、整理有关工程费用、施工进度的原始资料，为处理工程索赔提供证据。

项目监理机构应以法律法规、勘察设计文件、施工合同文件、工程建设标准、索赔事件的证据等为依据处理工程索赔。

(1)费用索赔处理。项目监理机构应按《建设工程监理规范》(GB/T 50319—2013)规定的费用索赔处理程序和施工合同约定的时效期限处理施工单位提出的费用索赔。当施工单位的费用索赔要求与工程延期要求相关联时，项目监理机构可提出费用索赔和工程延期的综合处理意见，并应与建设单位和施工单位协商。

因施工单位原因造成建设单位损失，建设单位提出索赔时，项目监理机构应与建设单位和施工单位协商处理。

(2)工程延期审批。项目监理机构应按《建设工程监理规范》(GB/T 50319—2013)规定的工程延期审批程序和施工合同约定的时效期限审批施工单位提出的工程延期申请。施工单位因工程延期提出费用索赔时，项目监理机构可按施工合同约定进行处理。

### 4. 施工合同争议与解除的处理

(1)施工合同争议的处理。项目监理机构应按《建设工程监理规范》(GB/T 50319—2013)规定的程序处理施工合同争议。在处理施工合同争议过程中，对未达到施工合同约定的暂停履行合同条件的，应要求施工合同双方继续履行合同。

在施工合同争议的仲裁或诉讼过程中，项目监理机构应按仲裁机关或法院要求提供与争议有关的证据。

(2)施工合同解除的处理。

1)因建设单位原因导致施工合同解除时，项目监理机构应按施工合同约定与建设单位和施工单位协商确定施工单位应得款项，并签发工程款支付证书。

2)因施工单位原因导致施工合同解除时,项目监理机构应按施工合同约定,确定施工单位应得款项或偿还建设单位的款项,与建设单位和施工单位协商后,书面提交施工单位应得款项或偿还建设单位款项的证明。

3)因非建设单位、施工单位原因导致施工合同解除时,项目监理机构应按施工合同约定处理合同解除后的有关事宜。

### (三)信息管理

建设工程信息管理是指对建设工程信息的收集、加工、整理、存储、传递、应用等一系列工作的总称。信息管理是建设工程监理的重要手段之一,及时掌握准确、完整的信息,可以使监理工程师耳聪目明,更加卓有成效地完成建设工程监理与相关服务工作。信息管理工作的好坏,将直接影响建设工程监理与相关服务工作的成败。

**1. 信息管理的基本环节**

建设工程信息管理贯穿工程建设全过程,其基本环节包括信息的收集、传递、加工、整理、分发、检索和存储。

(1)建设工程信息的收集。在建设工程的不同进展阶段,会产生大量的信息。工程监理单位的介入阶段不同,决定了信息收集的内容不同。如果工程监理单位接受委托在建设工程决策阶段提供咨询服务,则需要收集与建设工程相关的市场、资源、自然环境、社会环境等方面的信息;如果是在建设工程设计阶段提供项目管理服务,需要收集的信息包括:工程项目可行性研究报告及前期相关文件资料;同类工程相关资料;拟建工程所在地信息;勘察、测量、设计单位相关信息;拟建工程所在地政府部门相关规定;拟建工程设计质量保证体系及进度计划等。如果是在建设工程施工招标阶段提供相关服务,需要收集的信息包括:工程立项审批文件;工程地质、水文地质勘察报告;工程设计及概算文件;施工图设计审批文件;工程所在地工程材料、构配件、设备、劳动力市场价格及变化规律;工程所在地工程建设标准及招投标相关规定等。

在建设工程施工阶段,项目监理机构应收集的信息如下:

1)建设工程施工现场的地质、水文、测量、气象等数据;地上、地下管线,地下洞室,地上既有建筑物、构筑物及树木、道路,建筑红线,水、电、气管道的引入标志;地质勘察报告、地形测量图及标桩等环境信息。

2)施工机构组成及进场人员资格;施工现场质量及安全生产保证体系;施工组织设计及(专项)施工方案、施工进度计划;分包单位资格等信息。

3)进场设备的规格型号、保修记录;工程材料、构配件、设备的进场、保管、使用等信息。

4)施工项目管理机构管理程序;施工单位内部工程质量、成本、进度控制及安全生产管理的措施及实施效果;工序交接制度;事故处理程序;应急预案等信息。

5)施工中需要执行的国家、行业或地方工程建设标准;施工合同履行情况。

6)施工过程中发生的工程数据,如地基验槽及处理记录;工序交接检查记录;隐蔽工程检查验收记录;分部分项工程检查验收记录等。

7)工程材料、构配件、设备质量证明资料及现场测试报告。

8)设备安装试运行及测试信息,如电气接地电阻、绝缘电阻测试,管道通水、通气、通风试验,电梯施工试验,消防报警、自动喷淋系统联动试验等信息。

9)工程索赔相关信息,如索赔处理程序、索赔处理依据、索赔证据等。

(2)建设工程信息的加工、整理、分发、检索和存储。

1)信息的加工和整理。信息的加工和整理主要是指将所获得的数据和信息通过鉴别、选择、核对、合并、排序、更新、计算、汇总等,生成不同形式的数据和信息,目的是提供给各类管理人员使用。加工和整理数据和信息,往往需要按照不同的需求分层进行。

工程监理人员对于数据和信息的加工要从鉴别开始。一般而言,工程监理人员自己收集的数据和信息的可靠度较高;而对于施工单位报送的数据,就需要进行鉴别、选择、核对,对于动态数据需要及时更新。为便于应用,还需要对收集来的数据和信息按照工程项目组成(单位工程、分部工程、分项工程等)、工程项目目标(质量、造价、成本)等进行汇总和组织。

科学的信息加工和整理,需要基于业务流程图和数据流程图,结合建设工程监理与相关服务业务工作绘制业务流程图和数据流程图,不仅是建设工程信息加工和整理的重要基础,而且是优化建设工程监理与相关服务业务处理过程、规范建设工程监理与相关服务行为的重要手段。

①业务流程图。业务流程图是以图示形式表示业务处理过程。通过绘制业务流程图,可以发现业务流程的问题或不完善之处,进而可以优化业务处理过程。

②数据流程图。数据流程图是根据业务流程图,将数据流程以图示形式表示出来。数据流程图的绘制应自上而下地层层细化。

2)信息的分发和检索。加工整理后的信息要及时提供给需要使用信息的部门和人员,信息的分发要根据需要来进行,信息的检索需要建立在一定的分级管理制度上。信息分发和检索的基本原则是:需要信息的部门和人员有权在需要的第一时间得到所需要的信息。

设计信息分发制度时需要考虑以下几项:

①了解信息使用部门和人员的使用目的、使用周期、使用频率、获得时间及信息的安全要求;

②决定信息分发的内容、数量、范围、数据来源;

③决定信息分发的数据结构、类型、精度和格式;

④决定提供信息的介质。

设计信息检索时需要考虑以下几项:

①允许检索的范围,检索的密级划分,密码管理等;

②检索的信息能否及时、快速地提供,实现的手段;

③所检索信息的输出形式,能否根据关键词实现智能检索等。

3)信息的存储。存储信息需要建立统一数据库。需要根据建设工程实际,规范地组织数据文件。

①按照工程进行组织,同一工程按照质量、造价、进度、合同等类别组织,各类信息再进一步根据具体情况进行细化;

②工程参建各方要协调统一数据存储方式,数据文件名要规范化,要建立统一的编码体系;

③尽可能以网络数据库形式存储数据,减少数据冗余,保证数据的唯一性,并实现数据共享。

**2. 信息管理系统**

随着工程建设规模的不断扩大,信息量的增加是非常惊人的。依靠传统的手工处理方式已难以适应工程建设管理需求。建设工程信息管理系统已成为建设工程管理的基本手段。

(1)信息管理系统的主要作用。建设工程信息管理系统作为处理工程项目信息的人—机系统,其主要作用体现在以下几个方面:

1)利用计算机数据存储技术,存储和管理与工程项目有关的信息,并随时进行查询和更新。

2)利用计算机数据处理功能,快速、准确地处理工程项目管理所需要的信息,例如:工程造价的估算与控制;工程进度计划的编制和优化等。

3)利用计算机分析运算功能,快速提供高质量的决策支持信息和备选方案。

4)利用计算机网络技术,实现工程参建各方、各部门之间的信息共享和协同工作。

5)利用计算机虚拟现实技术,直观展示工程项目大量数据和信息。

(2)信息管理系统的基本功能。建设工程信息管理系统的目标是实现信息的系统管理和提供必要的决策支持。建设工程信息管理系统可以为监理工程师提供标准化、结构化的数据;提供预测、决策所需要的信息及分析模型;提供建设工程目标动态控制的分析报告;提供解决建设工程监理问题的多个备选方案。工程实践中,建设工程信息管理系统的名称有多种。无论名称如何,建设工程信息管理系统的基本功能应至少包括工程质量控制、工程造价控制、工程进度控制、工程合同管理四个子系统。

随着信息化技术的快速发展,信息管理平台得到越来越广泛的应用。基于建设工程信息管理平台,工程参建各方可以实现信息共享和协同工作。特别是近年来建筑信息建模(Building Information Modeling,BIM)技术的应用,为建设工程信息管理提供了可视化手段。

### (四)组织协调

建设工程监理目标的实现,需要监理工程师扎实的专业知识和对建设工程监理程序的有效执行。另外,还需要监理工程师有较强的组织协调能力。通过组织协调,能够使影响建设工程监理目标实现的各方主体有机配合、协同一致,促进建设工程监理目标的实现。

#### 1. 项目监理机构组织协调内容

从系统工程角度来看,项目监理机构组织协调内容可分为系统内部(项目监理机构)协调和系统外部协调两大类。系统外部协调又可分为系统近外层协调和系统远外层协调。近外层和远外层的主要区别是建设单位与近外层关联单位之间有合同关系,与远外层关联单位之间没有合同关系。

(1)项目监理机构内部的协调。

1)项目监理机构内部人际关系的协调。项目监理机构是由工程监理人员组成的工作体系,工作效率在很大程度上取决于人际关系的协调程度。总监理工程师应首先协调好人际关系,激励项目监理机构人员。

①在人员安排上要量才录用。要根据项目监理机构中每个人的专长进行安排,做到人尽其才。工程监理人员的搭配要注意能力互补和性格互补,人员配置要尽可能少而精,避免力不胜任和忙闲不均。

②在工作委任上要职责分明。对项目监理机构中的每一个岗位,都要明确岗位目标和责任,应通过职位分析,使管理职能不重不漏,做到事事有人管,人人有专责,同时明确岗位职权。

③在绩效评价上要实事求是。要发扬民主作风,实事求是地评价工程监理人员工作绩效,以免人员无功自傲或有功受屈,使每个人热爱自己的工作,并对工作充满信心和希望。

④在矛盾调解上要恰到好处。人员之间的矛盾总是存在的,一旦出现矛盾,就要进行调解,要多听取项目监理机构成员的意见和建议,及时沟通,使工程监理人员始终处于团结、和谐、热情高涨的工作氛围之中。

2)项目监理机构内部组织关系的协调。项目监理机构是由若干部门(专业组)组成的工作体系,每个专业组都有自己的目标和任务。如果每个专业组都从建设工程整体利益出发,理解和履行自己的职责，整个建设工程就会处于有序的良性状态，否则，整个系统便会处于无序的紊乱状态，导致功能失调，效率下降。为此，应从以下几个方面协调项目监理机构内部组织关系。

①在目标分解的基础上设置组织机构，根据工程特点及建设工程监理合同约定的工作内容，设置相应的管理部门。

②明确规定每个部门的目标、职责和权限，最好以规章制度形式作出明确规定。

③事先约定各个部门在工作中的相互关系。工程建设中的许多工作是由多个部门共同完成的，其中有主办、牵头和协作、配合之分，事先约定，可避免误事、脱节等贻误工作现象的发生。

④建立信息沟通制度。如采用工作例会、业务碰头会，发送会议纪要、工作流程图、信息传递卡等来沟通信息，这样有利于从局部了解全局，服从并适应全局需要。

⑤及时消除工作中的矛盾或冲突。坚持民主作风，注意从心理学、行为科学角度激励各个成员的工作积极性；实行公开信息政策，让大家了解建设工程实施情况、遇到的问题或危机；经常性地指导工作，与项目监理机构成员一起商讨遇到的问题，多倾听他们的意见和建议。

3）项目监理机构内部需求关系的协调。建设工程监理实施中有人员需求、检测试验设备需求等，而资源是有限的，因此，内部需求平衡至关重要。协调平衡需求关系需要从以下环节考虑。

①对建设工程监理检测试验设备的平衡。建设工程监理开始实施时，要做好监理规划和监理实施细则的编写工作，合理配置建设工程监理资源，要注意期限的及时性、规格的明确性、数量的准确性、质量的规定性。

②对工程监理人员的平衡。要抓住调度环节，注意各专业监理工程师的配合。工程监理人员的安排必须考虑到工程进展情况，根据工程实际进展安排工程监理人员进退场计划，以保证建设工程监理目标的实现。

(2)项目监理机构与建设单位的协调。建设工程监理实践证明，项目监理机构与建设单位组织协调的好坏，在很大程度上决定了建设工程监理目标能否顺利实现。

我国长期计划经济体制的惯性思维，使得多数建设单位合同意识差、工作随意性大，其主要体现为：一是沿袭计划经济时期的基建管理模式，搞"大业主、小监理"，建设单位的工程建设管理人员有时比工程监理人员多，或者由于建设单位的管理层次多，对建设工程监理工作干涉多，并插手工程监理人员的具体工作；二是不能将合同中约定的权力交给工程监理单位，致使监理工程师有职无权，不能充分发挥作用；三是科学管理意识差，随意压缩工期、压低造价，工程实施过程中变更多或不能按时履行职责，给建设工程监理工作带来困难。因此，与建设单位的协调是建设工程监理工作的重点和难点。监理工程师应从以下几个方面加强与建设单位的协调。

1）监理工程师首先要理解建设工程总目标和建设单位的意图。对于未能参加工程项目决策过程的监理工程师，必须了解项目构思的基础、起因、出发点，否则，会对建设工程监理目标及任务有不完整、不准确的理解，从而给监理工作造成困难。

2）利用工作之便做好建设工程监理宣传工作，增进建设单位对建设工程监理的理解，特别是对建设工程管理各方职责及监理程序的理解；主动帮助建设单位处理工程建设中的事务性工作，以自己规范化、标准化、制度化的工作去影响和促进双方工作的协调一致。

3）尊重建设单位，让建设单位一起投入工程建设全过程。尽管有预定目标，但建设工程实施必须执行建设单位指令，使建设单位满意。对建设单位提出的某些不适当要求，只要不属于原则问题，都可先执行，然后在适当时机、采取适当方式加以说明或解释；对于原则性问题，可采取书面报告等方式说明原委，尽量避免发生误解，使建设工程得以顺利实施。

(3)项目监理机构与施工单位的协调。监理工程师对工程质量、造价、进度目标的控制，以及履行建设工程安全生产管理的法定职责，都是通过施工单位的工作来实现的，因此，做好与施工单位的协调工作是监理工程师组织协调工作的重要内容。

1)与施工单位的协调应注意以下问题：

①坚持原则，实事求是，严格按规范、规程办事，讲究科学态度。监理工程师应强调各方面利益的一致性和建设工程总目标；应鼓励施工单位向其汇报建设工程实施状况、实施结果和遇到的困难和意见，以寻求对建设工程目标控制的有效解决办法。双方了解得越多越深刻，建设工程监理工作中的对抗和争执就越少。

②协调不仅是方法、技术问题，更多的是语言艺术、感情交流和用权适度问题。有时尽管协调意见是正确的，但由于方式或表达不妥，反而会激化矛盾。高超的协调能力则往往会起到事半功倍的效果，令各方面都满意。

2)与施工单位的协调工作内容主要有以下几项：

①与施工项目经理关系的协调。施工项目经理及工地工程师最希望监理工程师能够公平、通情达理，指令明确而不含糊，并且能及时答复所询问的问题。监理工程师既要懂得坚持原则，又善于理解施工项目经理的意见，工作方法灵活，能够随时提出或愿意接受变通办法解决问题。

②施工进度和质量问题的协调。由于工程施工进度和质量的影响因素错综复杂，因而施工进度和质量问题的协调工作也十分复杂。监理工程师应采用科学的进度和质量控制方法，设计合理的奖罚机制及组织现场协调会议等协调工程施工进度和质量问题。

③对施工单位违约行为的处理。在工程施工过程中，监理工程师对施工单位的某些违约行为进行处理是一件需要慎重而又难免的事情。当发现施工单位未采用适当的方法进行施工，或采用不符合质量要求的材料时，监理工程师除立即制止外，还需要采取相应的处理措施。遇到这种情况，监理工程师需要在其权限范围内采用恰当的方式及时作出协调处理。

④施工合同争议的协调。对于工程施工合同争议，监理工程师应首先采用协商解决方式，协调建设单位与施工单位的关系。协商不成时，才由合同当事人申请调解，甚至申请仲裁或诉讼。遇到非常棘手的合同争议时，不妨暂时搁置等待时机，另谋良策。

⑤对分包单位的管理。监理工程师虽然不直接与分包合同发生关系，但可对分包合同中的工程质量、进度进行直接跟踪监控，然后通过总承包单位进行调控、纠偏。分包单位在施工中发生的问题，由总承包单位负责协调处理。分包合同履行中发生的索赔问题，一般应由总承包单位负责，涉及总包合同中建设单位的义务和责任时，由总承包单位通过项目监理机构向建设单位提出索赔，由项目监理机构进行协调。

(4)项目监理机构与设计单位的协调。工程监理单位与设计单位都是受建设单位委托进行工作的，两者之间没有合同关系，因此，项目监理机构要与设计单位做好交流工作，需要建设单位的支持。

1)真诚尊重设计单位的意见，在设计交底和图纸会审时，要理解和掌握设计意图、技术要求、施工难点等，将标准过高、设计遗漏、图纸差错等问题在施工之前解决。进行结构工程验收、专业工程验收、竣工验收等工作，要约请设计代表参加。发生质量事故时，要认真听取设计单位的处理意见等。

2)施工中发现设计问题，应及时按工作程序通过建设单位向设计单位提出，以免造成更大的直接损失。监理单位掌握比原设计更先进的新技术、新工艺、新材料、新结构、新设备时，可主动通过建设单位与设计单位沟通。

3)注意信息传递的及时性和程序性。监理工作联系单、工程变更单等要按规定的程序进行传递。

(5)项目监理机构与政府部门及其他单位的协调。在建设工程实施过程中,政府部门、金融组织、社会团体、新闻媒介等也会起到一定的控制、监督、支持、帮助作用。

1)与政府部门的协调。其内容包括:与工程质量监督机构的交流和协调;建设工程合同备案;协助建设单位在征地、拆迁、移民等方面的工作争取得到政府有关部门的支持;现场消防设施的配置得到消防部门检查认可;现场环境污染防治得到环保部门认可等。

2)与社会团体、新闻媒介等的协调。建设单位和项目监理机构应把握机会,争取社会各界对建设工程的关心和支持。这是一种争取良好社会环境的远外层关系的协调,建设单位应起主导作用。如果建设单位确需将部分或全部远外层关系协调工作委托工程监理单位承担,则应在建设工程监理合同中明确委托的工作和相应报酬。

### 2. 项目监理机构组织协调方法

项目监理机构可采用以下方法进行组织协调:

(1)会议协调法。会议协调法是建设工程监理中最常用的一种协调方法,包括第一次工地会议、监理例会、专题会议等。

1)第一次工地会议。第一次工地会议是建设工程尚未全面展开、总监理工程师下达开工令前,建设单位、工程监理单位和施工单位对各自人员及分工、开工准备、监理例会的要求等情况进行沟通和协调的会议,也是检查开工前各项准备工作是否就绪并明确监理程序的会议。第一次工地会议应由建设单位主持,监理单位、总承包单位授权代表参加,也可邀请分包单位代表参加,必要时可邀请有关设计单位人员参加。第一次工地会议上,总监理工程师应介绍监理工作的目标、范围和内容、项目监理机构及人员职责分工、监理工作程序、方法和措施等。

2)监理例会。监理例会是项目监理机构定期组织有关单位研究解决与监理相关问题的会议。监理例会应由总监理工程师或其授权的专业监理工程师主持召开,宜每周召开一次。参加人员包括项目总监理工程师或总监理工程师代表、其他有关监理人员、施工项目经理、施工单位其他有关人员。如有需要,也可邀请其他有关单位代表参加。

监理例会主要内容应包括以下几项:

①检查上次例会议定事项的落实情况,分析未完事项原因;
②检查分析工程项目进度计划完成情况,提出下一阶段进度目标及其落实措施;
③检查分析工程项目质量、施工安全管理状况,针对存在的问题提出改进措施;
④检查工程量核定及工程款支付情况;
⑤解决需要协调的有关事项;
⑥其他有关事宜。

3)专题会议。专题会议是由总监理工程师或其授权的专业监理工程师主持或参加的,为解决建设工程监理过程中的工程专项问题而不定期召开的会议。

(2)交谈协调法。在建设工程监理实践中,并不是所有问题都需要开会来解决,有时可采用"交谈"的方法进行协调。交谈包括面对面的交谈和电话、电子邮件等形式交谈。

无论是内部协调还是外部协调,交谈协调法的使用频率是相当高的。由于交谈本身没有合同效力,而且具有方便、及时等特性,因此,工程参建各方之间及项目监理机构内部都愿意采用这一方法进行协调。另外,相对于书面寻求协作而言,人们更难于拒绝面对面的请求。因此,采用交谈方式请求协作和帮助比采用书面方法实现的可能性要大。

(3)书面协调法。当会议或者交谈不方便或不需要时,或者需要精确地表达自己的意见时,就会采用书面协调的方法。书面协调法的特点是具有合同效力,一般常用于以下几个方面:

1)不需双方直接交流的书面报告、报表、指令和通知等;

2)需要以书面形式向各方提供详细信息和情况通报的报告、信函和备忘录等;

3)事后对会议记录、交谈内容或口头指令的书面确认。

总而言之,组织协调是一种管理艺术和技巧,监理工程师尤其是总监理工程师需要掌握领导科学、心理学、行为科学方面的知识和技能,如激励、交际、表扬和批评的艺术、开会艺术、谈话艺术、谈判技巧等。只有这样,监理工程师才能进行有效的组织协调。

### (五)安全生产管理

项目监理机构应根据法律法规、工程建设强制性标准,履行建设工程安全生产管理的监理职责,并应将安全生产管理的监理工作内容、方法和措施纳入监理规划及监理实施细则。

#### 1. 施工单位安全生产管理体系的审查

(1)审查施工单位的管理制度、人员资格及验收手续。项目监理机构应审查施工单位现场安全生产规章制度的建立和实施情况;审查施工单位安全生产许可证的符合性和有效性;审查施工单位项目经理、专职安全生产管理人员和特种作业人员的资格;核查施工机械和设施的安全许可验收手续。

施工单位在使用施工起重机械和整体提升脚手架、模板等自升式架设设施前,应当组织有关单位进行验收,也可以委托具有相应资质的检验检测机构进行验收;使用承租的机械设备和施工机具及配件的,由施工总承包单位、分包单位、出租单位和安装单位共同进行验收,验收合格后方可使用。

(2)审查专项施工方案。项目监理机构应审查施工单位报审的专项施工方案,符合要求的,应由总监理工程师签认后报建设单位。超过一定规模的危险性较大的分部分项工程的专项施工方案,应检查施工单位组织专家进行论证、审查的情况,以及是否附具安全验算结果。

专项施工方案审查的基本内容包括以下几项:

1)编审程序应符合相关规定。专项施工方案由施工项目经理组织编制,经施工单位技术负责人签字后,才能报送项目监理机构审查。

2)安全技术措施应符合工程建设强制性标准。

#### 2. 专项施工方案的监督实施及安全事故隐患的处理

(1)专项施工方案的监督实施。

1)项目监理机构应要求施工单位按已批准的专项施工方案组织施工。专项施工方案需要调整时,施工单位应按程序重新提交项目监理机构审查。

2)项目监理机构应巡视检查危险性较大的分部分项工程专项施工方案实施情况。发现未按专项施工方案实施时,应签发监理通知单,要求施工单位按专项施工方案实施。

(2)安全事故隐患的处理。项目监理机构在实施监理过程中,发现工程存在安全事故隐患时,应签发监理通知单,要求施工单位整改;情况严重时,应签发工程暂停令,并应及时报告建设单位。施工单位拒不整改或不停止施工时,项目监理机构应及时向有关主管部门报送监理报告。

紧急情况下,项目监理机构可通过电话、传真或者电子邮件向有关主管部门报告,事后应形成监理报告。

## 第四节 建设工程监理合同管理制度

### 一、监理合同概述

#### (一)监理合同的概念及特征

**1. 监理合同的概念**

建设工程监理合同(简称监理合同),是指委托人与监理人就委托的工程项目管理内容签订的明确双方权利、义务的协议。

**2. 监理合同的特征**

(1)监理合同的当事人应是具有民事权力能力和民事行为能力、取得法人资格的企事业单位、其他社会组织,个人在法律允许的范围内也可以成为合同的当事人。

(2)监理合同委托的工作内容必须符合工程项目建设程序,遵守有关法律、行政法规。

(3)监理合同的标的是服务,即监理工程师凭据自己的知识、经验、技能,受建设单位委托为其所签订的其他合同的履行实施监督和管理。

建设工程实施阶段所签订的其他合同,如勘察设计合同、施工承包合同、物资采购合同、加工承揽合同的标的物是产生新的物质成果或信息成果。

#### (二)监理合同形式

(1)住房和城乡建设部与国家工商行政管理总局 2012 年 3 月 27 日发布了《建设工程监理合同(示范文本)》(GF—2012—0202)。示范文本中的条款属于推荐使用,应结合具体工程的特点加以取舍、补充,最终形成责任明确、操作性强的合同。

(2)电力建设工程监理合同的形式可根据国家的有关规定以及委托人的要求采用相应的范本。

如国家电网工程,采用 2010 年 4 月 1 日的国家电网公司发布的统一合同文本(第二批)中《电力建设工程监理合同》。

监理合同由合同协议书、通用条款、专用条款三部分组成。

### 二、监理合同的内容

《建设工程监理合同(示范文本)》(GF—2012—0202)包括"协议书""通用条件""专用条件"、附录 A 和附录 B 五部分内容。

## 第一部分 协议书

委托人(全称):_____

监理人(全称):_____

根据《中华人民共和国合同法》《中华人民共和国建筑法》及其他有关法律、法规,遵循平等、自愿、公平和诚信的原则,双方就下述工程委托监理与相关服务事项协商一致,订立本合同。

一、工程概况

1. 工程名称:_____;

2. 工程地点：_____；
3. 工程规模：_____；
4. 工程概算投资额或建筑安装工程费：_____。

二、词语限定

协议书中相关词语的含义与通用条件中的定义与解释相同。

三、组成本合同的文件

1. 协议书；
2. 中标通知书(适用于招标工程)或委托书(适用于非招标工程)；
3. 投标文件(适用于招标工程)或监理与相关服务建议书(适用于非招标工程)；
4. 专用条件；
5. 通用条件；
6. 附录，即：

附录 A　相关服务的范围和内容

附录 B　委托人派遣的人员和提供的房屋、资料、设备

本合同签订后，双方依法签订的补充协议也是本合同文件的组成部分。

四、总监理工程师

总监理工程师姓名：_____，身份证号码：_____，注册号：_____。

五、签约酬金

签约酬金(大写)：_____(¥_____)。

包括：

1. 监理酬金：_____。
2. 相关服务酬金：_____。

其中：

(1)勘察阶段服务酬金：_____。
(2)设计阶段服务酬金：_____。
(3)保修阶段服务酬金：_____。
(4)其他相关服务酬金：_____。

六、期限

1. 监理期限：

自_____年_____月_____日始，至_____年_____月_____日止。

2. 相关服务期限：

(1)勘察阶段服务期限自_____年_____月_____日始，至_____年_____月_____日止。

(2)设计阶段服务期限自_____年_____月_____日始，至_____年_____月_____日止。

(3)保修阶段服务期限自_____年_____月_____日始，至_____年_____月_____日止。

(4)其他相关服务期限自_____年_____月_____日始，至_____年_____月_____日止。

七、双方承诺

1. 监理人向委托人承诺，按照本合同约定提供监理与相关服务。

2. 委托人向监理人承诺，按照本合同约定派遣相应的人员，提供房屋、资料、设备，并按本合同约定支付酬金。

八、合同订立

1. 订立时间：_____年_____月_____日。
2. 订立地点：_____。
3. 本合同一式_____份，具有同等法律效力，双方各执_____份。

| | |
|---|---|
| 委　托　人：_____（盖章） | 监　理　人：_____（盖章） |
| 住　　　所：_____ | 住　　　所：_____ |
| 邮政编码：_____ | 邮政编码：_____ |
| 法定代表人或其 | 法定代表人或其 |
| 授权的代理人：_____（签字） | 授权的代理人：_____（签字） |
| 开户银行：_____ | 开户银行：_____ |
| 账　　号：_____ | 账　　号：_____ |
| 电　　话：_____ | 电　　话：_____ |
| 传　　真：_____ | 传　　真：_____ |
| 电子邮箱：_____ | 电子邮箱：_____ |

# 第二部分　通用条件

1. 定义与解释

1.1　定义

除根据上下文另有其意义外，组成本合同的全部文件中的下列名词和用语应具有本款所赋予的含义：

1.1.1　"工程"是指按照本合同约定实施监理与相关服务的建设工程。

1.1.2　"委托人"是指本合同中委托监理与相关服务的一方，及其合法的继承人或受让人。

1.1.3　"监理人"是指本合同中提供监理与相关服务的一方，及其合法的继承人。

1.1.4　"承包人"是指在工程范围内与委托人签订勘察、设计、施工等有关合同的当事人，及其合法的继承人。

1.1.5　"监理"是指监理人受委托人的委托，依照法律法规、工程建设标准、勘察设计文件及合同，在施工阶段对建设工程质量、进度、造价进行控制，对合同、信息进行管理，对工程建设相关方的关系进行协调，并履行建设工程安全生产管理法定职责的服务活动。

1.1.6　"相关服务"是指监理人受委托人的委托，按照本合同约定，在勘察、设计、保修等阶段提供的服务活动。

1.1.7　"正常工作"是指合同订立时通用条件和专用条件中约定的监理人的工作。

1.1.8　"附加工作"是指本合同约定的正常工作以外监理人的工作。

1.1.9　"项目监理机构"是指监理人派驻工程负责履行本合同的组织机构。

1.1.10　"总监理工程师"是指由监理人的法定代表人书面授权，全面负责履行本合同、主持项目监理机构工作的注册监理工程师。

1.1.11　"酬金"是指监理人履行本合同义务，委托人按照本合同约定给付监理人的金额。

1.1.12　"正常工作酬金"是指监理人完成正常工作，委托人应给付监理人并在协议书中载明的签约酬金额。

1.1.13 "附加工作酬金"是指监理人完成附加工作，委托人应给付监理人的金额。

1.1.14 "一方"是指委托人或监理人；"双方"是指委托人和监理人；"第三方"是指除委托人和监理人以外的有关方。

1.1.15 "书面形式"是指合同书、信件和数据电文（包括电报、电传、传真、电子数据交换和电子邮件）等可以有形地表现所载内容的形式。

1.1.16 "天"是指第一天零时至第二天零时的时间。

1.1.17 "月"是指按公历从一个月中任何一天开始的一个公历月时间。

1.1.18 "不可抗力"是指委托人和监理人在订立本合同时不可预见，在工程施工过程中不可避免发生并不能克服的自然灾害和社会性突发事件，如地震、海啸、瘟疫、水灾、骚乱、暴动、战争和专用条件约定的其他情形。

1.2 解释

1.2.1 本合同使用中文书写、解释和说明。如专用条件约定使用两种及以上语言文字时，应以中文为准。

1.2.2 组成本合同的下列文件彼此应能相互解释、互为说明。除专用条件另有约定外，本合同文件的解释顺序如下：

(1)协议书；

(2)中标通知书(适用于招标工程)或委托书(适用于非招标工程)；

(3)专用条件及附录 A、附录 B；

(4)通用条件；

(5)投标文件(适用于招标工程)或监理与相关服务建议书(适用于非招标工程)。

双方签订的补充协议与其他文件发生矛盾或歧义时，属于同一类内容的文件，应以最新签署的为准。

2. 监理人的义务

2.1 监理的范围和工作内容

2.1.1 监理范围在专用条件中约定。

2.1.2 除专用条件另有约定外，监理工作内容包括：

(1)收到工程设计文件后编制监理规划，并在第一次工地会议 7 天前报委托人。根据有关规定和监理工作需要，编制监理实施细则；

(2)熟悉工程设计文件，并参加由委托人主持的图纸会审和设计交底会议；

(3)参加由委托人主持的第一次工地会议；主持监理例会并根据工程需要主持或参加专题会议；

(4)审查施工承包人提交的施工组织设计，重点审查其中的质量安全技术措施、专项施工方案与工程建设强制性标准的符合性；

(5)检查施工承包人工程质量、安全生产管理制度及组织机构和人员资格；

(6)检查施工承包人专职安全生产管理人员的配备情况；

(7)审查施工承包人提交的施工进度计划，核查承包人对施工进度计划的调整；

(8)检查施工承包人的试验室；

(9)审核施工分包人资质条件；

(10)查验施工承包人的施工测量放线成果；

(11)审查工程开工条件，对条件具备的签发开工令；

(12)审查施工承包人报送的工程材料、构配件、设备质量证明文件的有效性和符合性,并按规定对用于工程的材料采取平行检验或见证取样方式进行抽检;

(13)审核施工承包人提交的工程款支付申请,签发或出具工程款支付证书,并报委托人审核、批准;

(14)在巡视、旁站和检验过程中,发现工程质量、施工安全存在事故隐患的,要求施工承包人整改并报委托人;

(15)经委托人同意,签发工程暂停令和复工令;

(16)审查施工承包人提交的采用新材料、新工艺、新技术、新设备的论证材料及相关验收标准;

(17)验收隐蔽工程、分部分项工程;

(18)审查施工承包人提交的工程变更申请,协调处理施工进度调整、费用索赔、合同争议等事项;

(19)审查施工承包人提交的竣工验收申请,编写工程质量评估报告;

(20)参加工程竣工验收,签署竣工验收意见;

(21)审查施工承包人提交的竣工结算申请并报委托人;

(22)编制、整理工程监理归档文件并报委托人。

2.1.3 相关服务的范围和内容在附录A中约定。

2.2 监理与相关服务依据

2.2.1 监理依据包括:

(1)适用的法律、行政法规及部门规章;

(2)与工程有关的标准;

(3)工程设计及有关文件;

(4)本合同及委托人与第三方签订的与实施工程有关的其他合同。

双方根据工程的行业和地域特点,在专用条件中具体约定监理依据。

2.2.2 相关服务依据在专用条件中约定。

2.3 项目监理机构和人员

2.3.1 监理人应组建满足工作需要的项目监理机构,配备必要的检测设备。项目监理机构的主要人员应具有相应的资格条件。

2.3.2 本合同履行过程中,总监理工程师及重要岗位监理人员应保持相对稳定,以保证监理工作正常进行。

2.3.3 监理人可根据工程进展和工作需要调整项目监理机构人员。监理人更换总监理工程师时,应提前7天向委托人书面报告,经委托人同意后方可更换;监理人更换项目监理机构其他监理人员,应以相当资格与能力的人员替换,并通知委托人。

2.3.4 监理人应及时更换有下列情形之一的监理人员:

(1)严重过失行为的;

(2)有违法行为不能履行职责的;

(3)涉嫌犯罪的;

(4)不能胜任岗位职责的;

(5)严重违反职业道德的;

(6)专用条件约定的其他情形。

2.3.5 委托人可要求监理人更换不能胜任本职工作的项目监理机构人员。

2.4 履行职责

监理人应遵循职业道德准则和行为规范，严格按照法律法规、工程建设有关标准及本合同履行职责。

2.4.1 在监理与相关服务范围内，委托人和承包人提出的意见和要求，监理人应及时提出处置意见。当委托人与承包人之间发生合同争议时，监理人应协助委托人、承包人协商解决。

2.4.2 当委托人与承包人之间的合同争议提交仲裁机构仲裁或人民法院审理时，监理人应提供必要的证明资料。

2.4.3 监理人应在专用条件约定的授权范围内，处理委托人与承包人所签订合同的变更事宜。如果变更超过授权范围，应以书面形式报委托人批准。

在紧急情况下，为了保护财产和人身安全，监理人所发出的指令未能事先报委托人批准时，应在发出指令后的 24 小时内以书面形式报委托人。

2.4.4 除专用条件另有约定外，监理人发现承包人的人员不能胜任本职工作的，有权要求承包人予以调换。

2.5 提交报告

监理人应按专用条件约定的种类、时间和份数向委托人提交监理与相关服务的报告。

2.6 文件资料

在本合同履行期内，监理人应在现场保留工作所用的图纸、报告及记录监理工作的相关文件。工程竣工后，应当按照档案管理规定将监理有关文件归档。

2.7 使用委托人的财产

监理人无偿使用附录 B 中由委托人派遣的人员和提供的房屋、资料、设备。除专用条件另有约定外，委托人提供的房屋、设备属于委托人的财产，监理人应妥善使用和保管，在本合同终止时将这些房屋、设备的清单提交委托人，并按专用条件约定的时间和方式移交。

3. 委托人的义务

3.1 告知

委托人应在委托人与承包人签订的合同中明确监理人、总监理工程师和授予项目监理机构的权限。如有变更，应及时通知承包人。

3.2 提供资料

委托人应按照附录 B 约定，无偿向监理人提供工程有关的资料。在本合同履行过程中，委托人应及时向监理人提供最新的与工程有关的资料。

3.3 提供工作条件

委托人应为监理人完成监理与相关服务提供必要的条件。

3.3.1 委托人应按照附录 B 约定，派遣相应的人员，提供房屋、设备，供监理人无偿使用。

3.3.2 委托人应负责协调工程建设中所有外部关系，为监理人履行本合同提供必要的外部条件。

3.4 委托人代表

委托人应授权一名熟悉工程情况的代表，负责与监理人联系。委托人应在双方签订本合同后 7 天内，将委托人代表的姓名和职责书面告知监理人。当委托人更换委托人代表时，应提前 7 天通知监理人。

3.5 委托人意见或要求

在本合同约定的监理与相关服务工作范围内，委托人对承包人的任何意见或要求应通知监理人，由监理人向承包人发出相应指令。

3.6 答复

委托人应在专用条件约定的时间内，对监理人以书面形式提交并要求作出决定的事宜，给予书面答复。逾期未答复的，视为委托人认可。

3.7 支付

委托人应按本合同约定，向监理人支付酬金。

4. 违约责任

4.1 监理人的违约责任

监理人未履行本合同义务的，应承担相应的责任。

4.1.1 因监理人违反本合同约定给委托人造成损失的，监理人应当赔偿委托人损失。赔偿金额的确定方法在专用条件中约定。监理人承担部分赔偿责任的，其承担赔偿金额由双方协商确定。

4.1.2 监理人向委托人的索赔不成立时，监理人应赔偿委托人由此发生的费用。

4.2 委托人的违约责任

委托人未履行本合同义务的，应承担相应的责任。

4.2.1 委托人违反本合同约定造成监理人损失的，委托人应予以赔偿。

4.2.2 委托人向监理人的索赔不成立时，应赔偿监理人由此引起的费用。

4.2.3 委托人未能按期支付酬金超过 28 天，应按专用条件约定支付逾期付款利息。

4.3 除外责任

因非监理人的原因，且监理人无过错，发生工程质量事故、安全事故、工期延误等造成的损失，监理人不承担赔偿责任。

因不可抗力导致本合同全部或部分不能履行时，双方各自承担其因此而造成的损失、损害。

5. 支付

5.1 支付货币

除专用条件另有约定外，酬金均以人民币支付。涉及外币支付的，所采用的货币种类、比例和汇率在专用条件中约定。

5.2 支付申请

监理人应在本合同约定的每次应付款时间的 7 天前，向委托人提交支付申请书。支付申请书应当说明当期应付款总额，并列出当期应支付的款项及其金额。

5.3 支付酬金

支付的酬金包括正常工作酬金、附加工作酬金、合理化建议奖励金额及费用。

5.4 有争议部分的付款

委托人对监理人提交的支付申请书有异议时，应当在收到监理人提交的支付申请书后 7 天内，以书面形式向监理人发出异议通知。无异议部分的款项应按期支付，有异议部分的款项按第 7 条约定办理。

6. 合同生效、变更、暂停、解除与终止

6.1 生效

除法律另有规定或者专用条件另有约定外，委托人和监理人的法定代表人或其授权代理人在协议书上签字并盖单位章后本合同生效。

6.2 变更

6.2.1 任何一方提出变更请求时，双方经协商一致后可进行变更。

6.2.2 除不可抗力外，因非监理人原因导致监理人履行合同期限延长、内容增加时，监理人应当将此情况与可能产生的影响及时通知委托人。增加的监理工作时间、工作内容应视为附加工作。附加工作酬金的确定方法在专用条件中约定。

6.2.3 合同生效后，如果实际情况发生变化使得监理人不能完成全部或部分工作时，监理人应立即通知委托人。除不可抗力外，其善后工作以及恢复服务的准备工作应为附加工作，附加工作酬金的确定方法在专用条件中约定。监理人用于恢复服务的准备时间不应超过28天。

6.2.4 合同签订后，遇有与工程相关的法律法规、标准颁布或修订的，双方应遵照执行。由此引起监理与相关服务的范围、时间、酬金变化的，双方应通过协商进行相应调整。

6.2.5 因非监理人原因造成工程概算投资额或建筑安装工程费增加时，正常工作酬金应作相应调整。调整方法在专用条件中约定。

6.2.6 因工程规模、监理范围的变化导致监理人的正常工作量减少时，正常工作酬金应作相应调整，调整方法在专用条件中约定。

6.3 暂停与解除

除双方协商一致可以解除本合同外，当一方无正当理由未履行本合同约定的义务时，另一方可以根据本合同约定暂停履行本合同直至解除本合同。

6.3.1 在本合同有效期内，由于双方无法预见和控制的原因导致本合同全部或部分无法继续履行或继续履行已无意义，经双方协商一致，可以解除本合同或监理人的部分义务。在解除之前，监理人应作出合理安排，使开支减至最小。

因解除本合同或解除监理人的部分义务导致监理人遭受的损失，除依法可以免除责任的情况外，应由委托人予以补偿，补偿金额由双方协商确定。

解除本合同的协议必须采取书面形式，协议未达成之前，本合同仍然有效。

6.3.2 在本合同有效期内，因非监理人的原因导致工程施工全部或部分暂停，委托人可通知监理人要求暂停全部或部分工作。监理人应立即安排停止工作，并将开支减至最小。除不可抗力外，由此导致监理人遭受的损失应由委托人予以补偿。

暂停部分监理与相关服务时间超过182天，监理人可发出解除本合同约定的该部分义务的通知；暂停全部工作时间超过182天，监理人可发出解除本合同的通知，本合同自通知到达委托人时解除。委托人应将监理与相关服务的酬金支付至本合同解除日，且应承担第4.2款约定的责任。

6.3.3 当监理人无正当理由未履行本合同约定的义务时，委托人应通知监理人限期改正。若委托人在监理人接到通知后的7天内未收到监理人书面形式的合理解释，则可在7天内发出解除本合同的通知，自通知到达监理人时本合同解除。委托人应将监理与相关服务的酬金支付至限期改正通知到达监理人之日，但监理人应承担第4.1款约定的责任。

6.3.4 监理人在专用条件5.3中约定的支付之日起28天后仍未收到委托人按本合同约定应付的款项，可向委托人发出催付通知。委托人接到通知14天后仍未支付或未提出监理人可以接受的延期支付安排，监理人可向委托人发出暂停工作的通知并可自行暂停全部或部分工作。暂停工作后14天内监理人仍未获得委托人应付酬金或委托人的合理答复，监理人可向委托人发出解除本合同的通知，自通知到达委托人时本合同解除。委托人应承担第4.2.3款约定的责任。

6.3.5 因不可抗力致使本合同部分或全部不能履行时，一方应立即通知另一方，可暂停或解除本合同。

6.3.6 本合同解除后,本合同约定的有关结算、清理、争议解决方式的条件仍然有效。

6.4 终止

以下条件全部满足时,本合同即告终止:

(1)监理人完成本合同约定的全部工作;

(2)委托人与监理人结清并支付全部酬金。

7. 争议解决

7.1 协商

双方应本着诚信原则协商解决彼此间的争议。

7.2 调解

如果双方不能在14天内或双方商定的其他时间内解决本合同争议,可以将其提交给专用条件约定的或事后达成协议的调解人进行调解。

7.3 仲裁或诉讼

双方均有权不经调解直接向专用条件约定的仲裁机构申请仲裁或向有管辖权的人民法院提起诉讼。

8. 其他

8.1 外出考察费用

经委托人同意,监理人员外出考察发生的费用由委托人审核后支付。

8.2 检测费用

委托人要求监理人进行的材料和设备检测所发生的费用,由委托人支付,支付时间在专用条件中约定。

8.3 咨询费用

经委托人同意,根据工程需要由监理人组织的相关咨询论证会以及聘请相关专家等发生的费用由委托人支付,支付时间在专用条件中约定。

8.4 奖励

监理人在服务过程中提出的合理化建议,使委托人获得经济效益的,双方在专用条件中约定奖励金额的确定方法。奖励金额在合理化建议被采纳后,与最近一期的正常工作酬金同期支付。

8.5 守法诚信

监理人及其工作人员不得从与实施工程有关的第三方处获得任何经济利益。

8.6 保密

双方不得泄露对方申明的保密资料,亦不得泄露与实施工程有关的第三方所提供的保密资料,保密事项在专用条件中约定。

8.7 通知

本合同涉及的通知均应当采用书面形式,并在送达对方时生效,收件人应书面签收。

8.8 著作权

监理人对其编制的文件拥有著作权。

监理人可单独或与他人联合出版有关监理与相关服务的资料。除专用条件另有约定外,如果监理人在本合同履行期间及本合同终止后两年内出版涉及本工程的有关监理与相关服务的资料,应当征得委托人的同意。

## 第三部分　专用条件

1. 定义与解释
1.2　解释
1.2.1　本合同文件除使用中文外，还可用_____。
1.2.2　约定本合同文件的解释顺序为：_____。
2. 监理人义务
2.1　监理的范围和内容
2.1.1　监理范围包括：_____
_____
_____。
2.1.2　监理工作内容还包括：_____
_____
_____。
2.2　监理与相关服务依据
2.2.1　监理依据包括：_____
_____
_____。
2.2.2　相关服务依据包括：_____。
2.3　项目监理机构和人员
2.3.4　更换监理人员的其他情形：_____。
2.4　履行职责
2.4.3　对监理人的授权范围：_____
_____
_____。

在涉及工程延期_____天内和(或)金额_____万元内的变更，监理人不需请示委托人即可向承包人发布变更通知。

2.4.4　监理人有权要求承包人调换其人员的限制条件：_____。
2.5　提交报告
监理人应提交报告的种类(包括监理规划、监理月报及约定的专项报告)、时间和份数：_____
_____。

2.7　使用委托人的财产
附录B中由委托人无偿提供的房屋、设备的所有权属于：_____。
监理人应在本合同终止后_____天内移交委托人无偿提供的房屋、设备，移交的时间和方式为：_____。

3. 委托人义务
3.4　委托人代表
委托人代表为：_____。

3.6 答复

委托人同意在_____天内，对监理人书面提交并要求做出决定的事宜给予书面答复。

4. 违约责任

4.1 监理人的违约责任

4.1.1 监理人赔偿金额按下列方法确定：

赔偿金＝直接经济损失×正常工作酬金÷工程概算投资额（或建筑安装工程费）

4.2 委托人的违约责任

4.2.3 委托人逾期付款利息按下列方法确定：

逾期付款利息＝当期应付款总额×银行同期贷款利率×拖延支付天数

5. 支付

5.1 支付货币

币种为：_____，比例为：_____，汇率为：_____。

5.3 支付酬金

正常工作酬金的支付：

| 支付次数 | 支付时间 | 支付比例 | 支付金额/万元 |
| --- | --- | --- | --- |
| 首付款 | 本合同签订后7天内 | | |
| 第二次付款 | | | |
| 第三次付款 | | | |
| …… | | | |
| 最后付款 | 监理与相关服务期届满14天内 | | |

6. 合同生效、变更、暂停、解除与终止

6.1 生效

本合同生效条件：_____。

6.2 变更

6.2.2 除不可抗力外，因非监理人原因导致本合同期限延长时，附加工作酬金按下列方法确定：

附加工作酬金＝本合同期限延长时间（天）×正常工作酬金÷协议书约定的监理与相关服务期限（天）

6.2.3 附加工作酬金按下列方法确定：

附加工作酬金＝善后工作及恢复服务的准备工作时间（天）×正常工作酬金÷协议书约定的监理与相关服务期限（天）

6.2.5 正常工作酬金增加额按下列方法确定：

正常工作酬金增加额＝工程投资额或建筑安装工程费增加额×正常工作酬金÷工程概算投资额（或建筑安装工程费）

6.2.6 因工程规模、监理范围的变化导致监理人的正常工作量减少时，按减少工作量的比例从协议书约定的正常工作酬金中扣减相同比例的酬金。

7. 争议解决

7.2 调解

本合同争议进行调解时,可提交_____进行调解。

7.3 仲裁或诉讼

合同争议的最终解决方式为下列第_____种方式:

(1)提请_____仲裁委员会进行仲裁。

(2)向_____人民法院提起诉讼。

8. 其他

8.2 检测费用

委托人应在检测工作完成后_____天内支付检测费用。

8.3 咨询费用

委托人应在咨询工作完成后_____天内支付咨询费用。

8.4 奖励

合理化建议的奖励金额按下列方法确定为

奖励金额＝工程投资节省额×奖励金额的比率;

奖励金额的比率为_____%。

8.6 保密

委托人申明的保密事项和期限:_____。

监理人申明的保密事项和期限:_____。

第三方申明的保密事项和期限:_____。

8.8 著作权

监理人在本合同履行期间及本合同终止后两年内出版涉及本工程的有关监理与相关服务的资料的限制条件:

_____
_____
_____
_____
_____。

9. 补充条款

_____
_____
_____
_____
_____。

## 附录 A  相关服务的范围和内容

A－1 勘察阶段:_____

A－2 设计阶段:_____

A－3 保修阶段:_____

A－4 其他(专业技术咨询、外部协调工作等):_____

# 附录 B  委托人派遣的人员和提供的房屋、资料、设备

### B-1  委托人派遣的人员

| 名称 | 数量 | 工作要求 | 提供时间 |
|---|---|---|---|
| 1. 工程技术人员 | | | |
| 2. 辅助工作人员 | | | |
| 3. 其他人员 | | | |
| | | | |
| | | | |

### B-2  委托人提供的房屋

| 名称 | 数量 | 面积 | 提供时间 |
|---|---|---|---|
| 1. 办公用房 | | | |
| 2. 生活用房 | | | |
| 3. 试验用房 | | | |
| 4. 样品用房 | | | |
| | | | |
| | | | |
| 用餐及其他生活条件 | | | |

### B-3  委托人提供的资料

| 名称 | 份数 | 提供时间 | 备注 |
|---|---|---|---|
| 1. 工程立项文件 | | | |
| 2. 工程勘察文件 | | | |
| 3. 工程设计及施工图纸 | | | |
| 4. 工程承包合同及其他相关合同 | | | |
| 5. 施工许可文件 | | | |
| 6. 其他文件 | | | |
| | | | |
| | | | |

B-4　委托人提供的设备

| 名称 | 数量 | 型号与规格 | 提供时间 |
|---|---|---|---|
| 1. 通信设备 | | | |
| 2. 办公设备 | | | |
| 3. 交通工具 | | | |
| 4. 检测和试验设备 | | | |
| | | | |
| | | | |
| | | | |

## 本章练习

(一)选择题

1. 某城市污水处理工程的建安工程费为 2 500 万元，设备购置费为 1 100 万元，根据《建设工程监理范围和规模标限规定》，该工程(　　)。
   A. 可以不实行监理　　　　　　　　B. 必须实行监理
   C. 仅建筑安装工程实行监理　　　　D. 设备制造实行监理

2. 某项目由具备相应建筑业企业资质的建设单位自行施工。关于确定监理单位的说法，正确的是(　　)。
   A. 应当自行委托监理单位
   B. 应当招标选择监理单位
   C. 可不委托监理单位
   D. 应当由住房城乡建设主管部门指定监理单位

3. 监理单位重新检查已隐蔽部位，检查结果合格，说法正确的是(　　)。
   A. 费用由施工企业承担　　　　　　B. 工期不予顺延
   C. 视为建设单位违约　　　　　　　D. 施工企业可主张合理利润

4. 下列单位中，属于建设工程竣工验收主体的是(　　)。
   A. 质量检测站　　　　　　　　　　B. 项目咨询单位
   C. 监理单位　　　　　　　　　　　D. 建设行政主管部门

(二)简答题

1. 工程建设监理的原则有哪些？
2. 简述工程建设监理的程序。

(三)案例分析题

建设单位计划将拟建的高速公路建设工程项目委托某一建设监理公司实施阶段的监理。建设单位预先起草了一份监理合同(草案)，其部分内容如下：

1. 除业主原因造成的工程延期外，其他原因造成的工程延期监理单位应付出相当于对施工单位罚款的 20% 给业主；如工期提前，监理单位可得到相当于对施工单位工期提前奖的 20%。

2. 工程设计图纸出现设计质量问题，监理单位应付给建设单位相当于给设计单位的设计费的5%的赔偿。

3. 在施工期间，每发生一起施工人员重伤事故，监理单位应付受罚款1.5万元人民币；发生一起死亡事故，对监理单位罚款3万元人民币。

4. 凡由于监理工程师出现差错、失误而造成的经济损失，监理单位应付给建设单位赔偿费。

问题：

该监理合同(草案)部分内容中哪些条款不妥，为什么？

# 第六章　建设工程安全生产法律制度

## 导　入

建筑业是我国国民经济的支柱产业之一，属于劳动密集型行业，参加施工的人员特别多。由于建筑业具有产品固定，人员流动大、露天施工、立体交叉作业多、建筑物变化大、形状不规则等特点，施工中危险性大、工作条件差、不安全因素多且点多面广，预防难度大。加之施工人员缺乏必要的安全知识和自我保护意识，违章作业比较严重，建筑施工企业管理又跟不上，措施不力等原因，导致建筑施工事故频繁，人员伤亡、财产损失十分严重。发生在施工过程中的各种事故，不仅给国家财产带来了无法估量的经济损失，还给受到伤害的个人及家庭带来了巨大的伤痛。

2016年，全国共发生房屋市政工程生产安全事故634起、死亡735人，比2015年同期增加192起、死亡人数增加181人，同比分别上升43.44%和32.67%。安全生产形势十分严峻。

建筑施工伤亡事故主要有高处坠落、机械伤害、坍塌、触电、物体打击等五类，称为"五大伤害"。2016年，全国房屋市政工程生产安全事故按照类型划分，高处坠落事故333起，占总数的52.52%；物体打击事故97起，占总数的15.30%；起重伤害事故56起，占总数的8.83%；坍塌事故67起，占总数的10.57%；机械伤害、触电、车辆伤害、中毒和窒息等其他事故81起，占总数的12.78%。

为了加强建筑安全生产监督管理，预防和减少建筑业故事的发生，保障建筑职工及他人的人身安全和财产安全，规范生产安全事故的报告和调查处理，落实生产安全事故责任追究制度，防止和减小安全事故，全国人大、国务院、原建设部相继制定了一系列的工程建设安全生产法规和规范性文件，主要包括：1997年11月1日审议通过，2011年4月22日、2019年4月23日修订的《建筑法》，该法第五章内容为建筑安全生产管理，对强化建筑安全生产管理，保证建筑工程的安全性能，保障职工及其相邻居民的人身和财产安全都具有非常重要的意义；2002年6月29日颁布，2009年8月27日、2014年8月31日修订的《安全生产法》，该法的立法目的在于加强安全生产监督管理，防止和减少生产安全事故，保障人民群众生命和财产安全，促进经济发展；2003年11月24日国务院专门发布的《建设工程安全生产管理条例》，主要内容包括建设单位安全责任，勘察、设计、工程监理及其他有关单位的安全责任，施工单位的安全责任，监督管理，生产安全事故的应急救援和调查处理，法律责任。上述"两法一条例"的发布与施行，对于加强建设安全生产监督管理，保障人民群众生命和财产安全具有十分重要的意义。

## 学习目标

**知识目标：**了解施工安全生产管理的方针和原则；理解施工安全生产许可证制度；了解施工安全生产管理体系；熟悉施工过程中的安全生产管理；了解施工现场安全防护制度；理解施

工安全事故的应急救援与调查处理的规定。

**技能目标：**能理解申请安全生产许可证的条件、有效期限以及政府监管的相关规定；能理解施工企业的安全生产责任并能在施工中监督实施；能理解并执行施工现场安全防护制度。

**素质目标：**培养学生守法意识；培养学生安全意识。

# 第一节　施工安全生产管理的方针和原则

## 一、建筑安全生产管理的方针

《中华人民共和国安全生产法》（以下简称《安全生产法》）第3条规定，安全生产工作应当以人为本，坚持安全发展，坚持安全第一、预防为主、综合治理的方针，强化和落实生产经营单位的主体责任，建立生产经营单位负责、职工参与、政府监管、行业自律和社会监督的机制。

(1)安全第一，是从保护和发展生产力的角度，表明在生产范围内安全与生产的关系，肯定安全在建筑生产活动中的首要位置和重要性。生产是人类社会存在和发展的基础，但生产只有有了安全保障，才能持续、稳定发展。若生产活动中事故层出不穷，生产势必陷于混乱甚至瘫痪状态。"安全第一"，就是要将建设工程安全管理放在第一位，当安全工作和生产工作发生矛盾时，应该服从安全，消灭隐患，首先解决安全问题，保证在安全条件下组织生产。同时要把人身安全放在首位，安全为了生产，生产必须安全，充分体现了"以人为本"的理念。

(2)预防为主，是指在建设工程生产活动中，针对建设工程生产的特点，对生产要素采取切实的管理措施，有效地控制不安全因素的发展与扩大，把可能发生的事故消灭在萌芽状态，以保证生产活动中人的安全与健康。贯彻预防为主，要注意在生产活动过程中经常进行检查，及时发现不安全因素，采取措施，明确责任，尽快、坚决地予以消除。"预防为主"是实现安全第一的重要手段，采取有效措施和方法进行安全控制，从而减少、消除事故隐患，尽量把事故消灭在萌芽状态。

(3)综合治理，是指安全生产从遵循和适应安全生产的规律出发，正视安全生产工作的长期性、艰巨性和复杂性，抓住安全生产工作中的主要矛盾和关键环节，综合运用法律、经济、行政等手段，人管、法管、技防等多管齐下，充分发挥社会、职工、舆论的监督作用，从责任、制度、培训等多方面着力，形成标本兼治、齐抓共管的格局。

安全第一、预防为主、综合治理的方针，体现了国家在建设工程安全生产过程中"以人为本"的思想，也体现了国家对保护劳动者的权利、保护社会生产力的高度重视。三者是一个完整的体系，是相辅相成、辩证统一的整体。安全第一是预防为主、综合治理的统帅和灵魂，没有安全第一的思想，预防为主就失去了思想支撑，综合治理就失去了整治依据。预防为主是实现安全第一的根本途径。只有把安全生产重点放在建立事故隐患预防体系上，超前防范，才能有效减少事故损失，实现安全第一。综合治理是落实安全第一、预防为主的手段和方法。

## 二、建筑安全生产管理的原则

建筑安全生产管理原则虽然在《建筑法》中没有明确规定，但是在其具体条文中已经包含。在我国长期的安全生产管理中形成的、国务院有关规定中明确的建筑安全管理原则主要是管生产必须管安全和谁主管谁负责。

(1)管生产必须管安全是指安全寓于生产之中，将安全和生产统一起来。若生产中人、物、环境都处于危险状态，则生产无法进行；只有生产有了安全保障，生产才能持续、稳定发展。安全管理是指生产管理的重要组成部分，安全与生产在实施过程中，两者存在着密切的联系，有共同进行管理的基础。

(2)谁主管谁负责是指主管建筑生产的单位和个人应对建筑生产的安全负责。安全生产第一责任人制度正是这一原则的体现。各级住房城乡建设主管部门的行政一把手是本地区建筑安全生产的第一责任人，对所辖区域建筑安全生产的行业管理负全面责任；项目经理是本项目的安全生产第一责任人，对项目施工中贯彻落实安全生产的法规、标准负全面责任。

这两项原则是建筑安全生产应遵循的基本原则，是建筑安全生产的重要保证。

## 第二节 施工安全生产许可证制度

为了严格规范建筑施工企业安全生产条件，进一步加强安全生产监督管理，防止和减小生产安全事故，根据《安全生产许可证条例》《建设工程安全生产管理条例》等有关行政法规，制定《建筑施工企业安全生产许可证管理规定》。该规定于2004年7月5日建设部令第128号发布，根据2015年1月22日中华人民共和国住房和城乡建设部令第23号《住房和城乡建设部关于修改〈市政公用设施抗灾设防管理规定〉等部门规章的决定》修正。

### 一、建筑施工企业安全生产许可证管理的一般规定

#### (一)国家对建筑施工企业实行安全生产许可制度

建筑施工企业未取得安全生产许可证的，不得从事建筑施工活动。《建筑施工企业安全生产许可证管理规定》所称建筑施工企业，是指从事土木工程、建筑工程、线路管道和设备安装工程及装修工程的新建、扩建、改建和拆除等有关活动的企业。

#### (二)建筑施工企业安全生产许可证的颁发和管理

国务院住房城乡建设主管部门负责对全国建筑施工企业安全生产许可证的颁发和管理工作进行监督指导。

省、自治区、直辖市人民政府住房城乡建设主管部门负责本行政区域内建筑施工企业安全生产许可证的颁发和管理工作。

市、县人民政府住房城乡建设主管部门负责本行政区域内建筑施工企业安全生产许可证的监督管理，并将监督检查中发现的企业违法行为及时报告安全生产许可证颁发管理机关。

### 二、建筑施工企业取得安全生产许可证必须具备的条件

《建筑施工企业安全生产许可证管理规定》第4条规定，建筑施工企业取得安全生产许可证，应当具备下列安全生产条件：

(1)建立、健全安全生产责任制，制定完备的安全生产规章制度和操作规程；
(2)保证本单位安全生产条件所需资金的投入；
(3)设置安全生产管理机构，按照国家有关规定配备专职安全生产管理人员；
(4)主要负责人、项目负责人、专职安全生产管理人员经住房城乡建设主管部门或者其他有

关部门考核合格；

(5)特种作业人员经有关业务主管部门考核合格，取得特种作业操作资格证书；

(6)管理人员和作业人员每年至少进行一次安全生产教育培训并考核合格；

(7)依法参加工伤保险，依法为施工现场从事危险作业的人员办理意外伤害保险，为从业人员交纳保险费；

(8)施工现场的办公、生活区及作业场所和安全防护用具、机械设备、施工机具及配件符合有关安全生产法律、法规、标准和规程的要求；

(9)有职业危害防治措施，并为作业人员配备符合国家标准或者行业标准的安全防护用具和安全防护服装；

(10)有对危险性较大的分部分项工程及施工现场易发生重大事故的部位、环节的预防、监控措施和应急预案；

(11)有生产安全事故应急救援预案、应急救援组织或者应急救援人员，配备必要的应急救援器材、设备；

(12)法律、法规规定的其他条件。

### ■ 三、建筑施工企业安全生产许可证的申请与颁发

#### (一)申请与颁发的管理权限

建筑施工企业从事建筑施工活动前，应当向企业注册所在地省、自治区、直辖市人民政府住房城乡建设主管部门申请领取安全生产许可证。

#### (二)申请安全生产许可证时应当提供的材料

建筑施工企业申请安全生产许可证时，应当向住房城乡建设主管部门提供的材料如下：

(1)建筑施工企业安全生产许可证申请表；

(2)企业法人营业执照；

(3)上述"二、"中规定的相关文件、材料。

建筑施工企业申请安全生产许可证，应当对申请材料实质内容的真实性负责，不得隐瞒有关情况或者提供虚假材料。

#### (三)安全生产许可证的颁发

住房城乡建设主管部门应当自受理建筑施工企业的申请之日起45日内审查完毕；经审查符合安全生产条件的，颁发安全生产许可证；不符合安全生产条件的，不予颁发安全生产许可证，书面通知企业并说明理由。企业自接到通知之日起应当进行整改，整改合格后方可再次提出申请。

住房城乡建设主管部门审查建筑施工企业安全生产许可证申请，涉及铁路、交通、水利等有关专业工程时，可以征求铁路、交通、水利等有关部门的意见。

#### (四)安全生产许可证的有效期

安全生产许可证的有效期为3年。安全生产许可证有效期满需要延期的，企业应当于期满前3个月向原安全生产许可证颁发管理机关申请办理延期手续。

企业在安全生产许可证有效期内，严格遵守有关安全生产的法律法规，未发生死亡事故的，安全生产许可证有效期届满时，经原安全生产许可证颁发管理机关同意，不再审查，安全生产许可证有效期延期3年。

#### (五)安全生产许可证的变更与注销

建筑施工企业变更名称、地址、法定代表人等，应当在变更后10日内，到原安全生产许可

证颁发管理机关办理安全生产许可证变更手续。

建筑施工企业破产、倒闭、撤销的，应当将安全生产许可证交回原安全生产许可证颁发管理机关予以注销。

建筑施工企业遗失安全生产许可证，应当立即向原安全生产许可证颁发管理机关报告，并在公众媒体上声明作废后，方可申请补办。

### (六)安全生产许可证的监督管理

(1)县级以上人民政府住房城乡建设主管部门应当加强对建筑施工企业安全生产许可证的监督管理。住房城乡建设主管部门在审核发放施工许可证时，应当对已经确定的建筑施工企业是否有安全生产许可证进行审查，对没有取得安全生产许可证的，不得颁发施工许可证。

(2)跨省从事建筑施工活动的建筑施工企业有违反《建筑施工企业安全生产许可证管理规定》行为的，由工程所在地的省级人民政府住房城乡建设主管部门将建筑施工企业在本地区的违法事实、处理结果和处理建议抄告原安全生产许可证颁发管理机关。

(3)建筑施工企业取得安全生产许可证后，不得降低安全生产条件，并应当加强日常安全生产管理，接受住房城乡建设主管部门的监督检查。安全生产许可证颁发管理机关发现企业不再具备安全生产条件的，应当暂扣或者吊销安全生产许可证。

(4)安全生产许可证颁发管理机关或者其上级行政机关发现有下列情形之一的，可以撤销已经颁发的安全生产许可证。

1)安全生产许可证颁发管理机关工作人员滥用职权、玩忽职守颁发安全生产许可证的；

2)超越法定职权颁发安全生产许可证的；

3)违反法定程序颁发安全生产许可证的；

4)对不具备安全生产条件的建筑施工企业颁发安全生产许可证的；

5)依法可以撤销已经颁发的安全生产许可证的其他情形。

依照前款规定撤销安全生产许可证，建筑施工企业的合法权益受到损害的，住房城乡建设主管部门应当依法给予赔偿。

(5)安全生产许可证颁发管理机关应当建立、健全安全生产许可证档案管理制度，定期向社会公布企业取得安全生产许可证的情况，每年向同级安全生产监督管理部门通报建筑施工企业安全生产许可证颁发和管理情况。

(6)建筑施工企业不得转让、冒用安全生产许可证或者使用伪造的安全生产许可证。

(7)住房城乡建设主管部门工作人员在安全生产许可证颁发、管理和监督检查工作中，不得索取或者接受建筑施工企业的财物，不得谋取其他利益。

(8)任何单位或者个人对违反《建筑施工企业安全生产许可证管理规定》的行为，有权向安全生产许可证颁发管理机关或者监察机关等有关部门举报。

## 第三节 施工安全生产管理体系

### 一、施工单位的安全生产责任

施工单位从事建设工程的新建、扩建、改建和拆除等活动，应当具备国家规定的注册资本、专业技术人员、技术装备和安全生产等条件，依法取得相应等级的资质证书，并在其资质等级许可的范围内承揽工程。

### (一)施工单位负责人的安全责任

建筑施工企业的法定代表人对本企业的安全生产负责。施工单位的主要负责人在本单位安全生产工作的主要职责包括：建立、健全本单位安全生产责任制；组织制定本单位安全生产规章制度和操作规程；保证本单位安全生产投入的有效实施；督促本单位的安全生产工作，及时消除生产安全事故隐患；组织制定并实施本单位的生产安全事故应急救援预案；及时、如实报告生产安全事故。

企业主要负责人和领导班子成员要轮流现场带班。企业负责人带班检查是指由建筑施工企业负责人带队实施对工程项目质量安全生产状况及项目负责人带班生产情况的检查。建筑施工企业负责人，是指企业的法定代表人、总经理、主管质量安全和生产工作的副总经理、总工程师和副总工程师。

建筑施工企业负责人要定期带班检查，每月检查时间不少于其工作日的25%。建筑施工企业负责人带班检查时，应认真做好检查记录，并分别在企业和工程项目存档备查。工程项目进行超过一定规模的危险性较大的分部分项工程施工时，建筑施工企业负责人应到施工现场进行带班检查。工程项目出现险情或发现较大隐患时，建筑施工企业负责人应到施工现场带班检查，督促工程项目进行整改，及时消除险情和隐患。

对于有分公司(非独立法人)的企业集团，集团负责人因故不能到现场时，可书面委托工程所在地的分公司负责人对施工现场进行带班检查。

### (二)施工项目负责人的安全责任

施工项目负责人是指建设工程项目的项目经理。施工单位不同于一般的生产经营单位，通常会同时承建若干建设工程项目，且异地承建施工的现象很普遍。为了加强对施工现场的管理，施工单位对每个建设工程项目都要委派一名项目负责人，即项目经理，对该项目的施工管理全面负责。

《建设工程安全生产管理条例》规定，施工单位的项目负责人应当由取得相应执业资格的人员担任，对建设工程项目的安全施工负责，落实安全生产责任制度、安全生产规章制度和操作规程，确保安全生产费用的有效使用，并根据工程的特点组织制定安全施工措施，消除安全事故隐患，及时、如实报告生产安全事故。

#### 1. 施工项目负责人的执业资格和安全生产责任

施工项目负责人经施工单位法定代表人授权后，要选配技术、生产、材料、成本等管理人员组成项目管理班子，代表施工单位在本建设工程项目上履行管理职责。由于施工项目负责人对该项目的施工组织管理起关键作用，原人事部、建设部《建造师执业资格制度暂行规定》中规定，建造师经注册后，有权以建造师名义担任建设工程项目施工的项目经理及从事其他施工活动的管理。

施工项目负责人的安全生产责任主要是：对建设工程项目的安全施工负责；落实安全生产责任制度、安全生产规章制度和操作规程；确保安全生产费用的有效使用；根据工程的特点组织制定安全施工措施，消除安全事故隐患；及时、如实报告生产安全事故情况。

#### 2. 施工单位项目负责人施工现场带班制度

《建筑施工企业负责人及项目负责人施工现场带班暂行办法》规定，项目负责人是工程项目质量安全管理的第一责任人，应对工程项目落实带班制度负责。项目负责人带班生产是指项目负责人在施工现场组织协调工程项目的质量安全生产活动。

项目负责人在同一时期只能承担一个工程项目的管理工作。项目负责人带班生产时,要全面掌握工程项目质量安全生产状况,加强对重点部位、关键环节的控制,及时消除隐患。要认真做好带班生产记录并签字存档备查。项目负责人每月带班生产时间不得少于本月施工时间的80%。因其他事务需离开施工现场时,应向工程项目的建设单位请假,经批准后方可离开。离开期间应委托项目相关负责人负责其外出时的日常工作。

### (三)安全生产管理机构和专职安全生产管理人员安全责任

《建设工程安全生产管理条例》规定,施工单位应当设立安全生产管理机构,配备专职安全生产管理人员。专职安全生产管理人员负责对安全生产进行现场监督检查,发现安全事故隐患,应当及时向项目负责人和安全生产管理机构报告;对违章指挥、违章操作的,应当立即制止。

建筑施工企业应当依法设置安全生产管理机构,在企业主要负责人领导下开展本企业的安全生产管理工作。建筑施工企业安全生产管理机构的职责包括:宣传和贯彻国家有关安全生产法律法规和标准;编制并适时更新安全生产管理制度并监督实施;组织或参与企业生产安全事故应急救援预案的编制及演练;组织开展安全教育培训与交流;协调配备项目专职安全生产管理人员;制订企业安全生产检查计划并组织实施;监督在建项目安全生产费用的使用;参与危险性较大工程安全专项施工方案专家论证会;通报在建项目违规违章查处情况;组织开展安全生产评优评先表彰工作;建立企业在建项目安全生产管理档案;考核评价分包企业安全生产业绩及项目安全生产管理情况;参加生产安全事故的调查和处理工作;企业明确的其他安全生产管理职责。

建筑施工企业安全生产管理机构专职安全生产管理人员在施工现场检查过程中的职责包括:查阅在建项目安全生产有关资料、核实有关情况;检查危险性较大工程安全专项施工方案落实情况;监督项目专职安全生产管理人员履责情况;监督作业人员安全防护用品的配备及使用情况;对发现的安全生产违章违规行为或安全隐患,有权当场予以纠正或作出处理决定;对不符合安全生产条件的设施、设备、器材,有权当场作出查封的处理决定;对施工现场存在的重大安全隐患有权越级报告或直接向住房城乡建设主管部门报告;企业明确的其他安全生产管理职责。

建筑施工企业应当实行建设工程项目专职安全生产管理人员委派制度。建设工程项目的专职安全生产管理人员应当定期将项目安全生产管理情况报告企业安全生产管理机构。

项目专职安全生产管理人员的主要职责包括:负责施工现场安全生产日常检查并做好检查记录;现场监督危险性较大工程安全专项施工方案实施情况;对作业人员违规违章行为有权予以纠正或查处;对施工现场存在的安全隐患有权责令立即整改;对于发现的重大安全隐患,有权向企业安全生产管理机构报告;依法报告生产安全事故情况。

### (四)总包和分包的安全生产责任

《建筑法》规定,施工现场安全由建筑施工企业负责。实行施工总承包的,由总承包单位负责。分包单位向总承包单位负责,服从总承包单位对施工现场的安全生产管理。

#### 1. 总承包单位应当承担的法定安全生产责任

施工总承包是由一个施工单位对建设工程施工全面负责。该总承包单位不仅要负责建设工程的施工质量、合同工期、成本控制,还要对施工现场组织和安全生产进行统一的协调管理。

(1)分包合同应当明确总分包双方的安全生产责任。《建设工程安全生产管理条例》规定,总承包单位依法将建设工程分包给其他单位的,分包合同中应当明确各自的安全生产方面的权利、义务。施工总承包单位与分包单位的安全生产责任，可分为法定责任和约定责任。所谓法定责任，即法律法规中明确规定的总承包单位、分包单位各自的安全生产责任；所谓约定责任，即总承包单位与分包单位通过协商，在分包合同中约定各自应当承担的安全责任。但是，安全生产的约定责任不能与法定责任相抵触。

（2）统一组织编制建设工程生产安全应急救援预案。《建设工程安全生产管理条例》规定，施工单位应当根据建设工程施工的特点、范围，对施工现场易发生重大事故的部位、环节进行监控，制定施工现场生产安全事故应急救援预案。实行施工总承包的，由总承包单位统一组织编制建设工程生产安全事故应急救援预案，工程总承包单位和分包单位按照应急救援预案，各自建立应急救援组织或者配备应急救援人员，配备救援器材、设备，并定期组织演练。

建设工程的施工属高风险工作，极易发生安全事故。为了加强对施工安全突发事故的处理，提高应急救援快速反应能力，必须重视并编制施工安全事故应急救援预案。由于实行施工总承包的，是由总承包单位对施工现场的安全生产负总责，所以总承包单位要统一组织编制建设工程生产安全事故应急救援预案。

（3）负责上报施工生产安全事故。《建设工程安全生产管理条例》规定，实行施工总承包的建设工程，由总承包单位负责上报事故。据此，一旦发生施工生产安全事故，施工总承包单位应当依法向有关主管部门报告事故的基本情况。

（4）自行完成建设工程主体结构的施工。《建设工程安全生产管理条例》规定，总承包单位应当自行完成建设工程主体结构的施工。这是为了落实施工总承包单位的安全生产责任，防止因转包和违法分包等行为导致施工生产安全事故的发生。

（5）承担连带责任。《建设工程安全生产管理条例》规定，总承包单位和分包单位对分包工程的安全生产承担连带责任。该项规定既强化了总承包单位和分包单位双方的安全生产责任意识，也有利于保护受损害者的合法权益。

### 2. 分包单位应当承担的法定安全生产责任

《建筑法》规定，分包单位向总承包单位负责，服从总承包单位对施工现场的安全生产管理。《建设工程安全生产管理条例》进一步规定，分包单位应当服从总承包单位的安全生产管理，分包单位不服从管理导致生产安全事故的，由分包单位承担主要责任。

总承包单位依法对施工现场的安全生产负总责，这就要求分包单位必须服从总承包单位的安全生产管理。在诸多施工现场，往往有若干分包单位同时在施工，如果缺乏统一的组织管理，很容易发生安全事故。因此，分包单位要服从总承包单位对施工现场的安全生产规章制度、岗位操作要求等安全生产管理。否则，一旦发生施工安全生产事故，分包单位要承担主要责任。

## ■ 二、施工作业人员的安全生产权利和义务

《建筑法》规定，建筑施工企业和作业人员在施工过程中，应当遵守有关安全生产的法律、法规和建筑行业安全规章、规程，不得违章指挥或者违章作业。作业人员有权对影响人身健康的作业程序和作业条件提出改进意见，有权获得安全生产所需的防护用品。作业人员对危及生命安全和人身健康的行为有权提出批评、检举和控告。

### （一）施工作业人员应当享有的安全生产权利

按照《建筑法》《安全生产法》《建设工程安全生产管理条例》等法律、行政法规的规定，施工作业人员主要享有如下的安全生产权利。

#### 1. 施工安全生产的知情权和建议权

施工作业人员是施工单位运行和施工生产活动的主体。充分发挥施工作业人员在企业中的

主人翁作用，是搞好施工安全生产的重要保障。因此，施工作业人员对施工安全生产拥有知情权，并享有改进安全生产工作的建议权。

《安全生产法》规定，生产经营单位的从业人员有权了解其作业场所和工作岗位存在的危险因素、防范措施及事故应急措施，有权对本单位的安全生产工作提出建议。《建筑法》规定，作业人员有权对影响人身健康的作业程序和作业条件提出改进意见。《建设工程安全生产管理条例》则进一步规定，施工单位应当向作业人员提供安全防护用具和安全防护服装，并书面告知危险岗位的操作规程和违章操作的危害。

### 2. 施工安全防护用品的获得权

施工安全防护用品，一般包括安全帽、安全带、安全网、安全绳及其他个人防护用品（如防护鞋、防护服装、防尘口罩）等。防护用品是保护施工作业人员安全健康所必需的防御性装备，能有效地预防或减少伤亡事故的发生。

《建筑法》规定，作业人员有权获得安全生产所需的防护用品。《安全生产法》规定，生产经营单位必须为从业人员提供符合国家标准或者行业标准的劳动防护用品，并监督、教育从业人员按照使用规则佩戴、使用。《建设工程安全生产管理条例》进一步规定，施工单位应当向作业人员提供安全防护用具和安全防护服装。

### 3. 批评、检举、控告权及拒绝违章指挥权

《建筑法》规定，作业人员对危及生命安全和人身健康的行为有权提出批评、检举和控告。《安全生产法》规定，从业人员有权对本单位安全生产工作中存在的问题指出批评、检举、控告；有权拒绝违章指挥和强令冒险作业。生产经营单位不得因从业人员对本单位安全生产工作提出批评、检举、控告或者拒绝违章指挥、强令冒险作业而降低其工资、福利等待遇或者解除与其订立的劳动合同。《建设工程安全生产管理条例》进一步规定，作业人员有权对施工现场的作业条件、作业程序和作业方式中存在的安全问题提出批评、检举和控告，有权拒绝违章指挥和强令冒险作业。

违章指挥是指强迫施工人员违反法律、法规或者规章制度、操作规程进行作业的行为。法律赋予施工从业人员有拒绝违章指挥和强令冒险作业的权利，是为保护施工作业人员的人身安全，也是警示施工单位负责人和现场管理人员必须按照有关规章制度和操作规程进行指挥，并不得对拒绝违章指挥和强令冒险作业的人员有打击报复行为。

### 4. 紧急避险权

为了保证施工作业人员的安全，在施工中遇有直接危及人身安全的紧急情况时，施工作业人员享有停止作业和紧急撤离的权利。《安全生产法》规定，从业人员发现直接危及人身安全的紧急情况时，有权停止作业或者在采取可能的应急措施后撤离作业场所。生产经营单位不得因从业人员在前款紧急情况下停止作业或者采取紧急撤离措施而降低其工资、福利等待遇或者解除与其订立的劳动合同。《建设工程安全生产管理条例》规定，在施工中发生危及人身安全的紧急情况时，作业人员有权立即停止作业或者在采取必要的应急措施后撤离危险区域。

### 5. 获得工伤保险和意外伤害保险赔偿的权利

《建筑法》规定，建筑施工企业应当依法为职工参加工伤保险缴纳工伤保险费。鼓励企业为从事危险作业的职工办理意外伤害保险，支付保险费。

据此，施工作业人员除依法享有工伤保险和各项权利外，从事危险作业的施工人员还可以依法享有意外伤害保险的各项权利。

### 6. 请求民事赔偿权

《安全生产法》规定，因生产安全事故受到损害的从业人员，除依法享有工伤社会保险外，

依照有关民事法律尚有获得赔偿的权利的,有权向本单位提出赔偿要求。

### (二)施工作业人员应当履行的安全生产义务

按照《建筑法》《安全生产法》《建设工程安全生产管理条例》等法律、行政法规的规定,施工作业人员主要应当履行如下安全生产义务。

#### 1. 守法遵章和正确使用安全防护用具等的义务

施工单位要依法保障施工作业人员的安全,施工作业人员必须依法遵守有关的规章制度,做到不违章作业。

《建筑法》规定,建筑施工企业和作业人员在施工过程中,应当遵守有关安全生产的法律、法规和建筑行业安全规章、规程,不得违章指挥或者违章作业。《安全生产法》规定,从业人员在作业过程中,应当严格遵守本单位的安全生产规章制度和操作规程,服从管理,正确佩戴和使用劳动防护用品。《建设工程安全生产管理条例》进一步规定,作业人员应当遵守安全施工的强制性标准、规章制度和操作规程,正确使用安全防护用具、机械设备等。

#### 2. 接受安全生产教育培训的义务

施工单位加强安全教育培训,使作业人员具备必要的施工安全生产知识,熟悉有关规章制度和安全操作规程,掌握本岗位安全操作基本技能,是控制和减少施工安全事故的重要措施。

《安全生产法》规定,从业人员应当接受安全生产教育和培训,掌握本职工作所需的安全生产知识,提高安全生产技能,增强事故预防和应急处置能力。《建设工程安全生产管理条例》规定,作业人员进入新的岗位或者新的施工现场前,应当接受安全生产教育培训。未经教育培训或者教育培训不合格的人员,不得上岗作业。

#### 3. 施工安全事故隐患报告的义务

施工安全事故通常都是由事故隐患或者其他不安全因素所酿成的。因此,施工作业人员一旦发现事故隐患或者其他不安全因素,应立即上告,以便及时采取措施,防患于未然。

《安全生产法》规定,从业人员发现事故隐患或者其他不安全因素,应当立即向现场安全生产管理人员或者本单位负责人报告;接到报告的人员应当及时予以处理。

## ■ 三、施工单位安全生产教育培训

针对一些施工单位安全生产教育培训投入不足,许多农民工未经培训即上岗作业,造成一线作业人员安全意识和操作技能普遍不足,出现违章作业、冒险蛮干的问题,《建筑法》明确规定,建筑施工企业应当建立健全劳动安全生产教育培训制度,加强对职工安全生产的教育培训;未经安全生产教育培训的人员,不得上岗作业。

《国务院安委会关于进一步加强安全培训工作的决定》指出,建立以企业投入为主、社会资金积极资助的安全培训投入机制。企业要在职工培训经费和安全费用中足额列支安全培训经费,实施技术改造和项目引进时要专门安排安全培训资金。

### (一)三类管理人员与"三项岗位"人员的培训考核

#### 1. 三类管理人员的培训考核

《建设工程安全生产管理条例》规定,施工单位的主要负责人、项目负责人、专职安全生产管理人员应当经住房城乡建设主管部门或者其他部门考核合格后方可任职。

施工单位的主要负责人要对本单位的安全生产工作全面负责,项目负责人对所负责的建设工程项目的安全生产工作负总的责任,安全生产管理人员更是要具体承担本单位日常的安全生产管理工作。这三类人员的施工安全知识水平和管理能力直接关系到本单位、本项目的安全生产管理水平。如果这三类人员缺乏基本的施工安全生产知识，施工安全生产管理和组织能力不强，甚至违章指挥，将会导致施工生产安全事故的发生。因此，他们必须经安全生产知识和管理能力考核合格后方可任职。

### 2."三项岗位"人员的培训考核

《国务院关于坚持科学发展安全发展促进安全生产形势持续稳定好转的意见》规定，企业主要负责人、安全管理人员、特种作业人员一律经严格考核、持证上岗。《国务院安委会关于进一步加强安全培训工作的决定》进一步指出，严格落实"三项岗位"人员持证上岗制度。企业新任用或者招录"三项岗位"人员，要组织其参加安全培训，经考试合格持证后上岗。对发生人员死亡事故负有责任的企业主要负责人、实际控制人和安全管理人员，要重新参加安全培训考试。

"三项岗位"人员中企业主要负责人、安全管理人员已涵盖在三类管理人员之中。对于特种作业人员，因其从事直接对本人或他人及其周围设施安全有着重大危害因素的作业，必须经专门的安全作业培训，并取得特种作业操作资格证书后，方可上岗作业。

按照《建设工程安全生产管理条例》的规定，垂直运输机械作业人员、安装拆卸工、爆破作业人员、起重信号工、登高架设作业人员等特种作业人员，必须按照国家有关规定经过专门的安全作业培训，并取得特种作业操作资格证书后，方可上岗作业。住房和城乡建设部2008年4月发布的《建筑施工特种作业人员管理规定》进一步规定，建筑施工特种作业包括：建筑电工；建筑架子工；建筑起重信号司索工；建筑起重机械司机；建筑起重机械安装拆卸工；高处作业吊篮安装拆卸工；经省级以上人民政府住房城乡建设主管部门认定的其他特种作业。

### (二)全员安全生产教育培训

《建设工程安全生产管理条例》规定，施工单位应当对管理人员和作业人员每年至少进行一次安全生产教育培训，其教育培训情况记入个人工作档案。安全生产教育培训考核不合格的人员，不得上岗。《国务院关于坚持科学发展安全发展促进安全生产形势持续稳定好转的意见》规定，企业用工要严格依照劳动合同法与职工签订劳动合同，职工必须全部经培训合格后上岗。

施工单位应当根据实际需要，对不同岗位、不同工种的人员进行因人施教。安全教育培训可采取多种形式，包括安全形势报告会、事故案例分析会、安全法制教育、安全技术交流、安全竞赛、师傅带徒弟等。

### (三)进入新岗位或者新施工现场前的安全生产教育培训

由于新岗位、新工地往往各有特殊性，施工单位须对新录用或转场的职工进行安全教育培训，包括施工安全生产法律法规、施工工地危险源识别、安全技术操作规程、机械设备电气及高处作业安全知识、防火防毒防尘防爆知识、紧急情况安全处置与安全疏散知识、安全防护用品使用知识以及发生事故时自救排险、抢救伤员、保护现场和及时报告等。

《建设工程安全生产管理条例》规定，作业人员进入新的岗位或者新的施工现场前，应当接受安全生产教育培训。未经教育培训或者教育培训考核不合格的人员，不得上岗作业。《国务院安委会关于进一步加强安全培训工作的决定》中指出，严格落实企业职工先培训后上岗制度。建筑企业要对新职工进行至少32学时的安全培训，每年进行不少于20学时的再培训。

强化现场安全培训。高危企业要严格班前安全培训制度，有针对性地讲述岗位安全生产与应急救援知识、安全隐患和注意事项等，使班前安全培训成为安全生产第一道防线。要大力推广"手指口述"等安全确认法，帮助员工通过心想、眼看、手指、口述等方法确保按规程作业。要加强班组长培训，提高班组长现场管理水平和现场安全风险管控能力。

#### (四)"四新"安全生产教育培训

《建设工程安全生产管理条例》规定，施工单位在采用新技术、新工艺、新设备、新材料时，应当对作业人员进行相应的安全生产教育培训。《国务院安委会关于进一步加强安全培训工作的决定》指出，企业调整职工岗位或者采用新工艺、新技术、新设备、新材料的，要进行专门的安全培训。

随着我国工程建设和科学技术的迅速发展，越来越多的新技术、新工艺、新设备、新材料被广泛应用于施工生产活动中，大大促进了施工生产效率和工程质量的提高，同时，也对施工作业人员的素质提出了更高要求。如果施工单位对所采用的新技术、新工艺、新设备、新材料了解与认识不足，对其安全技术性能掌握不充分，或是没有采取有效的安全防护措施，没有对施工作业人员进行专门的安全生产教育培训，可能会导致事故的发生。因此，施工单位在采用新技术、新工艺、新设备、新材料时，必须对施工作业人员进行专门的安全生产教育培训，并采取保证安全的防护措施，防止事故的发生。

## 第四节　施工过程中安全生产管理

### 一、施工现场的安全管理制度

《建筑法》第 45 条和《建设工程安全生产管理条例》第 27 条、第 35 条及有关法规对施工现场的安全管理制度作出了明确规定，这些制度包括现场安全责任制度，现场安全交底制度，施工起重机械和整体提升脚手架、模板等自升式架设设施的检验、验收、登记备案制度和安全检查制度等。

#### (一)现场安全责任制度

《建筑法》第 45 条规定："施工现场安全由建筑施工企业负责。实行施工总承包的，由总承包单位负责。分包单位向总承包单位负责，服从总承包单位对施工现场的安全生产管理。"

《建设工程安全生产管理条例》第 24 条规定："建设工程实行施工总承包的，由总承包单位对施工现场的安全生产负总责。总承包单位依法将建设工程分包给其他单位的，分包合同中应当明确各自的安全生产方面的权利、义务。总承包单位和分包单位对分包工程的安全生产承担连带责任。分包单位应当服从总承包单位的安全生产管理，分包单位不服从管理导致生产安全事故的，由分包单位承担主要责任。"

法律、法规明确规定了建设工程承包中施工总承包单位和分包单位的安全责任。

(1)建设工程实行施工总承包的，由总承包单位对施工现场的安全生产负总责。施工总承包是指建筑工程的施工由一个建筑施工企业全面负责，总承包单位不仅要负责建筑工程质量、建设工期、造价控制，而且要对施工现场的施工组织和安全生产进行统一管理和全面负责。总承包单位负责整个建筑工程施工组织设计的编制和施工总平面图的布置，监督检查分包单位的施工现场活动。因此，实行施工总承包的建设工程，按照法律规定，由总承包单位对建设单位负全面责任。

(2)总承包单位依法将建设工程分包给其他单位的，分包合同中应当明确各自的安全生产方面的权利、义务。总承包单位和分包单位对分包工程的安全生产承担连带责任。实际上，总承包单位和分包单位签订的分包工程合同，往往只注重分包工程的质量、进度要求、工程拨付款和材料设备等情况，却很少涉及安全生产管理方面的内容，一旦发生安全事故，便相互推卸责任，难以确定责任方，这样的情况屡见不鲜。所以，分包合同中应当明确双方安全生产方面的权利与义务。当然，仅靠分包合同的约定，对施工现场的安全生产管理来讲是远远不够的，应当是总承包单位负总责，分包单位向总承包单位负责，即对施工现场的安全生产管理，总承包单位和分包单位负有共同责任，对分包的建设工程，双方均有连带责任。

(3)总承包单位既然对施工现场的安全生产负总责，就要求分包单位服从总承包单位的管理。施工现场情况复杂，有时，在一个施工工地上，会同时有几个不同的分包单位在施工，因此，从保障安全生产来说，需要分包单位服从总承包单位的安全生产管理，包括制定安全生产责任制度，遵守相关的规章制度等。如果由于分包单位不服从总承包单位的管理，导致发生安全事故的，应当由分包单位承担主要责任。

**(二)现场安全技术交底制度**

《建设工程安全生产管理条例》第27条规定："建设工程施工前，施工单位负责项目管理的技术人员应当对有关安全施工的技术要求向施工作业班组、作业人员作出详细说明，并由双方签字确认。"施工现场高空与交叉作业及手工操作多、劳动强度大、作业环境复杂、危险因素多，施工单位有必要对工程项目的概况、危险部位和施工技术要求、作业安全注意事项等向作业人员作出详细说明，以保证施工质量和安全生产。

### 1. 安全技术交底的基本要求

安全技术交底是指将预防和控制安全事故发生与减少其危害的技术以及工程项目、分部分项工程概况，向作业人员作出说明，即工程项目在进行分部分项工程作业前和每天作业前，工程项目的技术人员和各施工班组长将工程项目和分部分项工程概况、施工方法、安全技术措施及要求向全体施工人员进行说明。

安全技术交底的基本要求如下：

(1)逐级交底，由总承包单位向分包单位、分包单位工程项目技术人员向施工班组长、施工班组长向作业人员进行交底；

(2)交底必须具体、明确、针对性强；

(3)技术交底的内容应针对分部分项工程施工给作业人员带来的潜在危险因素和存在的问题；

(4)应优先采用新的安全技术措施；

(5)各工种的安全技术交底一般与分部分项安全技术交底同步进行；对施工工艺复杂、施工难度较大或作业条件危险的，应当单独进行各工种的安全技术交底；

(6)交底应当采用书面形式，即将每天参加交底的人员名单和交底内容记录在班组活动记录表中。

### 2. 安全技术交底的主要内容

(1)工程项目和分部分项工程的概况；

(2)工程项目和分部分项工程的危险部位；

(3)针对危险部位采取的具体预防措施；

(4)作业中应注意的安全事项；

(5)作业人员应遵守的安全操作规程和规范；

(6)作业人员发现事故隐患应采取的措施和发生事故后应采取的躲避和紧急措施。

### (三)施工起重机械和整体提升脚手架、模板等自升式架设设施的检验、验收、登记备案制度

《建设工程安全生产管理条例》第35条规定:"施工单位在使用施工起重机械和整体提升脚手架、模板等自升式架设设施前,应当组织有关单位进行验收,也可以委托具有相应资质的检验检测机构进行验收;使用承租的机械设备和施工机具及配件的,由施工总承包单位、分包单位、出租单位和安装单位共同进行验收,验收合格的方可使用。《特种设备安全监察条例》规定的施工起重机械,在验收前应当经有相应资质的检验检测机构监督检验合格。施工单位应当自施工起重机械和整体提升脚手架、模板等自升式架设设施验收合格之日起30日内,向住房城乡建设主管部门或者其他有关部门登记。登记标志应当置于或者附着于该设备的显著位置。"

本条法规明确了施工起重机械和整体提升脚手架、模板等自升式架设设施的检验、验收、登记备案制度。

(1)施工单位在使用施工起重机械和整体提升脚手架、模板等自升式架设设施前,应组织有关单位进行验收。

1)施工起重机械和整体提升脚手架、模板等自升式架设设施在使用前,施工单位应当组织产权(生产、租赁)单位、安装单位的安全、设备管理人员和其他技术人员参加验收。参与验收的单位和人员应当按照国家、行业的安全技术标准、检验规则等规定的检验项目进行验收。验收过程中应做记录,验收记录应当真实、准确。验收完毕后各参与验收方应签署验收结论意见。验收合格后,方可投入使用。

2)施工单位不具备检验检测条件的,可以委托经国家有关部门核准的具有相应资质的检验检测机构对施工起重机械和整体提升脚手架、模板等自升式架设设施进行验收。在验收前,施工单位应当同检验检测机构签订验收合同(协议),确定验收项目、验收质量以及双方各自的责任和义务等,验收完毕后,检验检测机构应当将验收记录、验收结论、出具的验收报告等技术资料交给施工单位,并对验收结果负责。

(2)使用承租的机械设备和施工机具及配件的,由施工总承包单位、分包单位、出租单位和安装单位共同进行验收。机械设备和施工机具等的安装质量、使用操作情况等直接影响着机械设备和施工机具的正常运转和安全使用。实践中,机械设备和施工机具的管理往往会出现脱节现象,如租赁单位只负责租赁,不负责使用;安装单位只负责安装,不负责使用等,这就导致对机械设备和施工机具的产品质量、技术状态和安装质量管理失控,在使用过程中极易造成安全事故。因此,法规明确规定机械设备和施工机具及配件的验收由施工总承包单位、分包单位、出租单位和安装单位共同验收,各自承担相关责任,共同对验收结果负责,以保证机械设备和施工机具的正常运转和安全使用。

(3)《特种设备安全监察条例》规定的施工起重机械,在验收前应当经有相应资质的检验检测机构监督检验合格。由于施工现场环境复杂、交叉作业多,危险性大,如何安装、使用起重机械对施工现场内的作业人员和施工现场周边的建筑物和居民的安全有着直接影响。实践中,由于产品质量本身不合格、安全保护装置未按国家规定配置以及安装、使用过程由于违章指挥、违章作业等原因而发生的安全事故屡见不鲜。为此,法规明确规定施工起重机械在验收前应当经有相应资质的检验检测机构监督检验合格。监督检验不合格的,施工单位不得进行验收。

### (四)对验收合格的施工起重机械和整体提升脚手架、模板等自升式架设设施,施工单位向建设行政主管部门或者其他有关部门登记制度

施工起重机械和整体提升脚手架、模板等自升式架设设施属危险性较大的设备、设施,特

别是在高层、超高层工程项目上使用时，所带来的不安全因素尤为突出。为加强对施工起重机械和整体提升脚手架、模板等自升式架设设施的管理，法规规定，施工单位应当自施工起重机械和整体提升脚手架、模板等自升式架设设施验收合格之日起 30 日内向住房城乡建设主管部门或者其他有关部门登记。

住房城乡建设主管部门或者其他有关部门对施工单位的申请登记资料进行审核，审核合格后发给登记标志。施工单位应当按照规定将登记标志置于或者附着于该设备（设施）的显著位置。设置登记标志有两层含义：一是表明该设备（设施）是经检验和验收合格并经有关部门登记备案的；二是警示操作人员和作业人员此设备（设施）是属于危险性较大的设备，在操作时要特别注意。

### （五）现场安全检查制度

施工现场除应经常安全生产检查外，还应组织定期检查。企业（公司）每季进行一次，工区每月进行一次，施工队每半月进行一次，班组每周进行一次。

检查要发动群众，以自查为主，互查为辅，以查思想、查制度、查纪律、查领导、查隐患为主要内容。要结合季节特点开展防洪、防雷电、防坍塌、防高处坠落、防煤气中毒"五防"检查。发现隐患，应立即整改。对因特殊情况不能立即整改的要建立登记、整改、检查、销项制度。要制定整改计划，定人、定措施、定经费、定完成日期。在隐患没有消除前，必须采取可靠的防护措施，如有危及人身安全的紧急险情，应立即停止作业。

## 二、施工现场的安全防护管理

《建筑法》第 39 条规定："建筑施工企业应当在施工现场采取维护安全、防范危险、预防火灾等措施；有条件的，应当对施工现场实行封闭管理。施工现场对毗邻的建筑物、构筑物和特殊作业环境可能造成损害的，建筑施工企业应当采取安全防护措施。"

《建设工程安全生产管理条例》第 28 条规定："施工单位应当在施工现场入口处、施工起重机械、临时用电设施、脚手架、出入通道口、楼梯口、电梯井口、孔洞口、桥梁口、隧道口、基坑边沿、爆破物及有害气体和液体存放处等危险部位，设置明显的安全警示标志。安全警示标志必须符合国家标准。施工单位应当根据不同施工阶段和周围环境及季节、气候的变化，在施工现场采取相应的安全施工措施。施工现场暂时停止施工的，施工单位应当做好现场防护，所需费用由责任方承担，或者按照合同约定执行。"

《建设工程安全生产管理条例》第 30 条规定："施工单位对因建设工程施工可能造成损害的毗邻建筑物、构筑物和地下管线等，应当采取专项防护措施。在城市市区内的建设工程，施工单位应当对施工现场实行封闭围挡。"

《建筑施工安全检查标准》（JGJ 59—2011）规定，施工现场进出口应设置大门，并应设置门卫值班室；建立门卫职守管理制度，并应配备门卫职守人员；施工人员进入施工现场应佩戴工作卡；施工现场出入口标有企业名称或标识，并应设置车辆冲洗设施。

根据法律、法规的上述规定，施工现场安全防护管理的主要内容如下：

（1）建筑施工企业应当在施工现场采取维护安全、防范危险、预防火灾等措施。这些措施包括以下几项：

1）施工现场道路、上下水及采暖管道、电气线路、材料堆放、临时和附属设施等的平面布置，都要符合安全、卫生、防火要求，并要加强管理。

2）各种机电设备的安全装置和起重设备的限位装置，都要齐全有效，没有这些装置的不能使用；要建立定期维修保养制度，检修机械设备要同时检修防护措施。

3）脚手架、井字架（龙门架）、安全网，搭设完必须经工长验收合格，方能使用。使用期间要指定专人维护保养，发现有变形、倾斜、摇晃等情况，要及时加固。

4）施工现场入口处、施工起重机械、基坑边沿、爆破物及有害气体和液体存放处等危险部位，应当设置明显的安全警示标志。在施工现场的沟、坎、深基坑等处，夜间要设红灯示警。这些安全警示标志未经施工负责人批准，不得移动和拆除。同时，安全警示标志还应当明显，便于作业人员识别。如果是灯光标志，则应明亮显眼；如果是文字图形标志，则要求明确易懂。所有的安全警示标志必须符合国家标准。

5）实行逐级安全技术交底制度。开工前，技术负责人要将工程概况、施工方法、安全技术措施等情况向全体职工进行详细交底；两个以上施工队或工种配合施工时，施工队长、工长要按工程进度定期或不定期地向有关班组长进行交叉作业安全交底；班组每天要对工人进行施工要求、作业环境的安全交底。

6）混凝土搅拌站、木工车间、沥青加工点及喷漆作业场所等，都要采取措施，限期使尘毒浓度不超过国家标准规定的限值。

7）加强季节性劳动保护工作。夏季要防暑降温；冬季要防寒防冻，防煤气中毒；雨季和台风到来之前，应对临时设施和电气设备进行检修，沿河流域的工地要做好防洪抢险准备；雨雪过后，要采取防滑措施。

8）施工现场和木工加工厂（车间）和贮存易燃易爆器材的仓库，要建立防火管理制度，备足防火设施和灭火器材，并应经常检查，保持器材性能良好。

根据不同施工阶段和周围环境及季节、气候的变化，在施工现场采取相应的安全施工措施。

（2）施工现场暂时停止施工的，施工单位应当做好现场防护，所需费用由责任方承担，或者按照合同约定执行。

施工现场因特殊原因需要暂停施工的，建设单位或施工单位应将停工原因及停工时间向县级以上人民政府住房城乡建设主管部门报告。停工前，施工单位应当对施工现场的安全防护设施进行检查，针对施工现场实际情况，采取相应措施，保证施工现场停工期间的安全，如切断施工总电源，所有配电箱、开关箱上锁；封闭进入建筑物、构筑物的通道；对机械设备、施工机具进行封存；在易燃、易爆品及有害危险气体和液体存放处派专人监护；安排值班人员做好现场保护等。

因季节（寒冷地区的冬季）、节假日、秋收、麦收等原因暂时停工的，施工单位也应按照上述要求做好现场防护。停工期间所发生的各种费用、损失，由造成停工的责任方承担。建设单位和施工单位在施工合同中已有明确约定的，按照合同约定执行。

（3）有条件的，应当对施工现场实行封闭管理。

1）施工单位对施工现场实行封闭围挡，包含两个方面的内容：一是对在建的建筑物、构筑物使用密目式安全网封闭，这样既能保护作业人员的安全，防止高处坠物伤人，消除施工过程中的不安全因素，防止将不安全因素扩散到场外，又能减少扬尘外泄；二是对施工现场实行封闭式管理，施工现场设置大门，现场周围设置围墙、围挡，将施工现场与外界隔离，无关人员不能随意进入。采取这些措施，既解决了"扰民"和"民扰"两个问题，也起到保护环境、美化市容和文明施工的作用。因此，施工现场实行封闭式管理是很有必要的。

2）施工现场的作业条件差，不安全因素多，在作业过程中既容易伤害到作业人员，也容易伤害到现场以外的人员。因此，在城市市区内的建设工程，施工单位应当设置硬质围挡。施工现场围挡应沿工地四周连续设置，并根据地质、气候、围挡材料进行设计与计算，确保围挡的安全性，并做到坚固、稳定、整洁、美观。

施工现场位于一般路段的围挡高度不低于1.8 m，在市区主要路段的围挡应高于2.5 m。

(4)施工现场对毗邻的建筑物、构筑物、地下管线以及特殊作业环境可能造成损害的，建筑施工企业应当采取专项防护措施。

1)施工单位应当采取保护措施，保证毗邻建筑物、构筑物的安全。建设工程在进行深基础施工、桩基础施工或爆破作业时，对周围环境特别是毗邻建筑物、构筑物等可能造成一定程度的损害。为此，施工前，施工单位应当对照建设、勘察单位提供的毗邻建筑物、构筑物等勘察文件，对施工现场毗邻建筑物、构筑物等进行实地查勘，根据勘察文件和实地查勘情况，制订专项防护和保护方案，并纳入施工组织设计。在施工过程中，施工单位应当按照方案中规定的监测方法、监测点的布置、监测周期等，对毗邻建筑物、构筑物和道路进行监测，并由监测责任人做好监测记录。在监测过程中，要特别注意基坑外地面和周边建筑物的沉降情况，监测人员发现异常情况的，应当及时报告建设单位和住房城乡建设主管部门，并采取有效措施，确保毗邻建筑物、构筑物和道路的安全。

2)施工单位应当采取保护措施，保护地下管线的安全。地下管线是重要的基础设施，地下管线能否安全、完好，能否正常运行，将直接关系到城市居民能否正常工作和生活，因而必须对地下管线严加保护。当前，在施工过程中，由于违章施工，施工现场内地下管线屡遭破坏，以致造成断水、断电、通信中断等事故，严重损害了公众利益和人民群众的合法权益，给国家和人民群众造成重大的经济损失。因此，施工单位有责任和义务采取相应的防护措施，对地下管线进行保护。施工单位应当根据建设单位提供的地下管线资料，制订相应的安全技术措施，并按照施工组织设计和相应的安全技术措施组织施工，保护好地下管线。

## 三、施工现场生活区和作业区环境的管理

《建设工程安全生产管理条例》第29条规定："施工单位应当将施工现场的办公、生活区与作业区分开设置，并保持安全距离；办公、生活区的选址应当符合安全性要求。职工的膳食、饮水、休息场所等应当符合卫生标准。施工单位不得在尚未竣工的建筑物内设置员工集体宿舍。施工现场临时搭设的建筑物应当符合安全使用要求。施工现场使用的装配式活动房屋应当具有产品合格证。"

施工单位既要做到安全施工，同时也应当做到文明施工。安全施工与文明施工是相辅相成的，只有安全施工才能达到文明施工，文明施工又促进了安全施工。通过不断改进作业环境，提高作业人员的工作和生活条件，使之达到国家规定的安全卫生标准，创造安全、文明的施工环境，是减少生产安全事故，保证施工企业经济效益的重要措施。

现实中，因临时设施达不到作用标准而造成的伤亡事故时有发生。特别是员工宿舍，由于没有按照标准建造，忽视了安全性能要求，易造成房屋坍塌事故。因此，法规对施工现场的作业和生活环境标准作了强制性规定，从保证安全生产的角度出发是非常必要的。

《建筑施工安全检查标准》(JGJ 59—2011)中对施工现场的临时设施和员工的生活条件，均制定了相关的强制性条款。法规从建设工程安全管理的角度，为了确保员工的生命安全与身体健康，实行安全检查工作的标准化，制定了相应的规定。

施工作业、材料存放区与办公、生活区应划分清晰，并应采取相应的隔离措施；在施工程、伙房、库房不得兼做宿舍；宿舍、办公用房的防火等级应符合规范要求；宿舍应设置可开启式窗户，床铺不得超过2层，通道宽度不应小于0.9 m；宿舍内住宿人员人均面积不应小于2.5 $m^2$，且不得超过16人；冬季宿舍内应有采暖和防一氧化碳中毒措施；夏季宿舍内应有防暑降温和防蚊

蝇措施；生活用品应摆放整齐，环境卫生应良好。

施工现场的生活设施，也应符合规定要求：建立卫生责任制度并落实到人；食堂与厕所、垃圾站、有毒有害场所等污染源的距离应符合规范要求；食堂必须有卫生许可证，炊事人员必须持身体健康证上岗；食堂使用的燃气罐应单独设置存放间，存放间应通风良好，并严禁存放其他物品；食堂的卫生环境应良好，且应配备必要的排风、冷藏、消毒、防鼠、防蚊蝇等设施；厕所内的设施数量和布局应符合规范要求；厕所必须符合卫生要求；必须保证现场人员卫生饮水；应设置淋浴室，且能满足现场人员需求；生活垃圾应装入密闭式容器内，并应及时清理。

### ■ 四、施工现场的消防管理

《建设工程安全生产管理条例》第31条规定："施工单位应当在施工现场建立消防安全责任制度，确定消防安全责任人，制定用火、用电、使用易燃易爆材料等各项消防安全管理制度和操作规程，设置消防通知、消防水源、配备消防设施和灭火器材，并在施工现场入口处设置明显标志。"

(1) 施工单位应当在施工现场建立消防安全责任制度，确定消防安全责任人。确保消防安全的关键是建立健全消防安全责任制度，消防安全责任落实到人。施工单位应当根据《消防法》和《机关、团体、企业、事业单位消防安全管理规定》等法律、法规和规章的规定，根据施工现场的具体情况，有针对性地建立消防安全责任制度。消防安全责任制度应当明确以下内容：消防安全要求、消防安全管理程序、消防安全责任人、消防安全培训要求等。要明确施工现场的工程项目负责人对本项目的消防安全工作全面负责，并在项目内部实行并逐级落实防火责任制、防火岗位责任制等。切实做到"谁主管，谁负责；谁在岗，谁负责"，保证消防法律、法规的贯彻执行，保证消防安全措施落到实处。通过消防安全责任制度的落实，从源头上消除消防事故隐患，从制度上预防消防安全事故的发生。

(2) 施工单位应当在施工现场建立健全各项消防安全管理制度和操作规程。施工单位应当在施工现场制定用火用电制度、易燃易爆危险品管理制度、消防安全检查制度、消防设施维护保养制度、消防值班制度、职工消防教育培训制度等消防安全管理制度。同时，要结合施工现场的实际情况，制定用火用电、使用电焊、气焊等岗位的消防安全操作规程，如禁止在具有火灾、爆炸危险的场所使用明火，既包括焊接、切割、热处理、烘烤、熬炼等明火作业，也包括炉灶及灼热的炉体、烟筒、电热器等生活用火及吸烟、明火取暖、明火照明等。明火作业应履行动火审批手续，配备动火监护人员。作业人员要严格按照消防安全操作规程进行作业，确保消防安全。

易燃易爆危险品也是施工现场发生生产安全事故的重要原因之一。易燃易爆危险物品，包括易燃易爆化学品和民用爆炸物品。易燃易爆化学物品，是指国家标准《危险货物品名表》(GB 12268—2012)中以燃烧爆炸为主要特性的压缩气体、液化气体、易燃液体、易燃固体、自燃物品和遇湿易燃物品、氧化剂和有机过氧化物，以及毒害品、腐蚀品中部分易燃易爆化学物品。这类物品遇火或受到摩擦、撞击、振动、高热或其他因素的影响，即可引起燃烧和爆炸，是火灾危险性极大的一类化学危险物品。民用爆炸物品包括各种炸药、雷管、导火索、非电导爆系统、起爆药、岩石混凝土爆破剂、黑色火药、烟火剂、民用信号弹、烟花爆竹以及公安部认为需要管理的其他爆炸物品。易燃易爆危险物品具有极大的火灾危险性和破坏性，如果在生产、储存、运输、销售或者使用等过程中不严加管理，极易造成严重灾害事故。对于施工现场的这些物品，必须制定严格的安全管理制度和操作规程，作业人员要按照管理制度和操作规程的要求进行作业，保证安全施工。

(3) 施工单位在施工现场应当设置消防通道、消防水源，配备消防设施和灭火器材。消防通道是指供消防人员和消防车辆等消防装备进入或穿越建筑物或在建筑物内能够通行的道路。规划建设消防通道应当达到保证道路的宽度、净高和平面设置，满足消防车通行和灭火作战的需要的基本要求。消防水源是指市政消火栓、天然水源取水设施、消防蓄水池和消防供水管网等消防供水设施。规划建设消防供水设施应当达到保证消防供水设施的数量、水量、水压等满足灭火的需要，保证消防车到达火场后能够就近利用消防供水设施，及时扑救火灾，控制火势蔓延的基本要求。消防设施，一般是指固定的消防系统和设备，如水灾自动报警系统、各类自动灭火系统、消火栓、防火门等。消防器材是指移动的灭火器材、自动逃生器材，如灭火器、防烟面罩、缓降器等。

按照国家有关规定配置的消防设施和器材，应当定期组织检验、维修。主要包括两方面内容：

(1)任何单位都应按照消防法规和国家工程建筑消防技术标准配置消防设施和器材、配置消防安全标志。各类消防设施、器材和标志均应与建筑物同时验收并投入使用。

(2)定期组织对消防设施、器材进行检验、维修，确保其完好、有效，这是施工单位的重要职责。建筑消防设施能否发挥预防火灾和扑灭初期火灾的作用，关键是日常的维修保养，应当经常检查，定期维修。

施工单位应当在施工现场入口处设置明显的消防安全标志。消防安全标志是指用其表达与消防有关的安全信息的图形符号或者文字标志，包括火灾报警和手动控制的标志、火灾时疏散途径的标志、灭火设备的标志、具有火灾爆炸危险的物质或场所的标志等。消防安全标志的设置应当符合国家有关标准。

另外，施工单位还应当结合本单位防火工作的特点，有重点地进行消防安全知识和宣传教育，增强作业人员的消防安全意识，使作业人员了解本岗位的火灾特点，会使用灭火器扑救初期火灾，会报火警，会自救逃生。

### 五、施工现场的环境保护

《建筑法》第41条规定："建筑施工企业应当遵守有关环境保护和安全生产的法律、法规的规定，采取控制和处理施工现场的各种粉尘、废气、废水、固体废物以及噪声、振动对环境和污染和危害的措施。"

《建设工程安全生产管理条例》第30条规定："施工单位应当遵守有关环境保护法律、法规的规定，在施工现场采取措施，防止或者减少粉尘、废气、废水、固体废物、噪声、振动和施工照明对人和环境的危害和污染。在城市市区内的建设工程，施工单位应当对施工现场实行封闭围挡。"

《建筑施工安全检查标准》(JGJ 59—2011)要求：施工现场的主要道路及材料加工区地面应进行硬化处理；施工现场道路应畅通，路面应平整坚实；施工现场应有防止扬尘措施；施工现场应设置排水设施，且排水通畅无积水；施工现场应有防止泥浆、污水、废水污染环境的措施；施工现场应设置专门的吸烟处，严禁随意吸烟；温暖季节应有绿化布置。

### 六、建筑装修和房屋拆除的安全管理

#### (一)建筑装修的安全管理

随着我国经济的发展和城乡居民生活条件的改善，房屋建筑的装饰装修活动规模不断扩大，但也出现了随意拆改建筑主体结构和承重墙结构等危及建筑工程安全和人民生命财产安全的问

题。因此,《建筑法》第 49 条对此作出明确规定:"涉及建筑主体和承重结构变动的装修工程,建设单位应当在施工前委托原设计单位或者具有相应资质条件的设计单位提出设计方案;没有设计方案的,不得施工。"

建筑主体是指砖混结构的墙体与楼板、钢筋混凝土结构的框架。承重结构是指建筑工程中的屋盖、楼盖、墙、柱、基础等。建筑装修是指为使建筑物、构筑物内、外空间达到一定的环境质量要求,使用装饰装修材料,对建筑物、构筑物外表和内部进行修饰处理的工程建筑活动。涉及建筑主体和承重结构变动的装修,直接关系到建筑工程的安全性能。因此,涉及建筑主体和承重结构变动的装修工程的施工,必须有设计方案。涉及建筑主体和承重结构变动的装修活动,直接关系到装修工程的安全和居民的人身财产安全,对其施工,必须依据设计方案进行。建筑设计方案是根据建筑物的功能要求,具体确定建筑标准、结构形式、建筑物的空间和平面布置以及建筑群体的安排。设计方案是施工的依据,没有设计方案的,不得施工。

设计方案的好坏对装修工程的安全等有直接影响。因此,建设单位应当委托原设计单位或者具有相应资质条件的设计单位提出设计方案。原设计单位对该项工程的情况、结构形式等比较熟悉,一般情况下应委托其进行该建筑工程的装修设计。在难以委托原设计单位的情况下,应委托与原设计单位有同等资质以上的设计单位承担设计任务。

### (二)房屋拆除的安全管理

房屋拆除是建筑活动的一项重要内容。近年来,随着国民经济增长,旧城改造任务扩大,拆除工程逐渐增多。在房屋拆除工作中,因拆除施工造成的倒塌、伤亡事故时有发生,给国家和人民群众的生命财产造成了非常大的损失,给社会带来了不良影响。造成事故的原因除缺乏管理和技术安全措施外,主要是建设单位随意将工程发包给农民工干。这些农民工不了解工程结构,缺乏拆除工程的基本知识,加上图快,图省事,常常冒险蛮干。

**1. 住房和城乡建设部关于房屋拆除安全管理的规定**

为了规范建筑拆除工程施工,保障拆除施工安全和施工过程中的人身安全,加强环境保护,住房和城乡建设部修订了《建筑拆除工程安全技术规范》(JGJ 147—2016),自 2017 年 5 月 1 日起实施。

(1)拆除工程施工前,应签订施工合同和安全生产管理协议。应编制施工组织设计、安全专项施工方案和生产安全事故应急预案。对危险性较大的拆除工程专项施工方案,应按相关规定组织专家论证。

(2)对拆除工程施工应按有关规定配备专职安全生产管理人员,对各项安全技术措施进行监督、检查。拆除工程施工前,必须对施工作业人员进行书面安全技术交底,且应有记录并签字确认。

(3)拆除工程施工前,应对拟拆除物的实际状况、周边环境、防护措施、人员清场、施工机具及人员培训教育情况等进行检查;施工作业中,应根据作业环境变化及时调整安全防护措施,随时检查作业机具状况及物料堆放情况;施工作业后,应对场地的安全状况及环境保护措施进行检查。

(4)拆除工程施工应先切断电源、水源和气源,再拆除设备管线设施及主体结构;主体结构拆除宜先拆除非承重结构及附属设施,再拆除承重结构。拆除工程施工不得立体交叉作业。

(5)拆除工程施工中,应对拟拆除物的稳定状态进行监测;当发现事故隐患时,必须停止作业。对局部拆除影响结构安全的,应先加固后再拆除。拆除地下物,应采取保证基坑边坡及周边建筑物、构筑物的安全与稳定的措施。拆除工程作业中,发现不明物体应停止施工,并应采取相应的应急措施,保护现场及时向有关部门报告。

(6)对有限空间拆除施工,应先采取通风措施,经检测合格后再进行作业。当进入有限空间拆除作业时,应采取强制性持续通风措施,保持空气流通。严禁采用纯氧通风换气。

(7)对生产、使用、储存危险品的拟拆除物,拆除施工前应先进行残留物的检测和处理,合格后方可进行施工。拆卸的各种构件及物料应及时清理、分类存放,并应处于安全稳定状态。

(8)人工拆除施工应自上而下逐层拆除,并应分段进行,不得垂直交叉作业。当框架结构采用人工拆除施工时,应按楼板、次梁、主梁、结构柱的顺序依次进行。当进行人工拆除作业时,水平构件上严禁人员聚集或集中堆放物料,作业人员应在稳定的结构或脚手架上操作。当人工拆除建筑墙体时,严禁采用底部掏掘或推倒的方法。

(9)当采用机械拆除建筑时,应自上而下逐层拆除,并应分段进行;应先拆除非承重结构,再拆除承重结构。

## 2.《建筑法》《建设工程安全生产管理条例》关于房屋拆除安全管理的规定

为了进一步加强房屋拆除的安全管理,《建筑法》第50条、《建设工程安全生产管理条例》第20条都对此作了专门规定,其含义包括以下几项:

(1)房屋拆除由具备房屋拆除安全条件的建筑施工单位承担,不具备保证房屋拆除安全条件的建筑施工单位和非建筑施工单位不得承担房屋拆除任务。这里的安全条件主要包括:有编制房屋拆除安全技术措施的能力;有相应的专业技术人员;有相应的机械设备等。

(2)建筑施工单位负责人对房屋拆除的安全负责。建筑施工单位的负责人是建筑施工企业的行政管理人员,其不仅对拆除业务活动负责,还应当对拆除过程中的安全负责。为了保证安全,建筑施工企业必须执行国家的有关安全的规定;必须对拆除人员进行安全教育;必须为拆除人员准备防护用品等。在施工前,要组织技术人员和工人学习施工组织设计和安全操作规程;必须对拆除工程的施工进行统一领导和经常监督。

(3)对于一些需要爆破作业的特殊拆除工程,应当按照有关规定,进行大型爆破作业,或在城镇与其他居民聚居的地方、风景名胜区和重要工程设施附近进行控制爆破作业,施工单位必须事先将爆破作业方案,报县、市以上主管部门批准,并征得所在县、市公安局同意,方可实施爆破作业。

【案例1】

1. 事故简介

2001年2月18日上午8时15分左右,黑龙江省佳木斯市某房地产开发公司在拆除农垦机关院内旧房区的车库时,发生一起建筑坍塌事故,造成3人死亡,1人重伤。

2. 事故发生经过

2000年12月25日,佳木斯市某办事处为改善农垦居民生活环境,对机关院内旧房区实施改造,总局驻佳办与某房地产开发公司签订小区拆迁合同。同年12月27日,该开发公司将拆除工程转包给个人宋某,2001年2月10日,宋某又将车库平房拆除工程转包给个人高某(事故发生前,车库屋面梁已拆除完毕)。2月18日7点15分,高某从本村找来6名农民工,安排他们每人拆一门框,布置完后,6名农民工开始用大锤、手锤、钎子等工具作业,8点15分左右,突然一声巨响,车库上面雨篷过梁整体落下,造成3人死亡,1人重伤。

3. 事故原因分析

(1)技术方面。该拆除工程既未制定拆除方案,又未对拆除工人进行安全教育及技术交底。缺少安全技术措施的指导,拆除程序错误,是此次事故的技术原因。

(2)管理方面。施工现场劳动组织不合理,现场指挥、现场监护不到位。在没有落实具体的安全防范措施情况下，任由未经培训、无相关资质的作业人员进行野蛮拆除，是发生该事故的管理原因。

4. 事故的结论与教训

这是一起责任事故。综合事故调查组对该事故责任分析及对责任者的处理意见如下：

该开发公司经理作为企业安全生产第一责任人，应对企业的安全生产负全面责任。由于其对本公司的安全工作疏于管理，在公司无拆除资质的情况下，将拆除工程发包给无拆除资质的个人，为此次事故留下重大隐患，对该事故负主要领导责任。

公司主管副经理是公司安全生产的直接责任人，对安全生产负直接责任，其负责公司具体业务工作，在明知分包者无拆除资质的情况下，将拆除工程包给个人，同时未制定拆除方案，又没落实具体的安全措施，而且在其负责公司工作期间，对公司安全工作管理混乱，现场检查、现场监护不到位，负此次事故的直接领导责任。

承包人宋某，无拆除资质，私自承揽拆除工程，且将该工程再转包给无拆除资质的农民工，对此次事故负有直接责任，应交移司法机关追究其刑事责任。

包工头高某，安全意识淡薄，在没采取任何防护措施情况下，违章指挥作业人员进行拆除作业，对此次事故负有主要责任。

【案例2】

1. 事故简介

2007年6月21日，位于重庆市某在建的移民就业基地标准厂房C幢工程，发生一起塔式起重机倒塌事故，造成4人死亡、2人重伤。

2. 事故发生经过

该工程建筑面积15 806.59 m$^2$，工程造价1 426.9万元。事故发生时处于基础施工阶段。发生倒塌的塔式起重机型号为QTZ4210型，于2007年5月19日进场。6月3日某私人劳务队受挂靠的设备租赁公司委托，与施工单位项目部签订了塔式起重机租赁合同，合同中有塔式起重机安装、拆除等内容。塔式起重机安装完毕后没有经有关部门验收和备案登记，就于6月3日投入使用。因该工地所使用的两台塔式起重机安装高度接近，运行中相互发生干扰。劳务队长指派4人对塔式起重机进行顶升标准节作业。18时许，将第12节标准节引进塔身就位后，在尚未固定的情况下，塔式起重机向右转动约为135°时，其套架以下部分向平衡臂方向翻转倾覆，致使塔帽、起重臂、平衡臂坠落至地面。

3. 事故原因分析

(1) 直接原因。该塔式起重机顶升作业时，操作人员违反了"起重机顶升作业时，使回转机构制动，严禁塔机回转"的安装规定，在标准节引入塔身就位尚未固定的情况下，操作塔机回转，造成塔机倒塌。

(2) 间接原因。

1) 设备租赁公司无塔式起重机安装资质，违法组织施工人员进行塔式起重机安装和顶升标准节作业。塔式起重机未经验收，就投入使用，在施工过程中，使用无操作资格的施工员，现场安全管理失控。

2) 施工总包单位未认真执行塔式起重机安装使用的相关规定，造成非法安装塔式起重机且未经验收就投入使用；塔式起重机顶升操作人员未经培训，不具备上岗资格；在顶升作业的下方安装施工人员作业，形成立体交叉作业，加重了事故伤害程度。

3) 监理单位未认真履行安全监理职责。该工程总监、现场监理未履行核查塔式起重机安装验收手续职责，不采取措施制止塔式起重机的非法安装和使用。

4)建设单位未认真履行安全管理职责,未制止该塔式起重机的非法安装和使用。

4. 事故处理

根据事故调查和责任认定,对有关责任方作出以下处理:设备租赁单位负责人移交司法机关依法追究法律责任;建设单位现场代表、项目经理、监理单位现场总监等13名责任人员分别受到撤职、吊销执业资格、罚款等行政处罚;施工、监理、设备租赁等单位分别受到罚款、暂扣安全生产许可证等行政处罚;责令该工业园区管委会向当地人民政府作出书面检查。

5. 事故教训

(1)安装、顶升、拆除塔式起重机必须由取得相应资质的单位完成,操作人员必须具备执业资格证书,熟练掌握安全操作技能。

(2)使用单位应认真执行塔式起重机安装使用相关规定,塔式起重机安装后必须组织有关部门验收合格方可投入使用。

(3)监理单位应认真履行安全监理职责。核查塔式起重机安装验收手续,确保安全。

## 第五节　施工过程中安全防护制度

保障建设工程施工安全生产,除了要建立健全施工安全生产责任和安全生产教育培训制度外,还应当针对建设工程施工的特点,加强安全技术管理工作。

### ■ 一、编制安全技术措施、专项施工方案和安全技术交底的规定

《建筑法》规定,建筑施工企业在编制施工组织设计时,应当根据建筑工程的特点制订相应的安全技术措施;对专业性较强的工程项目,应当编制专项安全施工组织设计,并采取安全技术措施。

#### (一)编制安全技术措施和施工现场临时用电方案

《建设工程安全生产管理条例》规定,施工单位应当在施工组织设计中编制安全技术施工和施工现场临时用电方案。

施工组织设计是规划和指导施工全过程的综合性技术经济文件,是施工准备工作的重要组成部分。它要保证施工准备阶段各项工作的顺利进行,各分包单位、各工种的有序衔接,以及各类材料、构件、机具等供应时间和顺序,并对一些关键部位和需要控制的部位提出相应的安全技术措施。

1. 安全技术措施

安全技术措施是为了实现安全生产,在防护上、技术上和管理上采取的措施。具体来说,就是在建设工程施工中,针对工程特点、施工现场环境、施工方法、劳动组织、作业方法、使用机械、动力设备、变配电设施、架设工具,以及各项安全防护设施等制定的确保安全施工的措施。

安全技术措施通常包括:根据基坑、地下室深度和地质资料,保证土石方边坡稳定的措施;脚手架、吊篮、安全网、各类洞口防止人员坠落的技术措施;外用电梯、井架,以及塔式起重机等垂直运输机具的拉结要求及防倒塌的措施;安全用电和机电防短路、防触电的措施;有毒有害、易燃易爆作业的技术措施;施工现场周围通行道路及居民防护隔离等措施。

安全技术措施可分为防止事故发生的安全技术措施和减少事故损失的安全技术措施。常用的防止事故发生的安全技术措施有消除危险源、限制能量或危险物质、隔离、故障－安全设计、减少故障和失误等。减少事故损失的安全技术措施是在事故发生后能够迅速控制局面，防止事故扩大，避免引起二次事故的发生，从而减少事故造成的损失。常用的减少事故损失的安全技术措施有隔离、个体防护、设置薄弱环节、避难与救援等。

#### 2. 施工现场临时用电方案

施工组织设计中还应当包括施工现场临时用电方案，防止施工现场人员触电和电气火灾事故发生。临时用电方案不仅直接关系到用电人员的安全，也关系到施工进度和工程质量。

《施工现场临时用电安全技术规范》(JGJ 46—2005)规定，施工现场临时用电设备在5台及以上或设备总容量在50 kW及以上者，应编制用电组织设计。

施工现场临时用电组织设计的内容应包括：现场勘测；确定电源进线、变电所或配电室、配电装置、用电设备位置及线路走向；进行负荷计算；选择变压器；设计配电系统；设计防雷装置；确定防护措施；制订安全用电措施和电气防火措施。临时用电工程图纸应单独绘制，临时用电工程应按图施工。

施工现场临时用电设备在5台以下或设备总容量在50 kW以下者，应制定安全用电和电气防火措施。

临时用电组织设计及变更时，必须履行"编制、审核、批准"程序，由电气工程技术人员组织编制，经相关部门审核及具有法人资格企业的技术负责人批准后实施。变更用电组织设计时应补充有关图纸资料。临时用电工程必须经编制、审核、批准部门和使用单位共同验收，验收合格后方可投入使用。

### (二)编制安全专项施工方案

《建设工程安全生产管理条例》规定，对下列达到一定规模的危险性较大的分部分项工程编制专项施工方案，并附具安全验算结果，经施工单位技术负责人、总监理工程师签字后实施，由专职安全生产管理人员进行现场监督：基坑支护与降水工程；土方开挖工程；模板工程；起重吊装工程；脚手架工程；拆除、爆破工程；国务院建设行政主管部门或者其他有关部门规定的其他危险性较大的工程。对以上所列工程中涉及深基坑、地下暗挖工程、高大模板工程的专项施工方案，施工单位还应当组织专家进行论证、审查。

危险性较大的分部分项工程，是指建筑工程在施工过程中存在的、可能导致作业人员群死群伤或造成重大不良社会影响的分部分项工程。危险性较大的分部分项工程安全专项施工方案，是指施工单位在编制施工组织(总)设计的基础上，针对危险性较大的分部分项工程单独编制的安全技术措施文件。

#### 1. 安全专项施工方案的编制

《危险性较大的分部分项工程安全管理办法》规定，施工单位应当在危险性较大的分部分项工程施工前编制专项方案；对于超过一定规模的危险性较大的分部分项工程，施工单位应当组织专家对专项施工方案进行论证。

建筑工程实行施工总承包的，专项方案应当由施工总承包单位组织编制。其中，起重机械安装拆卸工程、深基坑工程、附着式升降脚手架等专业工程实行分包的，其专项方案可由专业承包单位组织编制。

专项方案编制应包括以下内容：
(1)工程概况：危险性较大的分部分项工程概况、施工平面布置、施工要求和技术保证条件。

(2)编制依据：相关法律、法规、规范性文件、标准、规范及图纸（国标图集）、施工组织设计等。

(3)施工计划：包括施工进度计划、材料与设备计划。

(4)施工工艺技术：技术参数、工艺流程、施工方法、检查验收等。

(5)施工安全保证措施：组织保障、技术措施、应急预案、监测监控等。

(6)劳动力计划：专职安全生产管理人员、特种作业人员等。

(7)计算书及相关图纸。

### 2. 安全专项施工方案的审核

专项施工方案应当由施工单位技术部门组织本单位施工技术、安全、质量等部门的专项技术人员进行审核。经审核合格后，由施工单位技术负责人签字。实行施工总承包的，专项方案应当由总承包单位技术负责人及相关专业承包单位技术负责人签字。不需要专家论证的专项方案，经施工单位审核合格后报监理单位，由项目总监理工程师审核签字。

超过一定规模的危险性较大的分部分项工程编制专项施工方案应当由施工单位组织召开专家论证会。实行施工总承包的，由施工总承包单位组织召开专家论证会。

施工单位应当根据论证报告修改完善专项方案，并经施工单位技术负责人、项目总监理工程师、建设单位项目负责人签字后，方可组织实施。实行施工总承包的，应当由施工总承包单位、相关专业承包单位技术负责人签字。

专项方案经论证后需要做重大修改的，施工单位应当按照论证报告修改，并重新组织专家进行论证。

### 3. 安全专项施工方案的实施

施工单位应当严格按照专项方案组织施工。不得擅自修改、调整专项方案。如因设计、结构、外部环境等因素发生变化确需修改的，修改后的专项方案应当按规定重新审核。对于超过一定规模的危险性较大工程的专项方案，施工单位应当重新组织专家进行论证。

施工单位应当指定专人对专项方案实施情况进行现场监督和按规定进行监测。发现不按照专项方案施工的，应当要求其立即整改；发现有危及人身安全紧急情况的，应当立即组织作业人员撤离危险区域，施工单位技术负责人应当定期巡查专项方案实施情况。

对于按规定需要验收的危险性较大的分部分项工程，施工单位、监理单位应当组织有关人员进行验收。验收合格的，经施工单位项目技术负责人及项目总监理工程师签字后，方可进入下一道工序。

### （三）安全施工技术交底

《建设工程安全生产管理条例》规定，建设工程施工前，施工单位负责项目管理的技术人员应当对有关安全施工的技术要求向施工作业班组、作业人员作出详细说明，并由双方签字确认。

施工前对有关安全施工的技术要求作出详细说明，就是通常说的安全技术交底。这项制度有助于作业班组和作业人员尽快了解工程概况、施工方法、安全技术措施等具体情况，掌握操作方法和注意事项，保护作业人员的人身安全，减少因安全事故导致的经济损失。

安全技术交底通常包括施工工种安全技术交底、分部分项工程施工安全技术交底、大型特殊工程单项安全技术交底、设备安装工程技术交底，以及使用新工艺、新技术、新材料施工的安全技术交底等。

施工单位负责项目安全的技术人员与作业班组、作业人员进行安全技术交底后，应当由双方确认。确认的方式是填写安全技术措施交底单，主要内容应当包括工程名称、分部分项工程名称、安全技术措施交底内容、交底时间，以及施工单位负责项目管理的技术人员签字、接受任务负责人签字等。

## ■ 二、施工现场安全防护的规定

### (一)危险部位设置安全警示标志

《建设工程安全生产管理条例》规定，施工单位应当在施工现场入口处、施工起重机械、临时用电设施、脚手架、出入通道口、楼梯口、电梯井口、孔洞口、桥梁口、隧道口、基坑边沿、爆破物及有害危险气体和液体存放处等危险部位，设置明显的安全警示标志。安全警示标志必须符合国家标准。

安全警示标志必须符合《安全标志及其使用导则》(GB 2894—2008)的规定。各种安全警示标志设置后，未经施工单位负责人批准，不得擅自移动或者拆除。

### (二)根据不同施工阶段等采取相应的安全施工措施

《建设工程安全生产管理条例》规定，施工单位应当根据不同施工阶段和周围环境及季节、气候的变化，在施工现场采取相应的安全施工措施。施工现场暂时停止施工的，施工单位应当做好现场防护，所需费用由责任方承担，或者按照合同约定执行。

需要说明的是，这里的责任方应当是就施工承包合同当事人而言，而不一定是指直接的责任方。例如，如果是由于监理工程师指令有误而导致施工现场停止施工，其产生的费用要由建设单位承担。也就是说，施工单位可以就此向建设单位索赔，而不是直接向监理单位索赔。至于建设单位偿付费用后，可以依据监理合同的约定，再向监理单位追偿。

### (三)施工现场临时设施的安全卫生要求

《建设工程安全生产管理条例》规定，施工单位应当将施工现场的办公、生活区与作业区分开设置，并保持安全距离；办公、生活区的选址应当符合安全性要求。职工的膳食、饮水、休息场所等应当符合卫生标准。施工单位不得在尚未竣工的建筑物内设置员工集体宿舍。施工现场临时搭建的建筑物应当符合安全使用要求。施工现场使用的装配式活动房屋应当具有产品合格证。

例如，设有职工食堂的，应当按照《中华人民共和国食品安全法》(以下简称《食品安全法》)中有关食品生产经营、食品检验等规定执行，患有痢疾、伤寒、病毒性肝炎等消化道传染病的人员，以及患有活动性肺结核、化脓性或者渗出性皮肤病等有碍食品安全的疾病的人员，不得从事接触直接入口食品的工作。没有职工食堂的，施工单位则应提供符合《食品安全法》规定的合格膳食。施工单位提供的饮水也必须达到国家规定的标准。

### (四)对施工现场周边的安全防护措施

《建设工程安全生产管理条例》规定，施工单位对因建设工程施工可能造成损害的毗邻建筑物、构筑物和地下管线等，应当采取专项防护措施。在城市市区内的建设工程，施工单位应当对施工现场实行封闭围挡。

### (五)危险作业的施工现场安全管理

《安全生产法》规定，生产经营单位进行爆破、吊装等危险作业，应当安排专门人员进行现场安全管理，确保操作规程的遵守和安全措施的落实。

### (六)安全防护设备、机械设备等的安全管理

《建设工程安全生产管理条例》规定，施工单位采购、租赁的安全防护用具、机械设备、施

工机具及配件，应当具有生产（制造）许可证、产品合格证，并在进入施工现场前进行查验。施工现场的安全防护用具、机械设备、施工机具及配件必须由专人管理，定期进行检查、检修和保养，建立相应的资料档案，并按照国家有关规定及时报废。

### ■ 三、施工现场消防安全职责和应采取的消防安全措施

《中华人民共和国消防法》规定，机关、团体、企业、事业等单位应当履行的消防安全职责有：落实消防安全责任制，制定本单位的消防安全制度、消防安全操作规程，制定灭火和应急疏散预案；按照国家标准、行业标准配置消防设施、器材，设置消防安全标志，并定期组织检验、维修，确保完好有效；对建筑消防设施每年至少进行一次全面检测，确保完好有效，检测记录应当完整准确，存档备查；保证疏散通道、安全出口、消防车通道畅通，保证防火防烟分区、防火间距符合消防技术标准；组织防火检查，及时消除火灾隐患；组织进行有针对性的消防演练；法律、法规规定的其他消防安全职责。单位的主要负责人是本单位的消防安全责任人。

#### （一）在施工现场建立消防安全责任制，确定消防安全责任人

施工单位的主要负责人是本单位的消防安全责任人；项目负责人则应是本项目施工现场的消防安全责任人。同时，要在施工现场实行和落实逐级防火责任制、岗位防火责任制。各部门、各班组负责人，以及每个岗位人员都应当对自己管辖工作范围内的消防安全负责，切实做到"谁主管、谁负责；谁在岗，谁负责"。

#### （二）制定各项消防安全管理制度和操作规程

施工现场大都存在可燃物和火源、电源，稍有不慎就会发生火灾。为此，要制定严格的用火用电制度，如禁止在具有火灾、爆炸危险的场所使用明火，包括焊接、切割、热处理、烘烤、熬炼等明火作业，也包括炉灶及灼热的炉体、烟筒、电热器，以及吸烟、明火取暖、明火照明等。同时，不得擅自降低技术标准施工，不能使用防火性能不符合国家标准的建筑构件、材料包括装饰装修材料等。

#### （三）设置消防通道、消防水源，配备消防设施和灭火器材

消防通道是指供消防人员和消防车辆等消防装备进入施工现场能够通行的道路。消防通道应当保证道路的宽度、限高和道路的设置，满足消防车通行和灭火需要的基本要求。消防水源，是指市政消火栓、天然水源取水设施、消防蓄水池和消防供水管网等消防供水设施。消防供水设施应当保证设施数量、水量、水压满足灭火需要，保证消防车到达火场后能够就近利用消防供水设施，及时扑救火灾，控制火势蔓延的基本要求。消防设施，一般是指固定的消防系统和设备，如火灾自动报警系统、各类自动灭火系统、消火栓、防火门等。消防器材，是指可移动的灭火器材、自动逃生器材，如灭火器、防烟面罩、缓降器等。

对于消防设施和器材应当定期组织检验、维修，确保其完好、有效，以发挥预防火灾和扑灭初期火灾的作用。

#### （四）在施工现场入口处设置明显标志

消防安全标志是指用以表达与消防有关的安全信息的图形符号或者文字标志，包括火灾报警和手动控制标志、火灾时疏散途径标志、灭火设备标志、具有火灾爆炸危险的物质或场所标志等。消防安全标志应当按照《消防安全标志设置要求》（GB 15630—1995）、《消防安全标志 第1部分：标志》（GB 13495.1—2015）设置。

### ■ 四、办理意外伤害保险的规定

施工单位应当为施工现场从事危险作业的人员办理意外伤害保险。意外伤害保险费由施工单位支付。实行施工总承包的，由总承包单位支付意外伤害保险费。意外伤害保险期限自建设工程开工之日起至竣工验收合格止。

#### (一)建筑职工意外伤害保险是法定的强制性保险

施工单位对施工现场从事危险作业的人员办理意外伤害保险是法定的强制性保险，由施工单位作为投保人直接或者通过保险经纪公司与保险公司订立保险合同，支付保险费，以本单位从事危险作业的人员作为被保险人，当被保险人在施工作业中发生意外伤害事故时，保险公司须依照合同约定向被保险人或者受益人支付保险金。

施工现场从事危险作业的人员，是指在施工现场从事如高处作业、深基坑作业、爆破作业等危险性较大的岗位的作业人员。

#### (二)意外伤害保险的保险期限和最低保险金额

保险期限应涵盖工程项目开工之日到工程竣工验收合格日。提前竣工的，保险责任自行终止。延长工期的，应当办理保险顺延手续。

各地住房城乡建设主管部门要结合本地区实际情况，确定合理的最低保险金额。最低保险金额要能够保障施工伤亡人员得到有效的经济补偿。施工企业办理意外伤害保险时，投保的保险金额不得低于此标准。

#### (三)意外伤害保险的保险费及费率

保险费应当列入建筑安装工程费用中。保险费由施工企业支付，施工企业不得向职工摊派。

施工企业和保险公司双方本着平等协商的原则，根据各类风险因素商定建筑意外伤害保险费费率，提倡差别费率和浮动费率。差别费率可与工程规模、类型、工程项目风险程度和施工现场环境等因素挂钩。浮动费率可与施工企业安全生产业绩、安全生产管理状况等因素挂钩。对重视安全生产管理、安全业绩好的企业可采用下浮费率；对安全生产业绩差、安全管理不善的企业可采用上浮费率。通过浮动费率机制，激励投保企业安全生产的积极性。

#### (四)意外伤害保险的投保

施工企业应在工程项目开工前，办理完投保手续。鉴于工程建设项目施工工艺流程中各工程调动频繁、用工流动性大，投保应实行不记名和不计人数的方式。工程项目中有分包单位的由总承包施工企业统一办理，分包单位合理承担投保费用。业主直接发包的工程项目由承包企业直接办理投保事宜。

各级住房城乡建设主管部门要强化监督管理，把在建工程项目开工前是否投保意外伤害保险情况作为审查企业安全生产条件的重要内容之一；未投保的工程项目，不予发放施工许可证。

投保人办理投保手续后，应将投保有关信息以布告形式张贴于施工现场，告知被保险人。

#### (五)意外伤害保险的索赔

建筑意外伤害保险应规范和简化索赔程序，搞好索赔服务。各地住房城乡建设主管部门要积极创造条件，引导投保企业在发生意外事故后即向保险公司提出索赔，使施工伤亡人员能够得到及时、足额的赔付。各级住房城乡建设主管部门应设置专门电话接受举报，凡是被保险人发生意外伤害事故，企业和工程项目负责人隐瞒不报、不索赔的，要严肃查处。

### 五、违法行为应承担的法律责任

施工现场安全防护违法行为应承担的主要法律责任如下。

#### (一)施工现场安全防护违法行为应承担的法律责任

《建筑法》规定,建筑施工企业违反本法规定,对建筑安全事故隐患不采取措施予以消除的,责令改正,可以处以罚款;情节严重的,责令停业整顿,降低资质等级或者吊销资质证书;构成犯罪的,依法追究刑事责任。

施工单位有下列行为之一的,责令限期改正;逾期未改正的,责令停业整顿,并处10万元以上30万元以下的罚款;情节严重的,降低资质等级,直至吊销资质证书;造成重大安全事故,并构成犯罪的,对直接责任人员依照《刑法》有关规定追究刑事责任;造成损失的,依法承担赔偿责任:安全防护用具、机械设备、施工机具及配件在进入施工现场前未经查验或者查验不合格即投入使用的;使用未经验收或者验收不合格的施工起重机械和整体提升脚手架、模板等自升式架设设施的;委托不具有相应资质单位承担施工现场安装、拆卸施工起重机械和整体提升脚手架、模板等自升式架设设施的;在施工组织设计中未编制安全技术措施、施工现场临时用电方案或者专项施工方案的。

生产经营单位有下列行为之一的,责令限期改正;逾期未改正的,责令停产停业整顿,并处2万元以上10万元以下的罚款,造成严重后果,构成犯罪的,依照《刑法》有关规定追究刑事责任:进行爆破、吊装等危险作业,未安排专门管理人员进行现场安全管理的。

#### (二)施工现场消防安全违法行为应承担的法律责任

《消防法》规定,建筑施工企业不按照消防设计文件和消防技术标准施工,降低消防施工质量的,责令改正或者停止施工,并处1万元以上10万元以下的罚款。

单位违反《消防法》规定,有下列行为之一的,责令改正,处5 000元以上5万元以下罚款。

(1)消防设施、器材或者消防安全标志的配置、设置不符合国家标准、行业标准,或者未保持完好有效的;

(2)损坏、挪用或者擅自拆除、停用消防设施、器材的;

(3)占用、堵塞、封闭疏散通道、安全出口或者有其他妨碍安全疏散行为的;

(4)埋压、圈占、遮挡消火栓或者占用防火间距的;

(5)占用、堵塞、封闭消防车通道,妨碍消防车通行的;

(6)人员密集场所在门窗上设置影响逃生和灭火救援的障碍物的;

(7)对火灾隐患经消防救援机构通知后不及时采取措施消除的。

**【案例3】**

1. 事故简介

2015年11月15日,上海市静安区胶州路××教师公寓正在进行外墙整体节能保温改造。14时14分,大楼中部起火,随后火灾外部通过引燃楼梯表面的尼龙防护网和脚手架上的毛竹片,内部在烟囱效应的作用下迅速蔓延,最终包围并烧毁了整栋大厦。消防部门全力进行救援,火灾持续了4小时15分钟,最终导致58人遇难,71人受伤。

2. 事故发生经过

11月15日14时14分,4名无证焊工正在10层电梯前室北窗外进行违章电焊作业。由于未采取保护措施电焊溅落熔化物引燃下方9层位置脚手架防护平台上堆积的聚氨酯硬泡保温材料碎块,聚氨酯迅速燃烧形成密集火灾。由于未设现场消防措施,4人不能将初期火灾扑灭,并逃跑。燃烧的聚氨酯引燃了楼体9层附近表面覆盖的尼龙防护网和脚手架上的毛竹片。由于尼龙防护网是全楼连成一个整体，火势迅速蔓延，尼龙防护网的燃烧引燃了脚手架上的毛竹片，同时引燃了各层室内的窗帘、家具、煤气管道的残余气体等易燃物质，造成火势的急速扩大，并于15时45分火势达到最大。在消防员的不懈努力下，火灾18时30分被基本扑灭。随后消防员进入楼内扑灭残火和抢救人员。

3. 事故原因分析

(1) 直接原因。

1) 焊接人员无证上岗，且违章操作，同时未采取有效措施，导致焊接熔化物溅到楼下不远处的聚氨酯硬泡保温材料上，聚氨酯硬泡迅速燃烧，引燃楼体表面可燃物，大火迅速蔓延至整栋大楼。

2015年刚刚颁布的《特种作业人员安全技术培训考核管理规定》中第5条、《建设工程安全生产管理条例》第6条、《安全生产法》第82条第四款都要求焊接等特种作业人员需经过专业培训，取得《特种作业操作证》后，方可上岗作业。

焊接人员未向业主单位或施工单位出示特种作业焊接的操作资格证，同时业主单位或者施工单位也未向焊接人员要求特种作业焊接操作资格证，焊接时未能按照焊工安全操作规程采取防护或隔离措施。焊工安全操作规程规定：严禁在易燃品或者易爆品周围焊接，必须焊接时，必须超过5 m区域外方可操作。

2) 工程中所采用的聚氨酯硬泡保温材料不合格或部分不合格。硬泡聚氨酯是新一代的建筑节能保温材料。按照我国建筑外墙保温的相关标准要求，用于建筑节能工程的保温材料的燃烧性能要求是不低于B2级。而按照标准，B2级别的燃烧性能要求应具有的性能之一就是不能被焊渣引燃。很明显，该被引燃的聚氨酯硬泡保温材料不合格。

(2) 间接原因。

1) 装修工程违章违规，层层多次分包，导致安全责任落实不到位。

发生事故的大楼外墙保温改造由上海市××建设总公司总承包，总承包方又将全部工程分包给上海××建筑装饰工程公司。上海××建筑装饰工程公司又将工程进一步分包，脚手架搭设作业分包给上海××物业管理有限公司施工；节能工程、保温工程和铝窗作业，通过政府采购程序分别选择××节能工程有限公司和××铝门窗有限公司进行施工。上海××物业管理有限公司将脚手架工程又分包给其他公司、施工队等；××节能工程有限公司将保温材料又分包给三家其他单位。

《建筑法》第28条规定："禁止承包单位将其承包的全部建筑工程转包给他人，禁止承包单位将其承包的全部建筑工程肢解以后以分包的名义分别转包给他人；"第29条规定："施工总承包的，建筑工程主体结构的施工必须由总承包单位自行完成。"而这里的施工总承包单位上海××建设总公司却将所有工程分包给上海××建筑装饰工程公司。《建筑法》第29条同时规定，禁止分包单位将其承包的工程再分包，而分包商上海××建筑装饰工程公司却又将工程层层分包给数家单位施工，使得安全责任层层减弱，给安全管理带来很大障碍，给施工带来很大的事故隐患。

2) 施工作业现场管理混乱，存在明显的抢工期、抢进度、突击施工的行为。

根据《建设工程安全生产管理条例》第7条规定："建设单位不得对勘察、设计、施工、工程监理等单位提出不符合建设工程安全生产法律、法规和强制性标准规定的要求，不得压缩合同约定的工期。"第10条规定："建设单位在申请领取施工许可证时，应当提供建设工程有关安全施工措施的资料，依法批准开工报告的建设工程，建设单位应当自开工报告批准之日起15日内,将保证安全施工的措施报送建设工程所在地的县级以上地方人民政府建设行政主管部门或者其他有关部门备案。"施工场所应设置完善的安全措施,包括消防设施,在建立了完善的施工计划、确定了工期后应按计划进行施工。而本大楼未安设安全措施且是在有156名住户的情况下进行施工,更应该注意按制度执行。

3)事故现场安全措施不落实,违规使用大量尼龙网、毛竹片等易燃材料,导致大火迅速蔓延。

火灾能够蔓延并扩大至全楼的原因不是聚氨酯硬泡保温材料不合格,而是事故大楼楼体表面上违规使用的易燃的尼龙防护网和脚手架上的毛竹片。施工地点必须作用防护网,脚手架上也必须放置踏板,但材料的选用必须符合《建设工程安全生产管理条例》的规定,能够保证安全,不会发生燃烧才行。

4)监理单位、施工单位、建设单位存在隶属或者利害关系。

建设单位上海××建交委,直接管辖着工程总承包单位上海××建设总公司,第一分包单位上海××建筑装饰工程公司及监理单位都是上海静安建设总公司的全资子公司,因此,监理单位、施工单位、建设单位存在明显的隶属及利害关系。《建筑法》第34条规定:"工程监理单位与被监理工程的承包单位以及建筑材料、建筑构配件和设备供应单位不得有隶属关系或者其他利害关系。"

监理公司没有认真履行建设工程安全生产职责,未依照法律、法规规定施行工程监理,对无证施工行为未能采取有效措施加以制止,未认真落实《建设工程安全生产管理条例》第14条第2款规定的安全责任,在施工单位仍不停止违法施工的情况下,并没有及时向有关主管部门报告,对事故发生负有监督不力的责任。

5)有关部门监管不力,导致以上四种情况"多次分包多家作业、现场管理混乱、事故现场违规选用材料、建设主体单位存在利害关系"的出现。

相关部门对建筑市场监管匮乏,未能对工程承包、分包起到监督作用,缺乏对施工现场的监督检查,对施工现场无证上岗等情况未能及时发现并处置。有关部门对于业主单位上报备案的施工单位、监理单位未能进行检查,导致施工单位与监理单位存在"兄弟单位"关系。

4. 事故处理

根据国务院批复的意见,依照有关规定,对54名事故责任人作出严肃处理,其中26名责任人被移送司法机关依法追究刑事责任,28名责任人受到党纪、政纪处分。

国家安全生产监督管理总局依据《安全生产法》《生产安全事故报告和调查处理条例》等法律和行政法规规定,责成上海市安全生产监督管理局对事故相关单位按法律规定的上限给予经济处罚。

## 第六节 施工安全事故的应急救援与调查处理

### ■ 一、生产安全事故的等级划分标准

明确生产安全事故的分级,区分不同事故级别所规定的报告的调查处理要求,是顺利开展生产安全事故报告的调查处理工作的前提,也是规范生产安全事故报告和调查处理的必然要求。

国务院《生产安全事故报告和调查处理条例》规定,根据生产安全事故造成的人员伤亡或者

直接经济损失,事故一般分为以下等级:特别重大事故,是指造成30人以上死亡,或者100人以上重伤(包括急性工业中毒,下同),或者1亿元以上直接经济损失的事故;重大事故,是指造成10人以上30人以下死亡,或者50人以上100人以下重伤,或者5 000万元以上1亿元以下直接经济损失的事故;较大事故,是指造成3人以上10人以下死亡,或者10人以上50人以下重伤,或者1 000万元以上5 000万元以下直接经济损失的事故;一般事故,是指造成3人以下死亡,或者10人以下重伤,或者1 000万元以下直接经济损失的事故。上述所称的"以上"包括本数,所称的"以下"不包括本数。

《生产安全事故报告和调查处理条例》还规定,没有造成人员伤亡,但是社会影响恶劣的事故,国务院或者有关地方人民政府认为需要调查处理的,依照本条例有关规定执行。

### (一)事故等级划分的要素

事故等级划分要素的界定,应当从各类事故侵犯的相关主体、社会关系和危害后果等方面来考虑。《生产安全事故报告和调查处理条例》所规定的事故分级要素有3个,可以单独适用。

#### 1. 人员伤亡的数量(人身要素)

安全生产和事故调查处理都要以人为本,最大限度地保护从业人员和其他人员的生命安全。生产安全事故危害的最严重后果,就是造成人员的死亡、重伤(中毒)。因此,人员伤亡数量应当列为事故分级的第一要素。

#### 2. 直接经济损失的数额(经济要素)

生产安全事故不仅造成人员伤亡,还经常造成直接经济损失。要保护国家、单位和人民群众的财产权,还应根据造成直接经济损失的多少来划分事故等级。

#### 3. 社会影响(社会要素)

有些生产安全事故的伤亡人数、直接经济损失数额虽然达不到法定标准,但是造成了恶劣的社会影响、政治影响和国际影响,也应当列为特殊事故进行调查处理,这是维护社会稳定的需要。

### (二)事故等级划分的补充性规定

《生产安全事故报告和调查处理条例》规定,国务院安全生产监督管理部门可以会同国务院有关部门,制定事故等级划分的补充性规定。

因为生产经营活动涉及各个行业和众多领域,而不同行业和领域的事故都有各自的特点,事故的原因和损失情况也比较复杂,差异较大,很难用同一个标准来划分不同行业或者领域的事故等级。因此,针对一些特殊行业或者领域的实际情况,授权国务院安全生产监督管理部门可以会同国务院有关部门,除执行对事故等级划分的一般性规定外,还可以根据行业或者领域的特殊性,制定事故等级划分的补充性规定。

需要注意的是,所谓"补充性规定",应当理解为以《生产安全事故报告和调查处理条例》所规定的标准为最低标准。例如,造成30人以上死亡的为特别重大事故,但对于某些行业或者领域,可以依法规定造成30人以下某个数量段的死亡事故作为特别重大事故。

### (三)社会影响恶劣的事故

《生产安全事故报告和调查处理条例》中对于社会影响恶劣的事故没有明确其事故等级,在实践中可以根据其社会影响和危害程度的大小,比照相应等级的事故进行调查处理。

在实践中,确实存在着一些生产安全事故没有造成人员死亡或者重伤的损害后果,甚至也很难说造成了多大的直接经济损失,但是该事故对经济、社会潜在的负面影响和无形损失却是巨大的，造成了恶劣的社会影响；事故对公众健康构成了潜在威胁等。对于这类事故，如果国务院或者有关地方人民政府认为需要调查处理的，依照《生产安全事故报告和调查处理条例》的有关规定执行。

## ■ 二、施工生产安全事故应急救援预案的规定

《建设工程安全生产管理条例》规定，施工单位应当制定本单位生产安全事故应急救援预案，建立应急救援组织或者配备应急救援人员，配备必要的应急救援器材、设备，并定期组织演练。

### (一)制定施工生产安全事故应急救援预案的基本要求

施工生产安全事故多具有突发性、紧迫性的特点，如果事先做好充分应急准备工作，就可以在短时间内组织起有效抢救，防止事故扩大，减少人员伤亡和财产损失。

#### 1. 施工生产安全事故应急救援预案的主要作用

施工生产安全事故应急救援预案，是指施工单位根据本单位的实际情况，针对可能发生的事故类别、性质、特点和范围等，制订的事故发生时组织、技术措施和其他应急措施。

施工生产安全事故应急救援预案主要作用有：事故预防，通过危险辨识、事故后果分析，采用技术和管理手段降低事故发生的可能性，使可能发生的事故控制在局部，防止事故蔓延；应急处理，一旦发生事故，有应急处理程序和方法，能快速反应处理故障或将事故消除在萌芽状态；抢险救援，采用预定现场抢险和抢救的方式，控制或减少事故造成的损失。

#### 2. 施工生产安全事故应急救援预案的类型

施工生产安全事故应急救援预案可分为施工单位的生产安全事故应急救援预案和施工现场生产安全事故应急救援预案两大类。

《中华人民共和国突发事件应对法》规定，建筑施工单位应当制定具体应急预案，并对生产经营场所、有危险物品的建筑物、构筑物及周边环境开展隐患排查，及时采取措施消除隐患，防止发生突发事件。

#### 3. 应急救援组织和应急救援器材设备

施工单位应当建立应急救援组织或者配备应急救援人员，配备必要的应急救援器材、设备，进行经常性维护、保养，保证设备正常运转，并定期组织演练。

#### 4. 总分包单位的职责分工

实行施工总承包的，由总承包单位统一组织编制建设工程生产安全事故应急救援预案，工程总承包单位和分包单位按照应急救援预案，各自建立应急救援组织或者配备应急救援人员，配备救援器材、设备，并定期组织演练。

《安全生产法》还规定，生产经营单位的主要负责人具有组织制定并实施本单位的生产安全事故应急救援预案的职责。

### (二)生产安全事故应急救援预案的编制、评审等

#### 1. 应急预案的编制

国家安全生产监督管理总局《生产安全事故应急预案管理办法》规定，生产经营单位主要负责人负责组织编制和实施本单位的应急预案，并对应急预案的真实性和实用性负责；各分管负责人应当按照职责分工落实应急预案规定的职责。

生产经营单位的应急预案按照针对情况的不同，可分为综合应急预案、专项应急预案和现场处置方案。生产经营单位编制的综合应急预案、专项应急预案和现场处置方案之间应当相互

衔接，并与所涉及的其他单位的应急预案相互衔接。

综合应急预案，应当包括本单位的应急组织机构及其职业、预案体系及响应程序、事故预防及应急保障、应急培训及预案演练等主要内容；专项应急预案，应当包括危险性分析、可能发生的事故特征、应急组织机构与职责、预防措施、应急处置程序和应急保障等内容；现场处置方案，应当包括危险性分析、可能发生的特征、应急处置程序、应急处置要点和注意事项等内容。

### 2. 应急预案的评审

《生产安全事故应急预案管理办法》规定，矿山、金属冶炼企业和易燃易爆物品、危险化学品的生产、经营（带储存设施的，下同）、储存、运输企业，以及使用危险化学品达到国家规定数量的化工企业、烟花爆竹生产、批发经营企业和中型规模以上的其他生产经营单位，应当对本单位编制的应急预案进行评审，并形成书面评审纪要。前款规定以外的其他生产经营单位可以根据自身需要，对本单位编制的应急预案进行论证。

参加应急预案评审的人员应当包括有关安全生产及应急管理方面的专家。评审人员与所评审应急预案的评审或者论证应当注重基本要素的完整性、组织体系的合理性、应急处置程序和措施的针对性、应急保障措施的可行性、应急预案的衔接性等内容。应急预案的生产经营单位有利害关系的，应当回避。

生产经营单位的应急预案经评审或者论证后，由本单位主要负责人签署，向本单位从业人员公布，并及时发放到本单位有关部门、岗位和相关应急救援队伍。

### 3. 应急预案的备案

中央管理的总公司（总厂、集团公司、上市公司）的综合应急预案和专项应急预案，报国务院国有资产管理部门、国务院安全生产监督管理部门和国务院有关主管部门备案；其所属单位的应急预案分别抄送所在地的省、自治区、直辖市或者设区的市人民政府安全生产监督管理部门和有关主管部门备案。

### 4. 应急预案的培训

生产经营单位应当采取多种形式开展应急预案的宣传教育。普及生产安全事故预防、避险、自救和互救知识，提高从业人员安全意识和应急处置技能。

生产经营单位应当组织开展本单位的应急预案培训活动，使有关人员了解应急预案内容，熟悉应急职责、应急程序和岗位应急处置方案。应急预案的要点和程序应当张挂在应急地点和应急指挥场所，并设有明显的标志。

### 5. 应急预案的演练

生产经营单位应当制订本单位的应急预案演练计划，根据本单位的事故预防重点，每年至少组织一次综合应急预案演练或者专项应急预案演练，每半年至少组织一次现场处理方案演练。

应急预案演练结束后，应急预案演练组织单位应当对应急预案演练效果进行评估，撰写应急预案演练评估报告，分析存在的问题，并对应急预案提出修订意见。

### 6. 应急预案的修订

生产经营单位制定的应急预案每三年至少修订一次。预案修订情况应有记录并归档。

## ■ 三、施工生产安全事故报告及采取相应措施的规定

《建筑法》规定，施工中发生事故时，建筑施工企业应当采取紧急措施减少人员伤亡和事故损失，并按照国家有关规定及时向有关部门报告。

《建筑工程安全生产管理条例》进一步规定，施工单位发生生产安全事故，应当按照国家有关伤亡事故报告和调查处理的规定，及时、如实地向负责安全生产监督管理的部门、住房城乡建设主管部门或者其他有关部门报告；特种设备发生事故的，还应当同时向特种设备安全监督管理部门报告。实行施工总承包的，由总承包单位负责上报事故。

### (一)事故报告的基本要求

《安全生产法》规定，生产经营单位发生生产安全事故后，事故现场有关人员应当立即报告本单位负责人。单位负责人接到事故报告后，应当迅速采取有效措施，组织抢救，防止事故扩大，减少人员伤亡和财产损失，并按照国家有关规定立即如实报告当地负有安全生产监督管理职责的部门，不得隐瞒不报、谎报或者拖延不报，不得故意破坏事故现场、毁灭有关证据。

#### 1. 事故报告的时间要求

《生产安全事故报告和调查处理条例》规定，事故发生后，事故现场有关人员应当立即向本单位负责人报告；单位负责人接到报告后，应当于1小时内向事故发生地县级以上人民政府安全生产监督管理部门和负有安全生产监督管理职责的有关部门报告。情况紧急时，事故现场有关人员可以直接向事故发生地县级以上人民政府安全生产监督管理部门和负有安全生产监督管理职责的有关部门报告。

事故报告应当及时、准确、完整，任何单位和个人对事故不得迟报、漏报、谎报或者瞒报。

#### 2. 事故报告的内容要求

事故报告内容应当包括：事故发生单位概况；事故发生的时间、地点，以及事故现场情况；事故的简要经过；事故已经造成或者可能造成的伤亡人数(包括下落不明的人数)和初步估计的直接经济损失；已经采取的措施；其他应当报告的情况。

#### 3. 事故补报的要求

事故报告后出现新情况的，应当及时补报。自事故发生之日起30日内，事故造成的伤亡人数发生变化的，应当及时补报。道路交通事故、火灾事故自发生之日起7日内，事故造成的伤亡人数发生变化的，应当及时补报。

### (二)发生事故后应采取的相应措施

《建设工程安全生产管理条例》规定，发生生产安全事故后，施工单位应当采取措施防止事故扩大，保护事故现场。需要移动现场物品时，应当做出标记和书面记录，妥善保管有关证物。

#### 1. 组织应急抢救工作

《生产安全事故报告和调查处理条例》规定，事故发生单位负责人接到事故报告后，应当立即启动事故相应应急预案，或者采取有效措施，组织抢救，防止事故扩大，减少人员伤亡和财产损失。

事故发生后，生产经营单位应当立即启动相关应急预案，采取有效处理措施，组织开展先期应急工作，控制事态发展。对危险化学品泄漏等可能对周边群众和环境产生危害的事故，生产经营单位应当在向地方政府及有关部门进行报告的同时，及时向可能受到影响的单位、职工、群众发出预警信息，标志危险区域，组织、协助应急救援队伍和工作人员救助受害人员，疏散、撤离、安置受到威胁的人员，并采取必要措施防止发生次生、衍生事故。应急处置工作结束后，各企业应尽快组织恢复生产、生活秩序，配合事故调查组进行调查。

#### 2. 妥善保护事故现场

事故发生后，有关单位和人员应当妥善保护事故现场及相关证据，任何单位和个人不得破坏事故现场、毁灭相关证据。因抢救人员、防止事故扩大以及疏散交通等原因，需要移动事故现场物件的，应当做出标志，绘制现场简图并做好书面记录，妥善保存现场重要痕迹、物证。

事故现场保护的主要任务就是要在现场勘察之前，维持现场的原始状态，既不要减少任何痕迹、物品，也不能增加任何痕迹、物品。任何单位和个人，都不得破坏事故现场、毁灭相关证据。

保护事故现场，应当根据事故现场的具体情况和周围环境，划定保护区范围，布置警戒，必要时将事故现场封锁起来，禁止一切人进入保护区。即使是保护事故现场的人员，也不能无故进入，更不能擅自进行勘察，或者随意触摸、移动事故现场的任何物品。

特殊情况需要移动事故现场物件的，必须同时满足以下条件：移动物件的目的是出于抢救人员、防止事故扩大，以及疏通交通的需要；移动物件必须经过事故单位负责人或者组织事故调查的安全生产监督管理部门和负有安全生产监督管理职责的有关部门的同意；移动物件应当做出标志，绘制现场简图，拍摄现场照片，对被移动物件应当贴上标签，并做出书面记录；移动物件应当尽量使现场少受破坏。

### (三)事故的调查

《安全生产法》规定，事故调查处理应当按照科学严谨、依法依规、实事求是、注重实效的原则，及时准确地查清事故原因，查明事故性质和责任，总结事故教训，提出整改措施，并对事故责任者提出处理意见。

#### 1. 事故调查的管辖

《生产安全事故报告和调查处理条例》规定，特别重大事故由国务院或者国务院授权有关部门组织事故调查组进行调查。

重大事故、较大事故、一般事故分别由事故发生地省级人民政府、设区的市级人民政府、县级人民政府负责调查。省级人民政府、设区的市级人民政府、县级人民政府可以直接组织事故调查组进行调查，也可以授权或者委托有关部门组织事故调查组进行调查。未造成人员伤亡的一般事故，县级人民政府也可以委托事故发生单位组织事故调查组进行调查。

上级人民政府认为必要时，可以调查由下级人民政府负责调查的事故。

自事故发生之日起30日内（道路交通事故、火灾事故自发生之日起7日内），因事故伤亡人数变化导致事故等级发生变化，依照规定应当由上级人民政府负责调查的，上级人民政府可以另行组织事故调查组进行调查。

特别重大事故以下等级事故，事故发生地与事故发生单位不在同一个县级以上行政区域的，由事故发生地人民政府负责调查，事故发生单位所在地人民政府应当派人参加。

#### 2. 事故调查组的组成与职责

事故调查组履行下列职责：查明事故发生的经过、原因、人员伤亡情况及直接经济损失；认定事故的性质和事故责任；提出对事故责任者的处理建议；总结事故教训，提出防范和整改措施；提交事故调查报告。

#### 3. 事故调查组的权利与纪律

事故调查组有权向有关单位和个人了解与事故有关的情况，并要求其提供相关文件、资料，有关单位和个人不得拒绝。事故发生单位的负责人和有关人员在事故调查期间不得擅离职守，并应当随时接受事故调查组的询问，如实提供有关情况。事故调查中发现涉嫌犯罪的，事故调查组应当及时将有关材料或者其复印件移交司法机关处理。

事故调查中需要进行技术鉴定的，事故调查组应当委托具有国家规定资质的单位进行技术鉴定。必要时，事故调查组可以直接组织专家进行技术鉴定。技术鉴定所需时间不计入事故调查期限。

事故调查组成员在事故调查工作中应当诚信公正、恪尽职守，遵守事故调查组的纪律，保守事故调查的秘密。未经事故调查组组长允许，事故调查组成员不得擅自发布有关事故的信息。

### 4. 事故调查报告的期限与内容

事故调查组应当自事故发生之日起 60 日内提交事故调查报告；特殊情况下，经负责事故调查的人民政府批准，提交事故调查报告的期限可以适当延长，但延长的期限最长不超过 60 日。

事故调查报告内容应当包括：事故发生单位概况；事故发生经过和事故救援情况；事故造成的人员伤亡和直接经济损失；事故发生的原因和事故性质；事故责任的认定以及对事故责任者的处理建议；事故防范和整改措施。

事故调查报告应当附具有关证据材料。事故调查组成员应当在事故调查报告上签名。

## (四)事故的处理

### 1. 事故处理时限

《生产安全事故报告和调查处理条例》规定，重大事故、较大事故、一般事故，负责事故调查的人民政府应当自收到事故调查报告之日起 15 日内做出批复；特别重大事故，30 日内做出批复。特殊情况下，批复时间可以适当延长，但延长的时间最长不超过 30 日。

### 2. 对事故调查报告批复的落实

(1)有关机关应当按照人民政府的批复，依照法律、行政法规规定的权限和程序，对事故发生单位和有关人员进行行政处罚，对负有事故责任的国家工作人员进行处分。

(2)事故发生单位应当按照负责事故调查的人民政府的批复，对本单位负有事故责任的人员进行处理。

(3)负有事故责任的人员涉嫌犯罪的，依法追究其刑事责任。

(4)需要强调的是，事故发生单位负责处理的对象是本单位对事故发生负有责任的人员。这种处理是根据本单位的规章制度所做的内部处理，包括两种情况：一是本单位有关人员对事故发生负有责任，但其行为尚未构成犯罪，也不属于法律、行政法规规定的应当给予行政处罚或者处分的行为，事故发生单位可以根据本单位有关规章制度对负有事故责任的人员进行相应处理；二是对事故发生负有责任的人员已经涉嫌犯罪，或者依照法律、行政法规应当由有关机关给予行政处罚或处分的，事故发生单位也可以根据本单位的规章制度作出相应处理。

### 3. 事故发生单位落实防范和整改措施

(1)事故发生单位应当认真吸取事故教训，落实防范和整改措施，防止事故再次发生。防范和整改措施的落实情况应当接受工会和职工的监督。

(2)安全生产监督管理部门和负有安全生产监督管理职责的有关部门应当对事故发生单位落实防范和整改措施的情况进行监督检查。

(3)事故调查处理的最终目的是预防和减少事故的发生。应该说，事故的调查不是为了调查事故而调查事故，事故的处理也不是为了追究责任而追究责任，其实质是要在查明事故原因、认定事故责任的基础上，提出防范和整改措施，进而防止事故的再次发生。因此，事故发生单位应当认真吸取事故教训，落实防范和整改措施，防止事故再次发生。

### 4. 处理结果的公布

(1)事故处理的情况由负责事故调查的人民政府或者其授权的有关部门、机构向社会公布，依法应当保密的除外。

(2)多年的实践表明,事故调查处理的"四不放过"原则是行之有效的,即事故原因未查清不放过,事故责任人未受到处理不放过,事故责任人和周围群众未受到教育不放过,防范措施未落实不放过。"四不放过"原则应当继续在实践中贯彻。

## 四、违法行为应承担的法律责任

施工安全事故应急救援与调查处理违法行为应承担的主要法律责任如下。

### (一)制定事故应急救援预案违法行为应承担的法律责任

《特种设备安全监察条例》规定,未制定特种设备事故应急专项预案的由特种设备安全监督管理部门责令限期改正;逾期未改正的,处2 000元以上2万元以下罚款;情节严重的,责令停止使用或者停产停业整顿。

《生产安全事故应急预案管理办法》规定,生产经营单位未按照规定进行应急预案备案的,由县级以上人民政府应急管理等部门依照职责责令限期改正;逾期未改正的,处3万元以上5万元以下的罚款,对直接负责的主管人员和其他直接责任人员处1万元以上2万元以下的罚款。

### (二)事故报告及采取相应措施违法行为应承担的法律责任

生产经营单位的主要负责人在本单位发生生产安全事故时,不立即组织抢救或者在事故调查处理期间擅离职守或者逃匿的,给予降级、撤职的处分,并由安全生产监督管理部门处上一年年收入百分之六十至百分之一百的罚款;对逃匿的处十五日以下拘留;构成犯罪的,依照刑法有关规定追究刑事责任。生产经营单位的主要负责人对生产安全事故隐瞒不报、谎报或者迟报的,依照前款规定处罚。

### (三)事故调查违法行为应承担的法律责任

《生产安全事故报告和调查处理条例》规定,参与事故调查的人员在事故调查中有下列行为之一的,依法给予处分;构成犯罪的,依法追究刑事责任。

(1)对事故调查工作不负责任,致使事故调查工作有重大疏漏的。

(2)包庇、袒护负有事故责任的人员或者借机打击报复的。

### (四)事故责任单位及主要负责人应承担的法律责任

《安全生产法》规定,生产经营单位发生生产安全事故造成人员伤亡、他人财产损失的,应当依法承担赔偿责任;拒不承担或者其负责人逃匿的,由人民法院依法强制执行。生产安全事故的责任人未依法承担赔偿责任,经人民法院依法采取执行措施后,仍不能对被害人给予足额赔偿的,应当继续履行赔偿义务;受害人发现责任人有其他财产的,可以随时请求人民法院执行。

《生产安全事故报告和调查处理条例》规定,事故发生单位对事故发生负有责任的,依照下列规定处以罚款:发生一般事故的,处10万元以上20万元以下的罚款;发生较大事故的,处20万元以上50万元以下的罚款;发生重大事故的,处50万元以上200万元以下的罚款;发生特别重大事故的,处200万元以上500万元以下的罚款。

事故发生单位主要负责人未依法履行安全生产管理职责,导致事故发生的,依照下列规定处以罚款;属于国家工作人员的,并依法给予处分;构成犯罪的,依法追究刑事责任:发生一般事故的,处上一年年收入30%的罚款;发生较大事故的,处上一年年收入40%的罚款;发生重大事故的,处上一年年收入60%的罚款;发生特别重大事故的,处上一年年收入80%的罚款。

事故发生单位对事故发生负有责任的，由有关部门依法暂扣或者吊销其有关证照；对事故发生单位负有事故责任的有关人员，依法暂停或者撤销其与安全生产有关的执业资格、岗位证书；事故发生单位主要负责人受到刑事处罚或者撤职处分的，自刑罚执行完毕或者受处分之日起，5年内不得担任任何生产经营单位的主要负责人。

## 【案例4】

### 1. 事故简介

2009年5月17日6时20分左右，在海淀区航天城某研发实验楼工程施工现场发生一起高空坠落事故，造成1名施工人员死亡。事故发生后中建某局该项目部生产经理孙某明等相关人员，驱车将尸体转运至河北定州市殡仪馆，后被驾车司机举报。事故造成直接经济损失人民币30万元。

该工程由××集团公司第五研究院投资建设，事故发生时工程正处于主体结构施工阶段。当日重庆某建筑劳务公司架子工班长王某兵安排未取得架子工从业资格证书的施工人员付某某违规从事主体地上一层东北角外挑架立管的搭设作业。6时20分左右，未将安全带系在固定物上的付某某不慎从上一层直接坠落到坑内死亡，坠落高度约为12 m。

### 2. 事故原因

(1) 直接原因。违规作业是事故发生的直接原因。劳务公司施工人员付某某，不具备架子工特种作业操作资格，在未将安全带系在固定物的情况下，违规从事外挑架立管的搭设作业，导致事故的发生。

(2) 间接原因。未依法管理特殊作业是事故发生的间接原因。劳务公司违反国家关于特种作业人员的管理规定，在明知付某某未取得架子工从业资格证的情况下，指派其从事脚手架的搭设作业，最终引发事故。

### 3. 事故责任分析及处理意见

(1) 劳务公司施工人员付某未取得架子工特种作业资格，不具备架子工相关作业技能，未将安全带系在固定物的情况下，违规从事脚手架搭设作业，导致事故发生。其行为违反了《安全生产法》的相关规定，对事故发生负有直接责任。鉴于其在事故中死亡，故不再追究其相关责任。

(2) 重庆某建筑劳务公司未依法履行安全生产管理职责，对施工现场特种作业活动及特种作业人员安全管理松懈，在明知付某某未取得架子工特种作业资格证的情况下违章指挥，指派其从事脚手架的搭设作业，最终酿成事故。其行为违反了《安全生产法》《安全生产事故报告和调查处理条例》的相关规定，对事故发生负有直接管理责任。依照《安全生产法》《安全生产故事报告和调查处理条例》的规定，海淀区安全生产监督管理局依法给予劳务公司罚款10万元的行政处罚，北京市建委停止该劳务公司在北京建筑市场投标60天。

(3) 项目劳务介绍人卜某庆在事故发生后，策划并参与将尸体转移至河北省定州市殡仪馆。其行为违反了《安全生产事故报告和调查处理条例》的相关规定，对瞒报事故负有直接责任。由于卜某庆的行为已涉嫌犯罪，公安机关对卜某庆立案侦查，依法追究其刑事责任。

(4) 中建某局孙某明作为该项目的生产经理，在事故发生后参与策划并组织实施了事故隐瞒及尸体转移的全过程，且在事后逃匿。其行为违反了《安全生产事故报告和调查处理条例》的相关规定，对事故的发生及瞒报负有重要责任。由于孙某明的行为已涉嫌犯罪，公安机关对孙某明立案侦查，依法追究其刑事责任。

(5) 建筑劳务公司生产经理李某强、架子工班长王某兵未依法履行安全生产职责，对施工现场特种作业活动及特种作业人员安全管理松懈，违章指挥不具备架子工从业资格的工人从事脚手架搭设作业，酿成事故；并在事故发生事故后参与将尸体转移至河北省定州市殡仪馆。李某强、王某兵的行为违反了《安全生产事故报告和调查处理条例》的相关规定，对瞒报事故负有相应责任。由于李某强、王某兵的行为已涉嫌犯罪，公安机关对李某强、王某兵立案侦查，依法追究其刑事责任。

（6）项目负责人马某军，未依法履行安全生产管理职责，对项目部管理失控，致使项目部相关负责人在卜某庆的指使下，对发生的事故隐瞒不报，故意破坏事故现场，转移销毁有关证据。马某军的行为违反了《安全生产法》《安全生产故事报告和调查处理条例》的有关规定，对事故瞒报负有主要管理责任。海淀区安全生产监督管理局依法给予马某军罚款 3.36 万元的行政处罚，北京市建委停止马某军执业资格 12 个月。

（7）中建某局作为事故发生单位，未依法落实安全生产责任制及规章制度，未对该研发实验楼工程项目部实施有效的监督、检查，对该项目部的聘用人员管理缺失，致使该项目部管理混乱，在事故发生后隐瞒不报，故意破坏事故现场，转移销毁有关证据。该公司的上述行为违反了《安全生产事故报告和调查处理条例》的有关规定，对瞒报事故负有重要管理责任。海淀区安全生产监督管理局依法给予中建某局罚款 100 万元的行政处罚。北京市建委在全市对该公司通报批评，暂扣其安全生产许可证 60 天。

## 本章练习

**（一）选择题**

1. 根据《建筑施工企业安全生产许可证管理规定》要求，下列不属于建筑施工企业取得安全生产许可证条件的是（    ）。
   A. 有保证本单位安全生产条件所需资金的投入
   B. 特种作业人员经有关部门考核合格并取得资格证书
   C. 全员参加意外伤害保险
   D. 设置安全生产管理机构

2. 某建筑企业在安全生产许可证有效期内，未发生死亡事故的，则安全生产许可证届满时（    ）。
   A. 必须再次审查，审查合格延期 3 年
   B. 不再审查，有效期直至发生死亡事故时终止
   C. 按照初始条件重新申请办理
   D. 经原安全生产许可证颁发管理机关同意，不再审查，有效期延期 3 年

3. 作业人员张某在脚手架上施工时，发现部分扣件松动可能导致架体坍塌，故停止了作业，张某的行为属于行使（    ）。
   A. 拒绝权　　　　B. 知情权　　　　C. 紧急避险权　　　　D. 检举权

4. 某幕墙分包单位没有按照审批方案搭设外围脚手架，总承包单位安全人员发现后及时予以制止，并要求整改，但分包单位仍一意孤行拒不改正，最终导致脚手架失稳而发生坍塌事故致两人死亡，则总、分包单位之间对该安全事故（    ）。
   A. 总承包单位承担责任　　　　　　B. 幕墙分包单位承担责任
   C. 总、分包单位承担连带责任　　　D. 分包单位承担主要责任

5. 某施工现场所需临时用电设备总容量经测算达到 75 kW，则施工单位应当（    ）。
   A. 单独设计配电系统　　　　　　　B. 编制用电组织设计

C. 制定安全用电措施和电气防火措施　　D. 确定用电安全防护措施

6. 某建筑工程深基坑施工过程中，基坑支护专项方案由土方分包单位组织编制完成，则该专项方案应由( )来组织专家论证。
   A. 建设单位　　　　　　　　　　　B. 总承包单位
   C. 土方分包单位　　　　　　　　　D. 监理单位

7. 某办公楼项目实行施工总承包，装饰部分施工实行专业分包，在装饰施工中发生重大安全生产事故，则应由( )将事故情况上报安全监督部门。
   A. 建设单位　　　　　　　　　　　B. 施工总承包单位
   C. 分包单位　　　　　　　　　　　D. 现场监理单位

8. 某高层建筑在地下桩基施工中，基坑发生坍塌，造成10人死亡，直接经济损失900余万元，本次事故属于( )。
   A. 重大事故　　　　　　　　　　　B. 特别重大事故
   C. 较大事故　　　　　　　　　　　D. 一般事故

9. 某建筑公司制订的生产安全事故现场处置方案，按规定应( )至少组织一次演练。
   A. 每年　　　　B. 每半年　　　　C. 每季度　　　　D. 每月

10. 某工地发生火灾事故，总包单位及时报告后发现伤亡人数又有增加，则( )。
    A. 应自事故发生之日起7日内补报　　B. 应自事故发生之日起10日内补报
    C. 应自事故发生之日起15日内补报　　D. 应自事故发生之日起30日内补报

(二)简答题
1. 建筑安全生产管理的方针和原则是什么？
2. 施工企业取得安全生产许可证必须具备的安全生产条件有哪些？
3. 施工项目负责人的安全生产责任有哪些？
4. 项目专职安全生产管理人员的职责有哪些？
5. 建筑施工人员享有的安全生产权利有哪些？应当履行的安全生产义务有哪些？
6. 简述施工现场的安装管理制度。
7. 简述施工现场生活区和作业区环境管理的内容。
8. 简述建筑装修和房屋拆除的安全管理内容。
9. 施工组织设计中的安全技术措施通常包括哪些内容？
10. 简述生产安全事故的等级和划分标准。
11. 简述事故调查处理"四不放过"原则的含义。

(三)案例分析题
1. 通过互联网、学校图书馆等渠道收集一些典型的在全国、本省有影响的建设工程安全生产方面的安全材料，将其改写成规范的建设法规案例，应包括事故简介、事故原因、事故处理等。在条件许可的情况下，可以小组为单位共同完成案例编写工作，并向老师和其他同学汇报工作成果。

2. 某商务中心高层建筑，总建筑面积约15万平方米，地下2层，地上22层。业主与施工单位签订了施工总承包合同，并委托监理单位进行工程监理。开工前，施工单位进行了三级安全教育。在地下桩基施工中，由于是深基坑工程，项目经理部按照设计文件和施工技术标准编制了基坑支护及降水工程专项施工组织方案，经项目经理签字后组织施工。同时，项目经理安排负责质量检查人员兼任安全工作。当土方开挖至坑底设计标高时，监理工程师发现基坑四周地表出现大量裂纹，坑边部分土石有滑落现象，即向现场作业人员发出口头通知，要求停止施工,撤离相关作业人员。但施工作业人员担心拖延施工进度,对监理通知不予理睬,继续施工。随后,基坑发生大面积坍塌,基坑下6名作业人员被埋,造成3人死亡、2人重伤、1人轻伤。事故发生后,经查施工单位未办理意外伤害保险。

在本案中,施工单位有哪些违法行为?

3. 2000年10月25日,某建筑公司承建的某市电视台演播中心裙楼工地发生一起施工安全事故。演播厅舞台在浇筑顶部混凝土施工中,因模板支撑系统失稳导致屋盖坍塌,造成在现场施工的民工和电视台工作人员6人死亡,35人受伤(其中重伤11人),直接经济损失70余万元。

事故发生后,该建筑公司项目经理部向有关部门紧急报告事故情况。闻讯赶至的有关领导,指挥公安民警、武警战士和现场工人实施了紧急抢险工作,将伤者立即送往医院进行救治。

(1)本案中的施工安全事故应定为哪种等级的事故?
(2)事故发生后,施工单位应采取哪些措施?

# 第七章　建设工程质量法律制度

## 导　入

建设工程质量是指在国家现行的有关法律、法规、技术标准、设计文件和合同中，对工程的安全、可靠、适用、耐久、经济、美观等特性的综合要求。建设工程质量的好坏直接关系到国民经济的发展和人民生命财产安全，因此，加强建设工程质量的管理，具有十分重要的意义。

目前我国现行的建设工程质量管理体系包括纵向管理和横向管理两个方面。

纵向管理是国家对建设工程质量所进行的监督管理，它由住房城乡建设主管部门及其授权机构实施，这种管理贯穿在工程建设的全过程和各个环节之中，它既对工程建设计划、规划、土地管理、环保、消防等方面进行监督管理，又对工程建设的主体从资质认定和审查，成果质量检测、验证和奖惩等方面进行监督管理，还对工程建设中各种活动，如工程建设招投标、工程施工、验收、维修等进行监督管理。

横向管理又包括两个方面，一是工程承包单位，如勘察单位、设计单位、施工单位自己对所承担工作的质量管理。承包单位要按要求建立专门质检机构，配备相应的质检人员，建立相应的质量保证制度，如审核校对制、培训上岗制、质量抽检制、各级质量责任制和部门领导质量责任制等。二是建设单位对所建工程的管理，它可成立相应的机构和人员，对所建工程的质量进行监督管理，也可委托社会监理单位对工程建设的质量进行监理。现在，世界上大多数国家实行监理制，我国也正在推行和完善这一制度。

影响建设工程质量的因素很多，如决策、设计、材料、机械、地形、地质、水文、气象、施工工艺、操作方法、技术措施、人员素质、管理制度等，但归纳起来分为五大方面，即人、机械、材料、方法和环境。在工程建设全过程中严格控制好这五大因素，是保证建设工程质量的关键，为了保证建设工程质量监督的有效进行，建筑法规在建设工程质量管理方面确立了建设工程质量标准化制度、企业质量体系认证制度、建设工程质量监督制度、建设工程质量责任制度、建设工程竣工验收制度、建设质量保修制度以及竣工验收备案管理制度。本章将对以上制度逐一阐述。

## 学习目标

**知识目标：** 了解工程质量标准管理和认证制度；理解施工单位的质量责任和义务；理解建设单位的质量责任和义务；理解相关单位的质量责任和义务；掌握建设工程竣工验收制度；掌握建设工程质量保修制度。

**技能目标：** 能熟练掌握建设行为各方主体质量责任和义务的具体规定；能了解建设工程竣工验收制度的具体应用；能进行建设工程质量保修制度的具体应用。

**素质目标：** 培养学生守法意识；培养学生获取资讯的能力。

## 第一节　建设工程质量标准管理及认证制度

### 一、建设工程质量标准管理

标准是指对重复性事物和概念所做的统一性规定。它以科学技术和实践经验的综合成果为基础，经有关方面协商一致，由主管机构批准，以特定形式发布，作为共同遵守的准则和依据。

按照《标准化法》的规定，我国的标准按级别分为国家标准、行业标准、地方标准和团体标准、企业标准；国家标准分为强制性标准和推荐性标准。行业标准、地方标准是推荐性标准。

保障人体健康，人身、财产安全的标准和法律、行政法规规定强制执行的标准是强制性标准，其他标准是推荐性标准。强制性标准一经颁布，必须贯彻执行，否则对造成恶劣后果和重大损失的单位和个人，要受到经济制裁或承担法律责任。

#### 1. 工程建设国家标准

（1）工程建设国家标准的类型。工程建设国家标准分为强制性标准和推荐性标准，属于强制性标准的有以下几项：

1）工程建设勘察、规划、设计、施工（包括安全及验收等通用的综合标准和重要的通用的质量标准。

2）工程建设通用的有关安全、卫生和环境保护的标准。

3）工程建设重要的通用的术语、符号、代号、量与单位、建筑模数和制图方法标准。

4）工程建设重要的通用的试验、检验和评定方法等标准。

5）工程建设重要的通用的信息技术标准。

6）国家需要控制的其他工程建设通用的标准。

强制性标准以外的标准是推荐性标准。

（2）工程建设国家标准的制订原则。

1）必须贯彻执行国家的有关法律、法规和方针、政策，密切结合自然条件，合理利用资源，充分考虑使用和维修的要求，做到安全适用、技术先进、经济合理。

2）对需要进行科学试验或测试验证的项目，应当纳入各级主管部门的科研计划，认真组织实施，写出成果报告。

3）纳入国家标准的新技术、新工艺、新设备、新材料，应当经有关主管部门或受委托单位鉴定，且经实践检验行之有效。

4）积极采取国际标准和国外先进标准，并经认真分析论证或测试验证，符合我国国情。

5）国家标准条文规定应当严谨明确，文句简练，不得模棱两可，其内容深度、术语、符号、计量单位等应当前后一致。

6）必须做好与现行相关标准之间的协调工作。

（3）工程建设国家标准的审批发布和编号。工程建设国家标准由国务院住房城乡建设主管部门审查批准，由国务院标准化行政主管部门统一编号，由国务院标准化行政主管部门和国务院住房城乡建设主管部门联合发布。

工程建设国家标准的编号由国家标准代号、发布标准的顺序号和发布标准的年号组成。强制性国家标准的代号为"GB"，推荐性国家标准的代号为"GB/T"。如《建筑工程施工质量验收统一标准》（GB 50300—2013），其中，GB 表示强制性国家标准，50300 表示标准发布顺序号，

2013 表示是 2013 年批准发布；《工程建设施工企业质量管理规范》(GB/T 50430—2017)，其中，GB/T 表示推荐性国家标准，50430 表示标准发布顺序号，2017 表示是 2017 年批准发布。

### 2. 工程建设行业标准

《标准化法》规定，对没有国家标准、需要在全国某个行业范围内统一的技术要求，可以制定行业标准。在公布国家标准之后，该项行业标准即行废止。

(1)工程建设行业标准的类型。工程建设行业标准可分为强制性标准和推荐性标准。属于强制性标准的有以下几项：

1)工程建设勘察、规划、设计、施工(包括安装)及验收等行业专用的综合性标准和重要的行业专用的质量标准。

2)工程建设行业专用的有关安全、卫生和环境保护的标准。

3)工程建设重要的行业专用的术语、符号代号、量与单位和制图方法标准。

4)工程建设重要的行业专用的试验、检验和评定方法等标准。

5)工程建设重要的行业专用的信息技术标准。

行业需要控制的其他工程建设标准。强制性标准以外的标准是推荐性标准。

(2)工程建设行业标准的审批发布工程建设行业标准由国务院有关行政主管部门审批、颁行，并报国务院住房城乡建设主管部门备案。

### 3. 工程建设地方标准

我国幅员辽阔，各地的自然环境差异较大，而工程建设在许多方面要受到自然环境的影响。例如，我国的黄土地区、冻土地区以及膨胀土地区，对建筑技术的要求有很大区别。因此，工程建设标准除国家标准、行业标准外，还需要有相应的地方标准。

《标准化法》规定，为满足地方自然条件、风俗习惯等特殊技术要求，可以制定地方标准。地方标准由省、自治区、直辖市人民政府标准化行政主管部门制定；设区的市级人民政府标准化行政主管部门根据本行政区域的特殊需要，经所在地省、自治区、直辖市人民政府标准化行政主管部门批准，可以制定本行政区域的地方标准。地方标准由省、自治区、直辖市人民政府标准化行政主管部门报国务院标准化行政主管部门备案，由国务院标准化行政主管部门通报国务院有关行政主管部门。

工程建设地方标准不得与国家标准和行业标准相抵触。对与国家标准或行业标准相抵触的工程建设地方标准的规定，应当自行废止。工程建设地方标准应报国务院住房城乡建设主管部门备案。未经备案的工程建设地方标准，不得在建设活动中使用：

工程建设地方标准中，对直接涉及人民生命财产安全、人体健康、环境保护和公共利益的条文，经国务院住房城乡建设主管部门确定后，可作为强制性条文。在不违反国家标准和行业标准的前提下工程建设地方标准可以独立实施。

### 4. 工程建设企业标准

《标准化法》规定，企业可以根据需要自行制定企业标准，或者与其他企业联合制定企业标准。国家支持在重要行业、战略性新兴产业、关键共性技术等领域利用自主创新技术制定团体标准、企业标准。

工程建设企业标准一般包括企业的技术标准、管理标准和工作标准。

(1)企业技术标准。企业技术标准是指对本企业范围内需要协调和统一的技术要求所制定的标准。如施工过程中的质量、方法或工艺的要求，安全、卫生和环境保护的技术要求，以及试验、检验和评定方法等做出规定。对已有国家标准、行业标准或地方标准的，企业可以按照国家标准、行业标准或地方标准的规定执行，也可以根据本企业的技术特点和实际需要制定优于国家标准、行业标准或地方标准的企业标准；对没有国家标准、行业标准或地方标准的企业应当制定企业标准。国家鼓励企业积极采用国际标准或国外先进标准。

(2)企业管理标准。企业管理标准是指对本企业范围内需要协调和统一的管理要求所制定的标准。如企业的组织管理、计划管理、技术管理、质量管理和财务管理等。

(3)企业工作标准。企业工作标准是指对本企业范围内需要协调和统一的工作事项要求所制定的标准。重点应围绕工作岗位的要求，对企业各个工作岗位的任务、职责、权限、技能、方法、程序、评定等做出规定。如施工企业的泥工工作标准、木工翻样工工作标准、钢筋翻样工工作标准、钢筋工工作标准、混凝土工工作标准、架子工工作标准、防水工工作标准、油漆玻璃工工作标准、中心试验室试验工工作标准、安装电工工作标准、吊装起重工工作标准等。

工程建设企业标准由企业组织制定，并按国务院有关行政主管部门或省、自治区、直辖市人民政府的规定报送备案。

## 二、建设工程质量认证制度

### (一)质量体系认证制度

《建筑法》第53条规定："国家对从事建筑活动的单位推行质量体系认证制度。从事建筑活动的单位根据自愿原则可以向国务院产品质量监督管理部门或者国务院产品质量监督管理部门授权的部门认可的认证机构申请企业质量体系认证。经认证合格的，由认证机构颁发质量体系认证证书。"

产品质量认证是指依据产品标准和相应的技术要求，经认证机构确认并通过颁发认证证书和认证标志，来证明某一产品符合相应标准和相应技术要求的活动。产品质量认证制度实质上是一种提高商品信誉的标志，通过认证标志向社会和购买者提供产品的明示担保，证明经过产品质量认证的产品质量可以信赖。

我国《产品质量法》把质量体系认定制度分为两类，一类是企业质量体系认证制度，是国家根据国际通用的质量管理标准，推行的企业质量体系认证制度；另一类是产品质量认证制度。我国对从事建筑活动的单位推行企业质量体系认证制度，其主要内容如下：

(1)认证申请。根据自愿原则，企业可以申请企业质量体系认证，接受企业认证申请的部门是国务院市场监督管理部门认可的或者国务院市场监督管理部门授权的认证机构。

(2)颁发证书。对企业提出的认证申请，经认证合格后，由认证机构颁发企业质量体系认证证书。

### (二)推行质量体系认证制度的意义

(1)通过开展质量体系认证，有利于促进在管理和技术等方面采取有效措施，在企业内部建立起可靠的质量保证体系，以保证产品质量。如珠市政府要求：2004年前，在本市承包工程的一二级施工企业，均应按质量管理和质量保证系列国家标准运作，并获得质量体系认证。2005年起，凡未获认证的施工企业，取消其对建筑面积在10 000 $m^2$ 以上的单体工程和50 000 $m^2$ 以上的住宅小区工程的投标资格。

(2)提高企业的质量信誉，扩大企业的知名度，增强企业竞争优势。企业通过质量管理体系认证机构的认证，就能获得权威性机构的认可，证明其具有保证工程实体质量的能力。因此，获得认证的企业信誉度提高，大大增强了市场竞争能力。目前，绝大多数甲级勘察、设计、监理企业和特级、一级施工企业都建立健全了质量保证体系，并通过了质量体系认证。

(3)有利于国际交往。在国际工程的招标投标工作中,要求经过《质量管理体系 基础和术语》(GB/T 19000—2016)标准认证已是惯用的做法,由此可见,只有企业取得质量管理体系的认证,才能打入国际市场。

## 三、ISO 9000 族质量管理体系标准的产生和发展

20 世纪 70 年代,世界经济随着地区化、集团化、全球化经济的发展,市场竞争日趋激烈,顾客对质量的期望越来越高,每个组织为了竞争和保持良好的经济效益,努力提高自身的竞争能力以适应市场竞争的需要。各国的质量保证标准又形成了新的贸易壁垒和障碍,这就迫切需要一个国际标准来解决上述问题。于是国际标准化组织(ISO)在英国标准化协会(BSI)的建议下,于 1980 年 5 月在加拿大渥太华成立了质量管理和质量保证技术委员会(TC176),该会从事研究质量管理和质量保证领域的国际标准化问题,在通过 6 年的研究和总结了世界各国在该领域经验的基础上,首先于 1986 年 6 月发布了 ISO 6402《质量-术语》国际标准。随后又于 1987 年 3 月正式发布了 ISO 9000 族标准。该标准发布后受到世界许多国家和地区的欢迎和采用。同时也提出了许多建设性意见。1990 年质量管理和质量保证技术委员会着手对标准进行了修改。ISO 9000 族标准的修改分两个阶段进行。第一阶段为"有限修改",即在标准结构上不做大的变动,仅对标准的内容进行小范围的修改,经修改的 ISO 9000 标准即为 1994 年标准。第二阶段为"彻底修改",即在总体结构和内容上做全面修改。1996 年 ISO/TC 176(国际标准化组织质量管理和质量保证技术委员会)开始在世界各国广泛征求标准使用者的意见,了解顾客对标准的修订要求,1997 年正式提出了八项质量管理原则,作为 2000 版 ISO 9000 族标准的修订依据和设计思想,经过 4 年若干稿的修订,于 2000 年 12 月 15 日正式发布了 2000 版 ISO 9000 族标准,即 ISO 9000:2000 族标准。

简而言之,ISO 9000 族标准是由 ISO/TC 176 编制的,由国际标准化组织(ISO)批准、发布的,有关质量管理和质量保证的一整套国际标准的总称。

ISO 9000 系列标准的颁布,使各国的质量管理和质量保证活动统一在 ISO 9000 系列标准的基础上。标准总结了工业发达国家先进企业的质量管理实践经验,统一了质量管理和质量保证的术语和概念,对推动组织的质量管理,实现组织的质量目标,消除贸易壁垒,提高产品质量和顾客的满意程度等产生了积极的影响,受到了世界各国的普遍关注和采用。迄今为止,已经被世界 150 多个国家和地区等同采用为国家标准,成为国际标准化组织(ISO)最成功、最受欢迎的国际标准。

## 四、我国 GB/T 19000 族标准

随着 ISO 9000 的发布和修订,我国及时、等同地发布和修订了 GB/T 19000 族国家标准。2000 版 ISO 9000 族标准发布后,我国又等同地转换为 GB/T 19000:2000 族国家标准。

GB/T 19000:2000 族系列标准主要由 4 个核心标准组成。

(1)ISO 9000《质量管理体系——基础和术语》。此标准明确了质量管理的八项原则,表述了建立和运行质量管理体系应遵循的 12 个方面的质量管理体系基础知识,并确定了相关的术语。

(2)ISO 9001《质量管理体系——要求》。此标准提供了质量管理体系的要求,供组织需要证实其具有稳定地提供满足顾客要求和适用法律法规要求产品的能力时应用。组织可通过体系的有效应用,包括持续改进体系的过程及保证符合顾客与适用的法规要求,增强顾客满意度。

(3)ISO 9004《质量管理体系——业绩改进指南》。此标准以八项质量管理原则为基础,提供考虑质量管理体系的有效性和改进的指南,该标准的目的是促进组织业绩改进和使顾客及其他

相关方满意。

(4) ISO 19011《质量和(或)环境管理体系审核指南》。标准遵循"不同管理体系可以有共同管理和审核要求"的原则,为质量和环境管理体系审核的基本原则、审核方案的管理、环境和质量管理审核的实施,以及对环境和质量管理体系审核员的资格要求提供指南。其适用于所有运行质量和(或)环境管理体系的组织,指导其内审和外审的管理工作。

## 第二节 施工单位的质量责任和义务

施工单位是工程建设的重要责任主体之一。由于施工阶段影响质量稳定的因素和涉及的责任主体均较多,协调管理的难度较大,施工阶段的责任制度尤为重要。

### 1. 遵守执业资质等级制度的责任

施工单位必须在其资质等级许可的范围内承揽工程施工任务,不得超越本单位资质等级许可的业务范围或以其他施工单位的名义承揽工程。禁止施工单位允许其他单位或个人以本单位的名义承揽工程。施工单位也不得将自己承包的工程再进行转包或非法分包。

### 2. 建立质量保证体系的责任

施工单位应当建立健全质量保证体系,要明确工程项目的负责人、技术负责人和管理负责人。施工单位必须建立健全并落实质量责任制度,严格工序管理,做好隐蔽工程的质量检查和记录。隐蔽工程在掩埋前,应通知建设单位和建设工程质量监督机构进行检验。施工单位还应当建立健全质量教育培训制度,未经教育培训或考核不合格的人员,不得上岗作业。

### 3. 遵守技术标准、严格按图施工的责任

施工单位必须按照工程设计图纸和施工技术标准施工,不得擅自修改工程设计,不得偷工减料。施工过程中如发现设计文件和图纸的差错,应及时向设计单位提出意见和建议,不得擅自处理。施工单位必须按照工程设计要求、施工技术标准和合同约定,对建筑材料、建筑构配件、设备及商品混凝土进行检验,并做好书面记录,由专人签字,未经检验或检验不合格的物品,不得使用。施工单位必须按有关施工技术标准留取试块、试件及有关材料的取样,取样应在建设单位或工程监理单位监督下,在现场进行。施工单位对施工中出现质量问题的建设工程或竣工验收不合格的工程,应负责返修。

### 4. 总包单位与分包单位之间的质量责任

建筑工程实行总承包的,总承包单位应对全部建筑工程质量负责;实行勘察、设计、施工、设备采购的一项或多项总承包的,总承包单位应对其承包工程或采购设备的质量负责。总承包单位依法进行分包的,分包单位应按分包合同的约定对其分包工程的质量向总承包单位负责,总承包单位与分包单位对分包工程的质量承担连带责任。

施工单位未尽到上述质量责任时,根据其违法行为的严重程度,进行处罚。对不符合质量标准的工程,负责返工、修理,并赔偿因此造成的损失;对降低工程质量标准,造成重大安全事故,要追究直接责任人的刑事责任。

### 5. 对建筑材料、设备等进行检验检测的责任

《建筑法》规定,建筑施工企业必须按照工程设计要求、施工技术标准和合同的约定,对建筑材料、建筑构配件和设备进行检验,不合格的不得使用。《建设工程质量管理条例》进一步规

定，施工单位必须按照工程设计要求、施工技术标准和合同约定，对建筑材料、建筑构配件、设备和商品混凝土进行检验，检验应当有书面记录和专人签字；未经检验或者检验不合格的，不得使用。

由于建设工程属于特殊产品，其质量隐蔽性强、终检局限性大，在施工全过程质量控制中必须严格执行法定的检验、检测制度。否则，将给建设工程造成难以逆转的先天性质量隐患，甚至导致质量安全事故的发生。依法对建筑材料、设备等进行检验检测，是施工单位的一项重要法定义务。

### 6. 建筑材料、建筑构配件、设备和商品混凝土的检验制度

施工单位对进入施工现场的建筑材料、建筑构配件、设备和商品混凝土实行检验制度，是施工单位质量保证体系的重要组成部分，也是保证施工质量的重要前提。施工单位应当严把两道关：一是谨慎选择生产供应厂商；二是实行进场二次检验。

施工单位的检验要依据工程设计要求、施工技术标准和合同约定。检验对象是将在工程施工中使用的建筑材料、建筑构配件、设备和商场混凝土。合同若有其他约定的，检验工作还应满足合同相应条款的要求。检验结果要按规定的格式形成书面记录，并由相关的专业人员签字。对于未经检验或检验不合格的，不得用于工程施工。

### 7. 施工检测的见证取样和送检制度

《建设工程质量管理条例》规定，施工人员对涉及结构安全的试块、试件以及有关材料，应当在建设单位或者工程监理单位监督下现场取样，并送具有相应资质等级的质量检测单位进行检测。

（1）见证取样和送检。见证取样和送检是指在建设单位或工程监理单位人员的见证下，由施工单位的现场试验人员对工程中涉及结构安全的试块、试件和材料在现场取样，并送具有法定资格的质量检测单位进行检测的活动。

2000年9月原建设部发布的《房屋建筑工程和市政基础设施工程实行见证取样和送检的规定》中规定，涉及结构安全的试块、试件和材料见证取样和送检的比例不得低于有关技术标准中规定应取样数量的30%。试块、试件和材料必须实施见证取样和送检的有：用于承重结构的混凝土试块；用于承重墙体的砌筑砂浆试块；用于承重结构的钢筋及连接接头试件；用于承重墙的砖和混凝土小型砌块；用于拌制混凝土和砌筑砂浆的水泥；用于承重结构的混凝土中使用的掺加剂；地下、屋面、厕浴间使用的防水材料；国家规定必须实行见证取样和送检的其他试块、试件和材料。

见证人员应由建设单位或该工程的监理单位中具备施工试验知识的专业技术人员担任，并由建设单位或该工程的监理单位书面通知施工单位、检测单位和负责该工程的质量监督机构。

在施工过程中，见证人员应按照见证取样和送检计划，对施工现场的取样和送检进行见证。取样人员应在试样或其包装上作出标识、封志。标识和封志应标明工程名称、取样部位、取样日期、样品名称和样品数量，并由见证人员和取样人员签字。见证人员和取样人员应对试样的代表性和真实性负责。

（2）工程质量检测单位的资质和检测规定。2015年5月住房和城乡建设部经修改后发布的《建设工程质量检测管理办法》规定，工程质量检测机构是具有独立法人资格的中介机构。按照其承担的检测业务内容可分为专项检测机构资质和见证取样检测机构资质。检测机构未取得相应的资质证书，不得承担本办法规定的质量检测业务。质量检测业务由工程项目建设单位委托具有相应资质的检测机构进行检测。委托方与被委托方应当签订书面合同。

1）检测机构完成检测业务后，应当及时出具检测报告。检测报告经检测人员签字、检测机构法定代表人或者其授权的签字人签署，并加盖检测机构公章或者检测专用章后方可生效。检

测报告经建设单位或者工程监理单位确认后，由工程单位归档。任何单位和个人不得明示或暗示检测机构出具虚假检测报告，不得篡改或者伪造检测报告。如果检测结果利害关系人对检测结果发生争议的，由双方共同认可的检测机构复检，复检结果由提出复检方报当地住房城乡建设主管部门备案。

2）检测机构应当将检测过程中发现的建设单位、监理单位、施工单位违反有关法律、法规和工程建设强制性标准的情况，以及涉及结构安全检测结果的不合格情况，及时报告工程所在地建设主管部门。检测机构应当建立档案管理制度，并应当单独建立检测结果不合格项目台账。

3）检测人员不得同时受聘于两个以上的检测机构，检测机构和检测人员不得推荐或者监制建筑材料、构配件和设备。检测机构不得与行政机关，法律、法规授权的具有管理公共事务职能的组织以及所检测工程项目相关的设计单位、施工单位、监理单位有隶属关系或者其他利害关系。

4）检测机构不得转包检测业务。检测机构应当对其监测数据和检测报告的真实性和准确性负责。检测机构违反法律、法规和工程建设强制性标准，给他人造成损失的，应当依法承担相应的赔偿责任。

## 第三节  建设单位的质量责任和义务

建设单位作为建设工程的投资人，是建设工程的重要责任主体。建设单位有权选择承包单位，有权对建设过程进行检查、控制，对建设工程进行验收，并需要按时支付工程款和费用等，在整个建设活动中居于主导地位。因此，要确保建设工程的质量，首先就要对建设单位的行为进行规范，对其质量责任予以明确。

### 1. 依法发包工程

《建设工程质量管理条例》规定，建设单位应当将工程发包给具有相应资质等级的单位。建设单位不得将建设工程肢解发包。建设单位应当依法对工程建设项目的勘察、设计、施工、监理，以及与工程建设有关的重要设备、材料等的采购进行招标。

《建筑工程五方责任主体项目负责人质量终身责任追究暂行办法》进一步规定，建设单位项目负责人对工程质量承担全面责任，不得违法发包、肢解发包，不得以任何理由要求勘察、设计、施工、监理单位违反法律法规和工程建设标准，降低工程质量，其违法违规或不当行为造成工程质量事故或质量问题应当承担责任。

工程建设活动不同于一般的经济活动，从业单位的素质高低直接影响着建设工程质量。企业资质等级反映了企业从事某项工程建设活动的资格和能力，是国家对建设市场准入管理的重要手段。将工程发包给具有相应资质等级的单位来承担，是保证建设工程质量的基本前提。因此，从事工程建设活动必须符合严格的资质条件。《建设工程勘察设计资质管理规定》《建筑业企业资质管理规定》《工程监理企业资质管理规定》等，均对工程勘察单位、工程设计单位、施工企业和工程监理单位的资质等级、资质标准、业务范围等作出了明确规定。如果建设单位将工程发包给没有资质等级或资质等级不符合条件的单位，不仅扰乱了建设市场秩序，还会因为承包单位不具备完成建设工程的技术能力、专业人员和资金，造成工程质量低劣，甚至使工程项目半途而废。

建设单位发包工程时，应根据工程特点，以有利于工程的质量、进度、成本控制为原则，合理划分标段，但不得肢解发包工程。如果将应当由一个承包单位完成的工程肢解成若干部分，分别包给不同的承包单位,将使整个工程建设在管理和技术上缺乏应有的统筹协调,从而造成施工现场秩序的混乱,责任不清,严重影响建设工程质量,一旦出现问题也很难找到责任方。

### 2. 依法向有关单位提供原始资料

《建设工程质量管理条例》规定,建设单位必须向有关的勘察、设计、施工、工程监理等单位提供与建设工程有关的原始资料。原始资料必须真实、准确、齐全。

原始资料是工程勘察、设计、施工、监理等单位赖以进行相关工程建设的基础性材料。建设单位作为建设活动的总负责方,向有关单位提供原始资料,以及施工地段地下管线现状资料,并保证这些资料的真实、准确、齐全,是其基本的责任和义务。

在工程实践中,建设单位根据委托任务必须向勘察单位提供如勘察任务书、项目规划总平面图、地下管线、地形地貌等在内的基础资料;向设计单位提供政府有关部门批准的项目建议书、可行性研究报告等立项文件,设计任务书,有关城市规划、专业规划设计条件,勘察成果及其他基础资料;向施工单位提供概算批准文件,设计项目正式列入国家、部门或地方的年度固定资产投资计划,建设用地的征用资料,施工图纸及技术资料,建设资金和主要建筑材料、设备的来源落实资料,建设项目所在地规划部门批准文件,施工现场完成"三通一平"的平面图等资料;向工程监理单位提供的原始资料,除包括给施工单位的资料外,还要有建设单位与施工单位签订的承包合同文本。

### 3. 限制不合理的干预行为

《建筑法》规定,建设单位不得以任何理由,要求建筑设计单位或者建筑施工企业在工程设计或者施工作业中,违反法律、行政法规和建筑工程质量、安全标准,降低工程质量。

《建设工程质量管理条例》进一步规定,建设工程发包单位不得迫使承包方以低于成本的价格竞标,不得任意压缩合理工期。建设单位不得明示或者暗示设计单位或者施工单位违反工程建设强制性标准,降低建设工程质量。

成本是构成价格的主要部分,是承包方估算投标价格的依据和最低的经济底线。如果建设单位一味强调降低成本,迫使承包方互相压价,以低于成本的价格中标,势必会导致中标单位在承包工程后,为了减少开支、降低成本而采取偷工减料、以次充好、粗制滥造等手段,最终导致建设工程出现质量问题,影响投资效益的发挥。

建设单位也不得任意压缩合理工期。因为,合理工期是指在正常建设条件下,采取科学合理的施工工艺和管理方法,以现行的工期定额为基础,结合工程项目建设的实际,经合理测算和平等协商而确定的、使参与各方均获满意的经济效益的工期。如果盲目要求赶工期,势必会简化工序,不按规程操作,从而导致建设工程出现质量等诸多问题。

建设单位更不得以任何理由,如建设资金不足、工期紧等,违反强制性标准的规定,要求设计单位降低设计标准,或者要求施工单位采用建设单位采购的不合格材料设备等。这种行为是法律决不允许的。因为,强制性标准是保证建设工程结构安全可靠的基础性要求,违反了这类标准,必然会给建设工程带来重大质量隐患。

### 4. 依法报审施工图设计文件

《建设工程质量管理条例》规定,施工图设计文件审查的具体办法,由国务院住房城乡建设主管部门、国务院其他有关部门制定。施工图设计文件未经审查批准的,不得使用。

施工设计文件是设计文件的重要内容,是编制施工图预算、安排材料、设备订货和非标准设备制作,进行施工、安装和工程验收等工作的依据。施工图设计文件一经完成,建设工程最终所要达到的质量,尤其是地基基础和结构的安全性就有了约束。因此,施工图设计文件的质量直接影响建设工程的质量。

建立和实施施工图设计文件审查制度，是许多发达国家确保建设工程质量的成功做法。我国于1998年开始进行建筑工程项目施工图设计文件审查试点工作，在节约投资、发现设计质量隐患和避免违反法规行为等方面都有明显的成效。通过开展对施工图设计文件的审查，既可以对设计单位的成果进行质量控制，也能纠正参与建设活动各方特别是建设单位的不规范行为。

### 5. 依法实行工程监理

《建设工程质量管理条例》规定，实行监理的建设工程，建设单位应当委托具有相应资质等级的工程监理单位进行监理，也可以委托具有工程监理相应资质等级并与被监理工程的施工承包单位没有隶属关系或者其他利害关系的该工程的设计单位进行监理。

监理工作要求监理人员具有较高的技术水平和较丰富的工程经验，因此，国家对开展工程监理工作的单位实行资质许可。工程监理单位的资质反映了该单位从事某项监理工作的资格和能力。为了保证监理工作的质量，建设单位必须将需要监理的工程委托给具有相应资质等级的工程监理单位进行监理。

目前，我国的工程监理主要是对工程的施工过程进行监督，而该工程的设计人员对设计意图比较理解，对设计中各专业如结构、设备等在施工中可能发生的问题也比较清楚，因此由具有监理资质的设计单位对自己设计的工程进行监理，对保证工程质量是十分有利的。但是，设计单位与承包该工程的施工单位不得有行政隶属关系，也不得存在可能直接影响设计单位实施监理公正性非常明显的经济或其他利益关系。

《建设工程质量管理条例》规定，建设工程必须实行监理的有：国家重点建设工程；大中型公用事业工程；成片开发建设的住宅小区工程；利用外国政府或者国际组织贷款、援助资金的工程；国家规定必须实行监理的其他工程。

### 6. 依法办理工程质量监督手续

《建设工程质量管理条例》规定，建设单位在开工前，应当按照国家有关规定办理工程质量监督手续，工程质量监督手续可以与施工许可证或者开工报告合并办理。

办理工程质量监督手续是法定程序，未办理质量监督手续的，不发放施工许可证，工程不得开工。因此，建设单位在领取许可证或者开工报告之前，应当依法到住房城乡建设主管部门或铁路、交通、水利等有关管理部门，或者委托的工程质量监督机构办理工程质量监督手续，接受政府主管部门的工程质量监督。

建设单位办理工程质量监督手续，应提供以下文件和资料：工程规划许可证；设计单位资质等级证书；监理单位资质等级证书，监理合同及《工程项目监理登记表》；施工单位资质等级证书及营业执照副本；工程勘察设计文件；中标通知书及施工承包合同等。

### 7. 依法保证建筑材料等符合要求

《建设工程质量管理条例》规定，按照合同约定，由建设单位采购建筑材料、建筑构配件和设备的，建设单位应当保证建筑材料、建筑构配件和设备符合设计文件和合同要求。建设单位不得明示或者暗示施工单位使用不合格的建筑材料、建筑构配件和设备。

在工程实践中，根据工程项目设计文件和合同要求的质量标准，哪些材料和设备由建设单位采购，哪些材料和设备由施工单位采购，应该在合同中作出明确规定，并且是谁采购、谁负责。所以，由建设单位采购建筑材料、建筑构配件和设备的，建设单位必须保证建筑材料、建筑构配件和设备符合设计文件和合同要求。对于建设单位负责供应的材料设备，在使用前施工单位应当按照规定对其进行检验和试验，如果不合格，不得在工程施工中使用，并应通知建设单位予以退换。

有些建设单位为了赶进度或降低采购成本，经常以各种明示或暗示的方式，要求施工单位降低标准而在工程上使用不合格的建筑材料、建筑构配件和设备。此类行为不仅严重违法，且危害极大。

#### 8. 依法进行装修工程

随意拆改建筑主体结构和承重结构等，会危及建设工程安全和人民生命财产安全。因此，《建设工程质量管理条例》规定，涉及建筑主体和承重结构变动的装修工程，建设单位应当在施工前委托原设计单位或者具有相应资质等级的设计单位提出设计方案；没有设计方案的，不得施工。房屋建筑使用者在装修过程中，不得擅自变动房屋建筑主体和承重结构。

## 第四节　相关单位的质量责任和义务

建设工程质量责任制涵盖了多方主体的质量责任制，除建设单位和施工单位外，还有勘察、设计单位，工程监理单位的质量责任制。

《建筑工程五方责任主体项目负责人质量终身责任追究暂行办法》明确规定，建筑工程五方责任主体项目负责人是指承担建筑工程项目建设的建设单位项目负责人、勘察单位项目负责人、设计单位项目负责人、施工单位项目经理、监理单位总监理工程师。

### ■ 一、工程勘察设计单位的质量责任与义务

#### 1. 遵守执业资质等级制度的责任

勘察设计单位必须在其资质等级允许范围内承揽工程勘察设计任务，不得擅自超越资质等级或以其他勘察、设计单位的名义承揽工程，不得允许其他单位或个人以本单位的名义承揽工程，也不得转包或违法分包自己所承揽的工程。

#### 2. 建立质量保证体系的责任

勘察设计单位应建立健全质量保证体系，加强设计过程的质量控制，健全设计文件的审核会签制度。注册建筑师、注册结构工程师等执业人员应在设计文件上签字，对设计文件的质量负责。

#### 3. 遵守国家工程建设强制性标准及有关规定的责任

勘察设计单位必须按照工程建设强制性标准及有关规定进行勘察设计。工程勘察文件要反映工程地质、地形地貌、水文地质状况，其勘察成果必须真实准确，评价应准确可靠。设计单位要根据勘察成果文件进行设计，设计文件的深度应符合国家规定，满足相应设计阶段的技术要求，并注明工程合理使用年限；所完成的施工图应配套，细部节点应交代清楚，标注说明应清晰、完整。凡设计所选用的建筑材料、建筑构配件和设备，应注明规格、型号、性能等技术指标，其质量必须符合国家规定的标准；除有特殊要求的建筑材料、专用设备、工艺生产线等外，设计单位不得指定生产厂家或供应商。

#### 4. 技术交底和事故处理责任

设计单位应就审查合格的施工图向施工单位作出详细说明，做好设计文件的技术交底工作，对大中型建设工程、超高层建筑以及采用新技术、新结构的工程，设计单位还应向施工现场派

驻设计代表。当其所设计的工程发生质量事故时，设计单位应参与质量事故分析，并对因设计造成的质量事故提出相应的技术处理方案。

勘察设计单位应对本单位编制的勘察设计文件的质量负责。当没有尽到上述质量责任时，根据情节轻重，将会受到责令改正、没收违法所得、罚款、责令停业整顿、降低资质等级、吊销资质证书等处罚；造成损失的，依法承担赔偿责任。

注册建筑师、注册结构工程师等注册执业人员因过错造成质量事故的，按规定给予处罚。勘察、设计单位违反国家规定，降低工程质量标准，造成重大安全事故、构成犯罪的，要依法追究直接责任人员的刑事责任。

## 二、工程建设监理单位的质量责任与义务

### 1. 遵守执业资质等级制度的责任

工程监理单位应在其资质等级许可的范围内承招工程监理业务，不得超越本单位资质等级许可的范围或以其他工程监理单位的名义承揽工程监理业务。禁止工程监理单位允许其他单位或个人以本单位的名义承担工程监理业务。工程监理单位也不得将自己承担的工程监理业务进行转让。

### 2. 回避责任

工程监理单位与被监理工程的施工承包单位以及建筑材料、建筑构配件和设备供应单位有隶属关系或其他利害关系的，不得承担该项建设工程的监理业务，以保证监理活动的公平、公正。

### 3. 总监理工程师负责制

工程监理单位应选派具有相应资格的总监理工程师进驻施工现场。监理工程师应依据有关技术标准、设计文件和建设工程承包合同及工程监理规范的要求，采取旁站、巡视和平行检验等形式，对建筑工程实施监理，对违反有关规范及技术标准的行为进行制止，责令改正；对工程使用的建筑材料、建筑构配件和设备的质量进行检验，不合格者，不得准许使用。工程监理单位不得与建设单位或施工单位串通一气，弄虚作假，降低工程质量。

工程监理单位没有尽到上述责任影响工程质量的，将根据其违法行为的严重程度，给予处罚。造成重大安全事故，构成犯罪的，要追究直接责任人员的刑事责任。

### 4. 确认工程质量的责任

工程监理单位应当选派具备相应资格的总监理工程师和监理工程师进驻施工现场。

未经监理工程师签字，建筑材料、建筑构配件和设备不得在工程上使用或安装，施工单位不得进行下一道工序的施工。未经总监理工程师签字，建设单位不拨付工程款，不进行竣工验收。

## 三、材料、设备供应单位的质量责任与义务

建筑材料、构配件生产及设备供应单位必须具备相应的生产条件、技术装备和质量保证体系，具备必要的检测人员和设备，并应把好产品看样、订货、存储、运输和核验的质量关，其供应的建筑材料、构配件和设备质量应符合国家或行业现行有关技术标准规定的合格标准和设计要求，并应符合以其产品说明、实物样品等方式表明的质量状况。其产品或其包装上的标识则应符合下述要求：

（1）有产品质量检验合格证明；
（2）有中文标明的产品名称、生产日期以及厂名和厂址；

(3)产品包装和商标样式符合国家有关规定和标准要求；

(4)设备应有详细的产品使用说明书，电器设备还应附有线路图；

(5)获得生产许可证或使用产品质量认证标志的产品，应有生产许可证或质量认证的编号、批准日期和有效期限。

建筑材料、构配件及设备的供需双方均应签订购销合同，并按合同条款进行质量验收。建筑材料、构配件生产及设备供应单位对其生产或供应的产品质量负责。

## 第五节　建设工程竣工验收制度

竣工验收是工程建设过程的最后一环，是全面考核基本建设成果、检验设计和工程质量的重要步骤，也是基本建设转入生产或使用的标志。通过竣工验收有关部门和单位可以总结经验教训；建设单位对经验收合格的项目可以及时移交固定资产，使其由基础系统转入生产系统或投入使用。

建筑工程质量应按现行的国家标准、行业标准进行验评。现行的建筑工程质量分为优良、合格、不合格三级，先由施工单位自行检验、评定等级，再由监督站进行核验。

### ■ 一、竣工验收的条件

《建筑法》第61条第1款规定："交付竣工验收的建筑工程，必须符合规定的建筑工程质量标准，有完整的工程技术经济资料和经签署的工程保修书，并具备国家规定的其他竣工条件。"

#### 1. 必须符合规定的建筑工程质量标准

由于建设工程项目类别很多，要求各异，因此必须有相应的竣工验收标准。一般有土建工程、安装工程、人防工程、管道工程、桥梁工程、电气工程及铁路建筑安装工程等的验收标准。

(1)土建工程验收标准：凡生产性工程、辅助公用设施及生活设施要按照设计图纸、技术说明书、验收规范进行验收，工程质量符合各项要求。在工程内容上按规定全部施工完毕，即对生产性工程要求室内全部做完，内外粉刷完毕；建筑物、构筑物周围场地平整、障碍物清除、道路及下水道畅通；对生活设施和职工住宅除上述要求外，还要求水通、电通、道路通。

(2)安装工程验收标准：按照设计要求的施工项目内容、技术质量要求及验收规范的规定，各道工序全部保质保量施工完毕。更新改造项目和大修理项目，可以参照国家标准或有关标准，根据工程性质，结合当地的实际情况，由业主与承包商共同商定提出适用的竣工验收的具体标准。

#### 2. 有完整的工程技术经济资料和经签署的工程保修书

工程技术经济资料是工程项目竣工验收和质量保证的重要依据之一，施工单位应按合同要求提供全套竣工验收所必需的工程资料，经监理工程师审核，确认无误后，方能同意竣工验收。

一般情况下，工程项目竣工验收的资料主要有以下几项：

(1)工程项目竣工报告；

(2)分项、分部工程和单位工程技术人员名单；

(3)图纸会审和设计交底记录；

(4)设计变更通知单，技术变更核实单；

(5)工程质量事故发生后调查和处理资料；
(6)材料、设备、构配件的质量合格说明资料；
(7)试验、检验报告；
(8)隐蔽验收记录及施工日志；
(9)竣工图；
(10)质量检验评定资料。
(11)工程质量保修书。

施工企业提供的以上竣工验收资料应当经监理工程师审查后，认为符合工程施工合同及国家有关规定，并且准确、完整、真实，才可签署同意竣工验收的意见。

施工单位同建设单位签署工程质量保修书也是交付竣工验收的条件之一，未签署工程质量保修书的，工程不得进行竣工验收。

## 二、竣工验收的类型

在工程实践中，竣工验收一般有以下两种类型。

### 1. 单项工程验收

单项工程验收是指在一个总体建设项目中，一个单项工程或一个车间已按设计要求建设完成，能满足生产要求或具备使用条件，且施工单位已自验，监理工程师已初验通过，在此条件下进行的正式验收。由几个施工单位负责施工的单项工程，当其中一个单位所负责的部分已按设计完成，也可组织正式验收，办理交工手续，交工时应请总包单位参加。

对于建成的住宅可分幢进行正式验收，以便及早交付使用，提高投资效益。

### 2. 全部工程验收

全部工程验收是指整个建设项目已按设计要求全部建设完成，并已符合竣工验收标准，施工单位自验通过，监理工程师初验认可，由监理工程师组织以建设单位为主，有设计、施工等单位参加的正式验收。在整个项目进行全部验收时，对已验收过的单项工程，可以不再进行正式验收和办理验收手续，但应将单项工程验收单作为全部工程验收的附件而加以说明。

《建筑法》第61条第2款规定："建筑工程竣工经验收合格后，方可交付使用；未经验收或者验收不合格的，不得交付使用。"因此，无论是单项工程提前交付使用(如单幢住宅)，还是全部工程整体交付使用，都必须经过竣工验收这一环节，而且必须验收合格，否则，不能交付使用。

## 三、竣工验收的范围和标准

(1)根据国家现行规定，所有建设项目按照上级批准的设计文件所规定的内容和施工图纸的要求全部建成，工业项目经负荷试运转和试生产考核能够生产合格产品，非工业项目符合设计要求，能够正常使用，都要及时组织验收。

(2)建设项目竣工验收、交付生产和使用，应达到下列标准：

1)生产性工程和辅助公用设施已按设计要求建完，能满足生产要求；

2)主要工艺设备已安装配套，经联动负荷试车合格，构成生产线，形成生产能力够生产出设计文件中规定的产品；

3)职工宿舍和其他必要的生产福利设施，能适应投产初期的需要；

4)生产准备工作能适应投产初期的需要。

有的基本建设项目（工程）基本符合竣工验收标准，只是零星土建工程和少数非主要设备未按设计的内容全部建成，但不影响正常生产，也应办理竣工验收手续。对剩余工程，应按设计留足投资，限期完成。有的项目投资初期一时不能达到设计能力所规定的产量，不应因此施延办理验收和移交固定资产手续。国家规定，已具备竣工验收条件的项目（工程），三个月内不办理验收投产和移交固定资产手续的，取消企业和主管部门（或地方）的基建试车收入分成，由银行监督全部上缴财政。如三个月内办理竣工验收确有困难，经验收主管部门批准，可以适当延长期限。

## ■ 四、申报竣工验收的准备工作

建设单位应认真做好竣工验收的准备工作，其主要内容有以下几项。

### 1. 整理技术资料

各有关单位（包括设计，施工单位）应将技术资料进行系统整理，由建设单位分类立卷，生产单位或使用单位统一保管。技术资料主要包括土建卷、安装卷及各种有关的文件、合同和试生产的情况报告等。

### 2. 绘制竣工图纸

与其他技术资料一样，竣工图纸是建设单位移交生产单位的重要资料，是生产单位必须长期保存的技术档案，也是国家的重要技术档案。竣工图必须准确、完整、符合归档要求，方能交工验收。

### 3. 编制竣工决算

建设单位必须及时清理所有财产、物资和未花完或应收回的资金，编制工程竣工决算，分析预（概）算执行情况，考核投资效益，报主管部门审查。编制竣工决算是基本建设管理工作的重要组成部分，竣工决算是反映建设项目实际造价和投资效益的文件，是办理交付使用新增固定资产的依据，是竣工验收报告的重要组成部分。

## ■ 五、竣工验收的程序和组织

按国家现行规定，建设项目的验收阶段根据项目规模的大小和复杂程度可分为初步验收和竣工验收两个阶段进行。规模较大、较复杂的建设项目（工程）应先进行初验，然后进行全部建设项目（工程）的竣工验收。规模较小、较简单的项目（工程），可以一次进行全部项目（工程）的竣工验收。

建设项目（工程）全部完成，经过各单项工程的验收，符合设计要求，并具备竣工图表、竣工决算、工程总结等必要文件资料，由项目主管部门或建设单位向负责验收的单位提出竣工验收申请报告。

大中型和限额以上项目由国家发改委或由国家发改委委托项目主管部门、地方政府组织验收，小型和限额以下项目（工程），由项目（工程）主管部门或地方政府部门组织验收，竣工验收要根据工程规模大小和复杂程度组成验收委员会或验收小组。验收委员会或验收小组由银行、物资、环保、劳动、统计及其他有关部门组成。建设单位、接管单位、施工单位、勘察设计单位参加验收工作。

验收委员会或验收小组负责审查工程建设的各个环节，听取各有关单位的工作，审问工程档案并实地查验建筑工程和设备安装，并对工程设计、施工和设备质量等方面做出评价。不合格的工程不予验收；对遗留问题提出具体解决意见，限期落实完成。

## 六、竣工日期和投产日期

投产日期是指经验收合格、达到竣工验收标准、正式移交生产(或使用)的时间。在正常情况下，建设项目的全部投产日期应当同竣工日期是一致的，但实际上有些项目的竣工日期晚于全部投产日期，这是因为当建设项目设计规定的生产性工程的全部生产作用线建成，经试运转，验收鉴定合格，移交生产部门时，便可算为全部投产，而竣工则要求该项目的生产性、非生产性工程全部建成，投产项目遗留的收尾工程全部完工。

## 七、竣工验收备案管理制度

2000年4月7日原建设部以部令78号的形式发布了《房屋建筑工程和市政基础设施工程竣工验收备案管理暂行办法》，对房屋建筑工程和市政基础设施工程的竣工验收备案管理做出了具体规定。该办法已于2009年进行了修改。

国务院住房城乡建设主管部门负责全国房屋建筑工程和市政基础设施工程(以下统称工程)的竣工验收备案管理工作。

县级以上地方人民政府住房城乡建设主管部门负责本行政区域内工程的竣工验收备案管理工作。

(1)备案时间。建设单位应当自工程竣工验收合格之日起15日内，按照规定向工程所在地的县级以上地方人民政府住房城乡建设主管部门(以下简称备案机关)备案。

(2)建设单位办理工程竣工验收备案应当提交下列文件：

1)工程竣工验收备案表；

2)工程竣工验收报告。竣工验收报告应当包括工程报建日期，施工许可证号，施工设计文件审查意见，勘察、设计、施工、工程监理等单位分别签署的质量合格文件及验收人员签署的竣工验收原始文件，市政基础设施的有关质量检测和功能性试验资料以及备案机关认为需要提供的有关资料；

3)法律、行政法规规定应当由规划、公安消防、环保等部门出具的认可文件或者准许使用文件；

4)施工单位签署的工程质量保修书；

5)法规、规章规定必须提供的其他文件。

商品住宅还应当提交《住宅质量保证书》和《住宅使用说明书》备案机关收到建设单位报送的竣工验收备案文件，验证文件齐全后，应当在工程竣工验收备案表上签署文件收讫。

工程竣工验收备案表一式两份，一份由建设单位保存，另一份留备案机关存档。

(3)工程质量监督机构应当在工程竣工验收之日起5日内，向备案机关提交工程质量监督报告。

# 第六节 建设工程质量保修制度

建设工程质量保修制度是《建筑法》所确定的重要法律制度。健全、完善的建设工程质量保修制度对于促进承包方加强质量管理，保护用户及消费者的合法权益有着重要的意义。

建设工程保修制度是指建设工程办理交工验收手续后，在规定的保修期限内，因施工、材料等原因造成的质量缺陷，应当由施工单位负责维修。建设工程承包单位在向建设单位提交工程竣工验收报告时，应当向建设单位出具质量保修书。质量保修书中应当明确建设工程的保修范围、保修期限和保修责任等。

## 一、建筑工程质量的保修范围及保修期限

### 1. 保修范围

根据《建筑法》第62条的规定，建筑工程的保修范围应当包括地基基础工程、主体结构工程、屋面防水工程和其他土建工程，以及电气管线、上下水管线的安装工程，供热、供冷系统工程等项目。

### 2. 保修期限

根据《建设工程质量管理条例》第40条的规定，在正常使用条件下，建设工程的最低保修期限如下：

(1)基础设施工程、房屋建筑的地基基础工程和主体结构工程，为设计文件规定的该工程的合理使用年限；

(2)屋面防水工程、有防水要求的卫生间、房间和外墙面的防渗漏，为5年；

(3)供热与供冷系统，为2个采暖期、供冷期；

(4)电气管线、给水排水管道、设备安装和装修工程，为2年。

其他项目的保修期限由发包方与承包方约定。

## 二、建设工程保修的经济责任

建设工程的保修期，自竣工验收合格之日起计算。建设工程在保修范围内和保修期限内发生质量问题，由施工单位履行保修义务。但要区别保修责任的承担问题。依法由施工单位负责进行维修的并不意味着都是由施工单位承担维修责任，对于维修的经济责任的确定，应当根据具体情况，分清责任方，由责任方承担。

(1)施工单位未按国家有关规范、标准和设计要求施工造成的质量缺陷，由施工单位负责返修并承担经济责任；

(2)由于设计方面的原因造成的质量缺陷，由设计单位承担经济责任。由施工单位负责维修，其费用按有关规定通过建设单位向设计单位索赔；不足部分由建设单位负责；

(3)因建筑材料、构配件和设备质量不合格引起的质量缺陷，属于施工单位采购的或经其验收同意的，由施工单位承担经济责任；属于建设单位采购的，由建设单位承担经济责任；

(4)因使用单位使用不当造成的质量缺陷，由使用单位自行负责；

(5)因地震、洪水、台风等不可抗力造成的质量问题，施工单位、设计单位不承担经济责任。

对于超过合理使用年限后仍需要继续使用的建筑工程产权所有人应委托具有相应资质等级的勘察、设计单位鉴定，并根据鉴定结果采取加固、维修等措施，重新界定使用期。

## 三、建设工程保修的程序

就工程质量保修事宜，建设单位和施工单位应遵守以下基本程序：

(1)建设工程在保修期限内出现质量缺陷，建设单位应当向施工单位发出保修通知。

(2)施工单位接到保修通知后，应当到现场核查情况，在保修书约定的时间内予以保修。发生涉及结构安全或者严重影响使用功能的紧急抢修事故，施工单位接到保修通知后，应当立即

到达现场抢修。

(3)施工单位不按工程质量保修书约定保修的,建设单位可以另行委托其他单位保修,由原施工单位承担相应责任。

(4)保修费用由造成质量缺陷的责任方承担。

### 四、建设工程质量保证金

#### (一)质量保证金的含义

建设工程质量保证金(保修金)是指发包人与承包人在建设工程承包合同中约定,从应付的工程款中预留,用以保证承包人在缺陷责任期内对建设工程出现的缺陷进行维修的资金。

缺陷是指建设工程质量不符合工程建设强制性标准、设计文件,以及承包合同的约定。

#### (二)缺陷责任期

缺陷责任期从工程通过竣工验收之日起计。由承包人原因导致工程无法按规定期限进行竣工验收的,缺陷责任期从实际通过竣工验收之日起计。由发包人的原因导致工程无法按规定期限进行竣工验收的,在承包人提交竣工验收报告90天后,工程自动进入缺陷责任期。

缺陷责任期一般为6个月、12个月或24个月,具体可由发承包双方在合同中约定。

缺陷责任期内,由承包人原因造成的缺陷,承包人应负责维修,并承担鉴定及维修费用。如承包人不维修也不承担费用,发包人可按合同约定扣除保证金,并由承包人承担违约责任。承包人维修并承担相应费用后,不免除对工程的一般损失赔偿责任。

由他人原因造成的缺陷,发包人负责组织维修,承包人不承担费用,且发包人不得从保证金中扣除费用。

#### (三)质量保证金的数额

发包人应当在招标文件中明确保证金预留、返还等内容,并与承包人在合同条款中对涉及保证金的下列事项进行约定:

(1)保证金预留、返还方式;

(2)保证金预留比例、期限;

(3)保证金是否付利息,如计付利息,利息的计算方式;

(4)缺陷责任期的期限及计算方式;

(5)保证金预留、返还及工程维修质量、费用等争议的处理程序;

(6)缺陷责任期内出现缺陷的索赔方式。

建设工程竣工结算后,发包人应按照合同约定及时向承包人支付工程结算价款并预留保证金。全部或者部分使用政府投资的建设项目,按工程价款结算总额的5%左右的比例预留保证金。社会投资项目采用预留保证金方式的,预留保证金的比例可参照执行。采用工程质量保证担保、工程质量保修等其他保证方式的,发包人不得再预留保证金。

#### (四)质量保证金的返还

缺陷责任期内,承包人认真履行合同约定的责任,到期后,承包人向发包人申请返还保证金。

发包人在接到承包人返还保证金申请后,应于14日内会同承包人按照合同约定的内容进行核实。如无异议,发包人应当在核实后14日内将保证金返还给承包人,逾期支付的,从逾期之日起,按照同期银行贷款利率计付利息,并承担违约责任。发包人在接到承包人返还保证金申请后14日内不予答复,经催告后14日内仍不予答复,视同认可承包人的返还保证金申请。

## 本章练习

**(一)选择题**

1. 根据《建设工程质量管理条例》的有关规定,应按照国家有关规定组织竣工验收的建设主体是( )。
   A. 建设单位　　　B. 施工单位　　　C. 工程监理单位　　　D. 设计单位

2. 2019年1月15日,某住宅工程竣工验收合格,则办理竣工验收备案的截止时间是( )。
   A. 2019年1月22日　　　　　　B. 2019年1月25日
   C. 2019年1月30日　　　　　　D. 2019年2月15日

3. 根据《建设工程质量管理条例》的有关规定,电气管线、给水排水管道、设备安装工程的最低保修期是( )。
   A. 6个月　　　B. 1年　　　C. 2年　　　D. 5年

4. 某办公大楼在保修期间出现外墙裂缝,经查是由于设计缺陷造成。原施工单位进行维修,之后应向( )主张维修费用。
   A. 建设单位　　　B. 设计单位　　　C. 物业管理单位　　　D. 大楼使用者

5. 某高校的图书馆工程,甲是总承包,甲经过业主同意将该图书馆的玻璃幕墙的安装分包给乙施工单位,乙在施工过程中出现了质量事故。则该高校可要求( )。
   A. 甲承担责任　　　　　　　　B. 乙承担责任
   C. 甲和乙承担责任　　　　　　D. 甲和乙自己分担责任

**(二)简答题**

1. 按照标准的级别不同,工程建设标准可分为哪几个级别?
2. 简述建设单位、勘察单位、设计单位、施工企业、监理单位、材料与设备供应单位的质量责任与义务。
3. 简述建设工程竣工验收的条件和程序。
4. 简述建设工程质量的保修范围、保修期限和保修程序。
5. 简述质量保证金的含义、数额及返还。
6. 建设单位应当何时办理竣工验收备案?办理时应当提交哪些文件?

**(三)案例分析题**

背景:某质量监督站派出的监督人员到施工现场进行检查,发现工程进度相对于合同中约定的进度严重滞后。于是,质量监督站的监督人员对施工单位和监理单位提出了批评,并拟对其进行行政处罚。

问题:你认为质量监督站的决定正确吗?

# 第八章 建设工程其他法律制度

## 导 入

建设工程涉及的环节很多，在建设工程的各个环节都有可能出现纠纷。建设工程纠纷的解决是需要相关法律法规作为依据的。那么，建设工程的相关法律法规有哪些？在建设工程中，相关人员需要熟悉哪些建设工程法律法规呢？

## 学习目标

**知识目标：** 理解建设工程劳动合同管理制度；熟悉施工现场环境保护制度；熟悉施工现场节约能源制度；熟悉施工现场消防安全制度。

**技能目标：** 能理解劳动合同的履行、变更、解除以及终止；能掌握订立劳动合同时的注意事项。

**素质目标：** 培养学生的安全意识；培养学生保护环境的意识。

## 第一节 建设工程劳动合同管理制度

### 一、劳动合同订立的规定

#### (一)订立劳动合同应当遵守的原则

遵循合法、公平、平等自愿、协商一致、诚实信用的原则。

用人单位不得要求劳动者提供担保或者以其他名义向劳动者收取财物，不得扣押劳动者的居民身份证或者其他证件。

#### (二)劳动合同的种类

劳动合同可分为固定期限劳动合同、无固定期限劳动合同和以完成一定工作任务为期限的劳动合同。

(1)劳动合同期限。一般始于劳动合同的生效之日，终于劳动合同的终止之时。

(2)固定期限劳动合同。固定期限劳动合同是指用人单位与劳动者约定合同终止时间的劳动合同，在合同中明确规定了合同效力的起始和终止时间。

(3)无固定期限劳动合同。无固定期限劳动合同是指用人单位与劳动者约定无确定终止时间的劳动合同。应该订立无固定期限合同的情形如下：

1)劳动者在用人单位连续工作满10年的。

2)用人单位初次实行劳动合同制度或者国有企业改制重新签订劳动合同时，劳动者在该用人单位连续工作满10年且距法定退休年龄不足10年的。

3)连续订立两次固定期限劳动合同，且无特殊情况（即用人单位可以解除合同的情形）。

4)单位自用工之日满1年不与劳动者订立书面劳动合同的，视为用人单位与劳动者已订立无固定期限劳动合同。

### （三）劳动合同的基本条款

劳动合同的基本条款包括：用人单位的名称、住所和法定代表人或者主要负责人；劳动者的姓名、住址和居民身份证或者其他有效身份证件号码；劳动合同期限；工作内容和工作地点；工作时间和休息休假；劳动报酬；社会保险；劳动保护、劳动条件和职业危害防护；法律、法规规定应当纳入劳动合同的其他事项。

劳动合同除上述规定的必备条款外，用人单位与劳动者可以约定试用期、培训、保守秘密、补充保险和福利待遇等其他事项。

### （四）订立劳动合同应当注意的事项

(1)建立劳动关系即应订立劳动合同。用人单位自用工之日起即与劳动者建立劳动关系。《劳动合同法》规定，建立劳动关系，应当订立书面劳动合同。已建立劳动关系，未同时订立书面劳动合同的，应当自用工之日起1个月内订立书面劳动合同。

合同有书面形式、口头形式和其他形式。按照《劳动合同法》的规定，除非全日制用工以小时计酬为主，劳动者在同一用人单位一般平均每日工作时间不超过4小时，每周工作时间累计不超过24小时的用工形式可以订立口头协议外，建立劳动关系应当订立书面劳动合同。

(2)劳动报酬和试用期。劳动合同期限3个月以上不满1年的，试用期不得超过1个月；劳动合同期限1年以上不满3年的，试用期不得超过2个月；3年以上固定期限和无固定期限的劳动合同，试用期不得超过6个月。同一用人单位与同一劳动者只能约定1次试用期。以完成一定工作任务为期限的劳动合同或者劳动合同期限不满3个月的，不得约定试用期。试用期包含在劳动合同期限内。劳动合同仅约定试用期的，试用期不成立，该期限为劳动合同期限。

劳动者在试用期的工资不得低于本单位相同岗位最低档工资或者劳动合同约定工资的80%，并不得低于用人单位所在地的最低工资标准。在试用期中，除劳动者有《劳动合同法》第39条和第40条第1项、第2项规定的情形外，用人单位不得解除劳动合同。用人单位在试用期解除劳动合同的，应当向劳动者说明理由。

### （五）劳动合同的生效与无效

劳动合同由用人单位与劳动者协商一致，并经用人单位与劳动者在劳动合同文本上签字或者盖章生效。双方当事人签字或者盖章时间不一致的，以最后一方签字或者盖章的时间为准；如果一方没有写签字时间，则另一方写明的签字时间就是合同生效时间。

劳动合同无效或者部分无效的情况有：以欺诈、胁迫的手段或者乘人之危，使对方在违背真实意思的情况下订立或者变更劳动合同的；用人单位免除自己的法定责任、排除劳动者权利的；违反法律、行政法规强制性规定的。

对劳动合同的无效或者部分无效有争议的，由劳动争议仲裁机构或者人民法院确认。

## 二、劳动合同的履行、变更、解除和终止

### （一）劳动合同的履行和变更

(1)用人单位应当履行向劳动者支付劳动报酬的义务。用人单位应当按照劳动合同约定和国

家规定，向劳动者及时足额支付劳动报酬。劳动报酬是指劳动者为用人单位提供劳动而获得的各种报酬，通常包括三个部分：一是货币工资，包括各种工资、奖金、津贴、补贴等；二是实物报酬，即用人单位以免费或低于成本价提供给劳动者的各种物品和服务等；三是社会保险，即用人单位为劳动者支付的医疗、失业、养老、工伤等保险金。

(2)依法限制用人单位安排劳动者的加班。用人单位应当严格执行劳动定额标准，不得强迫或者变相强迫劳动者加班。用人单位安排加班的，应当按照国家有关规定向劳动者支付加班费。

(3)劳动者有权拒绝违章指挥、冒险作业。《劳动合同法》规定，劳动者对危害生命安全和身体健康的劳动条件，有权对用人单位提出批评、检举和控告。

劳动者拒绝用人单位管理人员违章指挥、强令冒险作业的，不视为违反劳动合同。

(4)用人单位发生变动不影响劳动合同的履行。用人单位如果变更名称、法定代表人、主要负责人或者投资人等事项，不影响劳动合同的履行。

用人单位发生合并或者分立等情况，原劳动合同继续有效，劳动合同由承继其权利和义务的用人单位继续履行。

(5)劳动合同的变更。用人单位与劳动者协商一致，可以变更劳动合同约定的内容。

### (二)劳动合同的解除和终止

劳动合同的解除，是指当事人双方提前终止劳动合同、解除双方权利义务关系的法律行为，可分为协商解除、法定解除和约定解除三种情况。劳动合同的终止，是指劳动合同期满或者出现法定情形以及当事人约定的情形而导致劳动合同的效力消灭，劳动合同即行终止。

#### 1. 劳动者可以单方解除劳动合同的规定

劳动者提前30日以书面形式通知用人单位，可以解除劳动合同。劳动者在试用期内提前3日通知用人单位，可以解除劳动合同。

《劳动合同法》第38条规定，用人单位有下列情形之一的，劳动者可以解除劳动合同：未按照劳动合同约定提供劳动保护或者劳动条件的；未及时足额支付劳动报酬的；未依法为劳动者缴纳社会保险费的；用人单位的规章制度违反法律、法规的规定，损害劳动者权益的；因《劳动合同法》第26条第1款规定的情形致使劳动合同无效的；法律、行政法规规定劳动者可以解除劳动合同的其他情形。用人单位以暴力、威胁或者非法限制人身自由的手段强迫劳动者劳动的，或者用人单位违章指挥、强令冒险作业危及劳动者人身安全的，劳动者可以立即解除劳动合同，不需事先告知用人单位。

#### 2. 用人单位可以单方解除劳动合同的规定

《劳动合同法》在赋予劳动者单方解除权的同时，也赋予用人单位对劳动合同的单方解除权，以保障用人单位的用工自主权。

《劳动合同法》第39条规定，劳动者有下列情形之一的，用人单位可以解除劳动合同：在试用期间被证明不符合录用条件的；严重违反用人单位的规章制度的；严重失职，营私舞弊，给用人单位造成重大损害的；劳动者同时与其他用人单位建立劳动关系，对完成本单位的工作任务造成严重影响，或者经用人单位提出，拒不改正的；因《劳动合同法》第26条第1款第1项规定的情形致使劳动合同无效的；被依法追究刑事责任的。

《劳动合同法》第40条规定，有下列情形之一的，用人单位提前30日以书面形式通知劳动者本人或者额外支付劳动者1个月工资后，可以解除劳动合同：劳动者患病或者非因工负伤，在规定的医疗期满后不能从事原工作，也不能从事由用人单位另行安排的工作的；劳动者不能胜任工作，经过培训或者调整工作岗位，仍不能胜任工作的；劳动合同订立时所依据的客观情况发生重大变化，致使劳动合同无法履行，经用人单位与劳动者协商，未能就变更劳动合同内容达成协议的。

## 第二节　施工现场环境保护制度

### 一、建设项目环境保护概述

环境既包括以大气、水、土壤、植物、动物、微生物等为内容的物质因素，也包括以观念、制度、行为准则等为内容的非物质因素；既包括自然因素，也包括社会因素；既包括非生命体形式，也包括生命体形式。环境是相对于某个主体而言的，主体不同，环境的大小、内容等也不相同。

狭义的环境是指如环境问题中的"环境"一词，大部分的环境往往指相对于人类这个主体而言的一切自然环境要素的总和数。

十八届五中全会会议提出：加大环境治理力度，以提高环境质量为核心，实行最严格的环境保护制度，深入实施大气、水、土壤污染防治行动计划，实行省以下环保机构监测监察执法垂直管理制度。

环境保护是我国一项基本国策。在施工过程中由于既要消耗大量的自然资源，又要向自然界排放大量的废水、废气、废渣及产生噪声等，是造成环境问题的主要根源之一。所以，我们要加强对项目建设的环境保护管理，这是整个环境保护工作的基础和重点。

目前，我国制定的与环境保护有关的法律法规有：《中华人民共和国环境保护法》《中华人民共和国水污染防治法》《中华人民共和国大气污染防治法》《中华人民共和国固体废物污染环境防治法》《中华人民共和国环境噪声污染防治法》《中华人民共和国海洋环境保护法》《中华人民共和国环境影响评价法》《建设项目环境保护管理条例》《建设项目竣工环境保护验收管理办法》《中华人民共和国循环经济促进法》等。由于工程建设与环境保护息息相关，所以，工程建设从业人员应当熟悉上述这些法律法规中与工程建设相关的内容。

2003年11月颁布的《建设工程安全生产管理条例》进一步规定，施工单位应当遵守有关环境保护法律、法规的规定，在施工现场采取措施，防止或者减少粉尘、废气、废水、固体废物、噪声、振动和施工照明对人和环境的危害和污染。

### 二、环境保护法关于环境保护的基本原则

环境保护法的基本原则，是环境保护方针、政策在法律上的体现，是调整环境保护方面社会关系的指导规范，也是环境保护立法、司法、执法、守法必须遵循的准则。它反映了环保法的本质，并贯穿环境保护法制建设的全过程，具有十分重要的意义。

（1）经济建设与环境保护协调发展的原则。根据经济规律和生态规律的要求，环境保护法必须认真贯彻"经济建设、城市建设、环境建设同步规划、同步实施、同步发展的三同步方针"和"经济效益、环境效益、社会效益的三统一方针"。

（2）预防为主，防治结合的原则。预防为主的原则，就是"防患于未然"的原则。环境保护中预防污染不仅可以尽可能地提高原材料、能源的利用率，而且可以大大地减少污染物的产生量

和排放量，减少二次污染的风险，减少末端治理负荷，节省环保投资和运行费用。"预防"是环境保护第一位的工作。然而，根据目前的技术、经济条件，工业企业做到"零排放"也是很困难的，所以还必须与治理结合。

（3）污染者付费的原则。污染者付费的原则，通常也称为"谁污染，谁治理""谁开发，谁保护"的原则，其基本思想是明确治理污染、保护环境的经济责任。

（4）政府对环境质量负责的原则。环境保护是一项涉及政治、经济、技术、社会各个方面的复杂而又艰巨的任务，是我国的基本国策，关系到国家和人民的长远利益，解决这种关乎全局、综合性很强的问题，是政府的重要职责之一。

（5）依靠群众保护环境的原则。环境质量的好坏关系到广大群众的切身利益，因此保护环境，不仅是公民的义务，也是公民的权利。

### 三、施工现场噪声污染的防治

环境噪声污染是指产生的环境噪声超过国家规定的环境噪声排放标准，并干扰他人正常生活、工作和学习的现象。

在建筑施工现场，是随着工程的进度和施工工序的更替而采用不同的施工机械和施工方法的。随着城市化进程的不断加快及工程建设的大规模开展，施工噪声污染问题日益突出，尤其是在城市人口稠密地区的建设工程施工中产生的噪声污染，不仅影响周围居民的正常生活，而且损害城市的环境形象。由于施工机械多是露天作业，四周无遮挡，部分机械需要经常移动，起吊和安装工作需要高空作业，所以建筑施工中的某些噪声具有突发性、冲击性、不连续性等特点，特别容易引起人们的烦恼。施工单位与周围居民因噪声而引发的纠纷也时有发生，群众投诉日渐增多。因此，应当依法加强施工现场噪声管理，采取有效措施防治施工噪声污染。

#### （一）建筑施工场地环境噪声排放标准

《中华人民共和国环境噪声污染防治法》（以下简称《环境噪声污染防治法》）规定，在城市市区范围内向周围生活环境排放建筑施工噪声的，应当符合国家规定的建筑施工场界环境噪声排放标准。

噪声排放是指噪声源向周围生活环境辐射噪声。《建筑施工场界环境噪声排放标准》（GB 12523—2011）中规定，建筑施工过程中场界环境噪声不得超过规定的排放限值。建筑施工场界环境噪声排放限值，昼间 70 dB(A)，夜间 55 dB(A)。夜间噪声最大声级超过限值的幅度不得高于 15 dB(A)。根据《建筑施工场界环境噪声排放标准》（GB 12523—2011），"昼间"（day—time）是指 6：00 至 22：00 之间的时段；"夜间"（night—time）是指 22：00 至次日 6：00 之间的时段。县级以上人民政府为环境噪声污染防治的需要（如考虑时差、作息习惯差异等）而对昼间、夜间的划分另有规定的，应按其规定执行。dB 是英文 Decibel 的缩写，是噪声分贝单位。(A)是指频率加权特性为 A，A 计权声级是目前世界上噪声测量中应用最广泛的一种。

#### （二）使用机械设备、交通运输可能产生环境噪声污染的申报和规定

《环境噪声污染防治法》规定，在城市市区范围内，建筑施工过程中使用机械设备，可能产生环境噪声污染的，施工单位必须在工程开工 15 日以前向工程所在地县级以上地方人民政府生态环境主管部门申报该工程的项目名称、施工场所和期限、可能产生的环境噪声值以及所采取的环境噪声污染防治措施的情况。

国家对环境噪声污染严重的落后设备实行淘汰制度。国务院经济综合主管部门应当会同国务院有关部门公布限期禁止生产、禁止销售、禁止进口的环境噪声污染严重的设备名录。

交通运输噪声，是指机动车辆、铁路机车、机动船舶、航空器等交通运输工具在运行时所产生的干扰周围生活环境的声音。其中机动车辆包括汽车和摩托车。建设工程施工中有大量的运输任务，也会产生交通运输噪声。所以，这些工程用车在城市市区范围内行驶的消声器和喇叭必须符合国家规定的要求，在城市市区范围内行驶，或者进入城市市区、疗养区时，必须按照规定使用声响装置。

### （三）禁止夜间进行产生环境噪声污染施工作业的规定

噪声敏感建筑物集中区域，是指医疗区、文教科研区和以机关或者居民住宅为主的区域。噪声敏感建筑物，是指医院、学校、机关、科研单位、住宅等需要保持安静的建筑物。

《环境噪声污染防治法》规定，在城市市区噪声敏感建筑物集中区域内，禁止夜间进行产生环境噪声污染的建筑施工作业，但抢修、抢险作业和因生产工艺上要求或者特殊需要必须连续作业的除外。因特殊需要必须连续作业的，必须有县级以上人民政府或者其有关主管部门的证明。以上规定的夜间作业，必须以公告形式告知附近居民。

### （四）政府监管部门的现场检查

《环境噪声污染防治法》规定，县级以上人民政府生态环境主管部门和其他环境噪声污染防治工作的监督管理部门、机构，有权依据各自的职责对管辖范围内排放环境噪声的单位进行现场检查。被检查的单位必须如实反映情况，并提供必要的资料。检查部门、机构应当为被检查的单位保守技术秘密和业务秘密。

检查人员进行现场检查，应当出示证件。

### （五）施工现场噪声污染防治违法行为应承担的法律责任

《环境噪声污染防治法》规定，未经生态环境主管部门批准，擅自拆除或者闲置环境噪声污染防治设施，致使环境噪声排放超过规定标准的，由县级以上地方人民政府生态环境主管部门责令改正，并处罚款。

排放环境噪声的单位违反规定，拒绝生态环境主管部门或者其他依照《环境噪声污染防治法》规定行使环境噪声监督管理权的部门、机构现场检查或者在被检查时弄虚作假的，生态环境主管部门或者其他依照《环境噪声污染防治法》规定行使环境噪声监督管理权的监督管理部门、机构可以根据不同情节，给予警告或者处以罚款。

建筑施工单位违反规定，在城市市区噪声敏感建筑物集中区域内，夜间进行禁止进行的产生环境噪声污染的建筑施工作业的，由工程所在地县级以上地方人民政府生态环境主管部门责令改正，可以并处罚款。机动车辆不按照规定使用声响装置的，由当地公安机关根据不同情节给予警告或者处以罚款。

受到环境噪声污染危害的单位和个人，有权要求加害人排除危害；造成损失的，依法赔偿损失。赔偿责任和赔偿金额的纠纷，可以根据当事人的请求，由生态环境主管部门或者其他环境噪声污染防治工作的监督管理部门、机构调解处理；调解不成的，当事人可以向人民法院起诉。当事人也可以直接向人民法院起诉。

## 四、施工现场废气污染防治的规定

大气污染是指大气中一些物质的含量达到有害的程度以至破坏生态系统和人类正常生存和发展的条件，对人或物造成危害的现象。如果不对大气污染物的排放总量加以控制和防治，将会严重破坏生态系统和人类生存条件。

《中华人民共和国大气污染防治法》（以下简称《大气污染防治法》）规定，企业事业单位和其他生产经营者应当按照国家有关规定和监测规范，对其排放的工业废气和本法第七十八条规定名录中所列有毒有害大气污染物进行监测，并保存原始监测记录。其中，重点排污单位应当安装、使用大气污染物排放自动监测设备，与生态环境主管部门的监控设备联网，保证监测设备正常运行并依法公开排放信息。监测的具体办法和重点排污单位的条件由国务院生态环境主管部门规定。重点排污单位名录由设区的市级以上地方人民政府生态环境主管部门按照国务院生态环境主管部门的规定，根据本行政区域的大气环境承载力、重点大气污染物排放总量控制指标的要求以及排污单位排放大气污染物的种类、数量和浓度等因素，商有关部门确定，并向社会公布。

### (一)建设项目排气的相关规定

城市人民政府应当采取绿化责任制、加强建设施工管理、扩大地面铺装面积、控制渣土堆放和清洁运输等措施提高人均占有绿地面积，减少市区裸露地面和地面尘土，防治城市扬尘污染。在城市市区进行建设施工或者从事其他产生扬尘污染活动的单位，必须按照当地环境保护的规定，采取防治扬尘污染的措施。运输、装卸、贮存能够散发有毒有害气体或者粉尘物质的，必须采取密闭措施或者其他防护措施。

《大气污染防治法》规定，企业事业单位和其他生产经营者向大气排放污染物的，应当依照法律法规和国务院生态环境主管部门的规定设置大气污染物排放口。禁止通过偷排、篡改或者伪造监测数据、以逃避现场检查为目的的临时停产、非紧急情况下开启应急排放通道、不正常运行大气污染防治设施等逃避监管的方式排放大气污染物。

企业事业单位和其他生产经营者建设对大气环境有影响的项目，应当依法进行环境影响评价、公开环境影响评价文件；向大气排放污染物的，应当符合大气污染物排放标准，遵守重点大气污染物排放总量控制要求。

### (二)现场大气污染防治违法行为应承担的法律责任

企业事业单位和其他生产经营者违反法律法规规定排放大气污染物，造成或者可能造成严重大气污染，或者有关证据可能灭失或者被隐匿的，县级以上人民政府生态环境主管部门和其他负有大气环境保护监督管理职责的部门，可以对有关设施、设备、物品采取查封、扣押等行政强制措施。

《大气污染防治法》规定，违反本法规定，以拒绝进入现场等方式拒不接受生态环境主管部门及其环境执法机构或者其他负有大气环境保护监督管理职责的部门的监督检查，或者在接受监督检查时弄虚作假的，由县级以上人民政府生态环境主管部门或者其他负有大气环境保护监督管理职责的部门责令改正，处二万元以上二十万元以下的罚款；构成违反治安管理行为的，由公安机关依法予以处罚。

违反《大气污染防治法》规定，有下列行为之一的，由县级以上人民政府生态环境主管部门责令改正或者限制生产、停产整治，并处十万元以上一百万元以下的罚款；情节严重的，报经有批准权的人民政府批准，责令停业、关闭：

(1)未依法取得排污许可证排放大气污染物的；
(2)超过大气污染物排放标准或者超过重点大气污染物排放总量控制指标排放大气污染物的；
(3)通过逃避监管的方式排放大气污染物的。

排放大气污染物造成损害的，应当依法承担侵权责任。

## 五、施工现场废水污染防治的规定

水污染,是指水体因某种物质的介入,而导致其化学、物理、生物或者放射性等方面特性的改变,从而影响水的有效利用,危害人体健康或者破坏生态环境,造成水质恶化的现象。水污染防治包括江河、湖泊、运河、渠道、水库等地表水体以及地下水体的污染防治。

《中华人民共和国水污染防治法》规定,水污染防治应当坚持预防为主、防治结合、综合治理的原则,优先保护饮用水水源,严格控制工业污染、城镇生活污染,防治农业面源污染,积极推进生态治理工程建设,预防、控制和减少水环境污染和生态破坏。排放水污染物,不得超过国家或者地方规定的水污染物排放标准和重点水污染物排放总量控制指标。

### (一)防治地表水污染

《水污染防治法》第四章第33条至第39条对防止地表水污染作出了规定。

1)禁止向水体排放油类、酸液、碱液或者剧毒废液。

禁止在水体清洗装贮过油类或者有毒污染物的车辆和容器。

2)禁止向水体排放、倾倒放射性固体废物或者含有高放射性和中放射性物质的废水。

向水体排放含低放射性物质的废水,应当符合国家有关放射性污染防治的规定和标准。

3)向水体排放含热废水,应当采取措施,保证水体的水温符合水环境质量标准。

4)含病原体的污水应当经过消毒处理;符合国家有关标准后,方可排放。

5)禁止向水体排放、倾倒工业废渣、城镇垃圾和其他废弃物。

禁止将含有汞、镉、砷、铬、铅、氰化物、黄磷等的可溶性剧毒废渣向水体排放、倾倒或者直接埋入地下。

存放可溶性剧毒废渣的场所,应当采取防水、防渗漏、防流失的措施。

6)禁止在江河、湖泊、运河、渠道、水库最高水位线以下的滩地和岸坡堆放、存贮固体废弃物和其他污染物。

7)禁止利用渗井、渗坑、裂隙、溶洞,私设暗管、篡改、伪造监测数据,或者不正常运行水污染防治设施等逃避监管的方式排放水污染物。

### (二)防止地下水污染

《水污染防治法》第四章第40条至第43条对防止地下水污染做了规定,概述如下:

1)化学品生产企业以及工业集聚区、矿山开采区、尾矿库、危险废物处置场、垃圾填埋场等的运营、管理单位,应当采取防渗漏等措施,并建设地下水水质监测井进行监测,防止地下水污染。

加油站等的地下油罐应当使用双层罐或者采取建造防渗池等其他有效措施,并进行防渗漏监测,防止地下水污染。

禁止利用无防渗漏措施的沟渠、坑塘等输送或者存贮含有毒污染物的废水、含病原体的污水和其他废弃物。

2)多层地下水的含水层水质差异大的,应当分层开采;对已受污染的潜水和承压水,不得混合开采。

3)兴建地下工程设施或者进行地下勘探、采矿等活动,应当采取防护性措施,防止地下水污染。

报废矿井、钻井或者取水井等,应当实施封井或者回填。

4)人工回灌补给地下水,不得恶化地下水质。

### (三)建设工程项目废水污染防治

在工程建设开工前,建设单位应当查明工程建设范围内地下城镇排水与污水处理设施的相关情况。城镇排水主管部门及其他相关部门和单位应当及时提供相关资料。建设工程施工范围内有排水管网等城镇排水与污水处理设施的,建设单位应当与施工单位、设施维护运营单位共同制定设施保护方案,并采取相应的安全保护措施。因工程建设需要拆除、改动城镇排水与污水处理设施的,建设单位应当制定拆除、改动方案,报城镇排水主管部门审核,并承担重建、改建和采取临时措施的费用。

《绿色施工导则》进一步规定,水污染控制:施工现场污水排放应达到国家标准《污水综合排放标准》(GB 8978—1996)的要求;在施工现场应针对不同的污水,设置相应的处理设施,如沉淀池、隔油池、化粪池等;污水排放应委托有资质的单位进行废水水质检测,提供相应的污水检测报告。保护地下水环境。采用隔水性能好的边坡支护技术。在缺水地区或地下水水位持续下降的地区,基坑降水尽可能少地抽取地下水;当基坑开挖抽水量大于50万立方米时,应进行地下水回灌,并避免地下水被污染;对于化学品等有毒材料、油料的储存地,应有严格的隔水层设计,做好渗漏液收集和处理。

建设单位在江河、湖泊新建、改建、扩建排污口的,应当取得水行政主管部门或者流域管理机构同意;涉及通航、渔业水域的,环境保护主管部门在审批环境影响评价文件时,应当征求交通、渔业主管部门的意见。

建设项目的水污染防治设施,应当与主体工程同时设计、同时施工、同时投入使用,水污染防治设施应当经过环境保护主管部门验收,验收不合格的,该建设项目不得投入生产或者使用。

禁止在饮用水水源一级保护区内新建、改建、扩建与供水设施和保护水源无关的项目;已建成的与供水设施和保护水源无关的建设项目,由县级以上人民政府责令拆除或者关闭。禁止在饮用水水源二级保护区内新建、改建、扩建排放污染物的建设项目;已建成的排放污染物的建设项目,由县级以上人民政府责令拆除或者关闭。禁止在饮用水水源准保护区内新建、扩建对水体污染严重的建设项目;改建建设项目,不得增加排污量。

直接或者间接向水体排放工业废水和医疗污水以及其他按照规定应当取得排污许可证方可排放的废水、污水的企业事业单位和其他生产经营者,应当取得排污许可证;城镇污水集中处理设施的运营单位,也应当取得排污许可证。排污许可证应当明确排放水污染物的种类、浓度、总量和排放去向等要求。排污许可的具体办法由国务院规定。禁止企业事业单位和其他生产经营者无排污许可证或者违反排污许可证的规定向水体排放前款规定的废水、污水。

禁止向水体排放油类、酸液、碱液或者剧毒废液。禁止在水体清洗装过油类或者有毒污染物的车辆和容器。禁止向水体排放、倾倒放射性固体废物或者含有高放射性和中放射性物质的废水。向水体排放含低放射性物质的废水,应当符合国家有关放射性污染防治的规定和标准。禁止向水体排放、倾倒工业废渣、城镇垃圾和其他废弃物。禁止将含有汞、镉、砷、铬、铅、氰化物、黄磷等的可溶性剧毒废渣向水体排放、倾倒或者直接埋入地下。存放可溶性剧毒废渣的场所,应当采取防水、防渗漏、防流失的措施。禁止在江河、湖泊、运河、渠道、水库最高水位线以下的滩地和岸坡堆放、存贮固体废弃物和其他污染物。禁止利用渗井、渗坑、裂隙、溶洞,私设暗管,篡改、伪造监测数据,或者不正常运行水污染防治设施等逃避监管的方式排放水污染物。禁止利用无防渗漏措施的沟渠、坑塘等输送或者存贮含有毒污染物的废水、含病原体的污水和其他废弃物。兴建地下工程设施或者进行地下勘探、采矿等活动,应当采取防护性措施,防止地下水污染。人工回灌补给地下水,不得恶化地下水质。

在饮用水水源保护区内，禁止设置排污口。在风景名胜区水体、重要渔业水体和其他具有特殊经济文化价值的水体的保护区内，不得新建排污口。在保护区附近新建排污口，应当保证保护区水体不受污染。

2013年10月颁布的《城镇排水与污水处理条例》规定，城镇排水主管部门应当会同有关部门，按照国家有关规定划定城镇排水与污水处理设施保护范围，并向社会公布。在保护范围内，有关单位从事爆破、钻探、打桩、顶进、挖掘、取土等可能影响城镇排水与污水处理设施安全的活动的，应当与设施维护运营单位等共同制订设施保护方案，并采取相应的安全防护措施。

企业事业单位发生事故或者其他突发性事件，《水污染防治法》规定，造成或者可能造成水污染事故的，应当立即启动本单位的应急方案，采取隔离等应急措施，防止水污染物进入水体，并向事故发生地县级以上地方人民政府或者环境保护主管部门报告。

### (四)现场水污染防治违法行为应承担的法律责任

《水污染防治法》规定，违反本法规定，有下列行为之一的，由县级以上人民政府环境保护主管部门责令改正或者责令限制生产、停产整治，并处十万元以上一百万元以下的罚款；情节严重的，报经有批准权的人民政府批准，责令停业、关闭：未依法取得排污许可证排放水污染物的；超过水污染物排放标准或者超过重点水污染物排放总量控制指标排放水污染物的；利用渗井、渗坑、裂隙、溶洞，私设暗管，篡改、伪造监测数据，或者不正常运行水污染防治设施等逃避监管的方式排放水污染物的；未按照规定进行预处理，向污水集中处理设施排放不符合处理工艺要求的工业废水的。

在饮用水水源保护区内设置排污口的，由县级以上地方人民政府责令限期拆除，处十万元以上五十万元以下的罚款；逾期不拆除的，强制拆除，所需费用由违法者承担，处五十万元以上一百万元以下的罚款，并可以责令停产整治。除前款规定外，违反法律、行政法规和国务院环境保护主管部门的规定设置排污口的，由县级以上地方人民政府环境保护主管部门责令限期拆除，处二万元以上十万元以下的罚款；逾期不拆除的，强制拆除，所需费用由违法者承担，处十万元以上五十万元以下的罚款；情节严重的，可以责令停产整治。未经水行政主管部门或者流域管理机构同意，在江河、湖泊新建、改建、扩建排污口的，由县级以上人民政府水行政主管部门或者流域管理机构依据职权，依照前款规定采取措施、给予处罚。

有下列行为之一的，由县级以上地方人民政府环境保护主管部门责令停止违法行为，限期采取治理措施，消除污染，处以罚款；逾期不采取治理措施的，环境保护主管部门可以指定有治理能力的单位代为治理，所需费用由违法者承担。

(1)向水体排放油类、酸液、碱液的。

(2)向水体排放剧毒废液，或者将含有汞、镉、砷、铬、铅、氰化物、黄磷等的可溶性剧毒废渣向水体排放、倾倒或直接埋入地下的。

(3)在水体清洗装贮过油类、有毒污染物的车辆或者容器的。

(4)向水体排放、倾倒工业废渣、城镇垃圾或者其他废弃物，或者在江河、湖泊、运河、渠道、水库最高水位线以下的滩地、岸坡堆放、存贮固体废弃物或者其他污染物的。

(5)向水体排放、倾倒放射性固体废物或者含有高放射性、中放射性物质的废水的。

(6)违反国家有关规定或者标准，向水体排放含低放射性物质的废水、热废水或者含病原体的污水的。

(7)未采取防渗漏等措施，或者未建设地下水水质监测井进行监测的；

(8)未按照规定采取防护性措施，或者利用无防渗漏措施的沟渠、坑塘等输送或者存贮含有毒污染物的废水、含病原体的污水或者其他废弃物的。

有前款第(3)项、第(4)项、第(6)项、第(7)项行为之一的,处二万元以上二十万元以下的罚款。有前款第(1)项、第(2)项、第(5)项、第(8)项行为之一的,处十万元以上一百万元以下的罚款;情节严重的,报经有批准权的人民政府批准,责令停业、关闭。

企业事业单位有下列行为之一的,由县级以上人民政府环境保护主管部门责令改正;情节严重的,处2万元以上10万元以下的罚款。

(1)未按照规定制定水污染事故的应急方案的。
(2)水污染事故发生后,未及时启动水污染事故的应急方案,采取有关应急措施的。

### ■ 六、固体废物污染环境防治法关于固体废物排放的规定

(1)固体废物污染环境的防治。《固体废物污染环境防治法》做了详细规定,现概述如下:
1)产生固体废物的单位和个人,应当采取措施,防止或减少固体废物对环境的污染;
2)收集、贮存、运输、利用、处置固体废物的单位和个人,必须采取措施防止扬散、防流失、防渗漏或者其他防止污染环境的措施,不得擅自倾斜、堆放、丢弃、遗撒固体废物。
3)产品和包装物的设计、制造,应当遵守国家有关清洁生产的规定。国务院标准化行政主管部门应当根据国家经济和技术条件、固体废物污染环境防治状况以及产品的技术要求,组织制定有关标准,防止过度包装造成环境污染。生产、销售、进口依法被列入强制回收目录的产品和包装物的企业,必须按照国家有关规定对该产品和包装物进行回收。
4)转移固体废物出省、自治区、直辖市行政区域贮存、处置的,应当向固体废物移出地的省、自治区、直辖市人民政府环境保护行政主管部门提出申请。移出地的省、自治区、直辖市人民政府环境保护行政主管部门应当经接受地的省、自治区、直辖市人民政府环境保护行政主管部门同意后,方可批准转移该固体废物出省、自治区、直辖市行政区域。未经批准的,不得转移。
5)禁止境外废物进境倾倒、堆放、处置;
6)禁止进口不能用作原料或者不能以无害化方式利用的固体废物;对可以用作原料的固体废物实行限制进口和非限制进口分类管理。国务院环境保护行政主管部门会同国务院对外贸易主管部门、国务院经济综合宏观调控部门、海关总署、国务院质量监督检验检疫部门制定、调整并公布禁止进口、限制进口和非限制进口的固体废物目录。禁止进口列入禁止进口目录的固体废物。进口列入限制进口目录的固体废物,应当经国务院环境保护行政主管部门会同国务院对外贸易主管部门审查许可。进口的固体废物必须符合国家环境保护标准,并经质量监督检验检疫部门检验合格。进口固体废物的具体管理办法,由国务院环境保护行政主管部门会同国务院对外贸易主管部门、国务院经济综合宏观调控部门、海关总署、国务院质量监督检验检疫部门制定。
7)国务院经济综合宏观调控部门应当会同国务院有关部门组织研究、开发和推广减少工业固体废物产生量和危害性的生产工艺和设备,公布限期淘汰产生严重污染环境的工业固体废物的落后生产工艺、落后设备的名录。生产者、销售者、进口者、使用者必须在国务院经济综合宏观调控部门会同国务院有关部门规定的期限内分别停止生产、销售、进口或者使用列入前款规定的名录中的设备。生产工艺的采用者必须在国务院经济综合宏观调控部门会同国务院有关部门规定的期限内停止采用列入前款规定的名录中的工艺。列入限期淘汰名录被淘汰的设备,不得转让给他人使用。
8)企业事业单位应合理选择和利用原材料、能源和其他资源,采用先进的生产工艺和设备,减少工业固体废物产生量,降低工业固体废物的危害性。

9)清扫、收集、运输、处置城市生活垃圾,应当遵守国家有关环境保护和环境卫生管理的规定,防止污染环境。

(2)危险废物污染防治。《固体废物污染环境防治法》对危险废物污染防治做了特别的规定,概述如下:

1)对危险废物的容器和包装物以及收集、贮存、运输、处置危险废物的设施、场所,必须设置危险废物识别标志。

2)产生危险废物的单位,必须按照国家有关规定制定危险废物管理计划,并向所在地县级以上地方人民政府环境保护行政主管部门申报危险废物的种类、产生量、流向、贮存、处置等有关资料。前款所称危险废物管理计划应当包括减少危险废物产生量和危害性的措施以及危险废物贮存、利用、处置措施。危险废物管理计划应当报产生危险废物的单位所在地县级以上地方人民政府环境保护行政主管部门备案。本条规定的申报事项或者危险废物管理计划内容有重大改变的,应当及时申报。

3)以填埋方式处置危险废物不符合国务院环境保护行政主管部门规定的,应当缴纳危险废物排污费。危险废物排污费征收的具体办法由国务院规定。危险废物排污费用于污染环境的防治,不得挪作他用。

4)从事收集、贮存、处置危险废物经营活动的单位,必须向县级以上人民政府环境保护行政主管部门申请领取经营许可证;从事利用危险废物经营活动的单位,必须向国务院环境保护行政主管部门或者省、自治区、直辖市人民政府环境保护行政主管部门申请领取经营许可证。具体管理办法由国务院规定。禁止无经营许可证或者不按照经营许可证规定从事危险废物收集、贮存、利用、处置的经营活动。禁止将危险废物提供或者委托给无经营许可证的单位从事收集、贮存、利用、处置的经营活动。

5)收集、贮存危险废物,必须按照危险废物特性分类进行。禁止混合收集、贮存、运输、处置性质不相容而未经安全性处置的危险废物。贮存危险废物必须采取符合国家环境保护标准的防护措施,并不得超过一年;确需延长期限的,必须报经原批准经营许可证的环境保护行政主管部门批准;法律、行政法规另有规定的除外。禁止将危险废物混入非危险废物中贮存。

6)转移危险废物的,必须按照国家有关规定填写危险废物转移联单。跨省、自治区、直辖市转移危险废物的,应当向危险废物移出地省、自治区、直辖市人民政府环境保护行政主管部门申请。移出地省、自治区、直辖市人民政府环境保护行政主管部门应当经接受地省、自治区、直辖市人民政府环境保护行政主管部门同意后,方可批准转移该危险废物。未经批准的,不得转移。转移危险废物途经移出地、接受地以外行政区域的,危险废物移出地设区的市级以上地方人民政府环境保护行政主管部门应当及时通知沿途经过的设区的市级以上地方人民政府环境保护行政主管部门。

7)运输危险废物,必须采取防止污染环境的措施,并遵守国家有关危险货物运输管理的规定。禁止将危险废物与旅客在同一运输工具上载运。

8)收集、贮存、运输、处置危险废物的场所、设施、设备和容器、包装物及其他物品转作他用时,必须经过消除污染的处理方可使用;

9)禁止经中华人民共和国过境转移危险废物。

## ■ 七、建设工程项目环境影响评价和环境保护"三同时"的有关规定

### (一)建设工程项目环境影响评价

环境影响评价,是指对规划和建设项目实施后可能造成的环境影响进行分析、预测和评估,

提出预防或者减轻不良环境影响的对策和措施，进行跟踪监测的方法与制度。2002年12月28日全国人民代表大会常务委员会发布了《中华人民共和国环境影响评价法》，以法律的形式确立了规划和建设项目的环境影响评价制度。该法分别于2016年、2018年进行修正。关于建设项目的环境影响评价制度，该法主要规定了如下内容：

(1)对建设项目的环境影响评价实行分类管理。建设单位应当按照下列规定组织编制环境影响报告书、环境影响报告表或者填报环境影响登记表(以下统称环境影响评价文件)。

1)可能造成重大环境影响的，应当编制环境影响报告书，对产生的环境影响进行全面评价；

2)可能造成轻度环境影响的，应当编制环境影响报告表，对产生的环境影响进行分析或者专项评价；

3)对环境影响很小、不需要进行环境影响评价的，应当填报环境影响登记表。

(2)环境影响报告书的基本内容。建设项目的环境影响报告书应当包括下列内容：

1)建设项目概况；

2)建设项目周围环境现状；

3)建设项目对环境可能造成影响的分析、预测和评估；

4)建设项目环境保护措施及其技术、经济论证；

5)建设项目对环境影响的经济损益分析；

6)对建设项目实施环境监测的建议；

7)环境影响评价的结论。

(3)建设项目环境影响评价的开展。建设单位可以委托技术单位对其建设项目开展环境影响评价，编制建设项目环境影响报告书、环境影响报告表；建设单位具备环境影响评价技术能力的，可以自行对其建设项目开展环境影响评价，编制建设项目环境影响报告书、环境影响报告表。编制建设项目环境影响报告书、环境影响报告表应当遵守国家有关环境影响评价标准、技术规范等规定。国务院生态环境主管部门应当制定建设项目环境影响报告书、环境影响报告表编制的能力建设指南和监管办法。接受委托为建设单位编制建设项目环境影响报告书、环境影响报告表的技术单位，不得与负责审批建设项目环境影响报告书、环境影响报告表的生态环境主管部门或者其他有关审批部门存在任何利益关系。

(4)建设项目环境影响评价文件的审批管理。建设项目的环境影响评价文件，由建设单位按照国务院的规定报有审批权的生态环境主管部门审批。

审批部门应当自收到环境影响报告书之日起60日内，收到环境影响报告表之日起30日内，分别作出审批决定并书面通知建设单位。建设项目的环境影响评价文件经批准后，建设项目的性质、规模、地点、采用的生产工艺或者防治污染、防止生态破坏的措施发生重大变动的，建设单位应当重新报批建设项目的环境影响评价文件。建设项目的环境影响评价文件自批准之日起超过5年，方决定该项目开工建设的，其环境影响评价文件应当报原审批部门重新审核；原审批部门应当自收到建设项目环境影响评价文件之日起10日内，将审核意见书面通知建设单位。建设项目的环境影响评价文件未经法律规定的审批部门审查或者审查后未予批准的，建设单位不得开工建设。建设项目建设过程中，建设单位应当同时实施环境影响报告书、环境影响报告表，以及环境影响评价文件审批部门审批意见中提出的环境保护对策措施。

(5)环境影响的后评价和跟踪管理。在项目建设、运行过程中产生不符合经审批的环境影响评价文件的情形的，建设单位应当组织环境影响的后评价，采取改进措施，并报原环境影响评价文件审批部门和建设项目审批部门备案；原环境影响评价文件审批部门也可以责成建设单位进行环境影响的后评价，采取改进措施。生态环境主管部门应当对建设项目投入生产或者使用后所产生的环境影响进行跟踪检查，对造成严重环境污染或者生态破坏的，应当查清原因、查明责任。对属于建设项目环境影响报告书、环境影响报告表存在基础资料明显不实，内容存在重大缺陷、遗漏或者虚假，环境影响评价结论不正确或者不合理等严重质量问题的，依照《中华人民共和国环境影响评价法》第三十二条的规定追究建设单位及其相关责任人员和接受委托编制建设项目环境影响报告书、环境影响报告表的技术单位及其相关人员的法律责任；属于审批部门工作人员失职、渎职，对依法不应批准的建设项目环境影响报告书、环境影响报告表予以批准的，依照《中华人民共和国环境影响评价法》第三十四条的规定追究其法律责任。

### (二)环境保护"三同时"的有关规定

所谓"三同时"制度，是指建设项目需要配套建设的环境保护设施，必须与主体工程同时设计、同时施工、同时投产使用。《建设项目环境保护管理条例》在"第三章环境保护设施建设"中，对"三同时"制度进行了规定。

(1)建设项目需要配套建设的环境保护设施，必须与主体工程同时设计、同时施工、同时投产使用。

(2)建设项目的初步设计，应当按照环境保护设计规范的要求，编制环境保护篇章，落实防治环境污染和生态破坏的措施以及环境保护设施投资概算。

(3)编制环境影响报告书、环境影响报告表的建设项目竣工后，建设单位应当按照国务院环境保护行政主管部门规定的标准和程序，对配套建设的环境保护设施进行验收，编制验收报告。

(4)分期建设、分期投入生产或者使用的建设项目，其相应的环境保护设施应当分期验收。

(5)编制环境影响报告书、环境影响报告表的建设项目，其配套建设的环境保护设施经验收合格，方可投入生产或者使用；未经验收或者验收不合格的，不得投入生产或者使用。

(6)环境保护行政主管部门应当对建设项目环境保护设施设计、施工、验收、投入生产或者使用情况，以及有关环境影响评价文件确定的其他环境保护措施的落实情况，进行监督检查。

## 第三节 施工现场节约能源制度

节约资源是我国的基本国策。国家实施节约与开发并举、把节约放在首位的能源发展战略。能源是指煤炭、石油、天然气、生物质能和电力、热力，以及其他直接或者通过加工、转换而取得有用能的各种资源。节约能源是指加强用能管理，采取技术上可行、经济上合理以及环境和社会可以承受的措施，减少从能源生产到消费的各个环节的损失和浪费，降低污染物排放、制止浪费，更加有效、合理地利用能源。

为了大力推进全社会节约能源，提高能源利用效率和经济效益，从而保护环境，保障国民经济和社会的发展，并且满足人民生活的需要，我国于1997年11月1日颁布了《中华人民共和国节约能源法》(以下简称《节约能源法》)。2007年10月28日第十届全国人民代表大会常务委员会第三十次会议作了修订，修订后的《节约能源法》于2008年4月1日施行。2016年7月2日第十二届全国人民代表大会常务委员会第二十一次会议通过了《节约能源法》的第二次修订。2018年10月26日第十三届全国人民代表大会常务委员会第六次会议通过了《节约能源法》的第三次修订。国务院第530号令发布了《民用建筑节能条例》，自2008年10月1日起施行。原建设部第143号令发布了《民用建筑节能管理规定》，自2006年1月1日起施行。上述的三部法律法规条例构成了我国关于节能的法律体系。

## 一、节约能源的措施与相关制度

### 1. 节能的产业政策

《节约能源法》规定，国家实行有利于节能和环境保护的产业政策，限制发展高耗能、高污染行业，发展节能环保型产业。

国务院和省、自治区、直辖市人民政府应当加强节能工作，合理调整产业结构、企业结构、产品结构和能源消费结构，推动企业降低单位产值能耗和单位产品能耗，淘汰落后的生产能力，改进能源的开发、加工、转换、输送、储存和供应，提高能源利用效率。国家鼓励、支持开发和利用新能源、可再生能源。

国家对落后的耗能过高的用能产品、设备和生产工艺实行淘汰制度。禁止使用国家明令淘汰的用能设备、生产工艺。国家鼓励企业制定严于国家标准、行业标准的企业节能标准。

### 2. 用能单位的法定义务

用能单位应当按照合理用能的原则，加强节能管理，制订并实施节能计划和节能技术措施，降低能源消耗。用能单位应当建立节能目标责任制，对节能工作取得成绩的集体、个人给予奖励。用能单位应当定期开展节能教育和岗位节能培训。

用能单位应当加强能源计量管理，按照规定配备和使用经依法检定合格的能源计量器具。用能单位应当建立能源消费统计和能源利用状况分析制度，对各类能源的消费实行分类计量和统计，并确保能源消费统计数据真实、完整。任何单位不得对能源消费实行包费制。

### 3. 节能考核评价

国家实行节能目标责任制和节能考核评价制度，将节能目标完成情况作为对地方人民政府及其负责人考核评价的内容。省、自治区、直辖市人民政府每年向国务院报告节能目标责任的履行情况。

### 4. 节能监督

任何单位和个人都应当依法履行节能义务，有权检举浪费能源的行为。新闻媒体应当宣传节能法律、法规和政策，发挥舆论监督作用。

国务院管理节能工作的部门主管全国的节能监督管理工作。国务院有关部门在各自的职责范围内负责节能监督管理工作，并接受国务院管理节能工作的部门的指导。县级以上地方各级人民政府管理节能工作的部门负责本行政区域内的节能监督管理工作。县级以上地方各级人民政府有关部门在各自的职责范围内负责节能监督管理工作，并接受同级管理节能工作的部门的指导。

### 5. 循环经济的法律要求

循环经济是指在生产、流通和消费等过程中进行的减量化、再利用、资源化活动的总称；减量化是指在生产、流通和消费等过程中减少资源消耗和废物产生；再利用是指将废物直接作为产品或者经修复、翻新再制造后继续作为产品使用或者将废物的全部或者部分作为其他产品的部件予以使用。资源化是指将废物直接作为原料进行利用或者对废物进行再生利用。

《中华人民共和国循环经济促进法》（以下简称《循环经济促进法》）规定，发展循环经济应当在技术可行、经济合理和有利于节约资源、保护环境的前提下，按照减量化优先的原则实施。在废物再利用和资源化过程中，应当保障生产安全，保证产品质量符合国家规定的标准，并防止产生再次污染。

企业事业单位应当建立健全管理制度，采取措施，降低资源消耗，减少废物的产生量和排放量，提高废物的再利用和资源化水平。

国务院循环经济发展综合管理部门会同国务院生态环境等有关主管部门，定期发布鼓励、限制和淘汰的技术、工艺、设备、材料和产品名录。禁止生产、进口、销售列入淘汰名录的设备、材料和产品，禁止使用列入淘汰名录的技术、工艺、设备和材料。

### 6. 建筑节能的相关制度

（1）室内温度控制制度。使用空调采暖、制冷的公共建筑应当实行室内温度控制制度。

（2）分户计量按照用热量收费的制度。国家采取措施，对实行集中供热的建筑分步骤实行供热分户计量、按照用热量收费的制度。新建建筑或者对既有建筑进行节能改造，应当按照规定安装用热计量装置、室内温度调控装置和供热系统调控装置。

（3）发展节能技术和节能产品制度。县级以上地方各级人民政府有关部门应当加强城市节约用电管理，严格控制公用设施和大型建筑物装饰性景观照明的能耗。国家鼓励在新建建筑和既有建筑节能改造中使用新型墙体材料等节能建筑材料和节能设备，安装和使用太阳能等可再生能源利用系统。根据《民用建筑节能管理规定》，国家鼓励发展下列建筑节能技术和产品：

1）新型节能墙体和屋面的保温、隔热技术与材料；
2）节能门窗的保温隔热和密闭技术；
3）集中供热和热、电、冷联产联供技术；
4）供热采暖系统温度调控和分户热量计量技术与装置；
5）太阳能、地热等可再生能源应用技术及设备；
6）建筑照明节能技术与产品；
7）空调制冷节能技术与产品；
8）其他技术成熟、效果显著的节能技术和节能管理技术。

（4）固定资产投资项目节能评估和审查制度。国家实行固定资产投资项目节能评估和审查制度。不符合强制性节能标准的项目，建设单位不得开工建设；已经建成的，不得投入生产、使用。具体办法由国务院管理节能工作的部门会同国务院有关部门制定。

## 二、建筑工程项目的节能管理

在建筑工程中，可以从以下两个方面来讨论节约能源的相关问题。

### （一）建筑节能

建筑节能，即建筑物自身的节能效果，保证民用建筑使用功能和室内热环境质量的前提下，降低其使用过程中能源消耗的活动，解决建设项目建成后使用过程中的节能问题。

国务院住房城乡建设主管部门负责全国建筑节能的监督管理工作。《节约能源法》规定，国家实行固定资产投资项目节能评估和审查制度。不符合强制性节能标准的项目，建设单位不得开工建设；已经建成的，不得投入生产、使用。国家鼓励在新建建筑和既有建筑节能改造中使用新型墙体材料等节能建筑材料和节能设备，安装和使用太阳能等可再生能源利用系统。建筑工程的建设、设计、施工和监理单位应当遵守建筑节能标准。

### （二）新建建筑节能的规定

国家推广使用民用建筑节能的新技术、新工艺、新材料和新设备，限制使用或者禁止使用能源消耗高的技术、工艺、材料和设备。国家限制进口或者禁止进口能源消耗高的技术、材料和设备。建设单位、设计单位、施工单位不得在建筑活动中使用列入禁止使用目录的技术、工艺、材料和设备。

### 1. 建筑节能的监督管理

施工图设计文件审查机构应当按照民用建筑节能强制性标准对施工图设计文件进行审查；经审查不符合民用建筑节能强制性标准的，县级以上地方人民政府住房城乡建设主管部门不得颁发施工许可证。

编制城市详细规划、镇详细规划，应当按照民用建筑节能的要求，确定建筑的布局、形状和朝向。城乡规划主管部门依法对民用建筑进行规划审查，应当就设计方案是否符合民用建筑节能强制性标准征求同级建设主管部门的意见；住房城乡建设主管部门应当自收到征求意见材料之日起10日内提出意见。征求意见时间不计算在规划许可的期限内。对不符合民用建筑节能强制性标准的，不得颁发建设工程规划许可证。

施工图设计文件审查机构应当按照民用建筑节能强制性标准对施工图设计文件进行审查；经审查不符合民用建筑节能强制性标准的，县级以上地方人民政府建设主管部门不得颁发施工许可证。

### 2. 参建单位的节能义务

(1)建设单位应当按照节能政策要求和节能标准委托工程项目的设计。建设单位不得明示或者暗示设计单位、施工单位违反民用建筑节能强制性标准进行设计、施工，不得明示或者暗示施工单位使用不符合施工图设计文件要求的墙体材料、保温材料、门窗、采暖制冷系统和照明设备。按照合同约定由建设单位采购墙体材料、保温材料、门窗、采暖制冷系统和照明设备的，建设单位应当保证其符合施工图设计文件要求。建设单位组织竣工验收，应当对民用建筑是否符合民用建筑节能强制性标准进行查验；对不符合民用建筑节能强制性标准的，不得出具竣工验收合格报告。

(2)施工单位应当按照审查合格的设计文件和节能施工标准的要求进行施工，保证工程施工质量。施工单位应当对进入施工现场的墙体材料、保温材料、门窗、采暖制冷系统和照明设备进行查验；不符合施工图设计文件要求的，不得使用。

(3)监理单位应当依照法律、法规与节能标准、节能设计文件、建设工程承包合同及监理合同对节能工程建设实施监理。工程监理单位发现施工单位不按照民用建筑节能强制性标准施工的，应当要求施工单位改正；施工单位拒不改正的，工程监理单位应当及时报告建设单位，并向有关主管部门报告。墙体、屋面的保温工程施工时，监理工程师应当按照工程监理规范的要求，采取旁站、巡视和平行检验等形式实施监理。未经监理工程师签字，墙体材料、保温材料、门窗、采暖制冷系统和照明设备不得在建筑上使用或者安装，施工单位不得进行下一道工序的施工。

(4)设计单位应当依据节能标准的要求进行设计，保证节能设计质量。施工图设计文件审查机构在进行审查时，应当审查节能设计的内容，在审查报告中单列节能审查章节；不符合节能强制性标准的，施工图设计文件审查结论应当定为不合格。

### 3. 节能材料与设备的使用

国家推广使用民用建筑节能的新技术、新工艺、新材料和新设备，限制使用或者禁止使用能源消耗高的技术、工艺、材料和设备。国务院节能工作主管部门、建设主管部门应当制定、公布并及时更新推广使用、限制使用、禁止使用目录。国家限制进口或者禁止进口能源消耗高的技术、材料和设备。建设单位、设计单位、施工单位不得在建筑活动中使用列入禁止使用目录的技术、工艺、材料和设备。

### (三)已建建筑节能的相关规定以及措施

已建建筑节能改造是指对不符合民用建筑节能强制性标准的既有建筑的围护结构、供热系统、采暖制冷系统、照明设备和热水供应设施等实施节能改造的活动。

国家机关办公建筑、政府投资和以政府投资为主的公共建筑的节能改造，应当制定节能改造方案，经充分论证，并按照国家有关规定办理相关审批手续方可进行。各级人民政府及其有关部门、单位不得违反国家有关规定和标准，以节能改造的名义对前款规定的已有建筑进行扩建、改建。

另外，其他公共建筑和居住建筑不符合民用建筑节能强制性标准的，在尊重建筑所有权人意愿的基础上，可以结合扩建、改建，逐步实施节能改造。实施既有建筑节能改造，应当符合民用建筑节能强制性标准，优先采用遮阳、改善通风等低成本改造措施。既有建筑围护结构的改造和供热系统的改造应当同步进行。

### (四)施工节能

施工节能，就是在建筑物建设过程中，在保证质量、安全等基本要求的前提下，通过科学管理和技术进步，最大限度地节约资源与减少对环境负面影响的施工活动，实现节能、节地、节水、节材和环境保护的问题。

《循环经济促进法》规定，建筑设计、建设、施工等单位应当按照国家有关规定和标准，对其设计、建设、施工的建筑物及构筑物采用节能、节水、节地、节材的技术工艺和小型、轻型、再生产品。有条件的地区，应当充分利用太阳能、地热能、风能等可再生能源。

(1)材料。《循环经济促进法》规定，国家鼓励利用无毒无害的固体废物生产建筑材料，鼓励使用散装水泥，推广使用预拌混凝土和预拌砂浆。禁止损毁耕地烧砖。在国务院或者省、自治区、直辖市人民政府规定的期限和区域内，禁止生产、销售和使用烧结普通砖。

《绿色施工导则》进一步规定，图纸会审时，应审核节材与材料资源利用的相关内容，达到材料损耗率比定额损耗率降低30%；根据施工进度、库存情况等合理安排材料的采购、进场时间和批次，减少库存；现场材料堆放有序；储存环境适宜，措施得当；保管制度健全，责任落实；材料运输工具适宜，装卸方法得当，防止损坏和遗洒；根据现场平面布置情况就近卸载，避免和减少二次搬运；采取技术和管理措施提高模板、脚手架等的周转次数；优化安装工程的预留、预埋、管线路径等方案；应就地取材，施工现场500公里以内生产的建筑材料用量占建筑材料总重量的70%以上。

另外，还分别就结构材料、围护材料、装饰装修材料、周转材料提出了明确要求。例如，结构材料节材与材料资源利用的技术要点是：一是推广使用预拌混凝土和商品砂浆。准确计算采购数量、供应频率、施工速度等，在施工过程中动态控制。结构工程使用散装水泥。二是推广使用高强钢筋和高性能混凝土，减少资源消耗。三是推广钢筋专业化加工和配送。四是优化钢筋配料和钢构件下料方案。钢筋及钢结构制作前应对下料单及样品进行复核，无误后方可批量下料。五是优化钢结构制作和安装方法。大型钢结构宜采用工厂制作，现场拼装；宜采用分段吊装、整体提升、滑移、顶升等安装方法，减少方案的措施用材量。六是采取数字化技术，对大体积混凝土、大跨度结构等专项施工方案进行优化。

(2)水。《循环经济促进法》规定，国家鼓励和支持使用再生水。企业应当发展串联用水系统和循环用水系统，提高水的重复利用率。企业应当采用先进技术、工艺和设备，对生产过程中产生的废水进行再生利用。

《绿色施工导则》进一步对提高用水效率、非传统水源利用和安全用水作出规定。

1)提高用水效率：施工中采用先进的节水施工工艺。施工现场喷洒路面、绿化浇灌不宜使用市政自来水。现场搅拌用水、养护用水应采取有效的节水措施，严禁无措施浇水养护混凝土。施工现场供水管网应根据用水量设计布置，管径合理、管路简捷，采取有效措施减少管网和用水器具的漏损。现场机具、设备、车辆冲洗用水必须设立循环用水装置。施工现场办公区、生活区的生活用水采用节水系统和节水器具,提高节水器具配置比率。项目临时用水应使用节水型产品,安装计量装置,采取针对性的节水措施。施工现场建立可再利用水的收集处理系统,使水资源得到梯级循环利用。施工现场分别对生活用水与工程用水确定用水定额指标,并分别计量管理。大型工程的不同单项工程、不同标段、不同分包生活区,凡具备条件的应分别计量用水量。在签订不同标段分包或劳务合同时,将节水定额指标纳入合同条款,进行计量考核。对混凝土搅拌站点等用水集中的区域和工艺点进行专项计量考核。施工现场建立雨水、中水或可再利用水的搜集利用系统。

2)非传统水源利用:优先采用中水搅拌、中水养护,有条件的地区和工程应收集雨水养护。处于基坑降水阶段的工地,宜优先采用地下水作为混凝土搅拌用水、养护用水、冲洗用水和部分生活用水。现场机具、设备、车辆冲洗,喷洒路面,绿化浇灌等用水,优先采用非传统水源,尽量不使用市政自来水。大型施工现场,尤其是雨量充沛地区的大型施工现场建立雨水收集利用系统,充分收集自然降水用于施工和生活中适宜的部位。力争施工中非传统水源和循环水的再利用量大于30%。

3)安全用水:在非传统水源和现场循环再利用水的使用过程中,应制订有效的水质检测与卫生保障措施,确保避免对人体健康、工程质量以及周围环境产生不良影响。

(3)能源。《绿色施工导则》对节能措施,机械设备与机具,生产、生活及办公临时设施,施工用电及照明分别作出规定。

1)节能措施:制订合理施工能耗指标,提高施工能源利用率。优先使用国家、行业推荐的节能、高效、环保的施工设备和机具,如选用变频技术的节能施工设备等。施工现场分别设定生产、生活、办公和施工设备的用电控制指标,定期进行计量、核算、对比分析,并有预防与纠正措施。在施工组织设计中,合理安排施工顺序、工作面,以减少作业区域的机具数量,相邻作业区充分利用共有的机具资源。安排施工工艺时,应优先考虑耗用电能的或其他能耗较少的施工工艺。避免设备额定功率远大于使用功率或超负荷使用设备的现象。根据当地气候和自然资源条件,充分利用太阳能、地热等可再生能源。

2)机械设备与机具:建立施工机械设备管理制度,开展用电、用油计量,完善设备档案,及时做好维修保养工作,使机械设备保持低耗、高效的状态。选择功率与负载相匹配的施工机械设备,避免大功率施工机械设备低负载长时间运行。机电安装可采用节电型机械设备,如逆变式电焊机和能耗低、效率高的手持电动工具等,以利于节电。机械设备宜使用节能型油料添加剂,在可能的情况下,考虑回收利用,节约油量。合理安排工序,提高各种机械的使用率和满载率,降低各种设备的单位耗能。

3)生产、生活及办公临时设施:利用场地自然条件,合理设计生产、生活及办公临时设施的体形、朝向、间距和窗墙面积比,使其获得良好的日照、通风和采光。南方地区可根据需要在其外墙体设遮阳设施。临时设施宜采用节能材料,墙体、屋面使用隔热性能好的材料,减少夏天空调、冬天取暖设备的使用时间及耗能量。合理配置采暖、空调、风扇数量,规定使用时间,实行分段分时使用,节约用电。

4)施工用电及照明:临时用电优先选用节能电线和节能灯具,临电线路合理设计、布置,临电设备宜采用自动控制装置。采用声控、光控等节能照明灯具。照明设计以满足最低照度为原则,照度不应超过最低照度的20%。

(4)施工用地。

1)临时用地指标:根据施工规模及现场条件等因素合理确定临时设施,如临时加工厂、现场作业棚及材料堆场、办公生活设施等的占地指标。临时设施的占地面积应按用地指标所需的最低面积设计。要求平面布置合理、紧凑，在满足环境、职业健康与安全及文明施工要求的前提下尽可能减少废弃地和死角，临时设施占地面积有效利用率大于90%。

2）临时用地保护：应对深基坑施工方案进行优化，减少土方开挖和回填量，最大限度地减少对土地的扰动，保护周边自然生态环境。红线外临时占地应尽量使用荒地、废地，少占用农田和耕地。工程完工后，及时对红线外占地恢复原地形、地貌，使施工活动对周边环境的影响降至最低。利用和保护施工用地范围内原有绿色植被。对于施工周期较长的现场，可按建筑永久绿化的要求，安排场地新建绿化。

3）施工总平面布置：施工总平面布置应做到科学、合理，充分利用原有建筑物、构筑物、道路、管线为施工服务。施工现场搅拌站、仓库、加工厂、作业棚、材料堆场等布置应尽量靠近已有交通线路或即将修建的正式或临时交通线路，缩短运输距离。

4）临时办公和生活用房应采用经济、美观、占地面积小、对周边地貌环境影响较小，且适合于施工平面布置动态调整的多层轻钢活动板房、钢骨架水泥活动板房等标准化装配式结构。生活区与生产区应分开布置，并设置标准的分隔设施。施工现场围墙可采用连续封闭的轻钢结构预制装配式活动围挡，减少建筑垃圾，保护土地。施工现场道路按照永久道路和临时道路相结合的原则布置。施工现场内形成环形通路，减少道路占用土地。临时设施布置应注意远近结合（本期工程与下期工程），努力减少和避免大量临时建筑拆迁和场地搬迁。

(5)可再生能源。《民用建筑节能条例》规定，国家鼓励和扶持在新建建筑和既有建筑节能改造中采用太阳能、地热能等可再生能源。

在具备太阳能利用条件的地区，有关地方人民政府及其部门应当采取有效措施，鼓励和扶持单位、个人安装使用太阳能热水系统、照明系统、供热泵系统、采暖制冷系统等太阳能利用系统。

## ■ 三、施工节能和激励措施的规定

### (一)节能技术进步

《节约能源法》规定，国家鼓励、支持节能科学技术的研究、开发、示范和推广，促进节能技术创新与进步。

国务院管理节能工作的部门会同国务院科技主管部门发布节能技术政策大纲，指导节能技术研究、开发和推广应用。县级以上各级人民政府应当把节能技术研究开发作为政府科技投入的重点领域，支持科研单位和企业开展节能技术应用研究，制定节能标准，开发节能共性和关键技术，促进节能技术创新与成果转化。

国务院管理节能工作的部门会同国务院有关部门制定并公布节能技术、节能产品的推广目录，引导用能单位和个人使用先进的节能技术、节能产品。国务院管理节能工作的部门会同国务院有关部门组织实施重大节能科研项目、节能示范项目、重点节能工程。

《循环经济促进法》规定，国务院和省、自治区、直辖市人民政府设立发展循环经济的有关专项资金，支持循环经济的科技研究开发、循环经济技术和产品的示范与推广、重大循环经济项目的实施、发展循环经济的信息服务等。

国务院和省、自治区直辖市人民政府及其有关部门应当将循环经济重大科技攻关项目的自主创新研究、应用示范和产业化发展列入国家或者省级科技发展规划和高技术产业发展规划，并安排财政性资金予以支持。利用财政性资金引进循环经济重大技术、装备的，应当制订消化、吸收和创新方案，报有关主管部门审批并由其监督实施；有关主管部门应当根据实际需要建立协调机制，对重大技术、装备的引进和消化、吸收、创新实行统筹协调，并给予资金支持。

### (二)节能激励措施

按照《节约能源法》《循环经济促进法》的规定，主要有如下相关的节能激励措施。

(1)节能专项资金。中央财政和省级地方财政安排节能专项资金，支持节能技术研究开发、节能技术和产品的示范与推广重点节能工程的实施、节能宣传培训、信息服务和表彰奖励等。国家通过财政补贴支持节能照明器具等节能产品的推广和使用。

(2)税收优惠政策。

1)国家对生产、使用列入国务院管理节能工作的部门会同国务院有关部门制定并公布的节能技术、节能产品推广目录的需要支持的节能技术、节能产品，实行税收优惠等扶持政策。国家运用税收等政策，鼓励先进节能技术、设备的进口，控制在生产过程中耗能高、污染重的产品的出口。

2)国家对促进循环经济发展的产业活动给予税收优惠，并运用税收等措施鼓励进口先进的节能、节水、节材等技术、设备和产品，限制在生产过程中耗能高、污染重的产品的出口。

3)企业使用或者生产列入国家清洁生产、资源综合利用等鼓励名录的技术、工艺、设备或者产品的，按照国家有关规定享受税收优惠。

(3)金融机构的信贷支持。

1)国家引导金融机构增加对节能项目的信贷支持，为符合条件的节能技术研究开发、节能产品生产以及节能技术改造等项目提供优惠贷款。国家推动和引导社会有关方面加大对节能的资金投入，加快节能技术改造。

2)对符合国家产业政策的节能、节水、节地、节材、资源综合利用等项目，金融机构应当给予优先贷款等信贷支持，并积极提供配套金融服务。对生产、进口、销售或者使用列入淘汰名录的技术、工艺、设备、材料或者产品的企业，金融机构不得提供任何形式的授信支持。

(4)价格的优惠政策。

1)国家实行有利于节能的价格政策，引导施工单位和个人节能。国家运用财税、价格等政策，支持推广电力需求侧管理、合同能源管理、节能自愿协议等节能办法。

2)国家实行有利于资源节约和合理利用的价格政策，引导单位和个人节约、合理使用水、电、气等资源性产品。

(5)政府表彰奖励政策。各级人民政府对在节能管理、节能科学技术研究和推广应用中有显著成绩以及检举严重浪费能源行为的单位和个人，给予表彰和奖励。企业事业单位应当对在循环经济发展中作出突出贡献的集体和个人给予表彰和奖励。

## ■ 四、法律责任

### (一)违反建筑节能标准违法行为应承担的法律责任

《节约能源法》规定，设计单位、施工单位、监理单位违反建筑节能标准的，由住房城乡建设主管部门责令改正，处10万元以上50万元以下罚款；情节严重的，由颁发资质证书的部门降低资质等级或者吊销资质证书；造成损失的，依法承担赔偿责任。

#### 1. 建设单位

(1)《民用建筑节能条例》规定，施工单位未按照民用建筑节能强制性标准进行施工的，由县级以上地方人民政府住房城乡建设主管部门责令改正，处民用建筑项目合同价款2%以上4%以下的罚款；情节严重的，由颁发资质证书的部门责令停业整顿，降低资质等级或者吊销资质证书；造成损失的，依法承担赔偿责任。

(2)注册执业人员未执行民用建筑节能强制性标准的，由县级以上人民政府住房城乡建设主管部门责令停止执业3个月以上1年以下；情节严重的，由颁发资格证书的部门吊销执业资格证书，5年内不予注册。

(3)建设单位有下列行为之一的，由县级以上地方人民政府住房城乡建设主管部门责令改正，处20万元以上50万元以下的罚款。

1)明示或者暗示设计单位、施工单位违反民用建筑节能强制性标准进行设计、施工的。

2)明示或者暗示施工单位使用不符合施工图设计文件要求的墙体材料、保温材料、门窗、采暖制冷系统和照明设备的。

3)采购不符合施工图设计文件要求的墙体材料、保温材料、门窗、采暖制冷系统和照明设备的。

4)使用列入禁止使用目录的技术、工艺、材料和设备的。

### 2. 设计单位

设计单位未按照民用建筑节能强制性标准进行设计，或者使用列入禁止使用目录的技术、工艺、材料和设备的，由县级以上地方人民政府住房城乡建设主管部门责令改正，处10万元以上30万元以下的罚款；情节严重的，由颁发资质证书的部门责令停业整顿，降低资质等级或者吊销资质证书；造成损失的，依法承担赔偿责任。

### 3. 施工单位

(1)施工单位未按照民用建筑节能强制性标准进行施工的，由县级以上地方人民政府住房城乡建设主管部门责令改正，处民用建筑项目合同价款2%以上4%以下的罚款；情节严重的，由颁发资质证书的部门责令停业整顿，降低资质等级或者吊销资质证书；造成损失的，依法承担赔偿责任。

(2)施工单位有下列行为之一的，由县级以上地方人民政府住房城乡建设主管部门责令改正，处10万元以上20万元以下的罚款；情节严重的，由颁发资质证书的部门责令停业整顿，降低资质等级或者吊销资质证书；造成损失的，依法承担赔偿责任。

1)未对进入施工现场的墙体材料、保温材料、门窗、采暖制冷系统和照明设备进行查验的。

2)使用不符合施工图设计文件要求的墙体材料、保温材料、门窗、采暖制冷系统和照明设备的。

3)使用列入禁止使用目录的技术、工艺、材料和设备的。

### 4. 监理单位

(1)对不符合施工图设计文件要求的墙体材料、保温材料、门窗、采暖制冷系统和照明设备，按照符合施工图设计文件要求签字的，责令改正，处50万元以上100万元以下的罚款，降低资质等级或者吊销资质证书；有违法所得的，予以没收；造成损失的，承担连带赔偿责任。

(2)工程监理单位有下列行为之一的，由县级以上地方人民政府住房城乡建设主管部门责令限期改正；逾期未改正的，处10万元以上30万元以下的罚款；情节严重的，由颁发资质证书的部门责令停业整顿，降低资质等级或者吊销资质证书；造成损失的，依法承担赔偿责任。

1)未按照民用建筑节能强制性标准实施监理的。

2)墙体、屋面的保温工程施工时，未采取旁站、巡视和平行检验等形式实施监理的。

### (二)使用黏土砖及其他施工节能违法行为应承担的法律责任

《循环经济促进法》规定，在国务院或者省、自治区、直辖市人民政府规定禁止生产、销售、使用黏土砖的期限或者区域内生产、销售或者使用黏土砖的，由县级以上地方人民政府指定的部门责令限期改正；有违法所得的，没收违法所得；逾期继续生产、销售的，由地方人民政府市场监督管理部门依法吊销营业执照。

### (三) 其他单位违法行为应承担的法律责任

《节约能源法》规定，用能单位未按照规定配备、使用能源计量器具的，由市场监督管理部门责令限期改正；逾期未改正的，处1万元以上5万元以下罚款。瞒报、伪造、篡改能源统计资料或者编造虚假能源统计数据的，依照《中华人民共和国统计法》的规定处罚。

无偿向本单位职工提供能源或者对能源消费实行包费制的，由管理节能工作的部门责令限期改正；逾期不改正的，处5万元以上20万元以下罚款。

进口列入淘汰名录的设备、材料或者产品的，由海关责令退运，可以处10万元以上100万元以下的罚款。进口者不明的，由承运人承担退运责任，或者承担有关处置费用。

## 第四节 施工现场消防安全制度

1998年4月29日第九届全国人民代表大会常务委员会第二次会议通过了《中华人民共和国消防法》，2008年10月28日第十一届全国人民代表大会常务委员会第五次会议对其进行了修订，修订后的《消防法》自2009年5月1日起施行。2019年4月23日第十三届全国人民代表大会常务委员会第十次会议通过了《消防法》的第二次修订。

《消防法》的目的是预防火灾和减少火灾危害，加强应急救援工作，保护人身、财产安全，维护公共安全。其中含有涉及工程建设活动的规定，工程建设从业人员应当熟悉这些相关的规定。

消防工作应贯彻预防为主、防消结合的原则，并实行防火安全责任制。国务院应急管理部门对全国的消防工作实施监督管理，县级以上地方人民政府应急管理部门对行政区域内的消防工作实施监督管理，并由本级人民政府公安机关消防救援机构负责实施。

任何单位、个人都有维护消防安全、保护消防设施、预防火灾、报告火警的义务。任何单位、成年人都有参加有组织的灭火工作的义务。各级人民政府应当经常进行消防宣传教育，提高公民的消防安全意识。

### 一、建设工程消防设计的审核与验收

#### (一) 消防设计文件的审核与备案

《消防法》第9条规定，建设工程的消防设计、施工必须符合国家工程建设消防技术标准。建设、设计、施工、工程监理等单位依法对建设工程的消防设计、施工质量负责。

##### 1. 需要进行消防设计审查的工程范围

国务院住房城乡建设主管部门规定的特殊建设工程，建设单位应当将消防设计文件报送住房城乡建设主管部门审查。住房城乡建设主管部门依法对审查的结果负责。前款规定以外的其他建设工程，建设单位申请领取施工许可证或者申请批准开工报告时应当提供满足施工需要的消防设计图纸及技术资料。特殊建设工程未经消防设计审查或者审查不合格的，建设单位、施工单位不得施工；其他建设工程，建设单位未提供满足施工需要的消防设计图纸及技术资料的，

有关部门不得发放施工许可证或者批准开工报告。

### 2. 需要进行消防设计竣工验收与备案的工程范围

国务院住房和城乡建设主管部门规定应当申请消防验收的建设工程竣工，建设单位应当向住房和城乡建设主管部门申请消防验收。前款规定以外的其他建设工程，建设单位在验收后应当报住房和城乡建设主管部门备案，住房和城乡建设主管部门应当进行抽查。

### (二)建设工程投入使用前的消防安全检查

公众聚集场所在投入使用、营业前，建设单位或者使用单位应当向场所所在地的县级以上地方人民政府消防救援机构申请消防安全检查。

消防救援机构应当自受理申请之日起10个工作日内，根据消防技术标准和管理规定，对该场所进行消防安全检查。未经消防安全检查或者经检查不符合消防安全要求的，不得投入使用、营业。

## 二、工程建设中应采取的消防安全措施

(1)生产、储存、经营易燃易爆危险品的场所不得与居住场所设置在同一建筑物内，并应当与居住场所保持安全距离。生产、储存、经营其他物品的场所与居住场所设置在同一建筑物内的，应当符合国家工程建设消防技术标准。

(2)禁止在具有火灾、爆炸危险的场所吸烟、使用明火。因施工等特殊情况需要使用明火作业的，应当按照规定事先办理审批手续，采取相应的消防安全措施；作业人员应当遵守消防安全规定。进行电焊、气焊等具有火灾危险作业的人员和自动消防系统的操作人员，必须持证上岗，并遵守消防安全操作规程。

(3)生产、储存、装卸易燃易爆危险品的工厂、仓库和专用车站、码头的设置，应当符合消防技术标准。易燃易爆气体和液体的充装站、供应站、调压站，应当设置在符合消防安全要求的位置，并符合防火防爆要求。已经设置的生产、储存、装卸易燃易爆危险品的工厂、仓库和专用车站、码头，易燃易爆气体和液体的充装站、供应站、调压站，不再符合前款规定的，地方人民政府应当组织、协调有关部门、单位限期解决，消除安全隐患。

(4)生产、储存、运输、销售、使用、销毁易燃易爆危险品，必须执行消防技术标准和管理规定。进入生产、储存易燃易爆危险品的场所，必须执行消防安全规定。禁止非法携带易燃易爆危险品进入公共场所或者乘坐公共交通工具。储存可燃物资仓库的管理，必须执行消防技术标准和管理规定。

(5)建筑构件、建筑材料和室内装饰装修材料的防火性能必须符合国家标准；没有国家标准的，必须符合行业标准。人员密集场所室内装饰装修，应当按照消防技术标准的要求，使用不燃、难燃材料。

(6)任何单位、个人不得损坏、挪用或者擅自拆除、停用消防设施、器材，不得埋压、圈占、遮挡消火栓或者占用防火间距，不得占用、堵塞、封闭疏散通道、安全出口、消防车通道。人员密集场所的门窗不得设置影响逃生和灭火救援的障碍物。

(7)负责公共消防设施维护管理的单位，应当保持消防供水、消防通信、消防车通道等公共消防设施的完好有效。在修建道路以及停电、停水、截断通信线路时有可能影响消防队灭火救援的，有关单位必须事先通知当地消防救援机构。

## 三、消防组织与火灾救援

各级人民政府应根据经济和社会发展的需要，建立多种形式的消防组织，加强消防技术人

才培养，增强火灾预防、扑救和应急救援的能力。

(1)县级以上地方人民政府应当按照国家规定建立国家综合性消防救援队、专职消防队，并按照国家标准配备消防装备，承担火灾扑救工作。乡镇人民政府应当根据当地经济发展和消防工作的需要，建立专职消防队、志愿消防队，承担火灾扑救工作。

(2)机关、团体、企业、事业等单位以及村民委员会、居民委员会根据需要，建立志愿消防队等多种形式的消防组织，开展群众性自防自救工作。

(3)任何人发现火灾，都应当立即报警。任何单位、个人都应当无偿为报警提供便利，不得阻拦报警。严禁谎报火警。人员密集场所发生火灾时，该场所的现场工作人员应当立即组织、引导在场群众疏散。任何单位发生火灾必须立即组织力量扑救火灾。邻近单位应当给予支援。消防队接到火灾报警后，必须立即赶赴火场，救助遇险人员，排除险情，扑灭火灾。

## ■ 四、施工现场的各种消防安全制度

### (一)基建工地消防安全制度

(1)项目部负责人为工地的消防安全第一负责人，全面负责工地的消防安全工作；
(2)施工现场不准吸烟；
(3)凡施工用火操作，必须经申报审批，并有专人检查、监督；
(4)施工现场禁止支搭席棚；
(5)临时宿舍应建在距离工地20米以外的地方；
(6)临时宿舍取暖生火炉，必须实行"三定"即"定人、定点、定措施"。火炉应设炉档、炉盖、烟筒，距离可燃物不小于1米，烟筒伸出窗外部分距离可燃物不小于20厘米；
(7)非电工人员不准安装电气设备；
(8)各工种人员要严格遵守操作规程，不可违章作业；
(9)用火作业区距离建筑物不小于25米，距离生活区不小于15米；
(10)施工现场应经常保持宽度不小于3.5米的消防通道；
(11)施工现场的临时工棚、食堂、宿舍、仓库、办公区等地都要明确防火负责人，并挂牌明示；
(12)易燃、可燃材料集中堆放、集中管理，不准将生石灰堆放在可燃物附近；
(13)施工现场应配备一定数量的灭火器材。

### (二)食堂消防安全制度

(1)食堂负责人是消防安全第一责任人，负责食堂的消防安全工作；
(2)食堂用火炉取暖时，要实行"三定"，即定人、定点、定措施；
(3)餐厅、厨房的电气线路要安装正规，不准私拉乱接临时线路；
(4)不准用易燃液体引火；
(5)绞肉机、压面机等电气机械设备，不得超载运行，并防止电气设备和线路受潮；
(6)食堂的电气线路、设备要定期检查维修；
(7)油炸食品时，锅内的食油不准倒得太满，以防食油溢出，遇明火燃烧；
(8)厨房的油垢要定时进行清除；
(9)工作结束后，操作人员应及时关闭厨房的所有阀门，切断电源、气源、火源后方可离开；
(10)严禁食堂作宿舍以及仓库使用；

(11)食堂应配备一定数量的灭火器材。

### (三)集体宿舍消防安全制度
(1)集体宿舍每排(层)必须明确防火安全责任人，负责宿舍的防火安全工作；
(2)住宿人员不准在宿舍内乱拉乱接临时线路，私自安装插座、开关等；
(3)宿舍内不准使用电炉、电热器具做饭或取暖；
(4)住宿人员在离开宿舍时，应在关闭电源后，方可离去；
(5)宿舍内应设烟灰缸，住宿人员不准乱扔乱丢烟头，不准躺在床上吸烟；
(6)集体宿舍每排(层)应配备一定数量的灭火器材。

### (四)办公室消防安全制度
(1)办公室应设"注意烟火"等防火标志；
(2)工作人员不准在室内乱扔烟头，应放在烟灰缸内；
(3)不准在办公桌或文件柜上安装刀闸、插座、开关；
(4)室内不准乱拉临时线路；
(5)工作人员不准将易燃易爆物品存放在办公桌和文件柜内；
(6)工作完毕后，要切断所有电源，经检查无发现异常，工作人员方可离去；
(7)办公室应配备一定数量的灭火器材。

### (五)一般物品仓库消防安全制度
(1)仓库负责人是防火安全第一负责人，负责仓库的防火安全工作；
(2)库内严禁吸烟，无关人员禁止入内；
(3)物资要堆码整齐，不准超量存放，保持走道畅通；
(4)货堆、货架上的物品与仓库屋顶的顶距为50厘米以上，与内墙距应保持30厘米，柱距一般应为10～20厘米；
(5)库内照明不准使用碘钨灯、荧光灯，应安设白炽灯，不准超过60 W；
(6)刀闸应安装在库外，下班后要及时切断电源，禁止使用不合格的保险装置；
(7)物资要分类存放，凡是性质互相抵触的或灭火方法不同的，以及贵重物品要和一般物品分开存放；
(8)库内用过的废物(抹布、油棉丝等)要集中处理，不得随地乱扔；
(9)库房门的设置一律朝外开；
(10)库房应配备一定数量的灭火器材。

### (六)木工车间消防安全制度
(1)木工车间应明确专人，负责防火安全工作；
(2)木工车间严禁吸烟；
(3)木工车间不准使用明火取暖；
(4)电气线路要安装正规，电闸应安装闸箱，不准使用不合格的保险装置；
(5)碎料、刨花等易燃物每班必须清扫一次，倒在指定地点，禁止随地堆放；
(6)电刨、电锯等电气设备经常保持干燥清洁，每周定期进行检查、维修、清扫；
(7)木工车间禁止安装砂轮机；
(8)油棉丝、油抹布不得随地乱扔，要放入铁桶内，定期处理；
(9)油漆、汽油等易燃品，应专人管理，专柜存放；
(10)下班后要切断电源，方可离开；

(11)木工车间应配备一定数量的灭火器材。

### (七)电焊消防安全制度
(1)电焊机和电源要符合用电安全负荷，禁止超负荷用电，禁止使用铜、铁丝代替保险丝；
(2)电焊机要有良好的接地，露天使用要有防雨措施；
(3)焊工没有操作证，没有经过专门培训、熟悉消防知识经有关部门考试合格的，不得进行焊接作业；
(4)作业场地不得堆放可燃物品；
(5)电焊工要遵守操作规程，不准违章作业；
(6)电焊完毕后，要及时切断电源，彻底熄灭遗留火种，确认安全后，方可离开；
(7)电焊场所应配备一定数量的灭火器材。

### (八)气焊消防安全制度
(1)乙炔气瓶和氧气瓶不得存放在一个室内；
(2)在进行气焊作业的场所，乙炔气瓶和氧气瓶的安全距离不得小于5米；
(3)已点火的焊枪与乙炔气瓶和氧气瓶的安全距离应不小于10米；
(4)禁止在乙炔气瓶和氧气瓶的垂直上方进行气焊；
(5)不准将乙炔气瓶和氧气瓶放在高压电线下操作；
(6)严禁在易燃易爆化学危险物品场所进行气焊作业；
(7)焊工没有操作证，没有经过专门培训、熟悉消防知识经有关部门考试合格的，不得进行气焊作业；
(8)气焊场所的可燃物未清理或未采取任何安全措施，不得进行气焊作业；
(9)气焊完毕后，要认真检查和清理现场，确认安全后，方可离开；
(10)气焊车间、场所应配备一定数量的灭火器材。

### (九)降、配电室消防安全制度
(1)降、配电室负责人为消防安全第一责任人，全面负责消防安全工作；
(2)无关人员禁止入内；
(3)室内要保持整洁，严禁存放易燃易爆和其他物品；
(4)室内应有良好的通风，温度不得超过45 ℃；
(5)不准在室内乱拉乱接临时线路，不准私自点电炉；
(6)定期对电气设备、线路进行维护、清扫、检查，发现问题，及时处理；
(7)电工在安装、维修电气设备线路时，不准违章作业，严禁使用汽油、煤油擦洗设备和部件；
(8)降、配电室应配备一定数量的灭火器材。

### (十)施工现场木材堆放处消防安全制度
(1)施工现场木材堆放处要设专人，负责防火安全工作。
(2)木材堆放处严禁烟火，应设立醒目的禁火标志；
(3)木材堆放处不准动用明火作业；
(4)木材堆放处的消防通道必须保持畅通；
(5)严禁在高压线下堆放木材；
(6)木材堆放处应配备一定数量的灭火器材；
(7)消防设施和器材应有专人负责进行检查、保养。

### (十一)锅炉房消防安全制度

(1)锅炉房应明确专人负责消防安全工作;
(2)无关人员不准随意进入;
(3)锅炉房内,不准堆放易燃品,不准烘烤可燃物品;
(4)司炉操作人员必须经过专门培训,考试合格后,方可上岗;
(5)司炉操作人员应经常检查锅炉水位、压力表、安全阀等安全附件,使其灵敏有效;
(6)司炉人员添煤前,要仔细检查煤内有无雷管与爆炸物;
(7)排出的热炉渣必须放置固定地点,洒水熄灭后方可运走;
(8)司炉人员要坚守岗位,不准喝酒、不准睡觉、不得擅离职守;
(9)锅炉房应配备一定数量的灭火器材。

## 本章练习

### (一)单选题

1. 某设计合同的价格为500万元,设计人已接受发包人支付的定金,无正当理由拒不履行合同义务,则发包人有权要求设计单位返还( )万元。
   A. 100　　　　B. 200　　　　C. 250　　　　D. 150

2. 某招标人组织现场踏勘后,在答疑会上对投标单位提出的问题,应当( )。
   A. 以书面形式向提出人作答复　　　B. 以口头形式向提出人当场答复
   C. 以书面形式向全部投标人作同样答复　　D. 可不向其他投标人作答复

3. 发包人在接到承包人送达的竣工验收报告,在验收后( )天内无正当理由不组织验收,可视为竣工验收报告已批准。
   A. 20　　　　B. 30　　　　C. 14　　　　D. 28

4. 发包人在( )合同中承担了项目的全部风险。
   A. 单价　　　　　　　　　　B. 总价可调
   C. 总价不可调　　　　　　　D. 成本加酬金

5. 施工合同示范文本规定,因发包人原因不能按协议书约定的开工日期开工,( )后可推迟开工日期。
   A. 承包人以书面形式通知工程师　　B. 工程师以书面形式通知承包人
   C. 承包人征得工程师同意　　　　　D. 工程师征得承包人同意

6. 大中型工程从发出中标通知书,到双方订立书面合同时间,不得多于( )天。
   A. 30　　　　B. 20　　　　C. 28　　　　D. 35

7. 下列有关施工合同组成文件的优先解释顺序正确的是( )。
   A. 标准、合同专用条款、工程量清单
   B. 合同专用条款、合同通用条款、中标通知书
   C. 合同协议书、工程量清单、图纸
   D. 中标通知书、标准、工程量清单

8. 发包人负责采购的建筑材料,到货后双方共同验收时发现规格和等级与施工合同内清单规定不符,承包人应( )。
   A. 自行将其运出工地

B. 要求发包人将其运出工地
C. 要求供货商将其运出工地
D. 要求供货的运输公司将其运回发货单位

9. 工程师对承包商的下列工程量不应给予计量的是(　　)。
   A. 经批准超出设计图纸的工程量　　B. 自身原因造成的返工工程量
   C. 设计变更而增加的工程量　　　　D. 业主原因造成返工的工程量

10. 投标人在投标过程中出现(　　)时,招标人可以没收投标保证金。
    A. 投标文件的密封不符合招标文件的要求
    B. 投标文件中附有招标人不能接受的条件
    C. 在投标有效期内撤回其投标文件
    D. 拒绝签字确认评标委员会对投标书中错误的修正

11. 某建筑工程在城市住宅区内,主体结构施工阶段建筑公司拟进行混凝土浇筑,使用的机械设备可能产生噪声污染,建筑公司必须在浇筑施工(　　)日以前向工程所在地县级以上地方人民政府生态环境主管部门申报该工程的相关情况。
    A. 3　　　　　　B. 5　　　　　　C. 10　　　　　　D. 15

12. 结构施工、安装装饰装修阶段,对易产生扬尘的堆放材料应采取(　　)措施。
    A. 封闭存放　　　　　　　　B. 搭设封闭性临时专用道
    C. 覆盖　　　　　　　　　　D. 水淋

13. 解决火险隐患要坚持"三定",请问"三定"是指(　　)。
    A. 定专人、定时间、定整改措施
    B. 定时间、定地点、定专人
    C. 定人、定岗、定编制

(二)多选题

1. 某钢厂拟在市城区的轧制分厂扩建一条冲压生产线,考虑到可能产生环境噪声污染,该钢厂编制了建设项目环境影响报告书,其中报告书中应有(　　)的意见。
   A. 建设项目所在地规划部门　　　　B. 建设项目所在地工商部门
   C. 建设项目所在地单位　　　　　　D. 建设项目所在地居民
   E. 建设项目所在地住房城乡建设主管部门

2. 根据《绿色施工导则》的规定,为有效防治施工现场大气扬尘污染,施工单位可采取(　　)。
   A. 运送土方车辆封闭严密　　　　　B. 施工现场出口设置洗车槽
   C. 堆放的土方洒水、覆盖　　　　　D. 建筑垃圾分类堆放
   E. 高层建筑垃圾清运采用密闭容器

3. 根据《大气污染防治法》的规定,排污单位排放大气污染物的(　　)有重大改变的,应当及时申报。
   A. 种类　　　　B. 数量　　　　C. 温度　　　　D. 湿度
   E. 浓度

4. 工程项目验收存在(　　)问题的,应重新组织建筑节能工程验收。
   A. 验收组织机构不符合法规及规范要求的
   B. 验收提交的建筑节能相关材料不符合要求的
   C. 验收人员不具备相应资格的

D. 参加验收各方主体验收意见不一致的
E. 验收隐蔽验收记录等技术档案和施工管理资料不完整的

5. 某施工单位在建筑垃圾清运过程中沿途发生道路遗撒，则其可能面临的行政处罚是（　　）。
   A. 限期改正
   B. 处 5 000 元以上 5 万元以下的罚款
   C. 扣押车辆
   D. 处 1 万元以上 10 万元以下的罚款
   E. 暂扣驾驶及运输证件

6. 下列时间点中，属于《建筑施工场界环境噪声排放标准》(GB 12523—2011)规定夜间施工期间的有（　　）。
   A. 21：30
   B. 22：15
   C. 24：00
   D. 05：40
   E. 06：15

7. 按照《水污染防治法》的规定，水污染防治坚持的原则包括（　　）。
   A. 预防为主
   B. 生态治理
   C. 防治结合
   D. 循环利用
   E. 综合治理

8. 施工单位应当对进入施工现场的（　　）进行查验，不符合施工图设计文件要求的，不得使用。
   A. 墙体材料
   B. 钢筋
   C. 保温材料
   D. 防水材料
   E. 门窗

9. 建筑墙体、屋面的保温工程施工时，监理工程师应当按照工程监理规范的要求，采取（　　）形式实施工程监理。
   A. 巡查
   B. 抽检
   C. 平行检验
   D. 旁站
   E. 巡视

10. 以下属于《绿色施工导则》规定提高用水效率的措施是（　　）。
    A. 混凝土养护过程中应采取必要措施
    B. 将节水定额指标纳入分包或劳务合同中进行计量考核
    C. 对现场各个分包生活区合计统计量用水量
    D. 临时用水采用节水型产品，安装计量装置
    E. 现场车辆冲洗设立循环用水装置

11. 按照《节约能源法》《循环经济促进法》的规定，我国目前主要采取的节能激励措施包括（　　）。
    A. 安排专项节能财政资金
    B. 给予节能产业税收优惠
    C. 对节能项目信贷支持
    D. 节能价格策略
    E. 表彰奖励

12. 《绿色施工导则》所倡导的"四节一环保"的内容中不包括（　　）。
    A. 节地
    B. 节材
    C. 节电
    D. 节暖
    E. 节水

13. 施工单位下列用水做法符合《绿色施工导则》的是（　　）。
    A. 自然养护混凝土
    B. 现场机具、车辆冲洗用循环水
    C. 生活、工程用水分别计量管理
    D. 现场设置雨水收集利用系统
    E. 现场供水管网就近设置多个用户点

(三)案例分析

案例 1.

监理单位承担了某工程施工阶段监理任务,该工程由甲施工单位总承包。甲施工单位选择了经建设单位同意并经监理单位进行资质审查合格的乙施工单位作为分包。施工过程中发生了以下事件。

施工过程中,专业监理工程师发现乙施工单位施工的分包工程部分存在质量隐患,为此,总监理工程师同时向甲、乙两施工单位发出了整改通知。甲施工单位回函称:乙施工单位施工的工程是经建设单位同意进行分包的,所以本单位不承担该部分工程的质量责任。

【问题】

甲施工单位的答复是否妥当?为什么?总监理工程师签发的整改通知是否妥当?为什么?

案例 2.

四海公司作为专业分包商承揽了某办公楼的装饰工程的施工任务,并将其中的劳务分包任务分包给了具有相应资质的劳务分包企业美姿公司。2006 年 7 月 2 日,美姿公司完成了合同约定的任务。但是四海建筑公司却拒绝支付工程款,其理由是:

1. 所有的劳务都分包给了美姿公司,属于转包,该合同无效;

2. 四海公司是分包商,又将劳务作业继续分包,违反了《建筑法》,该合同无效。

【问题】

你认为四海建筑公司的观点正确吗?

# 第九章　解决建设工程纠纷的法律制度

## 导　入

建设工程合同的纠纷是指合同当事人对合同规定的权利和义务发生争议而形成的纠纷。在合同履行中，发包人和承包人为维护各自不同的利益，对建设工程技术要求和有关合同文件出现分歧和矛盾，这种分歧和矛盾往往会形成纠纷。尽管建设工程合同中对双方的义务和责任通常会有明文规定，但对这些规定的理解会有不同，再加上合同规定中的某些疏漏与含义不清，就会造成建设工程合同纠纷。

解决建设工程合同纠纷的途径有四种，即和解、调解、仲裁和诉讼。当事人可以通过和解或者调解解决合同争议。当事人不愿和解、调解或者和解、调解不成的，可以根据仲裁协议向仲裁机构申请仲裁。涉外合同的当事人可以根据仲裁协议向中国仲裁机构或者其他仲裁机构申请仲裁。当事人没有订立仲裁协议或者仲裁协议无效的，可以向人民法院起诉。当事人应当履行发生法律效力的判决、仲裁裁决、调解书；拒不履行的，对方可以请求人民法院执行。

## 学习目标

**知识目标**：熟悉行政复议与行政诉讼法律制度；掌握建设工程纠纷处理的仲裁制度与民事诉讼法律制度；理解仲裁制度的相关规定；掌握民事诉讼法律制度的相关规定。

**技能目标**：能辨析案例中存在的建设工程纠纷的关系；能界定建设工程纠纷应采取哪种法律制度。

**素质目标**：能对建设工程纠纷进行分析并处理。

## 第一节　建设工程施工合同的法定形式和内容

法律纠纷是指公民、法人以及其他组织之间因人身、财产或其他法律关系所发生的争议，主要包括民事纠纷、行政纠纷、刑事附带民事纠纷。民事纠纷是指平等主体间的有关人身权、财产权的纠纷；行政纠纷是指行政机关之间或行政机关同公民、法人和其他组织之间由于行政行为而产生的纠纷；刑事附带民事纠纷是指因犯罪而产生的有关人身权、财产权纠纷。

建设工程项目通常具有投资规模大、建造周期长、技术要求高、合同关系复杂和政府监管严格等特点，因而，在建设工程领域里最常见的是民事纠纷和行政纠纷。

### 一、建设工程民事纠纷

建设工程民事纠纷是指在建设工程活动中平等主体之间发生的以民事权利、义务法律关系为内容的争议。民事纠纷主要是因为违反了民事法律规范或者合同约定而引起的。民事纠纷可分为两大类：一类是财产关系方面的民事纠纷，如合同纠纷、损害赔偿纠纷等；另一类是人身关系方面的民事纠纷，如工伤纠纷。

民事纠纷的特点有以下几项：

(1)民事纠纷主体之间的法律地位平等；

(2)民事纠纷的内容是对民事权利、义务的争议；

(3)民事纠纷的可处分性(针对有关财产关系的民事纠纷具有可处分性，而有关人身关系的民事纠纷多具有不可处分性)。在建设工程领域，较为普遍和重要的民事纠纷主要是合同纠纷、侵权纠纷。合同纠纷是指因合同的生效、解释、履行、变更、终止等行为而引起的合同当事人之间的所有争议。合同纠纷的内容，主要表现在争议主体对于导致合同法律关系产生、变更与消灭的法律事实以及法律关系的内容有着不同的观点与看法。

合同纠纷的范围涵盖了工程合同从成立到终止的全过程。建设工程合同纠纷主要有工程总承包合同纠纷、工程勘察合同纠纷、工程设计合同纠纷、工程施工合同纠纷、工程监理合同纠纷、工程分包合同纠纷、材料设备采购合同纠纷等。

侵权纠纷是指一方当事人不法侵害他人财产权或者人身权而产生的纠纷。建设工程领域常见的侵权纠纷，如施工中造成对他人财产或者人身损害而产生的侵权纠纷，未经许可使用他人的专利、工程设计等而造成的知识产权侵权纠纷等。发包人和承包人就有关工期、质量、造价等产生的建设工程合同争议，是建设工程领域最常见的民事纠纷。

## ■ 二、建设工程行政纠纷

建设工程行政纠纷是指在建设工程活动中行政机关之间或行政机关同公民、法人和其他组织之间由于行政行为而引起的纠纷。在行政法律关系中，一方面行政机关对公民、法人和其他组织行使行政管理职权；另一方面公民、法人和其他组织也应当依法约束自己的行为。在各种行政纠纷中，既有因行政机关超越职权、滥用职权、行政不作为、违反法定程序、事实认定错误、适用法律错误等所引起的纠纷，也有公民、法人或其他组织逃避监督管理、非法抗拒监督管理或误解法律规定等而产生的纠纷。

行政机关的行政行为的特征有以下几项：

(1)行政行为是执行法律的行为。任何行政行为均须有法律根据，没有法律的明确规定或授权，行政主体不得作出任何行政行为。

(2)行政行为具有一定的裁量性。这是由立法技术本身的局限性和行政管理的广泛性、变动性、应变性所决定的。

(3)行政主体在实施行政行为时具有单方意志性，不必与行政相对方协商或征得其同意，便可依法自主做出。

(4)行政行为是以国家强制力保障实施的，带有强制性。行政相对方必须服从并配合行政行为，否则行政主体将予以制裁或强制执行。

(5)行政行为以无偿为原则，以有偿为例外。只有当特定行政相对人承担了特别公共负担，或者分享了特殊公共利益时，方可为有偿。

在建设工程领域，行政机关易引发行政纠纷的行政行为主要有以下几种：

(1)行政许可，即行政机关根据公民、法人或者其他组织的申请，经依法审查，准予其从事特定活动的行政管理行为，如施工许可、专业人员执业资格注册、企业资质等级核准、安全生产许可等。行政许可易引发的行政纠纷通常是行政机关的行政不作为、违反法定程序等。

(2)行政处罚,即行政机关或其他行政主体依照法定职权、程序对于违法但尚未构成犯罪的相对人给予行政制裁的具体行政行为。常见的行政处罚为警告、罚款、没收违法所得、取消投标资格、责令停止施工、责令停业整顿、降低资质等级、吊销资质证书等。行政处罚易导致的行政纠纷,通常是行政处罚超越职权、滥用职权、违反法定程序、事实认定错误、适用法律错误等。

(3)行政强制,包括行政强制措施和行政强制执行。行政强制措施是指行政机关在行政管理过程中,为制止违法行为、防止证据损毁、避免危害发生、控制危险扩大等情形,依法对公民的人身自由实施暂时性限制,或者对公民、法人或者其他组织的财物实施暂时性控制的行政行为;行政强制执行是指行政机关或者行政机关申请人民法院,对不履行行政决定的公民、法人或者其他组织,依法强制履行义务的行政行为。行政强制易导致的行政纠纷,通常是行政强制超越职权、滥用职权、违反法定程序、事实认定错误、适用法律错误等。

(4)行政裁决,即行政机关或法定授权的组织,依照法律授权,对平等主体之间发生的与行政管理活动密切相关的、特定的民事纠纷(争议)进行审查,并作出裁决的具体行政行为,如对特定的侵权纠纷、损害赔偿纠纷、权属纠纷、国有资产产权纠纷以及劳动工资、经济补偿纠纷等的裁决。行政裁决易引发的行政纠纷,通常是行政裁决违反法定程序、事实认定错误、适用法律错误等。

## 第二节　和解与调节制度

### 一、和解

和解是指民事诉讼当事人约定互相让步或者一方让步,以解决双方的争执的活动。在中国,和解与调解不同,和解是当事人之间自愿协商,达成协议,没有第三者参加;一般来说,和解的结果是撤回起诉或中止诉讼而无须判决。在这种情况下,为了可以防止重新提出诉讼,当事人双方也可以将和解的条款写入一个协议判决,由法院记录在卷。

和解可分为以下两种:

(1)诉讼前的和解是指发生诉讼以前,双方当事人互相协商达成协议,解决双方的争执。这是一种民事法律行为,是当事人依法处分自己民事实体权利的表现。和解成立后,当事人所争执的权利即归确定,所抛弃的权利随即消失。和解一经成立,当事人不得任意反悔要求撤销。但是,遇到以下三种情况,当事人都可以要求撤销和解:

1)和解所依据的文件在事后发现是伪造或涂改的;

2)和解事件已为法院判决所确定,而当事人于和解时不知情的;

3)当事人对重要的争执有重大误解而达成协议的。

(2)诉讼中的和解是当事人在诉讼进行中互相协商,达成协议,解决双方的争执。这种和解不论诉讼程序进行如何,凡在法院作出判决前,当事人都可以进行。可以就整个诉讼标的达成协议,也可以就诉讼上的个别问题达成协议。诉讼中的和解协议经法院审查批准,当事人签名盖章,即发生效力,结束诉讼程序的全部或部分。结束全部程序的,即视为当事人撤销诉讼。《民事诉讼法》还把自行和解作为当事人一项重要的诉讼权利,该法规定,当事人可以在诉讼的任何阶段进行;还规定,在执行程序中,还可以自行和解。达成协议的,执行员将协议内容记入笔录，由双方当事人签名或者盖章。根据《民事诉讼法》规定，申请执行人因受欺诈、胁迫与被执行人达成和解协议，或者当事人不履行和解协议的，人民法院可以根据当事人的申请，恢复对原生效法律文书的执行。

需要注意的是，和解达成的协议不具有强制执行力，在性质上仍属于当事人之间的约定。如果一方当事人不按照和解协议执行，另一方当事人不能直接申请法院强制执行，但可要求对方承担不履行和解协议的违约责任。

和解是民事纠纷的当事人在自愿互谅的基础上，就已经发生的争议进行协商、妥协与让步并达成协议，无须第三方介入，完全自行解决争议的一种方式。它不仅从形式上，还从心理上消除了当事人之间的对抗。

## ■ 二、调解

调解是指通过双方当事人以外的第三者，以国家法律、法规和政策以及社会公德为依据，对纠纷双方进行疏导、劝说，促使他们相互谅解，进行协商，自愿达成协议，解决纠纷的活动。我国调解方式主要有人民调解、行政调解、仲裁调解、司法调解以及法院机构调解。

(1)人民调解。人民调解是指在人民调解委员会的主持下，依照法律、政策及社会主义道德规范，对纠纷当事人进行说服规劝，促其彼此互谅互让，自主自愿，达成协议，消除纷争的活动。人民调解是我国法律所确认的一种诉讼外的调解形式。它是我国社会主义法制建设中的一项伟大创举，也是我国一项具有特色的法律制度。它有自己独特的组织形式、完整的工作原则、制度、程序，严格的工作纪律，方便灵活、形式多样的工作方法。因此许多国家把人民调解誉为"东方经验"。人民调解工作与千家万户的切身利益息息相关，直接影响社会的安定团结，认真开展人民调解工作，能够缓解社会矛盾，促进社会安定团结；能够促进社会主义精神文明建设；能够预防犯罪，减少犯罪；可以积极推动社会生产力的发展；人民群众可以直接参加管理国家和社会公共事务；同时，还能够起到党和政府以及审判机关的助手作用。

(2)行政调解。行政调解是指国家行政机关处理平等主体之间民事争议的一种方法。国家行政机关根据相关法律、法规规定，对属于本机关职权管辖范围内的平等主体之间的民事纠纷，通过耐心的说服教育，使纠纷的双方当事人互相谅解，在平等协商的基础上达成一致协议，从而合理地、彻底地解决纠纷矛盾。行政调解是在国家行政机关的主持下，以当事人双方自愿为基础，由行政机关主持，以国家法律、法规及政策为依据，以自愿为原则，通过对争议双方的说服与劝导，促使双方当事人互让互谅、平等协商、达成协议，以解决有关争议而达成和解协议的活动。

(3)仲裁调解。仲裁调解是指仲裁机构的仲裁员主持下进行的调解。中国国内仲裁机构解决经济合同纠纷，涉外仲裁机构解决涉外经济、贸易、运输、海事纠纷。仲裁机构受理案件后，无论是仲裁庭开庭之前，还是开庭审理过程中，仲裁员都要多做调解工作，尽量促使双方当事人通过协商解决争议。根据仲裁实践，仲裁调解必须遵守双方当事人自愿、查明事实、分清是非、调解协议合法三项原则；在涉外仲裁调解中还应当遵循独立自主、平等互利、参照国际习惯三项特殊原则。经过调解，如当事人之间能够达成协议，并经仲裁机构审查批准后，应当制作仲裁调解书。该仲裁调解书与生效的仲裁裁决书具有同等的法律效力。对于调解无效或者达成调解协议后当事人又反悔的案件，仲裁庭也应当依法作出裁决，而不能久调不决。

(4)司法调解。司法调解是指诉讼调解，是我国民事诉讼法规定的一项重要的诉讼制度，是当事人双方在人民法院法官的主持下，通过处分自己的权益来解决纠纷的一种重要方式。司法调解以当事人之间私权冲突为基础，以当事人一方的诉讼请求为依据，以司法审判权的介入和审查为特征，以当事人处分自己的权益为内容，实际上是公权力主导下对私权利的一种处分。

(5)法院调解。法院调解是指诉讼中调解。其包括调解活动、调解的原则、调解的程序、调解书和调解协议的效力等。其是当事人用于协商解决纠纷、结束诉讼、维护自己的合法权益，审结民事案件、经济纠纷案件的制度。诉讼中的调解是人民法院和当事人进行的诉讼行为，其调解协议经法院确认，即具有法律上的效力。《民事诉讼法》规定，人民法院审理民事案件，应遵循查明事实，分清是非、自愿与合法的原则，调解不成，应及时判决。法院调解，可以由当事人的申请开始，也可以由人民法院依职权主动开始。

## 第三节 仲裁制度

### 一、仲裁的概念

仲裁是指由双方当事人协议将争议提交中立第三者，由该中立第三者对争议的是非曲直进行评判并作出裁决的一种解决争议的方法。仲裁异于诉讼和审判，仲裁需要双方自愿，也异于强制调解，是一种特殊调解，是自愿型公断，区别于诉讼等强制型公断。

仲裁一般是当事人根据他们之间订立的仲裁协议，自愿将其争议提交由非司法机构的仲裁员组成的仲裁庭进行裁判，并受该裁判约束的一种制度。仲裁活动和法院的审判活动一样，关乎当事人的实体权益，是解决民事争议的方式之一。

《仲裁法》的第2条规定："平等主体的公民、法人和其他组织之间发生的合同纠纷和其他财产权益纠纷，可以仲裁"。这里明确了三条原则：一是发生纠纷的双方当事人必须是民事主体，包括国内外法人、自然人和其他合法的具有独立主体资格的组织；二是仲裁的争议事项应当是当事人有权处分的；三是仲裁范围必须是合同纠纷和其他财产权益纠纷。

合同纠纷是在经济活动中，双方当事人因订立或履行各类经济合同而产生的纠纷，包括国内、国外平等主体的自然人、法人，以及其他组织之间的国内各类经济合同纠纷、知识产权纠纷、房地产合同纠纷、期货和证券交易纠纷、保险合同纠纷、借贷合同纠纷、票据纠纷、抵押合同纠纷、运输合同纠纷和海商纠纷等，还包括涉外的、涉及香港、澳门和台湾地区的经济纠纷，以及涉及国际贸易、国际代理、国际投资、国际技术合作等方面的纠纷。

其他财产权益纠纷，主要是指由侵权行为引发的纠纷，这种纠纷在产品质量责任和知识产权领域的侵权行为较为多见。

根据《仲裁法》的规定，有以下两类纠纷不能仲裁：

(1)婚姻、收养、监护、扶养、继承纠纷不能仲裁。这类纠纷虽然属于民事纠纷，也不同程度涉及财产权益争议，但这类纠纷往往涉及当事人本人不能自由处分的身份关系，需要法院作出判决或由政府机关作出决定，不属仲裁机构的管辖范围。

(2)依法应当由行政机关处理的行政争议不能裁决。行政争议，也称行政纠纷，行政纠纷是指国家行政机关之间，或者国家行政机关与企事业单位，社会团体以及公民之间，由于行政管理而引起的争议。外国法律规定这类纠纷应当依法通过行政复议或行政诉讼解决。

《仲裁法》还规定，劳动争议纠纷的仲裁，由国家另行规定，也就是说解决这类纠纷不适用仲裁法。这是因为，劳动争议，虽然可以仲裁，但它不同于一般的民事经济纠纷，因此只能另作规定予以调整。

## ■ 二、仲裁的特点

作为一种解决财产权益纠纷的民间性裁判制度，仲裁既不同于解决同类争议的司法、行政途径，也不同于人民调解委员会的调解和当事人的自行和解。其具有以下特点：

(1)自愿性。当事人自愿，即当事人之间的纠纷是否提交仲裁，交与谁仲裁，仲裁庭如何组成，由谁组成，以及仲裁的审理方式、开庭形式等都是在当事人自愿的基础上，由双方当事人协商确定的。因此，仲裁是最能充分体现当事人意思自治原则的争议解决方式。

(2)专业性。专家裁案，是民商事仲裁的重要特点之一。民事、商事纠纷往往涉及特殊的知识领域，会遇到许多复杂的法律、经济贸易和有关的技术性问题，常常需要运用大量的工程造价、工程质量方面的专业知识以及建筑业自身特有的交易习惯和行业惯例。专家裁判更能体现专业权威性。因此，具有一定专业水平和能力的专家担任仲裁员，对当事人之间的纠纷进行裁决是仲裁公正性的重要保障。专家仲裁是民事、商事仲裁的重要特点之一。

(3)灵活性。由于仲裁充分体现当事人的意思自治，仲裁中的许多具体程序都是由当事人协商确定和选择的，因此，与诉讼相比，仲裁程序更加灵活、更具有弹性。

(4)快捷性。仲裁实行一裁终局制度，仲裁裁决一经作出即发生法律效力。仲裁裁决不能上诉，这使得当事人之间的纠纷能够迅速得以解决。

(5)独立性。仲裁机构独立于行政机构，仲裁机构之间也无隶属关系，仲裁庭独立进行仲裁，不受任何机关、社会团体和个人的干涉，不受仲裁机构的干涉，显示出最大的独立性。

(6)经济性。由于时间上的快捷性使得仲裁所需费用相对减少，往往低于诉讼费。

(7)保密性。仲裁以不公开审理为原则。有关的仲裁法律和仲裁规则也同时规定了仲裁员及仲裁秘书人员的保密义务，仲裁的保密性较强。

## ■ 三、仲裁协议

### 1. 仲裁协议的概念

仲裁协议是指当事人自愿将他们之间已经发生或者可能发生的争议提交仲裁解决的协议，是申请仲裁的必备材料。

仲裁协议作为整个仲裁活动的前提和基本依据，有以下法律特征：

(1)仲裁协议只能由具有利害关系的合同双方(或多方)当事人或其代理人订立。否则，就不可能在有关合同发生争议时约束各方当事人。如果有关当事人在仲裁程序开始时提出证据，证明他不是仲裁条款或仲裁协议的当事人，或订立时没有权利能力或行为能力，那么仲裁协议无效，对双方均无法律约束力。

(2)仲裁协议是当事人申请仲裁、排除法院管辖的法律依据。仲裁协议一经签订，就成为仲裁委员会受理合同争议的凭据，同时在申请法院执行时，也以它作为撤销裁决或强制执行的依据。

(3)仲裁协议具有相对的独立性。如果是以仲裁条款的形式写入合同，那就是合同的重要组成部分，其他条款的无效不影响仲裁条款的效力。如果双方当事人签订了单独的仲裁协议，则可视为一个独立的合同。仲裁协议与它所指的合同本身，由不同的法律、法规调整，前者是程序性合同，后者是实体性合同，是两个不同的合同。

### 2. 仲裁协议的内容

合法有效的仲裁协议应当具备以下法定内容：

(1)请求仲裁的意思表示。这是仲裁协议的首要内容，因为当事人以仲裁方式解决纠纷的意愿正是通过请求仲裁的意思表示体现出来的。对仲裁协议中意思表示的要求要明确、肯定。

(2)仲裁事项。仲裁事项是当事人提交仲裁的具体争议事项。仲裁庭只能在仲裁协议确定的仲裁事项的范围内进行仲裁,超出这一范围进行仲裁,所作的仲裁裁决,经一方当事人申请,法院可以不予执行或者撤销。按照《仲裁法》的规定,对仲裁事项没有约定或者约定不明的,当事人应就此达成补充协议,达不成补充协议的,仲裁协议无效。

(3)选定的仲裁委员会。仲裁委员会是受理仲裁案件的机构。由于仲裁没有法定管辖的规定,因此,仲裁委员会是由当事人自主选定的。如果当事人在仲裁协议中不选定仲裁委员会,仲裁就无法进行。

### 3. 仲裁协议的效力

仲裁协议的法律效力即仲裁协议所具有的法律约束力。一项有效的仲裁协议的法律效力包括对双方当事人的约束力、对法院的约束力和对仲裁机构的约束力。

(1)对双方当事人的法律效力。仲裁协议一经有效成立,即对双方当事人产生法律效力,双方当事人都受到他们所签订的仲裁协议的约束。发生纠纷后,当事人只能通过向仲裁协议中所确定的仲裁机构申请仲裁的方式解决该纠纷,而丧失了就该纠纷向法院提起诉讼的权利。如果一方当事人违背仲裁协议,就仲裁协议规定范围内的争议事项向法院起诉,另一方当事人有权在首次开庭前依据仲裁协议要求法院停止诉讼程序,法院也应当驳回当事人的起诉。

(2)对法院的法律效力。有效的仲裁协议可以排除法院对订立于仲裁协议中的争议事项的司法管辖权,这是仲裁协议法律效力的重要体现,也是各国仲裁普遍适用的准则。《仲裁法》明确规定,当事人达成仲裁协议,一方向人民法院起诉的,人民法院不予受理,但仲裁协议无效的除外。当事人达成仲裁协议,一方向人民法院起诉未声明有仲裁协议的,人民法院受理后,另一方在首次开庭前提交仲裁协议的,人民法院应当驳回起诉,但仲裁协议无效的除外。当然如果另一方在首次开庭前未对人民法院受理该案提出异议的,视为放弃仲裁协议,人民法院应当继续审理。当事人在首次开庭前未对人民法院受理该案提出异议的,推定当事人默认司法管辖。

(3)对仲裁机构的法律效力。仲裁协议是仲裁委员会受理仲裁案件的基础,是仲裁庭审理和裁决仲裁案件的依据。没有仲裁协议就没有仲裁机构对仲裁案件的仲裁管辖权。《仲裁法》第4条规定:"没有仲裁协议,一方申请仲裁的,仲裁委员会不予受理。"同时,仲裁机构的管辖权又受到仲裁协议的严格限制,即仲裁庭只能对当事人在仲裁协议中约定的争议事项进行仲裁,而对仲裁协议约定范围以外的其他争议无权仲裁。

### 4. 仲裁协议无效的法定情形

仲裁协议是双方当事人意思表示一致的合意行为,法律在赋予其一定的约束力的同时,也往往明确规定达到具有这一约束力的强制性条件和规范。当仲裁协议违反了该条件和规范时,该仲裁协议无效。根据《仲裁法》的规定,仲裁协议在下列情形下无效:

(1)以口头方式订立的仲裁协议无效。《仲裁法》第16条规定了仲裁协议的形式要件,即仲裁协议必须以书面方式订立。因此以口头方式订立的仲裁协议不受法律的保护。

(2)约定的仲裁事项超出法律规定的仲裁范围,仲裁协议无效。《仲裁法》第2条和第3条规定,平等主体之间的合同纠纷和其他财产权益纠纷可以仲裁,而婚姻、收养、监护、抚养、继承纠纷以及依法应当由行政机关处理的行政争议不能仲裁。

(3)无民事行为能力人或者限制民事行为能力人订立的仲裁协议无效。为了维护民商事关系的稳定性及保护未成年人和其他无行为能力人、限制行为能力人的合法权益,法律要求签订仲裁协议的当事人必须具备完全的行为能力,否则,仲裁协议无效。

(4)一方采取胁迫手段,迫使对方订立仲裁协议的,该仲裁协议无效。自愿原则是仲裁制度的根本原则，它贯穿于仲裁程序的始终。仲裁协议的订立，也必须是双方当事人在平等协商基础上的真实意思表示。而以胁迫的手段与对方当事人订立仲裁协议，违反了自愿原则，所订立的仲裁协议不是双方当事人的真实意愿，不符合仲裁协议成立的有效要件。

(5)仲裁协议对仲裁事项没有约定或约定不明确，或者仲裁协议对仲裁委员会没有约定或者约定不明确，当事人对此又达不成补充协议的，仲裁协议无效。仲裁协议中要明确规定仲裁事项和选定的仲裁委员会，这是仲裁法对仲裁协议的基本要求。如果仲裁协议中没有对此进行约定或者约定不明确，该仲裁协议则具有瑕疵。对于有瑕疵的仲裁协议，法律规定是可以补救的，即双方当事人可以达成补充协议。如果未能达成补充协议，仲裁协议即为无效。

### 5. 仲裁协议的失效

仲裁协议的失效是指一项有效的仲裁协议因特定事由的发生而丧失其原有的法律效力。仲裁协议的失效不同于仲裁协议的无效，它们的根本区别在于，仲裁协议的失效是原本有效的仲裁协议在特定条件下失去了其效力，而仲裁协议的无效是该仲裁协议自始就没有法律效力。

仲裁协议在下列情形下失效：

(1)基于仲裁协议，仲裁庭作出的仲裁裁决被当事人自觉履行或者被法院强制执行，即仲裁协议约定的提交仲裁的争议事项得到最终解决，该仲裁协议因此而失效。《仲裁法》第9条规定："裁决作出后，当事人就同一纠纷再申请仲裁或者向人民法院起诉的，仲裁委员会或者人民法院不予受理。"

(2)因当事人协议放弃已签订的仲裁协议，而使该仲裁协议失效。协议放弃已订立的仲裁协议与协议订立仲裁协议一样，都是当事人的权利，仲裁协议一经双方当事人协议放弃，则失去效力。当事人协议放弃仲裁协议的具体表现在以下几项：

1)双方当事人通过达成书面协议，明示放弃了原有的仲裁协议。

2)双方当事人通过达成书面协议，变更了纠纷解决方式。如当事人一致选择通过诉讼方式解决纠纷，从而使仲裁协议失效。

3)当事人通过默示行为变更了纠纷解决方式，使仲裁协议失效。如双方当事人达成了仲裁协议，一方当事人向人民法院起诉而未声明有仲裁协议，人民法院受理后，对方当事人未提出异议并应诉答辩的，视为放弃仲裁协议。

(3)附期限的仲裁协议因期限届满而失效。如当事人在仲裁协议中约定，该仲裁协议在签订后的6个月内有效，如果超过了6个月的约定期限，已签订的仲裁协议失效。

(4)基于仲裁协议，仲裁庭作出的仲裁裁决被法院裁定撤销或不予执行，该仲裁协议失效。《仲裁法》第9条规定："裁决被人民法院依法裁定撤销或者不予执行的，当事人就该纠纷可以根据双方重新达成的仲裁协议申请仲裁，也可以向人民法院起诉。"

### 6. 仲裁协议无效、失效的法律后果

仲裁协议的无效或者失效使得仲裁协议不再具有法律的约束力，其表现在：对当事人来说，当事人之间的纠纷既可以通过向法院提起诉讼的方式解决，也可以重新达成仲裁协议通过仲裁方式解决；对法院来说，由于排斥司法管辖权的原因已经消失，法院对于当事人之间的纠纷具有管辖权；对仲裁机构来说，因其没有行使仲裁权的依据而不能对当事人之间的纠纷进行审理并作出裁决。

## ■ 四、仲裁的程序

### 1. 提出仲裁申请

提出仲裁申请是仲裁程序开始的首要手续。当事人一方申请仲裁时，应向该委员会提交包

括下列内容的签名申请书：
(1)申诉人和被诉人的名称、地址。
(2)申诉人所依据的仲裁协议。
(3)申诉人的要求及所据的事实和证据。

申诉人向仲裁委员会提交仲裁申请书时，应附具本人要求所依据的事实的证明文件，指定一名仲裁员，无须仲裁费。如果委托代理人办理仲裁事项或参与仲裁的，应提交书面委托书。

### 2. 组织仲裁庭

根据我国仲裁规则，申诉人和被申诉人各自在仲裁委员会仲裁员名册中指定一名仲裁员，并由仲裁委员会主席指定一名仲裁员为首席仲裁员，共同组成仲裁庭审理案件；双方当事人也可在仲裁委员名册共同指定或委托仲裁委员会主席指定一名仲裁员为独任仲裁员，成立仲裁庭，单独审理案件。

### 3. 仲裁员的产生

(1)合议仲裁庭仲裁员的产生。根据《仲裁法》规定，当事人约定由三名仲裁员组成仲裁庭的，应当各自选定或者各自委托仲裁委员会主任指定一名仲裁员，第三名仲裁员由当事人共同选定或者共同委托仲裁委员会主任指定。第三名仲裁员是首席仲裁员。

(2)独任仲裁庭仲裁员的产生。独任仲裁员应当由当事人共同选定或者共同委托仲裁委员会主任指定该独任仲裁员。当事人没有在规定期限内选定的，由仲裁委员会主任指定。

### 4. 审理案件

仲裁庭审理案件的形式有两种：一种是不开庭审理，这种审理一般是经当事人申请，或由仲裁庭征得双方当事人同意，只依据书面文件进行审理并做出裁决；另一种是开庭审理，这种审理按照仲裁规则的规定，采取不公开审理，如果双方当事人要求公开进行审理时，由仲裁庭做出决定。

### 5. 作出裁决

裁决是仲裁程序的最后一个环节。裁决作出后，审理案件的程序即告终结，因此，这种裁决被称为最终裁决。根据我国仲裁规则，除最终裁决外，仲裁庭认为有必要或接受当事人之提议，在仲裁过程中，可就案件的任何问题作出中间裁决或者部分裁决。中间裁决是指对审理清楚的争议所做的暂时性裁决，以便于对案件的进一步审理；部分裁决是指仲裁庭对整个争议中的一些问题已经审理清楚，而先行作出的部分终局性裁决，这种裁决是构成最终裁决的组成部分。仲裁裁决必须于案件审理终结之日起45天内以书面形式做出，仲裁裁决除由于调解达成和解而作出的裁决书外，应说明裁决所依据的理由，并写明裁决是终局的和作出裁决书的日期地点，以及仲裁员的署名等。

当事人对于仲裁裁决书，应依照其中所规定的时间自动履行，裁决书未规定期限的，应立即履行。一方当事人不履行的，另一方当事人可以根据法律的规定，向法院申请执行。

## 第四节 民事诉讼制度

民事诉讼是诉讼的基本类型之一。法院在当事人和其他诉讼参与人参加下，审理解决民事案件的活动以及由这种活动所产生的诉讼关系的总和。其特点是：第一，民事诉讼既包括法院依法进行的审判活动，也包括当事人和其他诉讼参与人依法进行的诉讼活动，在这些活动中法院和各诉讼参与人之间发生诉讼法律关系；第二，法院的审判活动对民事诉讼的开始、发展和终结具有决定性作用，双方当事人的诉讼活动则对民事诉讼的开始、发展和终结具有很大影响；第三，民事诉讼的整个过程，围绕解决民事纠纷这一基本任务，由若干各有其中心任务的阶段组成，同时各个阶段相互衔接，依次进行。对民事诉讼的含义，国外诉讼理论有不同学说。大陆法系国家一般认为，民事诉讼是法院根据当事人请求保护其私法上的权益的程序。英、美、法等国家对该问题不甚重视，较少明确解释。

## 一、民事诉讼特性

### 1. 公权性

与调解、仲裁这些诉讼外的解决民事纠纷的方式相比，民事诉讼有如下特征：民事诉讼是以司法方式解决平等主体之间的纠纷，是由法院代表国家行使审判权解决民事争议。它既不同于群众自治组织性质的人民调解委员会以调解方式解决纠纷，也不同于由民间性质的仲裁委员会以仲裁方式解决纠纷。

### 2. 强制性

强制性是公权力的重要属性。民事诉讼的强制性既表现在案件的受理上，又反映在裁判的执行上。调解、仲裁均建立在当事人自愿的基础上，只要有一方不愿意选择上述方式解决争议，调解、仲裁就无从进行，民事诉讼则不同，只要原告起诉符合民事诉讼法规定的条件，无论被告是否愿意，诉讼均会发生。法院裁判的履行不依赖于当事人的自觉，具有强制力，法院可以依法强制执行。

### 3. 程序性

民事诉讼是依照法定程序进行的诉讼活动，无论是法院还是当事人和其他诉讼参与人，都需要按照民事诉讼法设定的程序实施诉讼行为，违反诉讼程序常常会引起一定的法律后果。

人民调解没有严格的程序规则，仲裁虽然也需要按预先设定的程序进行，但其程序相当灵活，当事人对程序的选择权也较大。

### 4. 特定性

民事诉讼的对象具有特定性。它解决的争议是有关民事权利、义务的争议。不是民事主体之间民事权益发生争议，不能纳入民事诉讼程序处理，如伦理上的冲突、政治上争议、宗教上的争议或者科学上的争议等不能成为民事诉讼调整的对象。

对于无讼争性的非讼事件，虽然各国的普遍做法是由法院主管，但都规定了与民事诉讼程序不同的非讼程序来处理。

### 5. 自由性

民事诉讼反应民事主体权益之争，民事主体无论在实体上还是在程序上，都有依法处分其权利的自由。民事诉讼中的原告有权依法处分其诉讼权利和实体权利，被告也有权处分其诉讼权利和实体权利。正因为如此，民事诉讼形成了自己特有的机制，诉讼中的和解制度和调解制度，对当事人处分其权利具有独特的意义和作用。对法院发生法律效力的判决，胜诉的一方当事人可以申请执行，也可以不申请执行。但是，在刑事诉讼和行政诉讼中情况则不同，刑事诉讼中公诉人与被告人不能进行和解或调解，行政诉讼中就行政法律关系的争议，也不适用调解方式解决，作为当事人一方的行政机关胜诉后也无权放弃自己的权利。

### 6. 规范性与正当性

民事诉讼法以及其周边法律制度如法院组织法和法官法等保障着民事诉讼的正义性，确保当事人的实体权利和程序利益不受侵蚀。程序规则的严格性并不等同于程序的复杂性,其含义是指确保当事人权益的强行性规定不得违反,否则即产生一定的程序制裁。民事诉讼的严格规范性限制了法官的尺度,满足了国家和社会维护统一的法律秩序的要求。

## 二、民事诉讼的法院管辖

民事诉讼中的管辖是指各级法院之间和同级法院之间受理第一审民事案件的分工和权限。包括级别管辖、地域管辖、移送管辖、指定管辖和管辖权转移。人民法院受理案件后,被告有权针对人民法院对案件是否有管辖权提出管辖权异议,这是当事人的一项诉讼权利。

2015年4月发布的《最高人民法院关于调整高级人民法院和中级人民法院管辖第一审民商事案件标准的通知》中规定:

(1)当事人住所地均在受理法院所处省级行政辖区的第一审民商事案件。

1)北京、上海、江苏、浙江、广东高级人民法院,管辖诉讼标的额5亿元以上一审民商事案件,所辖中级人民法院管辖诉讼标的额1亿元以上一审民商事案件。

2)天津、河北、山西、内蒙古、辽宁、安徽、福建、山东、河南、湖北、湖南、广西、海南、四川、重庆高级人民法院,管辖诉讼标的额3亿元以上一审民商事案件,所辖中级人民法院管辖诉讼标的额3 000万元以上一审民商事案件。

3)吉林、黑龙江、江西、云南、陕西、新疆高级人民法院和新疆生产建设兵团分院,管辖诉讼标的额2亿元以上一审民商事案件,所辖中级人民法院管辖诉讼标的额1 000万元以上一审民商事案件。

4)贵州、西藏、甘肃、青海、宁夏高级人民法院,管辖诉讼标的额1亿元以上一审民商事案件,所辖中级人民法院管辖诉讼标的额500万元以上一审民商事案件。

(2)当事人一方住所地不在受理法院所处省级行政辖区的第一审民商事案件。

1)北京、上海、江苏、浙江、广东高级人民法院,管辖诉讼标的额3亿元以上一审民商事案件,所辖中级人民法院管辖诉讼标的额5 000万元以上一审民商事案件。

2)天津、河北、山西、内蒙古、辽宁、安徽、福建、山东、河南、湖北、湖南、广西、海南、四川、重庆高级人民法院,管辖诉讼标的额1亿元以上一审民商事案件,所辖中级人民法院管辖诉讼标的额2 000万元以上一审民商事案件。

3)吉林、黑龙江、江西、云南、陕西、新疆高级人民法院和新疆生产建设兵团分院,管辖诉讼标的额5 000万元以上一审民商事案件,所辖中级人民法院管辖诉讼标的额1 000万元以上一审民商事案件。

4)贵州、西藏、甘肃、青海、宁夏高级人民法院,管辖诉讼标的额2 000万元以上一审民商事案件,所辖中级人民法院管辖诉讼标的额500万元以上一审民商事案件。

(3)解放军军事法院管辖诉讼标的额1亿元以上一审民商事案件,大单位军事法院管辖诉讼标的额2 000万元以上一审民商事案件。

(4)婚姻、继承、家庭、物业服务、人身损害赔偿、名誉权、交通事故、劳动争议等案件,以及群体性纠纷案件,一般由基层人民法院管辖。

(5)对重大疑难、新类型和在适用法律上有普遍意义的案件,可以依照《民事诉讼法》第38条的规定,由上级人民法院自行决定由其审理,或者根据下级人民法院报请决定由其审理。

(6)本通知调整的级别管辖标准不涉及知识产权案件、海事海商案件和涉外涉港澳台民商事案件。

(7)本通知规定的第一审民商事案件标准,包含本数。

### (一)级别管辖

级别管辖是指按照一定的标准,划分上下级法院之间受理第一审民事案件的分工和权限。我国法院有四级,即基层人民法院、中级人民法院、高级人民法院和最高人民法院,每一级均受理一审民事案件。《民事诉讼法》主要根据案件的性质、影响和诉讼标的金额等来确定级别管辖。在实践中,争议标的金额的大小,往往是确定级别管辖的重要依据,但各地人民法院确定的级别管辖争议标的数额标准不尽相同。

工程建设领域关系最为密切的是因合同纠纷提起诉讼的管辖。《民事诉讼法》规定:"因合同纠纷提起的诉讼,由被告住所地或者合同履行地人民法院管辖。"2015年1月最高人民法院发布的《关于适用〈中华人民共和国民事诉讼法〉的解释》规定:"合同约定履行地点的,以约定的履行地点为合同履行地。合同对履行地点没有约定或者约定不明确,争议标的为给付货币的,接收货币一方所在地为合同履行地;交付不动产的,不动产所在地为合同履行地;其他标的,履行义务一方所在地为合同履行地。即时结清的合同,交易行为地为合同履行地。合同没有实际履行,当事人双方住所地都不在合同约定的履行地的,由被告住所地人民法院管辖。"

### (二)地域管辖

地域管辖,就是按照各人民法院的辖区范围和民事案件的隶属关系,划分同级人民法院之间审判第一审民事案件的权限。级别管辖则是确定民事案件由哪一级人民法院管辖。就是说,级别管辖是确定纵向的审判分工,地域管辖是确定横向的审判分工。地域管辖主要包括以下几种情况。

#### 1. 一般地域管辖

一般地域管辖,是以当事人与法院的隶属关系来确定诉讼管辖,通常实行"原告就被告"原则,即以被告住所地作为确定管辖的标准。根据《民事诉讼法》的规定:

(1)对公民提起的民事诉讼,由被告住所地人民法院管辖;被告住所地与经常居住地不一致的,由经常居住地人民法院管辖。其中,公民的住所地是指该公民的户籍所在地。经常居住地是指公民离开住所至起诉时已连续居住满1年的地方,但公民住院就医的地方除外。

(2)对法人或者其他组织提起的民事诉讼,由被告住所地人民法院管辖。被告住所地是指法人或者其他组织的主要办事机构所在地或者主要营业地;主要办事机构所在地不能确定的,其注册地或者登记地为住所地。

(3)同一诉讼的几个被告住所地、经常居住地在两个以上人民法院辖区的,原告可以向任何一个被告住所地或经常居住地人民法院起诉。

#### 2. 特殊地域管辖

特殊地域管辖是指以诉讼标的所在地、引起民事法律关系发生、变更、消灭的法律事实所在地为标准确定的管辖。《民事诉讼法》规定了9种特殊地域管辖,其中与工程建设领域关系最为密切的是因合同纠纷提起诉讼的管辖。《民事诉讼法》规定:"因合同纠纷提起的诉讼,由被告住所地或者合同履行地人民法院管辖。"2015年1月最高人民法院发布的《关于适用〈中华人民共和国民事诉讼法〉的解释》规定:"合同约定履行地点的,以约定的履行地点为合同履行地。合同对履行地点没有约定或者约定不明确,争议标的为给付货币的,接收货币一方所在地为合同履行地;交付不动产的,不动产所在地为合同履行地;其他标的,履行义务一方所在地为合同履行地。即时结清的合同,交易行为地为合同履行地。合同没有实际履行,当事人双方住所地都不在合同约定的履行地的,由被告住所地人民法院管辖。"

#### 3. 专属管辖

专属管辖是指法律规定某些特殊类型的案件专门由特定的法院管辖。专属管辖是排他性管辖，排除了诉讼当事人协议选择管辖法院的权利。专属管辖与一般地域管辖和特殊地域管辖的关系是：凡法律规定为专属管辖的诉讼，均适用专属管辖。

《民事诉讼法》中规定了3种适用专属管辖的案件，其中因不动产纠纷提起的诉讼，由不动产所在地人民法院管辖，如房屋买卖纠纷、土地使用权转让纠纷等。《最高人民法院关于适用〈中华人民共和国民事诉讼法〉的解释》中规定，建设工程施工合同纠纷按照不动产纠纷确定管辖。不动产已登记的，以不动产登记簿记载的所在地为不动产所在地；不动产未登记的，以不动产实际所在地为不动产所在地。

#### 4. 协议管辖

发生合同纠纷或者其他财产权益纠纷的，《民事诉讼法》还规定了协议管辖制度。所谓协议管辖，是指合同当事人在纠纷发生前后，在法律允许的范围内，以书面形式约定案件的管辖法院。协议管辖适用于合同纠纷或者其他财产权益纠纷，其他财产权益纠纷包括因物权、知识产权中的财产权而产生的民事纠纷管辖。

《民事诉讼法》规定，合同的当事人可以在书面合同中协议选择被告住所地、合同履行地、合同签订地、原告住所地、标的物所在地等与争议有实际联系的地点的人民法院管辖，但不得违反本法对级别管辖和专属管辖的规定。"与争议有实际联系的地点"还包括侵犯物权或者知识产权等财产权益的行为发生地等。

### (三)移送管辖

民事诉讼中的移送管辖，是指人民法院发现受理的案件不属于该院的管辖的，应当移送有管辖权的人民法院，受移送的人民法院应当受理。

如果受移送的人民法院认为受移送的案件依照规定不属于该院管辖的，应当报请上级人民法院指定管辖，不得再自行移送。

与移送管辖不同，管辖权的转移是指上级人民法院有权审理下级人民法院管辖的第一审民事案件，也可以把该院管辖的第一审民事案件交下级人民法院审理。下级人民法院对它所管辖的第一审民事案件，认为需要由上级人民法院审理的，可以报请上级人民法院审理。

移送管辖所移送的对象是民事案件，而管辖权的转移所移送的是法院对民事案件的管辖权限。

根据《民事诉讼法》第36条规定："人民法院发现受理的案件不属于本法院管辖的，应当移送给有管辖权的人民法院，受移送的人民法院应当受理。受移送的人民法院认为受移送的案件依照规定不属于该院管辖的，应当报请上级人民法院指定管辖，不得再自行移送。"据此规定，移送管辖的适用应当具备以下条件：

(1)人民法院已经受理案件。若尚未受理的案件，经审查不归本法院管辖的，不存在移送管辖问题，应告知当事人向有管辖权的人民法院起诉。

(2)受理案件的人民法院对该案无管辖权。依法享有管辖权的人民法院才有权行使审判权，因此无管辖权的人民法院无权审理案件。

(3)接受移送案件的人民法院依法享有管辖权。这是对移送案件法院的要求，即不得随意移送，只能向有管辖权的人民法院移送。

### (四)指定管辖

指定管辖是指裁定管辖的一种。上级法院以裁定的方式将某一案件交由某一下级法院受理。

其目的是防止和解决因管辖不明而发生的争议。产生指定管辖的情况有：管辖区域的界限不明或行政区划发生变动；由于事实或法律原因，使原管辖权法院不能受理，或审理某一特定案件将发生重大障碍；对管辖权的法律规定产生不同理解。在中国，有管辖权的人民法院由于特殊原因不能行使管辖权的，由上级人民法院指定管辖。管辖权发生争议，由双方协议解决，协商解决不成时，报其共同上级人民法院指定管辖。上级法院的指定管辖，下级法院必须执行。上级法院可以指定下级法院审判管辖不明的案件，也可指定其将案件移送其他法院审判。

《民事诉讼法》第37条规定："有管辖权的人民法院由于特殊原因，不能行使管辖权的，由上级人民法院指定管辖。人民法院之间因管辖权发生争议，由争议双方协商解决；协商解决不了的，报请它们的共同上级人民法院指定管辖。"据此规定，在下列两种情况下适用指定管辖：

(1)有管辖权的人民法院由于特殊原因，不能行使管辖权。所谓特殊原因，包括事实上和法律上的原因。事实上的原因，如有管辖权的人民法院遇到了不可抗力的事由，即地震、水灾等无法行使管辖权；法律上的原因，如受诉法院的审判人员，因当事人申请回避或者审判人员自行回避，无法组成合议庭对案件进行审理。出现上述情况之一的，应由上级人民法院在其辖区内，指定其他适宜的人民法院管辖。

(2)因管辖权发生争议，经双方协商未能解决争议。

### (五)管辖权转移

管辖权转移是指经上级人民法院决定或者同意，将某个案件的管辖权由上级人民法院转交给下级人民法院，或者由下级人民法院转交给上级人民法院。就管辖权转移的实质而言，是对级别管辖的一种变通和补充。《民事诉讼法》第38条规定："上级人民法院有权审理下级人民法院管辖的第一审民事案件，确有必要把本院管辖的第一审民事案件交下级人民法院审理的，应当报清其上级人民法院批准。下级人民法院对它所管辖的第一审民事案件，认为需要由上级人民法院审理的，可以报请上级人民法院审理。"

管辖权转移具备以下主要条件：
(1)进行移送的人民法院依法对案件有管辖权；
(2)移送应当有必要、有实际意义；
(3)移送应当在隶属的上下级人民法院之间进行；
(4)移送应当由上级人民法院决定或同意。

### (六)管辖权异议

管辖权异议是指当事人向受诉法院提出的该法院对案件无管辖权的主张。《民事诉讼法》规定，人民法院受理案件后，当事人对管辖权有异议的，应当在提交答辩状期间提出。人民法院对当事人提出的异议，应当审查。异议成立的，裁定将案件移交有管辖权的人民法院；异议不成立的，裁定驳回。根据2009年11月发布的《最高人民法院关于审理民事级别管辖异议案件若干问题的规定》，受诉人民法院应当在受理异议之日起15日内作出裁定；对人民法院就级别管辖异议作出的裁定，当事人不服提起上诉的，第二审人民法院应当依法审理并作出裁定。

## ■ 三、民事诉讼的当事人和代理人

### (一)当事人

民事诉讼中的当事人，是指因民事权利和义务发生争议，以自己的名义进行诉讼，请求人民法院进行裁判的公民、法人或其他组织。狭义的民事诉讼当事人包括原告和被告；广义的民事诉讼当事人包括原告、被告、共同诉讼人和第三人。

(1)原告和被告。原告是指维护自己的权益或自己所管理的他人权益,以自己名义起诉,从而引起民事诉讼程序的当事人;被告是指原告诉称侵犯原告民事权益而由法院通知其应诉的当事人。

《民事诉讼法》规定,公民、法人和其他组织可以作为民事诉讼的当事人。法人由其法定代表人进行诉讼,其他组织由其主要负责人进行诉讼。公民、法人和其他组织虽然都可以成为民事诉讼中的原告或被告,但在实践中,情况还是比较复杂的,需要进一步结合《最高人民法院关于适用〈中华人民共和国民事诉讼法〉的解释》及相关规定进行正确认定。

随着我国经济社会的快速发展和变化,出现了一些环境污染、侵害众多消费者权益等严重损害社会公共利益的行为。为保护社会公共利益,除加强行政监管外,《民事诉讼法》还初步确立了我国的民事公益诉讼制度。根据《民事诉讼法》还规定,对污染环境、侵害众多消费者合法权益等损害社会公共利益的行为,法律规定的机关和有关组织可以向人民法院提起诉讼。

(2)共同诉讼人。共同诉讼人是指当事人一方或双方为2人以上(含2人),诉讼标的是共同的,或者诉讼标的是同一种类、人民法院认为可以合并审理并经当事人同意,一同在人民法院进行诉讼的人。

(3)第三人。第三人是指对他人争议的诉讼标的有独立的请求权,或者虽无独立的请求权,但案件的处理结果与其有法律上的利害关系,而参加到原告、被告已经开始的诉讼中进行诉讼的人。

《民事诉讼法》规定,对当事人双方的诉讼标的,第三人认为有独立请求权的,有权提起诉讼。对当事人双方的诉讼标的,第三人虽然没有独立请求权,但案件处理结果同其有法律上的利害关系的,可以申请参加诉讼,或者由人民法院通知其参加诉讼。人民法院判决承担民事责任的第三人,有当事人的诉讼权利和义务。以上规定的第三人,因不能归责于本人的事由未参加诉讼,但有证据证明发生法律效力的判决、裁定、调解书的部分或者全部内容错误,损害其民事权益的,可以自知道或者应当知道其民事权益受到损害之日起6个月内,向作出该判决、裁定、调解书的人民法院提起诉讼。人民法院经审理,诉讼请求成立的,应当改变或者撤销原判决、裁定、调解书;诉讼请求不成立的,驳回诉讼请求。

### (二)诉讼代理人

诉讼代理人是指根据法律规定或当事人的委托,代理当事人进行民事诉讼活动的人。民事法律行为代理分为法定代理、委托代理和指定代理。与此相对应,民事诉讼代理人也可分为法定诉讼代理人、委托诉讼代理人和指定诉讼代理人。在建设工程领域的民事诉讼代理中,最常见的是委托诉讼代理人。

当事人、法定代理人可以委托1~2人作为其诉讼代理人。《民事诉讼法》规定,下列人员可以被委托为诉讼代理人:律师、基层法律服务工作者;当事人的近亲属或工作人员;当事人所在社区、单位以及有关社会团体推荐的公民。委托他人代为诉讼的,须向人民法院提交由委托人签名或盖章的授权委托书,授权委托书必须记明委托事项和权限。《民事诉讼法》还规定:"诉讼代理人代为承认、放弃、变更诉讼请求,进行和解,提起反诉或者上诉,必须有委托人的特别授权"。针对实践中经常出现的授权委托书仅写"全权代理"而无具体授权的情形,最高人民法院还特别规定,在这种情况下不能认定为诉讼代理人已获得特别授权,即诉讼代理人无权代为承认、放弃、变更诉讼请求,进行和解、提起反诉或者上诉。

### ■ 四、民事诉讼的证据

证据是指在诉讼中能够证明案件真实情况的各种资料。当事人要证明自己提出的主张,需要向法院提供相应的证据资料。掌握证据的种类才能正确收集证据；掌握证据的保全才能不使对自己有利的证据灭失；掌握证据的应用才能真正发挥证据的作用。

### 1. 证据的种类

《民事诉讼法》规定，证据包括当事人的陈述、书证、物证、视听资料、电子数据、证人证言、鉴定意见、勘验笔录。证据必须查证属实，才能作为认定事实的根据。

(1) 当事人陈述。当事人陈述是指当事人在诉讼或仲裁中，就本案的事实向法院或仲裁机构所作的陈述。《民事诉讼法》规定，人民法院对当事人的陈述，应当结合本案的其他证据，审查确定能否作为认定事实的根据。当事人拒绝陈述的，不影响人民法院根据证据认定案件事实。2008年12月最高人民法院修正后发布的《关于民事诉讼证据的若干规定》中规定，当事人对自己的主张，只有本人陈述而不能提出其他相关证据的，其主张不予支持。但对方当事人认可的除外。

(2) 书证。书证是指以文字、符号所记录或表示的，以证明待证事实的文书，如合同、书信、文件、票据等。书证是民事诉讼和仲裁中普遍并大量应用的一种证据。

(3) 物证。物证是指用物品的外形、特征、质量等说明待证事实的一部分或全部的物品。在工程实践中，建筑材料、设备及工程质量等，往往表现为物证这种形式。如在民事诉讼和仲裁过程中，应当遵循"优先提供原件或者原物"原则。《民事诉讼法》规定："书证应当提交原件。物证应当提交原物。提交原件或者原物确有困难的，可以提交复制品、照片、副本、节录本"。需要说明的是，根据《最高人民法院关于民事诉讼证据的若干规定》的规定，当事人"如需自己保存证据原件、原物或者提供原件、原物确有困难的，可以提供经人民法院核对无异的复制件或者复制品"。但是，无法与原件、原物核对的复印件、复制品，不能单独作为认定案件事实的依据。

(4) 视听资料。视听资料是指利用录音、录像等方法记录下来的有关案件事实的材料，如用录音机录制的当事人的谈话、用摄像机拍摄的人物形象及其活动等。视听资料虽然具有易于保存、生动逼真等优点，但另一方面，视听资料也有容易通过技术手段被篡改的缺点。《民事诉讼法》规定，人民法院对视听资料，应当辨别真伪，并结合本案的其他证据，审查确定能否作为认定事实的根据。同时，《最高人民法院关于民事诉讼证据的若干规定》中规定，存有疑点的视听资料，不能单独作为认定案件事实的依据。对于未经对方当事人同意私自录制其谈话取得的资料的效力，《最高人民法院关于民事诉讼证据的若干规定》规定，对于一方当事人提出的，有其他证据佐证并以合法手段取得的、无疑点的视听资料或者与视听资料核对无误的复制件，对方当事人提出异议但没有足以反驳的相反证据的，人民法院应当确认其证明力。

(5) 电子数据。电子数据是指与案件事实有关的电子邮件、网上聊天记录、电子签名、网络访问记录等以电子形式存在的证据，如储存在计算机等电子设备的软盘、硬盘或光盘中的电子数据信息。

(6) 证人证言。证人证言是指证人以口头或者书面方式向人民法院所作的对案件事实的陈述。证人所作的陈述，既可以是亲自听到、看到的，也可以是从其他人、其他地方间接得知的。人民法院认定证人证言，可以通过对证人的智力状况、品德、知识、经验、法律意识和专业技能等的综合分析做出判断。

《民事诉讼法》规定，凡是知道案件情况的单位和个人，都有义务出庭作证。有关单位的负责人应当支持证人作证。不能正确表达意志的人，不能作证。经人民法院通知，证人应当出庭作证。有下列情形之一的，经人民法院许可，可以通过书面证言、视听传输技术或者视听资料等方式作证：因健康原因不能出庭的；因路途遥远，交通不便不能出庭的；因自然灾害等不可抗力不能出庭的;其他有正当理由不能出庭的。

《最高人民法院关于民事诉讼证据的若干规定》还规定,与一方当事人或者其代理人有利害关系的证人出具的证言,以及无正当理由未出庭作证的证人证言,不能单独作为认定案件事实的依据。

(7)鉴定意见。鉴定意见是指具备相应资格的鉴定人对民事案件中出现的专门性问题,通过鉴别和判断后作出的书面意见。在建设工程领域,较常见的鉴定意见如工程质量鉴定、技术鉴定、工程造价鉴定、伤残鉴定、笔迹鉴定等。由于鉴定意见是运用专业知识所作出的鉴别和判断,所以,具有科学性和较强的证明力。

《民事诉讼法》规定,当事人可以就查明事实的专门性问题向人民法院申请鉴定。当事人申请鉴定的,由双方当事人协商确定具备资格的鉴定人;协商不成的,由人民法院指定。当事人未申请鉴定,人民法院对专门性问题认为需要鉴定的,应当委托具备资格的鉴定人进行鉴定。当事人对鉴定意见有异议或者人民法院认为鉴定人有必要出庭的,鉴定人应当出庭作证。经人民法院通知,鉴定人拒不出庭作证的,鉴定意见不得作为认定事实的根据;支付鉴定费用的当事人可以要求返还鉴定费用。

(8)勘验笔录。勘验笔录是指人民法院为了查明案件的事实,指派勘验人员对与案件争议有关的现场、物品或物体进行查验、拍照、测量,并将查验的情况与结果制成的笔录。《民事诉讼法》规定,勘验物证或者现场,勘验人必须出示人民法院的证件,并邀请当地基层组织或者当事人所在单位派人参加。当事人或者当事人的成年家属应当到场,拒不到场的,不影响勘验的进行。勘验笔录应由勘验人、当事人和被邀参加人签名或者盖章。

### 2. 证据的保全

(1)证据保全的概念和作用。所谓证据保全,是指在证据可能灭失或以后难以取得的情况下,法院根据申请人的申请或依职权,对证据加以固定和保护的制度。民事诉讼或仲裁均是以证据为基础展开的。依据有关证据,当事人和法院、仲裁机构才能够了解或查明案件真相,确定争议的原因,从而正确处理纠纷。但是,从纠纷产生直至案件开庭审理必然有一个间隔。在这段时间内,有些证据由于自然原因或人为原因,可能会灭失或难以取得。为了防止这种情况可能给当事人的举证以及法院、仲裁机构的审理带来困难,《民事诉讼法》规定,在证据可能灭失或者以后难以取得的情况下,当事人可以在诉讼过程中向人民法院申请保全证据,人民法院也可以主动采取保全措施。因情况紧急,在证据可能灭失或者以后难以取得的情况下,利害关系人可以在提起诉讼或者申请仲裁前,向证据所在地、被申请人住所地或者对案件有管辖权的人民法院申请保全证据。

(2)证据保全的程序。《民事诉讼法》规定,当事人申请诉讼证据保全的,人民法院采取保全措施,可以责令申请人提供担保,申请人不提供担保的,裁定驳回申请。人民法院接受申请后,对情况紧急的,必须在48小时内作出裁定;裁定采取保全措施的,应当立即开始执行。利害关系人申请诉前证据保全的,申请人应当提供担保,不提供担保的,裁定驳回申请。人民法院接受申请后,必须在48小时内作出裁定;裁定采取保全措施的,应当立即开始执行。申请人在人民法院采取保全措施后30日内不依法提起诉讼或者申请仲裁的,人民法院应当解除保全。申请有错误的,申请人应当赔偿被申请人因保全所遭受的损失。《仲裁法》也规定,在证据可能灭失或者以后难以取得的情况下,当事人可以申请证据保全。当事人申请证据保全的,仲裁委员会应当将当事人的申请提交证据所在地的基层人民法院。

## 五、民事诉讼程序

民事诉讼程序是人民法院审理案件适用的程序，可以分为一审程序、二审程序和审判监督程序。

### (一)一审程序

一审程序包括普通程序和简易程序。普通程序是《民事诉讼法》规定的民事诉讼当事人进行第一审民事诉讼和人民法院审理第一审民事案件所通常适用的诉讼程序。

适用普通程序审理的案件，根据《民事诉讼法》的规定，应当在立案之日起 6 个月内审结。有特殊情况需要延长的，由本院院长批准，可以延长 6 个月；还需要延长的，报请上级人民法院批准。

#### 1. 起诉和受理

(1)起诉。《民事诉讼法》规定，起诉必须符合的条件有：原告是与本案有直接利害关系的公民、法人和其他组织；有明确的被告；有具体的诉讼请求、事实和理由；属于人民法院受理民事诉讼的范围和受诉人民法院管辖。

起诉方式，应当以书面起诉为原则，口头起诉为例外。在工程实践中，一般都是采用书面起诉方式。《民事诉讼法》规定，起诉应当向人民法院提交起诉状，并按照被告人数提出副本。

起诉状应当记明的事项有：原告的姓名，性别、年龄、民族、职业、工作单位、住所、联系方式，法人或者其他组织的名称、住所和法定代表人或者主要负责人的姓名、职务、联系方式；被告的姓名、性别、工作单位、住所等信息，法人或者其他组织的名称、住所等信息；诉讼请求和所根据的事实和理由；证据和证据来源，证人姓名和住所。

起诉状中最好写明案由。民事案件案由是民事诉讼案件的名称，反映案件所涉及的民事法律关系的性质，是法院将诉讼争议所包含的法律关系进行的概括。根据最高人民法院民事案件案由规定，工程实践中常用的有两类：一类是购买建筑材料可能遇到的买卖合同纠纷，包括分期付款买卖合同纠纷、凭样品买卖合同纠纷、试用买卖合同纠纷、互易纠纷、国际货物买卖合同纠纷等；另一类是工程中可能遇到的各种合同纠纷，包括建设工程勘察合同纠纷、建设工程设计合同纠纷、建设工程施工合同纠纷、建设工程分包合同纠纷、建设工程监理合同纠纷、装饰合同纠纷。

(2)受理。《民事诉讼法》规定，法院收到起诉状，经审查，认为符合起诉条件的，应当在 7 日内立案并通知当事人。认为不符合起诉条件的，应当在 7 日内作出裁定书，不予受理。原告对裁定不服的，可以提起上诉。

审理前的主要准备工作如下：

1)送达起诉状副本和提出答辩状。

诉讼文书送达方式有以下几种：

①直接送达，是最常用的一种送达方式。

②留置送达，是指在向受送达人或有资格接受送达的人送交需送达的法律文书时，受送达人或有资格接受送达的人拒绝签收，送达人将诉讼文书依法留放在受送达人住所的送达方式。

③委托送达，是指受诉法院直接送达确有困难，委托其他法院将需要送达的法律文书送交受送达人的送达方式。

④邮寄送达，根据《最高人民法院关于以法院专递方式邮寄送达民事诉讼文书的若干规定》，签收人是受送达人本人或者是受送达人的法定代表人、主要负责人、法定代理人、诉讼代理人

的，签收人应当场核对邮件内容。签收人发现邮件内容与回执上的文书名称不一致的，应当当场向邮政机构的投递员提出，由投递员在回执上记明情况后将邮件退回人民法院；签收人是受送达人办公室、收发室和值班室的工作人员或者是与受送达人同住成年家属，受送达人发现邮件内容与回执上的文书名称不一致的，应当在收到邮件后的3日内将该邮件退回人民法院，并以书面方式说明退回的理由。

⑤转交送达，适用转交送达的受送达人是军人、被监禁人员、被劳动教养人员，由该受送达人所在单位转交送达。

⑥公告送达，根据《最高人民法院关于依据原告起诉时提供的被告住址无法送达应如何处理问题的批复》，法院依据原告起诉时所提供的被告住址无法直接送达或者留置送达，应当要求原告补充材料。原告因客观原因不能补充或者依据原告补充的材料仍不能确定被告住址的，法院应当依法向被告公告送达诉讼文书。

《民事诉讼法》规定，人民法院应当在立案之日起5日内将起诉状副本发送被告，被告在收到之日起15日内提出答辩状。被告提出答辩状的，人民法院应当在收到之日起5日内将答辩状副本发送原告。被告不提出答辩状的，不影响人民法院审理。

2)告知当事人诉讼权利、义务及组成合议庭。人民法院对决定受理的案件，应当在受理案件通知书和应诉通知书中向当事人告知有关的权利和义务，或者口头告知。

普通程序的审判组织应当采用合议制。合议庭组成人员确定后，应当在3日内告知当事人。

### 2. 开庭审理

(1)法庭调查。法庭调查，是在法庭上出示与案件有关的全部证据，对案件事实进行全面调查并由当事人进行质证的程序。

法庭调查按照以下程序进行案件审理：

1)当事人陈述；

2)告知证人的权利和义务，证人作证，宣读未到庭的证人证言；

3)出示书证、物证和视听资料；

4)宣读鉴定结论；

5)宣读勘验笔录。

(2)法庭辩论。法庭辩论是当事人及其诉讼代理人在法庭上行使辩论权，针对有争议的事实和法律问题进行辩论的程序。法庭辩论的目的，是通过当事人及其诉讼代理人的辩论，对有争议的问题进一步审查和核实，借此查明案件的真实情况和正确适用法律。

(3)法庭笔录。书记员应当将法庭审理的全部活动记笔录，由审判人员和书记员签名。法庭笔录应当宣读，也可以告知当事人和其他诉讼参与人当庭或者在5日内阅读。当事人和其他诉讼参与人认为对自己的陈述记录有遗漏或者差错的，有权申请补正。如果不予补正，应当将申请记录在案。法庭笔录由当事人和其他诉讼参与人签名或者盖章。

(4)宣判。法庭辩论终结，应当依法作出判决。根据《民事诉讼法》的规定，判决前能够调解的，还可以进行调解。调解书经双方当事人签收后，即具有法律效力。调解不成的，如调解未达成协议或者调解书送达前一方反悔的，法院应当及时判决。

原告经传票传唤，无正当理由拒不到庭的，或者未经法庭许可中途退庭的，可以按撤诉处理；被告反诉的，可以缺席判决。被告经传票传唤，无正当理由拒不到庭的，或者未经法庭许可中途退庭的，可以缺席判决。

法院一律公开宣告判决，同时必须告知当事人上诉权利、上诉期限和上诉的法院。最高人民法院的判决、裁定，以及超过上诉期没有上诉的判决、裁定，是发生法律效力的判决、裁定。

### (二)第二审程序

第二审程序(又称上诉程序或终审程序),是指由于民事诉讼当事人不服原审人民法院尚未生效的第一审判决或裁定,在法定上诉期间内,向上一级人民法院提起上诉而引起的诉讼程序。由于我国实行两审终审制,上诉案件经二审法院审理后作出的判决、裁定为终审的判决、裁定,诉讼程序即告终结。

#### 1. 上诉期间

当事人不服原审人民法院第一审判决的,有权在判决书送达之日起 15 日内向上一级人民法院提起上诉;不服原审人民法院第一审裁定的,有权在裁定书送达之日起 10 日内向上一级人民法院提起上诉。

#### 2. 上诉状

当事人提起上诉,应当递交上诉状。上诉状应当通过原审法院提出,并按照对方当事人的人数提供副本。

#### 3. 二审法院对上诉案件的处理

二审人民法院对上诉案件,经过审理,按照下列情形,分别处理:原判决认定事实清楚,适用法律正确的,判决驳回上诉,维持原判决;原判决适用法律错误的,依法改判;原判决认定事实错误,或者原判决认定事实不清,证据不足,裁定撤销原判决,发回原审人民法院重审,或者查清事实后改判;原判决违反法定程序,可能影响案件正确判决的,裁定撤销原判决,发回原审人民法院重审。

二审法院作出的具有给付内容的判决,具有强制执行力。如果有履行义务的当事人拒不履行,对方当事人有权向法院申请强制执行。

对于发回原审法院重审的案件,原审法院仍将按照一审程序进行审理。因此,当事人对重审案件的判决、裁定,仍然可以上诉。

### (三)审判监督程序

审判监督程序即再审程序,是指由有审判监督权的法定机关和人员提起,或由当事人申请,由人民法院对发生法律效力的判决、裁定、调解书再次审理的程序。

#### 1. 人民法院提起再审的程序

人民法院提起再审,必须是已经发生法律效力的判决裁定确有错误。其程序为:各级人民法院院长对本院已经发生法律效力的判决、裁定,发现确有错误,认为需要再审的,应当提交审判委员会讨论决定。最高人民法院对地方各级人民法院已经生效的判决、裁定,上级人民法院对下级人民法院已生效的判决、裁定,发现确有错误的,有权提审或指令下级人民法院再审。按照审判监督程序决定再审的案件,裁定中止原判次的执行。

再审申请应当符合以下条件:

(1)再审申请人是生效裁判文书列明的当事人,或者其他因不能归责于本人的事由未被裁判文书列为当事人,但与行政行为有利害关系的公民、法人或者其他组织;

(2)受理再审申请的法院是作出生效裁判的上一级人民法院;

(3)申请再审的裁判属于《行政诉讼法》第 90 条规定的生效裁判;

(4)申请再审的事由属于《行政诉讼法》第 91 条规定的情形。

申请再审时,有下列情形之一的,人民法院不予立案:

(1)再审申请被驳回后再次提出申请的;

(2)对再审判决、裁定提出申请的;

(3)在人民检察院对当事人的申请作出不予提出检察建议或者抗诉决定后又提出申请的；
前款第1项、第2项规定情形，人民法院应当告知当事人可以向人民检察院申请检察建议或者抗诉。

诉讼代理人应为以下人员：
(1)律师、基层法律服务工作者；
(2)当事人的近亲属或者工作人员；
(3)当事人所在社区、单位以及有关社会团体推荐的公民。

申请再审时，应当提交下列材料：
(1)再审申请书，并按照被申请人及原审其他当事人的人数提交副本；
(2)再审申请人是自然人的，应当提交身份证明复印件；再审申请人是法人或者其他组织的，应当提交营业执照复印件、组织机构代码证书复印件、法定代表人或者主要负责人身份证明；法人或者其他组织不能提供组织机构代码证书复印件的，应当提交情况说明；
(3)委托他人代为申请再审的，应当提交授权委托书和代理人身份证明；
(4)原审判决书、裁定书、调解书，或者与原件核对无异的复印件；
(5)法律、法规规定需要提交的其他材料。

当事人申请再审，还应提交下列材料：
(1)一审起诉状复印件、二审上诉状复印件；
(2)在原审诉讼过程中提交的主要证据材料；
(3)支持再审申请事由和再审请求的证据材料；
(4)行政机关作出相关行政行为的证据材料；
(5)其向行政机关提出申请，但行政机关不作为的相关证据材料；
(6)认为需要提交的其他材料。

再审申请书应当载明下列事项：
(1)再审申请人、被申请人及原审其他当事人的基本情况。当事人是自然人的，应列明姓名、性别、出生日期、民族、住址及有效联系电话、通信地址；当事人是法人或者其他组织的，应列明名称、住所地和法定代表人或者主要负责人的姓名、职务及有效联系电话、通信地址；
(2)原审人民法院的名称，原审判决、裁定或者调解书的案号；
(3)具体的再审请求；
(4)申请再审的具体法定事由及事实、理由；
(5)受理再审申请的人民法院名称；
(6)再审申请人的签名、捺印或者盖章；
(7)递交再审申请书的日期。

对符合上述条件的再审申请，人民法院应当及时立案，并应自收到符合条件的再审申请书等材料之日起五日内向再审申请人发送受理通知书，同时向被申请人及原审其他当事人发送应诉通知书、再审申请书副本及送达地址确认书。因通信地址不详等原因，受理通知书、应诉通知书、再审申请书副本等材料未送达当事人的，不影响案件的审查。

被申请人可以在收到再审申请书副本之日起十五日内向人民法院提出书面答辩意见，被申请人未提出书面答辩意见的，不影响人民法院审查。再审申请人向原审人民法院申请再审或者越级申请再审的，原审人民法院或者有关上级人民法院应当告知其向作出生效裁判的人民法院的上一级法院提出。当事人申请再审，应当在判决、裁定、调解书发生法律效力后六个月内提出。申请再审期间为人民法院向当事人送达裁判文书之日起至再审申请人向上一级人民法院申请再审之日止。申请再审期间为不变期间,不适用中止、中断、延长的规定。

### 2. 人民检察院的抗诉

抗诉是指人民检察院对人民法院发生法律效力的判决、裁定,发现有提起抗诉的法定情形,提请人民法院对案件重新审理。

最高人民检察院对各级人民法院已经发生法律效力的判决、裁定,上级人民检察院对下级人民法院已经发生法律效力的判决、裁定,发现有符合当事人可以申请再审情形之一的,应当按照审判监督程序提起抗诉。地方各级人民检察院对同级人民法院已经发生法律效力的判决、裁定,发现有符合当事人可以申请再审情形之一的,应当提请上级人民检察院向同级人民法院提出抗诉。

## 第五节 行政复议和行政诉讼制度

### 一、行政复议

行政复议是与行政行为具有法律上利害关系的人认为行政机关所作出的行政行为侵犯其合法权益,依法向具有法定权限的行政机关申请复议,由复议机关依法对被申请行政行为合法性和合理性进行审查并作出决定的活动和制度。行政复议是行政机关实施的被动行政行为,它兼具行政监督、行政救济和行政司法行为的特征和属性。它对于监督和维护行政主体依法行使行政职权,保护相对人的合法权益等均具有重要的意义和作用。

行政复议的特征主要有以下几项:

(1)行政复议以行政争议和部分民事争议为处理对象;
(2)行政复议直接以具体行政行为为审查对象;
(3)行政复议以合法性和合理性为审查标准;
(4)行政复议以书面审理为主要方式;
(5)行政复议以行政相对人为申请人,以行政主体为被申请人;
(6)行政复议以行政机关为处理机关。

行政复议基本原则,是指通过行政复议法所确立和反映的,贯穿于行政复议全过程,具体规范和指导行政复议的法律原则。根据《中华人民共和国行政复议法》(简称《行政复议法》)的规定,行政复议应遵守的原则如下:

(1)独立复议原则。独立复议原则是通过《行政复议法》第3条所确立的原则,指复议机关依法行使职权,不受其他机关、社会团体和个人的非法干涉。

(2)合法、公正、公开、及时、便民的原则。该原则是通过《行政复议法》第4条所确立的原则。

1)合法是指要求复议机关必须严格按照宪法和法律规定的职责权限,以事实为依据,以法律为准绳,对申请复议的具体行政行为,按法定程序进行审查,并根据审查的不同情况,依法作出不同的复议决定。坚持有错必纠,保障法律、法规的正确实施。

2)公正原则是指行政复议要符合公平、正义的要求。

3)公开原则是要求行政复议的依据、程序及其结果都要公开,复议参加人有获得相关情报资料的权利。

4)及时原则是要求行政复议机关对复议申请的受理、复议的审查、复议决定的作出都应在法律、法规规定的时限内及时作出，不得拖延。

5)便民原则是要求行政复议机关在具体的复议工作中，要尽可能为复议申请人提供便利条件，让复议申请人少耗费时间、财力和精力来解决问题。

(3)一级复议原则。一级复议原则是《行政复议法》第5条所规定的原则，指除法律、法规另有规定的以外，行政复议实行一级终结复议制。

(4)复议不停止执行原则。行政复议不停止执行原则是《行政复议法》第21条所规定的原则，是指除被申请人认为需要停止执行的；行政复议机关认为需要停止执行的；申请人申请停止执行，行政复议机关认为其要求合理，决定停止执行的；法律规定停止执行的四种情况之外，行政复议中，当事人争议的具体行政行为不因复议而停止执行。

(5)书面审理为主原则。书面审理为主原则是《行政复议法》第22条所规定的原则，行政复议原则上采取书面审查的办法，但是申请人提出要求或者行政复议机关负责法制工作的机构认为有必要时，可以向有关组织和人员调查情况，听取申请人、被申请人和第三人的意见。

(6)合法与适当双重审查原则。合法与适当双重审查原则是《行政复议法》第28条所确立的原则，要求行政机关在行政复议过程，不仅要审查具体行政行为是否合法，还得审查具体行政行为是否适当，以保障行政相对人的合法权益。

### 1. 行政复议的特点

(1)提出行政复议的人，必须是认为行政机关行使职权的行为侵犯其合法权益的公民、法人和其他组织。

(2)当事人提出行政复议，必须是在行政机关已经做出行政决定之后，如果行政机关尚未做出决定，则不存在复议问题。复议的任务是解决行政争议，而不是解决民事或其他争议。

(3)当事人对行政机关的行政决定不服，只能按法律规定，向有行政复议权的行政机关申请复议。

(4)行政复议，主要是书面审查，行政复议决定书一经送达，即具有法律效力。只要法律未规定复议决定为终局裁决的，当事人对复议决定不服的，仍可以按《行政诉讼法》的规定，向人民法院提请诉讼。

### 2. 申请人权利

(1)申请复议权。

(2)委托权。在行政复议中，复议申请人可以书面委托行政复议代理人代为参加复议。

(3)申请回避权。

(4)撤回复议申请权。

(5)申请执行权；对已发生法律效力的复议决定，复议申请人有依法申请执行的权利。

(6)诉权；复议申请人对复议决定不服的，可在法定时限内依法向人民法院提起行政诉讼。

(7)法律、法规规定的其他权利。

### 3. 申请人义务

(1)在复议过程中，复议申请人应自觉遵守复议纪律，维护复议秩序，听从复议机关依法作出的安排。

(2)复议申请人应自觉履行已生效的复议决定。

(3)法律、法规所规定的其他义务。

### 4. 时限规定

行政复议申请人应自知道行政机关的具体行政行为侵犯其合法权益之日起60日内申请行政

复议。因不可抗力或其他正当理由耽误法定申请期限的，申请期限自障碍消除之日起继续计算。

相关行政复议机构在收到复议申请后，应在 5 个工作日内决定是否受理，对于决定受理的，收到复议申请书之日即为受理之日。

相关行政复议机关应自受理复议申请之日起 60 日内作出行政复议决定，特殊情况下，经相关行政复议机关负责人批准，可延长 30 日。

复议申请人如对行政复议机关作出的复议决定不服，可以自收到《行政复议决定书》之日起 15 日内向人民法院提起诉讼。

行政复议的具体程序分为申请、受理、审理、决定四个步骤。

### (一)申请

#### 1. 申请时效

申请人申请行政复议，应当在知道被申请人行政行为作出之日起 60 日内提出(法律另有规定的除外)。因不可抗力或者其他正当理由耽误法定申请期限的，申请期限自障碍消除之日起继续计算。

#### 2. 申请条件

(1)申请人是认为行政行为侵犯其合法权益的相对人；
(2)有明确的被申请人；
(3)有具体的复议请求和事实根据；
(4)属于依法可申请行政复议的范围；
(5)相应行政复议申请属于受理行政复议机关管辖；
(6)符合法律法规规定的其他条件。

#### 3. 申请方式

申请人申请行政复议，可以书面申请，也可以口头申请；口头申请的，行政复议机关应当当场记录申请人的基本情况、行政复议请求、申请行政复议的主要事实、理由和时间。

#### 4. 行政复议申请书

申请人采取书面方式向行政复议机关申请行政复议时，所递交的行政复议申请书应当载明下列内容：

(1)申请人如为公民，则为公民的姓名、性别、年龄、职业、住址等。申请人如为法人或者其他组织，则为法人或者组织的名称、地址、法定代表人的姓名；
(2)被申请人的名称、地址；
(3)申请行政复议的理由和要求；
(4)提出复议申请的日期。

### (二)受理

行政复议机关收到行政复议申请后，应当在 5 日内进行审查，对不符合行政复议法规定的行政复议申请，决定不予受理，并书面告知申请人；对符合行政复议法规定，但是不属于本机关受理的行政复议申请，应当告知申请人向有关行政复议机关提出。除上述规定外，行政复议申请自行政复议机构收到之日起即为受理。公民、法人或者其他组织依法提出行政复议申请，行政复议机关无正当理由不予受理的，上级行政机关应当责令其受理；必要时，上级行政机关也可以直接受理。行政复议期间具体行政行为不停止执行。

### (三)审理

(1)审理行政复议案件的准备。

1)送达行政复议书副本,并限期提出书面答复。行政复议机构应当自行政复议申请受理之日起7日内,将行政复议申请书副本或者行政复议申请笔录复印件发送被申请人。被申请人应当自收到申请书副本或者行政复议申请笔录复印件之日起10日内,向行政复议机关提出书面答复,并提交当初作出具体行政行为的证据、依据和其他有关材料。

2)审阅复议案件有关材料。行政复议机构应当着重审阅复议申请书、被申请人作出具体行政行为的书面材料(如农业行政处罚决定书等)、被申请人作出具体行政行为所依据的事实和证据、被申请人的书面答复。

3)调查取证,收集证据。

4)通知符合条件的人参加复议活动。

5)确定复议案件的审理方式。行政复议原则上采取书面审查的办法,但是申请人提出要求或者行政复议机构认为有必要时,可以向有关组织和个人调查情况,听取申请人、被申请人和第三人的意见。

(2)行政复议期间原具体行政行为的效力。根据《行政复议法》的规定,行政复议期间原具体行政行为不停止执行。这是符合行政效力先定原则的,行政行为一旦作出,即推定为合法,对行政机关和相对人都有拘束力。但为了防止和纠正因具体行政行为违法给相对人造成不可挽回的损失,《行政复议法》规定有下列情形之一的,可以停止执行。

1)被申请人认为需要停止执行的;

2)行政复议机关认为需要停止执行的;

3)申请人申请停止执行,行政复议机关认为其要求合理,决定停止执行的;

4)法律规定停止执行的。

(3)复议申请的撤回。在复议申请受理之后、行政复议决定作出之前,申请人基于某种考虑主动要求撤回复议申请的,经向行政复议机关说明理由,可以撤回。撤回行政复议申请的,行政复议终止。

## (四)决定

### 1. 复议决定作出时限

行政复议机关应当自受理行政复议申请之日起60日内作出行政复议决定;但是法律规定的行政复议期限少于60日的除外。情况复杂,不能在规定期限内作出行政复议决定的,经行政复议机关的负责人批准,可以适当延长,并告知申请人和被申请人;但是延长期限最多不超过30日。

### 2. 复议决定的种类

(1)维持被申请复议的具体行政行为。维持是保持原具体行政行为,使其继续存在下去。应具备以下条件:

1)事实清楚。即所认定的事实客观存在、没有疑义。

2)证据确凿。即所提供的证据使反驳不能成立。

3)适用依据正确。即不得适用与案件无关和超过有效期限、废止的法律、法规、规章和文件。

4)程序合法。法律、法规对各类行政行为都规定了实行的方式、步骤和时限,必须按部就班。

5)内容适当。即虽然适用依据正确,行政机关仍然要在一定的幅度内适当做出决定。以上五个条件缺一不可,否则难以保证行政复议决定的公正性。

(2)决定行政机关在一定期限内履行法定职责。每个行政机关都应各尽其责，如按时发放抚恤金、救济金等，行政机关久拖不办，同样会损害公民、法人的利益，如果行政机关没有履行其应当履行的法定职责而被公民、法人申请复议，复议机关就必须责令该机关在一定期限内履行职责。

### (五)撤销原具体行政行为

撤销是取消已经发生的行政行为，表明被撤销的行为自撤销之日起即无效力。撤销分为两种情况：一是具体行政行为有主要事实不清、证据不足、适用依据错误、违反法定程序、超越或者滥用职权、明显不当五种情形的，决定撤销；二是行政机关不依法提出书面答复、提交当初作出具体行政行为的全部证据、依据和其他有关材料的，视为该行政行为没有证据、依据，决定撤销。

### (六)变更原具体行政行为

变更与撤销的区别在于，变更是复议机关直接对原具体行政行为进行调整，从而直接参与了对管理相对人的行政管理活动。

### (七)确认具体行政行为违法

确认违法的情况相对少于撤销与变更的情况，主要适用于撤销、变更可以处理的行为以外的其他行政行为，并为责令重新作出具体行政行为创造前提条件。

对抽象行政行为的处理。申请人在申请行政复议时，对作出具体行政行为所依据的有关规定提出审查申请，或者行政复议机关认为具体行政行为依据不合法的，行政复议机关可依法作出：

(1)有权处理的，应当在30日内依法处理。

(2)无权处理的，应当在7日内按照法定程序转送有权处理的国家机关依法处理。

行政复议决定书的制作。行政复议机关作出行政复议决定，应当制作行政复议决定书。行政复议决定书应载明下列事项：

(1)申请人的姓名、性别、年龄、职业、住址(申请人为法人或者其他组织者，则为法人或者组织的名称、地址、法定代表人姓名)。

(2)被申请人的名称、地址、法定代表人的姓名、职务。

(3)申请行政复议的主要请求和理由。

(4)行政复议机关认定的事实、理由，适用的法律、法规、规章和具有普遍约束力的决定、命令。

(5)行政复议结论。

(6)不服行政复议决定向法院起诉的期限(如为终局行政复议决定，则为当事人履行的期限)。

(7)作出行政复议决定的年、月、日。

(8)行政复议决定书由行政复议机关的法定代表人署名，加盖行政复议机关的印章。行政复议决定书一经送达，即发生法律效力。除法律规定的终局行政复议决定外，申请人对行政复议决定不服，可以在收到行政复议决定书之日起15日内，或法律法规规定的其他期限内，向人民法院提起行政诉讼。申请人逾期不起诉，又不履行行政复议决定的，对于维持具体行政行为的行政复议决定，由被申请人依法强制执行或者申请人民法院强制执行；对于变更具体行政行为的行政复议决定，由行政复议机关依法强制执行或者申请人民法院强制执行。被申请人不履行或者无正当理由拖延履行行政复议决定的，行政复议机关或者有关上级行政机关应当责令其限期履行，对直接负责的主管人员和其他直接责任人员依法给予警告、记过、记大过的行政处分；

经责令履行仍拒不履行的，依法给予降级、撤职、开除的行政处分。

## ■ 二、行政诉讼

根据《中华人民共和国行政诉讼法》第一章的相关规定，行政诉讼是指公民、法人或者其他组织认为行使国家行政权的机关和组织及其工作人员所实施的具体行政行为，侵犯了其合法权利，依法向人民法院起诉，人民法院在当事人及其他诉讼参与人的参加下，依法对被诉具体行政行为进行审查并做出裁判，从而解决行政争议的制度。它对保障一个国家依法行政，建立法治政府，确保公民、法人或其他组织合法权利免受行政权力的侵害，具有十分重大的意义。

### (一)行政诉讼的基本原则

(1)人民法院依法独立审判原则。《行政诉讼法》第4条第1款的规定："人民法院依法对行政案件独立行使审判权，不受行政机关、社会团体和个人的干涉。"行政诉讼法的上述规定，确立了人民法院对行政案件的依法独立行使审判权的原则。这一规定，也是《宪法》第127条、《人民法院组织法》第4条有关规定在行政诉讼中的具体化，行政诉讼活动必须遵循。

(2)以事实为根据，以法律为准绳。《行政诉讼法》第5条规定："人民法院审理行政案件，以事实为根据，以法律为准绳"。这一原则要求人民法院在审理行政案件过程中，要查明案件事实真相，以法律为尺度，作出公正的裁判。

(3)对具体行政行为合法性审查原则。《行政诉讼法》第6条规定："人民法院审理行政案件，对行政行为是否合法进行审查。"由此确立人民法院通过行政审判对具体行政行为进行合法性审查的特有原则，简称合法性审查原则或司法审查原则。合法性审查包括程序意义上的审查和实体意义上的审查两层含义。程序意义上的合法性审查，是指人民法院依法受理行政案件，有权对被诉具体行政行为是否合法进行审理并作出裁判。实体意义上的审查，是指人民法院只对具体行政行为是否合法进行审查，不审查抽象行政行为，一般也不对具体行政行为是否合理进行审查。就是说，这是一种有限的审查。

(4)当事人法律地位平等原则。《行政诉讼法》第8条规定："当事人在行政诉讼中的法律地位平等"。这一规定是法律面前人人平等的社会主义法制原则，在行政诉讼中的具体体现。在行政诉讼的双方当事人中，一方是行政主体，它在行政管理活动中代表国家行使行政权力，处于管理者的主导地位；另一方是公民，法人或者其他组织，他们在行政管理活动中处于被管理者的地位。两者之间的关系是管理者与被管理者之间从属性行政管理关系。但是，双方发生行政争议依法进入行政诉讼程序后，他们之间就由原来的从属性行政管理关系，转变为平等性的行政诉讼关系，成为行政诉讼的双方当事人，在整个诉讼过程中，原告与被告的诉讼法律地位是平等的。

(5)使用民族语文文字进行诉讼的原则。《行政诉讼法》第9条规定："各民族公民都有用本民族语言、行政诉讼文字进行行政诉讼的权利。在少数民族聚居或者多民族共同居住的地区，人民法院应当用当地民族通用的语言、文字进行审理和发布法律文书。人民法院应对不通晓当地民族通用语言、文字的诉讼参与人提供翻译"。中国的三大诉讼法都把使用本民族语言文字进行诉讼作为基本原则予以规定。

(6)辩论原则。《行政诉讼法》第10条规定："当事人在行政诉讼中有权进行辩论。"所谓辩论，是指当事人在法院主持下，就案件的事实和争议的问题，充分陈述各自的主张和意见，互相进行反驳的答辩，以维护自己的合法权益。辩论原则具体体现了行政诉讼当事人在诉讼中平等的法律地位，是现代民主诉讼制度的象征。

(7)合议、回避、公开审判和两审终审原则。《行政诉讼法》第7条规定:"人民法院审理行政案件,依法实行合议、回避、公开审判和两审终审制度。"《行政诉讼法》第七章又将这一规定具体化,使之成为行政审判中的四项基本制度。

(8)人民检察院实行法律监督原则。《行政诉讼法》第11条规定:"人民检察院有权对行政诉讼实行法律监督。"人民检察院在行政诉讼中的法律监督,主要体现在对人民法院作出的错误的生效裁判,可以依法提起抗诉。

## (二)行政诉讼的特征

(1)行政诉讼所要审理的是行政案件。这是行政诉讼在受理、裁判的案件上与其他诉讼的区别。刑事诉讼解决的是被追诉者刑事责任的问题;民事诉讼解决的是民商事权益纠纷的问题,而行政诉讼解决的是行政争议,即行政机关或法律、法规授权的组织与公民、法人或者其他组织在行政管理过程中发生的争议。

(2)行政诉讼是人民法院通过审判方式进行的一种司法活动。这是行政诉讼与其他解决行政争议的方式和途径的区别。在中国,行政争议的解决途径不止行政诉讼一种,还有行政复议机关的行政复议等。而行政诉讼是由人民法院运用诉讼程序解决行政争议的活动。

(3)行政诉讼是通过对被诉行政行为合法性进行审查以解决行政争议的活动。其中进行审查的行政行为为具体行政行为,审查的根本目的是保障公民、法人或者其他组织的合法权益不受违法行政行为的侵害。这就决定了行政诉讼与刑事诉讼和民事诉讼在审理形式和裁判形式上有所不同。如行政诉讼案件不得以调解方式结案;证明具体行政行为合法性的举证责任由被告承担;行政诉讼的裁判以撤销、维持判决为主要形式等。

(4)行政诉讼是解决特定范围内行政争议的活动。行政诉讼并不解决所有类型的行政争议,有的行政争议不属于人民法院行政诉讼的受案范围,而刑事诉讼和民事诉讼均无类似于行政诉讼的受案范围的限制。至于,不属于行政诉讼解决的行政争议只能通过其他的救济途径解决。

(5)行政诉讼中的当事人具有恒定性。行政诉讼的原告只能是行政管理中的相对方,即公民、法人或者其他组织;行政诉讼的被告只能是行政管理中的管理方,即作为行政主体的行政机关和法律、法规授权的组织。行政诉讼的当事人双方的诉讼地位是恒定的,不允许行政主体作为原告起诉行政管理相对方。这个特点与民事诉讼和刑事诉讼不同。民事诉讼中诉讼双方当事人均为平等的民事主体,原、被告不具有恒定性,允许被告反诉;而刑事诉讼,也存在着自诉案件中允许被告人作为被害人所诉自诉人。

## (三)行政诉讼法的效力范围

行政诉讼法的效力范围是指行政诉讼法在怎样的空间范围和时间范围内,对哪些人和事具有适用的效力,具体包括行政诉讼法的空间效力、时间效力、对人的效力和对事的效力。

(1)空间效力。空间效力又称地域效力,行政诉讼法的空间效力是指行政诉讼法适用的地域范围。中国行政诉讼法适用中国国家主权所及的一切空间领域,包括中国的领土、领空、领海以及领土延伸的所有空间,另外,在公海中的中国籍船只以及飞行器一般也认为是中国领域。凡是在中国领域内发生的行政案件以及在中国领域内进行的行政诉讼活动,均应适用中国行政诉讼法。但也有例外:一是中国的两个特别行政区:香港、澳门,不适用中国(内地)行政诉讼法;二是有关行政诉讼的地方性法规和自治条例与单行条例只能在本行政区域内适用。

(2)时间效力。行政诉讼法时间效力是指行政诉讼法的生效、失效的起止时间以及对该法生效前发生的行政案件是否具有溯及力,即溯及既往的效力。如《行政诉讼法》第103条明确规定:"本法自1990年10月1日起施行。"这里的施行日期即为该法生效日期。同时,中国行政诉讼法不具有溯及既往的效力。

(3)对人的效力。行政诉讼法对人的效力是指行政诉讼法适用于哪些人，对哪些人有拘束力，对哪些人没有拘束力。中国行政诉讼法原则上采用属地原则确定对人的效力，凡是在中国领域内进行行政诉讼的当事人均适用中国行政诉讼法。根据《行政诉讼法》规定，这些当事人包括：中国各级各类行政机关；中国的公民、法人或者其他组织；在中国进行行政诉讼的外国人、无国籍人、外国组织。但对外国人、无国籍人和外国组织，法律另有规定的除外。

(4)对事的效力。行政诉讼法对事的效力是指行政诉讼的受案范围。凡是依照《行政诉讼法》规定，在人民法院受案范围内提起行政诉讼的案件，都适用行政诉讼法来审理解决。

### (四)行政诉讼受案范围

(1)对行政拘留、暂扣或者吊销许可证和执照、责令停产停业、没收违法所得、没收非法财物、罚款、警告等行政处罚不服的；

(2)对限制人身自由或者对财产的查封、扣押、冻结等行政强制措施和行政强制执行不服的；

(3)申请行政许可，行政机关拒绝或者在法定期限内不予答复，或者对行政机关作出的有关行政许可的其他决定不服的；

(4)对行政机关作出的关于确认土地、矿藏、水流、森林、山岭、草原、荒地、滩涂、海域等自然资源的所有权或者使用权的决定不服的；

(5)对征收、征用决定及其补偿决定不服的；

(6)申请行政机关履行保护人身权、财产权等合法权益的法定职责，行政机关拒绝履行或者不予答复的；

(7)认为行政机关侵犯其经营自主权或者农村土地承包经营权、农村土地经营权的；

(8)认为行政机关滥用行政权力排除或者限制竞争的；

(9)认为行政机关违法集资、摊派费用或者违法要求履行其他义务的；

(10)认为行政机关没有依法支付抚恤金、最低生活保障待遇或者社会保险待遇的；

(11)认为行政机关不依法履行、未按照约定履行或者违法变更、解除政府特许经营协议、土地房屋征收补偿协议等协议的；

(12)认为行政机关侵犯其他人身权、财产权等合法权益的。

《行政诉讼法》规定的"有具体的诉讼请求"如下：

(1)请求判决撤销或者变更行政行为；

(2)请求判决行政机关履行法定职责或者给付义务；

(3)请求判决确认行政行为违法；

(4)请求判决确认行政行为无效；

(5)请求判决行政机关予以赔偿或者补偿；

(6)请求解决行政协议争议；

(7)请求一并审查规章以下规范性文件；

(8)请求一并解决相关民事争议；

(9)其他诉讼请求。

当事人未能正确表达诉讼请求的，人民法院应当予以释明。

有下列情形之一，已经立案的，应当裁定驳回起诉。

(1)不符合《行政诉讼法》规定的；

(2)超过法定起诉期限且无正当理由的；

(3)错列被告且拒绝变更的;
(4)未按照法律规定由法定代理人、指定代理人、代表人为诉讼行为的;
(5)未按照法律、法规规定先向行政机关申请复议的;
(6)重复起诉的;
(7)撤回起诉后无正当理由再行起诉的;
(8)行政行为对其合法权益明显不产生实际影响的;
(9)诉讼标的已为生效裁判所羁束的;
(10)不符合其他法定起诉条件的。

### (五)行政诉讼管辖

行政诉讼的管辖是指人民法院之间受理第一审行政案件的分工。《最高人民法院关于适用〈中华人民共和国行政诉讼法〉的解释》第3条第1款规定:"各级人民法院行政审判庭审理行政案件和审查行政机关申请执行其行政行为的案件。"第2款规定:"专门人民法院、人民法庭不审理行政案件,也不审查和执行行政机关申请执行其行政行为的案件。"这些规定都表明行政案件只能由普通人民法院管辖。

#### 1. 行政诉讼管辖遵循的基本原则

(1)便于当事人参加诉讼,特别是便于作为原告的行政管理相对人参加诉讼。
(2)有利于人民法院对案件的审理、判决和执行。
(3)有利于保障行政诉讼的公正、准确。
(4)有利于人民法院之间工作量的合理分担。

#### 2. 级别管辖

级别管辖是指按照法院的组织系统来划分上下级人民法院之间受理第一审案件的分工和权限。《行政诉讼法》第14条至第17条对级别管辖作了明确具体的规定。
(1)基层人民法院管辖第一审行政案件。
(2)中级人民法院管辖下列第一审行政案件。《行政诉讼法》第15条对此作了以下具体规定:
1)对国务院部门或者县级以上地方人民政府所作的行政行为提起诉讼的案件。
2)海关处理的案件。
3)本辖区内重大、复杂的案件。这里的"本辖区内重大、复杂的案件",根据《最高人民法院关于适用〈中华人民共和国行政诉讼法〉的解释》第5条的规定,有下列几种情形:
①社会影响重大的共同诉讼案件;
②涉外或者涉及香港特别行政区、澳门特别行政区、台湾地区的案件;
③其他重大、复杂案件;
4)其他法律规定由中级人民法院管辖的案件。
(3)高级人民法院管辖本辖区内重大、复杂的第一审行政案件。
(4)最高人民法院管辖中国范围内重大、复杂的第一审行政案件。

#### 3. 地域管辖

地域管辖又称区域管辖,是指同级法院之间在各自辖区内受理第一审案件的分工和权限。
(1)一般地域管辖。在行政诉讼中按照最初作出具体行政行为的行政机关所在地划分案件管辖称作一般地域管辖,有时也称普遍地域管辖。《行政诉讼法》第18条规定:"行政案件由最初作出行政行为的行政机关所在地人民法院管辖,经复议的案件,也可以由复议机关所在地人民法院管辖。"

(2)特殊地域管辖。行政诉讼的特殊地域管辖,是指法律针对特别案件所列举规定的特别管辖。《行政诉讼法》规定了两种具体情形:

1)《行政诉讼法》第19条规定,对限制人身自由的行政强制措施不服提起的诉讼,由被告所在地或者原告所在地人民法院管辖。当事人选择其中之一进行诉讼时,按我国行政诉讼的管辖规定,可以就行政行为造成人身损失和财物损失都在同一法院诉讼,而不是分别提起诉讼。

2)《行政诉讼法》第20条规定,因不动产提起的诉讼,由不动产所在地人民法院管辖。

(3)共同地域管辖。共同地域管辖是指两个以上人民法院对同一案件都有管辖权的情况下,原告可以选择其中一个法院起诉。共同地域管辖是由一般地域管辖和特殊地域管辖派生的一种补充管辖方式。

### 4. 行政诉讼和行政复议的区别

(1)二者受理的机关不同。行政诉讼由法院受理;行政复议由行政机关受理。一般由原行政机关的上级机关受理,特殊情况下,由本级行政机关受理。

(2)二者解决争议的性质不同。人民法院处理行政诉讼案件属于司法行为,适用行政诉讼法;行政机关处理行政争议属于行政行为的范围,应当适用行政复议法。

(3)二者适用的程序不同。行政复议适用行政复议程序,而行政诉讼适用行政诉讼程序。行政复议程序简便、迅速、廉价,但公正性有限;行政诉讼程序复杂且需要更多的成本但公正的可靠性大。行政复议实行一裁终局制度;而行政诉讼实行二审终审制度等。

(4)二者的审查强度不同。根据《行政诉讼法》的规定,原则上法院只能对行政主体行为的合法性进行审查;而根据《行政复议法》的规定,行政复议机关可以对行政主体行为的合法性和适当性进行审查。

(5)二者的受理和审查范围不同。《行政诉讼法》和《行政复议法》对于受理范围均作了比较详细的规定。从列举事项来看,《行政复议法》的受案范围要广于《行政诉讼法》。另外,《行政复议法》还规定对国务院的规定、县级以上地方各级人民政府及其工作部门的规定、乡镇人民政府的规定等规范性文件可以一并向行政复议机关提出审查申请。

行政复议与行政诉讼是两种不同性质的监督,且各有所长,不能互相取代。因此,现代国家一般都同时创设这两种制度。在具体的制度设计上,或将行政复议作为行政诉讼的前置阶段;或由当事人选择救济途径,或在当事人选择复议救济途径之后,仍允许其提起行政诉讼。

## 本章练习

**(一)单选题**

1. 一般情况下,公民、法人或其他组织认为具体行政行为侵犯其合法权益的,可以自知道该具体行政行为之日起( )内提出行政复议申请。法律另有规定的除外。
   A. 30日　　　　B. 60日　　　　C. 90日　　　　D. 1年

2. 行政复议机关收到行政复议申请后,应当( )日内进行审查,决定是否受理。
   A. 3　　　　　B. 5　　　　　C. 10　　　　　D. 15

3. 行政复议机关在对被申请人作出具体的行政和行为进行审查时,认为其依据不合法,本机关有权处理的,应当在( )日内依法处理。
   A. 15　　　　　B. 30　　　　　C. 45　　　　　D. 60

4. 行政复议机关应当自受理申请之日起( )日内作出复议决定,但是法律规定的行政复议于此期限的除外。
   A. 10        B. 15        C. 30        D. 60

5. 情况复杂,不能在规定期限内作出行政复议决定的,经行政复议机关的负责人批准,可以适当延长,并告知申请人和被申请人;但是延长期限最多不超过( )。
   A. 10        B. 15        C. 30        D. 60

6. 人民法院判决撤销复议机关维持的具体行政行为,复议决定( )。
   A. 并不自然无效           B. 自然无效
   C. 处于不确定状态         D. 仍然有效

7. 被申请人不履行法定职责的,复议机关应当( )。
   A. 建议其在一定期限内履行    B. 决定其在一定期限内履行
   C. 决定其履行,但不明确期限   D. 判决其违法

8. 复议决定撤销或确认其行政行为违法的( )。
   A. 必须责令被申请人在一定期限内重新作出具体行政行为
   B. 建议被申请人在一定期限内重新作出具体行政行为
   C. 可以责令申请人在一定期限内重新作出具体行政行为
   D. 必须对被申请人重新作出具体行政行为

9. 行政复议决定书邮寄送达的,以( )为送达日期。
   A. 挂号回执上注明的收件日期
   B. 复议机关作出复议决定的日期
   C. 邮寄寄出复议决定书的邮戳日期
   D. 邮局接收复议决定书邮件的邮戳日期

10. 公民认为行政机关的具体行政行为所依据的( )不合法,在对具体行政和行为申请行政复议时,可以一并向行政复议机关提出对该规定的审查申请。
    A. 部门规章    B. 省政府规章    C. 规范性文件    D. 省人大决定

(二)多选题

1. 申请人不履行或者无正当理由拖延履行行政复议决定的,对直接负责的主管人员和其他直接责任人员依法给予( )的行政处分。
   A. 警告        B. 记过        C. 记大过       D. 开除

2. 申请人不履行或者无正当理由拖延履行行政复议决定的,对直接负责的主管人员和其他直接责任人员依法给予警告、记过、记大过的行政处分;经责令履行仍拒不履行的,依法给予( )的行政处分。
   A. 停职        B. 降级        C. 撤职         D. 开除

3. 按照行政复议法规定,下列说法正确的是( )。
   A. 当事人有陈述、申辩权
   B. 行政处罚决定必须进行送达
   C. 凡是简易程序的罚款处罚,罚款都可以当场收缴
   D. 处罚依据必须公开

4. 下列选项中,对于行政诉讼与行政复议关系表述错误的是( )。
   A. 行政诉讼的受案范围大于行政复议
   B. 对不是终局裁决的行政复议决定,公民、法人或者其他组织都可以提起行政诉讼

C. 所有的行政复议决定均可通过行政诉讼被判决撤销
D. 对于行政机关对民事纠纷的仲裁、调解等处理行为不服的，行政相对人可以先申请行政复议，对复议决定不服的，可以再向人民法院提起行政诉讼

5. 对于行政复议申请，下列表述正确的是( )。
   A. 行政复议机关决定不予受理的，申请人可以自收到不予受理决定书之日起 15 日内提起行政诉讼
   B. 行政复议机关决定不予受理的，申请人可以自收到不予受理决定书之日起 30 日内提起行政诉讼
   C. 行政复议机关逾期不作答复的，申请人可以自复议期满之日起 30 日内提起行政诉讼
   D. 行政复议机关逾期不作答复的，申请人可以自复议期满之日起 15 日内提起行政诉讼

6. 有下列( )情形之一的，公民可以依法申请复议。
   A. 对行政机关作出没收非法财物的行政处罚决定不服的
   B. 对行政机关作出的有关许可证变更、中止决定不服的
   C. 认为行政机关乱收费的
   D. 申请行政机关履行保护人身权利、财产权利、受教育权利的法定职责，行政机关没有依法履行的

7. 行政复议申请人在申请复议时，一并对具体行政行为所依据的规定提出审查申请的，在处理期间，下列说法错误的有( )。
   A. 终结对具体行政行为的审查　　B. 中止对具体行政行为的审查
   C. 继续对具体行政行为的审查　　D. 终止对具体行政行为的审查

8. 对申请人提出查阅材料的申请，除涉及下列( )情形外，复议机关不得拒绝。
   A. 国家秘密　　　　　　　　　　B. 商业秘密
   C. 个人隐私　　　　　　　　　　D. 被申请人不同意

9. 下列选项属于公民、法人或其他组织对具体行政行为不服可以向行政机关申请复议的依据是( )。
   A. 对行政强制措施不服　　　　　B. 认为行政机关侵犯其财产权
   C. 对民事纠纷的处理不服　　　　D. 地方性法规规定可以提起行政诉讼

10. 申请人申请行政复议，可以书面申请，也可以口头申请；口头申请的，行政复议机关应当场记录申请人的( )。
    A. 基本情况　　　　　　　　　　B. 行政复议请求
    C. 申请行政复议的主要事实　　　D. 理由和时间

(三)案例分析题

1. 2000 年个体户李某与某镇政府签订了对 1 000 亩荒滩 50 年承包经营的合同，并规定李某每年上交承包费 10 万元。2003 年底镇政府要求李某每年上交承包费增加到 30 万元，否则终止合同，李某不同意。镇政府于 2004 年 3 月 20 日单方撤销了该承包合同。3 月 28 日李某知道这一事实，并于 2004 年 5 月 22 日向上级行政机关提出复议申请，5 月 27 日上级机关发出受理通知。并向李某收取 5 000 元的复议费，李某收到通知后处于等待状态，下月 10 日李某尚未等到复议决定，便决定向人民法院提出起诉。

问：(1)该纠纷是否属于行政复议的范围？
(2)李某申请行政复议的期限是否有效？
(3)李某于 7 月 10 日向法院提起诉讼，法院是否受理？

(4)复议机关是否应该收取复议费?

2.2006年1月1日,C县的某条河水污染严重,经相关部门调查,是由此地的甲公司随便排放工业废水所致,就此A省B市下辖县环保部门于2006年4月30日作出了对甲公司罚款50 000元的决定并责令其停产,安装污水处理装置,甲公司于2006年5月1日得知后不服,向B市环保局申请行政复议。B市环保局经过审查,在罚款中作出对"甲公司罚款30 000元"的行政复议决定。

问:(1)甲公司应当在什么时间之前提出行政复议申请?简要说明理由。

(2)甲公司除了向B市环保局提出行政复议申请,还可以向哪些机关提出行政复议申请?简要说明理由。

(3)如甲公司对B市环保局的行政复议决定不服,还可以通过什么途径保护公司的权益?

# 参考文献

[1] 张向东,齐锡晶. 工程建设监理概论[M]. 3版. 北京:机械工业出版社,2016.
[2] 王军,董世成. 建设工程监理概论[M]. 3版. 北京:机械工业出版社,2017.
[3] 全国一级建造师执业资格考试用书编写委员会. 建设工程法规及相关知识[M]. 北京:中国建筑工业出版社,2019.
[4] 陈会玲,郭海虹. 建设工程法规[M]. 2版. 北京:北京理工大学出版社,2019.
[5] 中国建设监理协会. 建设工程监理概论[M]. 4版. 北京:中国建筑工业出版社,2019.
[6] 邓铁军. 土木工程建设监理[M]. 3版. 武汉:武汉理工大学出版社,2013.
[7] 吴胜兴. 土木工程建设法规[M]. 3版. 北京:高等教育出版社,2017.
[8] 马文婷,隋灵灵. 建筑法规[M]. 3版. 北京:人民交通出版社,2015.
[9] 陈东佐. 建设法规概论[M]. 5版. 北京:中国建筑工业出版社,2018.
[10] 孙剑. 建设工程法规与项目管理[M]. 南京:河海大学出版社,2014.
[11] 住房和城乡建设部工程质量安全监管司. 建筑施工安全事故案例分析[M]. 北京:中国建筑工业出版社,2019.
[12] 何佰洲,刘禹. 工程建设合同与合同管理[M]. 4版. 大连:东北财经大学出版社,2014.
[13] 庄民泉,林密. 建设监理概论[M]. 2版. 北京:中国电力出版社,2010.
[14] 郑润梅. 建设法规概论[M]. 2版. 北京:中国建材工业出版社,2010.
[15] 朱永祥等. 工程招投标与合同管理[M]. 武汉:武汉理工大学出版社,2005.
[16] 张培新. 建筑工程法规[M]. 3版. 北京:中国电力出版社,2014.
[17] 全国二级建造师执业资格考试用书编写委员会. 建设工程法规及相关知识[M]. 北京:中国建筑工业出版社,2019.